I0823875

CUBAN STUDIES 45

CUBAN STUDIES 45

ALEJANDRO DE LA FUENTE, *Editor*
LILLIAN GUERRA, *Book Review Editor (United States)*
REINALDO FUNES, *Book Review Editor (Cuba)*
CARY AILEEN GARCÍA YERO, *Assistant Editor*

UNIVERSITY OF PITTSBURGH PRESS

CUBAN STUDIES

Manuscripts in English and Spanish may be submitted to Alejandro de la Fuente, Editor, Cuban Studies Program, Harvard University, 1730 Cambridge Street, Cambridge, MA 02138, USA. Maximum length is forty pages, double-spaced, including notes and illustrations. Please include an abstract of no more than 200 words and a bio in both English and Spanish of no more than 100 words. We prefer Chicago style (16th edition), but MLA style is also acceptable. *Cuban Studies* takes no responsibility for views or information presented in signed articles. For additional editorial inquiries, contact us at the address above or by e-mail at cubanstudies@fas.harvard.edu.
Review copies of books should be sent to one of the two book review editors: Lillian Guerra, University of Florida, Department of History, 025 Keene-Flint Hall, Gainesville, FL 32611–7320, USA; Reinaldo Funes, Fundación Antonio Núñez Jiménez, 5ta B # 6611 E/ 66 y 70, Miramar, Playa, CP 11600, Cuba. For additional inquiries about book reviews, send e-mail to lillian.guerra@ufl.edu.

Orders for volumes 16–43 of *Cuban Studies* and standing orders for future volumes should be sent to the University of Pittsburgh Press, Chicago Distribution Center, 11030 South Langley, Chicago, IL, 60628–3893, USA; telephone 800–621–2736; fax 800–621–8476.

Back issues of volumes 1–15 of *Cuban Studies*, when available, may be obtained from the Center for Latin American Studies, University Center for International Studies, 230 South Bouquet Street, 4200 Wesley W. Posvar Hall, Pittsburgh, PA 15260.

Published by the University of Pittsburgh Press, Pittsburgh PA 15260

Manufactured in the United States of America
Printed on acid-free paper

Library of Congress Card Number
ISBN 13: 978–0-8229-4463-8
ISBN 10: 0–8229-4463-4
US ISSN 0361–4441
10 9 8 7 6 5 4 3 2 1

Contents

Nota del editor ix
Alejandro de la Fuente

ARTICLES

Dossier 1: Hacia una nueva Constitución

Constitución y constitucionalismo en Cuba: Introducción al dossier y reflexiones 3
Jorge I. Domínguez

The "Engine Room" of the Constitution (with Some Particular Attention to the Cuban Case) 14
Roberto Gargarella

¿Es posible ampliar los derechos civiles y políticos en Cuba sin revocar el socialismo? 28
Rafael Rojas

Una Constitución para Cuba: La necesidad de una nueva constitución: El enfoque técnico y el enfoque político 36
Julio Antonio Fernández Estrada

El lugar del derecho en el orden político de la reforma económica en Cuba: Entre la república y el reino 46
Amalia Pérez Martín

La Constitución de 1940: Una reinterpretación 66
Julio César Guanche

Culture and Society

Fantasy as Identity: Beyond Foundational Narratives in Lourdes Casal 91
Yolanda Martínez-San Miguel

Jesús Díaz, 1941–2002: The Unintentional Deviationist 115
Yvon Grenier

La política de educación superior en el mapa de las reformas actuales: Cambios de política y la Política sin cambios 132
Danay Quintana Nedelcu

Writing the Music of the City in the Early 1930s: Two Poems by Nicolás Guillén 159
Lorna V. Williams

Haunting Pasts: Ghosts of Exile in the Poetry of Nancy Morejón, Nilda Cepero, and Andrea O'Reilly Herrera 179
Lauren Reynolds

History
Sabor colonial: Crafting Savory Bodies through Cuban Music and Dance 199
Pilar Egüez Guevara
Old and New Politics in Cuba: Revisiting Young Eddy Chibás, 1927–1940 227
Ilan Ehrlich
En los límites del discurso esclavista: Retórica abolicionista, afectos y sensibilidad en Los esclavos en las colonias españolas de la condesa de Merlin 251
Daylet Domínguez

Dossier 2: New Approaches to the History of Health, Medicine, and Disease in Cuba
New Directions in the History of Cuban Medicine and Public Health: Introduction to the Dossier 275
Mariola Espinosa
"An earnest pledge to fight tuberculosis": Tuberculosis, Nation, and Modernity in Cuba, 1899–1908 280
John A. Gutiérrez
"The dangers that surround the child": Gender, Science, and Infant Mortality in Postindependence Havana 297
Daniel A. Rodríguez
The "Black Plague" in a Racial Democracy: Tuberculosis, Race, and Citizenship in Republican Cuba, 1925–1945 319
Kelly Urban

Premio Nacional de Artes Plásticas, 2015
Pedro de Oraá 341

Primary Sources
Autobiography of a Cuban Businessman in the 1940s and 1950s 345
Jorge J. Domínguez (with annotations by Jorge I. Domínguez)
"No se sabía dónde estaba la verdad y dónde estaba la mentira" 359
Entrevista a Edith García Buchaca, 30 de abril de 2012. Enrevistada por Abel Sierra Madero
Editada por Lillian Guerra

Book Reviews

History

Tiffany Sippial, *Prostitution, Modernity, and the Making of the Cuban Republic, 1840–1920*. Chapel Hill: University of North Carolina Press, 2013. Reviewed by Bonnie A. Lucero 377

Ada Ferrer, *Freedom's Mirror: Cuba and Haiti in the Age of Revolution*. New York: Cambridge University Press, 2014. Reviewed by Melanie Newton 379

Christina Abreu, *Rhythms of Race: Cuban Musicians and the Making of Latino New York City and Miami, 1940–1960*. Chapel Hill: University of North Carolina Press, 2015. Reviewed by Elizabeth Schwall 381

Alfred J. López, *José Martí: A Revolutionary Life*. Austin: University of Texas Press, 2014. Reviewed by Emilio Bejel 384

Ernesto Chávez Álvarez, *Maestro voluntario (Memorias de un maestro rural: Vol. 1)*, edited by Rolando García Milián. Gainesville, FL: Milián Books, 2014; Ernesto Chávez Álvarez, *Maestro rural (Memorias de un maestro rural: Vol. 2)*, edited by Rolando García Milián. Gainesville, FL: Milián Books, 2014. Reviewed by Rafael Rojas 386

Catherine Murphy, dir., *Maestra: Un cantar de gesta*. USA, 2012, 33 minutes, color, DVD, Spanish, English subtitles. Reviewed by Luciano Castillo 389

Alberto Prieto Rozos, *Visión íntegra de América*. La Habana: Editorial de Ciencias Sociales, 2012. Reviewed by René Villaboy Zaldivar 391

Culture and Society

Jorge Duany, ed., *Un pueblo disperso: Dimensiones sociales y culturales de la diáspora cubana*. Valencia, Spain: Aduana Vieja Editorial, 2014. Reviewed by Daniel J. Fernandez-Guevara 397

Orlando Luis Pardo Lazo, ed., *Generation Zero: An Anthology of New Cuban Fiction*. Pittsburgh, PA: Sampsonia Way Magazine, 2014. Reviewed by Walfrido Dorta 399

Fernando García del Río, *La isla de los ingenios*. Madrid: Ediciones Península, 2015. Reviewed by Rebecca L. Salois 401

Duanel Díaz Infante, *La revolución congelada. Dialécticas del castrismo*. Madrid: Verbum, 2014. Reviewed by Antonio Cardentey Levin 403

Moshe Morad, *Fiesta de diez pesos: Music and Gay Identity in Special Period Cuba*. Surrey, UK: Ashgate, 2014. Reviewed by María Antonia Cabrera 406

Umi Vaughan, *Rebel Dance, Renegade Stance: Timba Music and Black Identity in Cuba*. Ann Arbor: University of Michigan Press, 2012. Reviewed by Sarah Town 408

Maria-Carolina Cambre, *The Semiotics of Che Guevara: Affective Gateways*. London: Bloomsbury, 2015. Reviewed by Jennifer Lambe 410

Contributors 413

On the Cover 417

Nota del editor

Creo que lo más importante a destacar en nuestro trabajo editorial durante el último año es que hemos logrado estabilizar el cronograma de producción de *Cuban Studies*, que vuelve a ser lo que siempre fue en sus mejores tiempos: un anuario con fechas predecibles y confiables de publicación. El número de trabajos remitidos a la revista se ha incrementado considerablemente. Junto a ello, inevitablemente, ha decrecido la tasa de aceptación de trabajos para su publicación. El ser más selectivos nos permite trabajar de manera cuidadosa con nuestros autores para revisar sus textos y ofrecer artículos de la mayor calidad posible.

Cuba ha estado en las noticias con frecuencia, entre otras cosas porque se ha cumplido un año desde que los presidentes de los Estados Unidos y de Cuba hicieran pública su decisión de restablecer las relaciones diplomáticas y de empezar el camino, lento y necesario, de la normalización de relaciones entre los dos países. El primer aniversario de dichas declaraciones ha generado numerosas reflexiones y artículos de opinión sobre lo que está sucediendo en Cuba, muchos de los cuales intentan tomar el pulso de los cambios, producir titulares pegajosos y atractivos e informar a turistas potenciales o actuales. Nuestro propósito, desde luego, es otro. Como expresa Richard Feinberg en una reseña publicada en el número más reciente (enero–febrero 2016) de *Foreign Affairs*, nuestra revista "draws on scholarship from Cuba and around the world to make this multidisciplinary journal a must-read for those looking beyond the headlines for a deeper understanding of the rapid changes taking place on the island." Precisamente. La Cuba que nos interesa pensar desde estas páginas no es la Cuba fácil, exótica y soleada, de los "headlines" periodísticos. A nosotros nos interesa aproximarnos a Cuba a través de lo que José Jasán Nieves, en una reseña publicada en la importante plataforma digital Cuba Posible, denomina "el ángulo ancho de las lecturas académicas sobre temas cubanos," una mirada que intenta "problematizar a Cuba y sus circunstancias."

Esto no impide, desde luego, que algunos de los trabajos que publicamos encuentren eco en titulares periodísticos. El texto sobre mortalidad infantil de Roberto González publicado en CS 43, por ejemplo, fue discutido en varios medios de prensa. La periodista Nora Gámez Torres, de *El Nuevo Herald*, le dedicó un artículo titulado "La mortalidad infantil en Cuba: Un mito bajo la lupa." La reseña publicada por *Cuba Posible*, en cambio, destaca el estudio de Sergio Diaz-Briquets sobre el envejecimiento de la población cubana y el análisis de Alejandro Portes y Aaron Puhrmann sobre la bifurcación de la comunidad cubana en el sur de la Florida en términos de ingresos y las sombrías implicaciones que esto tiene para el futuro de las remesas cubanas. En cada caso, se trata de textos polémicos. Pero lo importante a destacar aquí es que se trata de estudios serios y bien fundamentados. Lo que hace *Cuban Studies* es someterlos a las estudiosas y estudiosos del mundo entero para su consideración y análisis.

El presente número tampoco es ajeno a la polémica. El dossier sobre constitucionalismo, coordinado por Julio César Guanche, toca uno de los temas más complejos e importantes de la historia política cubana y de sus proyecciones futuras: el de los fundamentos institucionales y jurídicos de la nación. Es un tema inseparable de palabras claves como *derechos*, *ciudadanía*, *inclusión*, *género*, *raza*, *nación* y muchos más. Algunas de estas palabras infiltran también las contribuciones de nuestro otro dossier, dedicado a la historia de la salud pública cubana. Los historiadores de la medicina y la salud pública han comenzado a rescribir esa historia y a destacar, en el proceso, que el acceso a la salud era reclamado como un derecho ciudadano —y se había transformado en un deber estatal— desde el período republicano.

Para terminar, una nota de felicitación para Pedro de Oraá, Premio Nacional de Artes Plásticas en el 2015. Con Pedro me encontré hace no mucho en la sede de la UNEAC, para conversar sobre el logo de Grupo Antillano, que el diseñó hace más de treinta años. Todavía me debe una explicación del por qué de esos círculos rojos y concéntricos, aunque tengo la impresión de que mi pregunta no venía al caso. Miembro del legendario grupo artístico Diez Pintores Concretos (1958–1961), la nota oficial del premio destaca que Oraá "hizo del abstraccionismo una depurada expresión y una militancia estética."

CUBAN STUDIES 45

DOSSIER 1: HACIA UNA NUEVA CONSTITUCIÓN

JORGE I. DOMÍNGUEZ

Constitución y constitucionalismo en Cuba: Introducción al dossier y reflexiones

RESUMEN

Este artículo presenta reflexiones sobre los demás artículos en este *dossier* de *Cuban Studies*. Desarrolla cuatro temas. Uno es la ubicación de cualquier constitución en la conversación implícita entre el presente y el futuro, lo cual requiere meditar sobre el mecanismo formal de enmienda constitucional. Otro es el propio texto constitucional. ¿Cuál es la relación entre las partes fundamentales de cualquier constitución, y en particular de la cubana, para comprender su funcionamiento apropiado? Y, ¿cuál es la relación entre ese texto constitucional y el país que gobierna? En el tercer acápite se examina la constitución vigente desde la perspectiva del derecho comparado. ¿Cómo se parece, o se distingue, la carta magna cubana de otras que fueron adoptadas o modificadas durante el último cuarto del siglo anterior y del comienzo del siglo actual? El cuarto aspecto trata de la relación entre la constitución vigente y sus predecesoras, considerando los procedimientos de deliberación que desembocaron en su adopción inicial.

ABSTRACT

This article reflects upon the other articles in this *Cuban Studies* dossier. It focuses on four topics. First is the location of any constitution in an implicit conversation between the present and the future, which requires an analysis of the formal means to amend the constitution. The second topic focuses on the constitutional text. What is the relationship between the fundamental segments of any constitution, Cuba's in particular, in terms of understanding its proper functioning? And what is the relationship between this constitutional text and the country that it governs? The third section examines the current constitution from the perspective of comparative law. In what ways is Cuba's constitution similar to, or different from, others that were adopted or amended during the last quarter of the past century and the start of the current century? The fourth section discusses the relationship between the current constitution and its predecessors, focusing on the means of deliberation that led to the constitution's initial adoption.

Los artículos en este dossier, organizado por iniciativa de Julio César Guanche, representan un loable intento de ponderar diversos aspectos de la Constitución vigente en Cuba. Este equipo académico ha laborado sobre cuatro temas. Uno es la ubicación de cualquier constitución en la conversación implícita entre el presente y el futuro, lo cual requiere meditar sobre el mecanismo formal de enmienda constitucional. Otro es el propio texto constitucional. ¿Cuál es la relación entre las partes fundamentales de cualquier constitución, y en particular de la cubana, para comprender su funcionamiento apropiado? Y, ¿cuál es la relación entre ese texto constitucional y el país que gobierna? El tercer tema examina la constitución vigente desde la perspectiva del derecho comparado. ¿Cómo se parece, o se distingue, la carta magna cubana de otras que fueron adoptadas o modificadas durante el último cuarto del siglo anterior y del comienzo del siglo actual? El cuarto tema trata de la relación entre una constitución vigente y sus predecesoras, considerando los procedimientos de deliberación que desembocaron en su adopción inicial.

Las ponencias que ahora se publican se presentaron, en primera instancia, durante el Congreso Internacional de LASA (Latin American Studies Association) que se reunió en San Juan, Puerto Rico, en mayo de 2015. Aprendo de la sabiduría de mis colegas autores, y valoro sus textos de este dossier. Aporto simplemente unas reflexiones que le faciliten al lector, principalmente a quien no sea abogado o jurista —yo tampoco lo soy[1]— comprender la utilidad de estos artículos que *Cuban Studies* ahora publica. La organización de mi breve artículo sigue los cuatro acápites mencionados en el párrafo anterior.

El pacto intergeneracional

¿Cuáles deben ser los propósitos de cualquier constitución? Una constitución afirma los derechos de los ciudadanos que la autorizan, y que ella rige, y organiza los órganos del Estado, y las relaciones entre ellos y la ciudadanía. Crea espacios de acción y un orden para el desempeño de tales acciones. Una constitución es, además, un pacto entre generaciones, que se refleja en los procedimientos constitucionalmente establecidos para enmendar la constitución. El artículo de Julio Antonio Fernández Estrada en este dossier trata esta cuestión fundamental.

Consideremos, por hipótesis, dos generaciones. Una es la generación del presente y la otra es la generación del futuro. En un pacto intergeneracional, la generación del futuro reconoce los valores históricos de la generación del presente, y respeta las reglas establecidas por los del presente en una constitución. Ese reconocimiento y respeto no quedan en el aire. La generación del futuro acepta que debe ser difícil modificar la constitución, legado que hereda de la generación del presente. Esa dificultad se encuentra en el instrumento operativo que, en casos concretos, puede permitir el reemplazo de la constitución, o su modificación con mayor o menor afectación sobre ella. Suele ser típico que una enmienda constitucional requiera, para que sea adoptada, una mayoría parlamentaria calificada que siempre exceda una simple mayoría, por ejemplo, una aprobación por dos-terceras partes de los parlamentarios. En otros casos, una enmienda constitucional requiere un plebiscito nacional para que sea aprobada por la ciudadanía. En diversas instancias, se exige tanto el apoyo del parlamento por mayoría calificada así como un plebiscito. Y en estados federales, se suele exigir adicionalmente la ratificación por una mayoría, simple o calificada, de la unidades conforman la federación.

A su vez, la generación del presente también incurre obligaciones acorde a este pacto intergeneracional. La generación del presente reconoce que las circunstancias cambian a través del tiempo, y por tanto respeta el derecho de la generación del futuro de modificar o de remplazar la constitución adoptada por la generación del presente.

Diversos aspectos de este pacto intergeneracional ya existen en la Constitución de la República de Cuba, según su última modificación en 2002, en su artículo 137. Por ejemplo, la Constitución permite la adopción de enmiendas, mediante lo cual se observa el respeto de la generación del presente por los derechos de la generación del futuro. El mismo artículo 137 exige que cualquier enmienda constitucional sea aprobada por una votación de dos-terceras partes del número total de integrantes de la Asamblea Nacional del Poder Popular, mediante lo cual se observa el respeto de la generación del futuro por los derechos y méritos de la generación del presente. En caso de una reforma constitucional fundamental, que modifique los poderes de la Asamblea Nacional o del Consejo de Estado, o los derechos y deberes de los ciudadanos, tal enmienda requeriría, además, la votación a favor de la mayoría de los ciudadanos con derecho electoral, que es un elemento adicional del respeto de la generación del futuro frente a las decisiones de la generación del presente.

Viola, sin embargo, el artículo 137, según su modificación en 2002, el pacto intergeneracional cuando insiste que no se puede reformar "lo que se refiere al sistema político, social, y económico" que poseen un carácter "irrevocable." Un pacto intergeneracional como el que existía en la constitución cubana, a partir de la adopción original en 1976 y su modificación a fondo en 1992, imponía ya difíciles barreras a una enmienda constitucional, es decir, la votación calificada en la Asamblea Nacional y el plebiscito nacional en circunstancias que planteen precisamente la reforma del sistema político, social, o económico. Pero se rompe ese pacto intergeneracional cuando se intenta anular los derechos plenos de la generación del futuro de modificar la carta magna, como permitía la Constitución adoptada en 1976 en su artículo 141 y la reformada en 1992 en su artículo 137.

Es posible considerar, además, que la reforma del 2002 no cumplió con los requisitos establecidos por la Constitución de 1992, que pretendía enmendar. Es imposible creer que pueda existir algún cambio más medular a los "derechos y deberes consagrados en la Constitución" que la prohibición total de reformar el sistema político; según la Constitución vigente en 2002, tal modificación requería una votación de la ciudadanía. No hubo tal votación; hubo una consulta popular bajo la égida de los Comités de Defensa de la Revolución, que no es lo que preveía la Constitución para cualquier enmienda fundamental. Adolece, pues, la reforma de 2002 de atentar contra los derechos de los ciudadanos del futuro y de no haber sido adecuadamente aprobada.

Surge una duda adicional con relación a la enmienda de 2002, al que también se refiere el artículo de Rafael Rojas en este dossier. Si es irrevocable el sistema económico, ¿cómo se explica constitucionalmente la implantación de un "socialismo próspero y sostenible," célebre frase del Presidente Raúl Castro? La Constitución de 1976 parecía prohibir la inversión extranjera directa y la presencia de empresas transnacionales que, en años posteriores a la enmienda de 2002, parecen ser ya un motor de la nueva economía cubana. El mismo empleo por cuenta propia, que ya en diversos casos permite empresas no-estatales de cierto tamaño, parecería haber quedado fuera del marco constitucional en 1976. ¿Fue o no fue la bienvenida a las empresas transnacionales y al empleo por cuenta propia una reforma fundamental del sistema económico? Cuba ya salió del socialismo burocrático que prevaleció antes de 1990. ¿Es la nueva zona de Mariel, que busca atraer a empresas transnacionales bajo un marco especial aún más alejado de la empresa estatal burocratizada, enemiga de la Constitución? ¿O son todas estas reformas respuestas sensatas a las cambiantes circunstancias del devenir económico de Cuba?[2]

Hay otra duda final con relación a la posibilidad de reforma según el artículo 137 de la Constitución de 2002. ¿Quién decide si se puede o no se puede adoptar una reforma al "sistema político, social, y económico"? La misma Constitución indica (artículo 75c) que es una atribución de la Asamblea Nacional "decidir acerca de la constitucionalidad de las leyes, decretos-leyes, decretos, y demás disposiciones generales." Eso puede explicar cómo llegó Cuba al "socialismo próspero y sustentable," con empresas transnacionales y empresas no-estatales nacionales de dimensión pequeña y mediana, sin violentar el artículo 137 de la Constitución reformada en el 2002.

Así como la reforma del 2002 no fue una reforma fundamental (si lo hubiera sido, un plebiscito habría sido imprescindible, pero no lo hubo), parece que tampoco estos otros cambios constituyen una reforma fundamental del sistema económico de un irrevocable socialismo. Se pueden adoptar estos cambios importantes sin que surjan objeciones constitucionales. La Asamblea Nacional determinó que lo anteriormente impensable puede ahora regir al país.

Si la Asamblea Nacional dispone del poder de determinar la constitucionalidad de sus propias acciones, incluyendo estos importantísimos cambios del sistema económico, entonces el artículo 137 modificado en 2002 ya es nulo desde su adopción inicial.

La coherencia de la constitución vigente

El artículo de Amalia Pérez Martín en este dossier nos exige una reflexión sobre la coherencia interna de la constitución vigente en Cuba. Determina Pérez Martín un elemento fundamental: solamente el pueblo puede, en última instancia, ejercer la soberanía. Se remonta a un análisis basado en su conocimiento del derecho romano, que subraya el valor de un gobierno que sea colegiado, reconozca la dimensión temporal su ejercicio del poder, y sea por tanto responsable ante la ciudadanía de la cual su poder depende. ¿Es internamente coherente la Constitución en estos aspectos? A su vez, el artículo de Rafael Rojas en este dossier plantea un segundo aspecto con relación a coherencia, es decir, entre la Constitución y la cambiante situación económica y social del país.

El único soberano es el pueblo, que es inherentemente heterogéneo, con mujeres y hombres, personas de mayor o de menor educación, enfrascados en diversas labores, viviendo su juventud o su vejez, encarando dramáticos cambios demográficos, y con deseos, esperanzas, sufrimientos, y preocupaciones necesariamente diversos. Ese pueblo soberano transita por su historia y posee experiencias de mayorías necesariamente coyunturales y transitorias. Ese pueblo soberano, por supuesto, puede cambiar sus criterios. Más allá de la reforma de la Constitución, ya discutida anteriormente, ¿cómo considerar esos posibles cambios de criterios, de coyuntura a coyuntura, de tiempo a tiempo, en el contexto del mismo marco constitucional? Pérez Martín llama atención, por tanto, a procedimientos para la revocación de instrumentos legalmente adoptados en algún momento y la declaración de inconstitucionalidad.

Ya mencioné en la sección anterior que la Constitución, en su artículo 75c, determina que una de las atribuciones de la Asamblea Nacional es decidir sobre cuestiones constitucionales. Pero, Pérez Martín nos recuerda, la Asamblea Nacional nunca ha ejercido tal control constitucional. Una primera dificultad es que esa normativa convierte a la Asamblea Nacional en juez y parte en cualquier posible declaración de inconstitucionalidad, inclusive de su propia legislación, por lo que no sorprende que haya evitado ese acto de malabarista. En general, por supuesto, la Asamblea Nacional no debería ser, aunque sí sea, fuente de ley y control de sus propias acciones.

Pero, ¿es posible que no hubiera en treinta y cinco años decretos-leyes, decretos o resoluciones ministeriales que merezcan haber sido declaradas inconstitucionales? En estos casos, la Asamblea Nacional estaría evaluando la labor no de sí misma sino de otros órganos del gobierno y del Estado. Recordemos que las resoluciones ministeriales no surgen de un proceso colegiado, sino de un proceso burocrático; tampoco resultan de una deliberación pública que observe, matice, critique, modifique, o exija una formulación lógica, un encaje bien fundamentado con procedimientos anteriores, y una base empírica para su funcionamiento. No implican ni requieren tales resoluciones una rendición de cuentas frente a un pueblo soberano, ni siquiera frente a su Asamblea Nacional, con las ocasionales excepciones en que un Ministro rinde cuentas de su labor general, no de una resolución particular. Es asombroso que la proliferación de decretos-leyes, decretos, y resoluciones no haya conducido a la Asamblea Nacional a ejercer su control constitucional.

La relación entre la Asamblea Nacional y el Consejo de Estado es también problemática. La Constitución presume que la Asamblea Nacional está en la cima de la autoridad constitucional. La Asamblea Nacional puede exigir que el Consejo de Estado rinda cuentas de su labor, pero los parlamentarios solamente pueden ejercer este poder durante los muy pocos días al año cuando se reúnen en plenaria. De hecho, como señala Pérez Martín, el Consejo de Estado ha venido sustituyendo a la Asamblea Nacional. La Asamblea Nacional posee un carácter no permanente y no profesional; los Diputados le dedican poco tiempo, y no logran especializarse y profundizar sobre los temas por considerar. El Consejo de Estado combina la permanencia de su actividad legislativa frente a los larguísimos intervalos entre plenarias de la Asamblea Nacional, con los poderes ejecutivos del Consejo de Estado, ejerciendo ambos poderes legislativos y ejecutivos mediante los decretos-leyes que emite el Consejo de Estado y que la Asamblea Nacional ha simplemente aceptado sin modificaciones o cuestionamientos.

Dada la insistencia revolucionaria en el carácter democrático del sistema político cubano, es también asombroso que la Asamblea Nacional abandone su función legislativa *de facto* al Consejo de Estado. La Asamblea Nacional podría fortalecer sus comisiones para ejercer mejor su función constitucional de "control" sobre los demás órganos del Estado y del gobierno. Esas comisiones podrían reunirse con mayor frecuencia, no solamente durante los pocos días que anteceden a una reunión plenaria del parlamento, y podrían interpelar a los Ministros u otros funcionarios con mayor frecuencia, profundidad, y agudeza investigativa. La Asamblea Nacional puede consultar el Tribunal Supremo Popular para que opine sobre la constitucionalidad de diversos instrumentos legales. Aunque solamente le corresponda a la Asamblea Nacional decidir sobre la constitucionalidad de decretos-leyes, decretos, y resoluciones, nada impide que la Asamblea Nacional se asesore profesionalmente del Tribunal Supremo, cuyos miembros ella elige, y que le solicite que opine sobre los asuntos que le competen a la Asamblea Nacional.

La coherencia constitucional exige que la Asamblea Nacional ejerza su poder formal y sus responsabilidades frente a otros órganos del Estado y del gobierno, y tal labor requiere mayor tiempo en el desempeño parlamentario, probablemente mediante las comisiones de la Asamblea Nacional durante el transcurso del año, y mayor capacidad profesional, que puede emanar mediante consultas explícitas al Tribunal Supremo.

Al abdicar *de facto* la Asamblea Nacional sus responsabilidades constitucionales, impide así que un gobierno colegiado represente la heterogeneidad ciudadana. Al no ejercer un verdadero control sobre el Consejo de Estado y otros órganos del gobierno y del Estado, deja la Asamblea Nacional de reconocer la dimensión temporal del ejercicio del poder, que presupone la derogación en algún momento, inclusive por inconstitucionalidad, de algunos decretos-leyes, decretos, y resoluciones. Como resultado, la Asamblea Nacional no cumple con su obligación de ser responsable frente al pueblo soberano, ni con su deber de obligar a los demás órganos del gobierno y del Estado que lo sean igualmente.

La coherencia constitucional, y la relación entre la Constitución y los cambios económicos ya en curso, plantean otra pregunta: ¿qué puede ser reformable para promover esta segunda dimensión de coherencia, es decir, entre la Constitución y el país que rige? Este tema también aparece en la obra de Rafael Rojas en este dossier. Evidentemente, ya ha sido posible, a partir de la reforma constitucional de 1992, modificar el régimen de propiedad. Y una consecuencia de la adopción de los Lineamientos como programa del Partido Comunista de Cuba y orientación general y explícita de la política del gobierno es que también resulta constitucionalmente legítimo que funcionen en Cuba empresas no estatales, pequeñas si sus dueños son cubanos y transnacionales en el caso de las empresas mixtas. Esto implica que la Asamblea Nacional se ha sentido segura de la constitucionalidad de estas medidas, independientemente de las salvedades insertadas en la Constitución en el 2002. La propiedad exclusivamente estatal de las empresas ya no define al socialismo en Cuba, nos recuerda Rojas.

Si resulta ser tan constitucionalmente flexible la introducción de notables modificaciones en el régimen económico, ¿podría ocurrir lo mismo con relación al régimen político? Rojas propone cambios a los artículos 53 y 54 de la Constitución vigente, es decir, los que tratan sobre la libertad de palabra y los derechos de reunión, manifestación, y asociación. La versión actual indica que se ejercen esos derechos mediante los medios de comunicación estatales y las organizaciones de masas y sociales, respectivamente. Una simple opción es eliminar esa precisión empírica con relación a los medios para ejercer esos derechos constitucionales. Otra opción es añadir que la sociedad cubana cuenta ya con otras organizaciones no gubernamentales y medios no afiliados al Estado para ejercer tales derechos. De tal manera, se extendería la legitimidad constitucional a nuevas esferas de la sociedad civil, dilatando la autonomía reconocida en los pertinentes artículos constitucionales.

Añadiría yo que el artículo 53 ya incluye el precepto que "la ley regula el ejercicio de estas libertades," y el modificado artículo 54 podría incorporar una oración similar. El artículo 55, que reconoce la libertad de conciencia y de religión, puede servir de paralelo. Cuba, a diferencia de la República Popular

China, nunca estableció cultos religiosos que reconoce y que distingue de los cultos religiosos que no reconoce. El artículo 55 parte del criterio que ya hay "instituciones religiosas" en Cuba, que el Estado también respeta, y el mismo artículo 55 señala que "la ley regula las relaciones del Estado con las instituciones religiosas." Como símil, esa misma fórmula puede aplicarse a los artículos 53 y 54, extendiendo el reconocimiento a la sociedad civil y regulando por ley sus relaciones con el Estado. Por ejemplo, el arzobispado de La Habana comenzó a publicar su revista, *Palabra Nueva*, en 1992. Cabe ya, presumo, como "propiedad . . . social" en el artículo 53 sobre la prensa. Igualmente podría ampliarse para permitir otras publicaciones auspiciadas por asociaciones civiles, sin fin de lucro, bajo la regulación de la ley. Diversas publicaciones científicas y académicas caben bien bajo este nuevo posible diseño constitucional. Esta ampliación del marco regulatorio para la sociedad civil corresponde a los cambios sociales que han venido ocurriendo en Cuba, y a una visión más flexible de lo posible y permisible en un socialismo sustentable.

La constitución cubana en el ámbito latinoamericano

En su artículo en este dossier, Roberto Gargarella medita sobre los procesos de reformas constitucionales en diversos países latinoamericanos durante la segunda mitad del siglo XX y comienzos del XXI. Señala que América Latina fue pionera en la reformas constitucionales que expandieron los derechos sociales, económicos, y culturales. Gargarella observa, sin embargo, que faltó una reforma de la organización de los poderes del Estado. Por tanto, las constituciones latinoamericanas, por décadas caracterizadas por lo que Gargarella llama híperpresidencialismo, retuvieron ese carácter y, en sus versiones más recientes, se intentó justificar la persistencia del híperpresidencialismo como garantía que ahora sí se cumplirían los constitucionalmente ampliados derechos ciudadanos: un presidente fuerte impondría esos derechos. Gargarella insiste, por lo contrario, que ese híperpresidencialismo es antidemocrático, y que institucionaliza un sistema político represivo que limita la participación ciudadana en vez de facilitarla. Gargarella se preocupa en particular sobre procesos diacrónicos de cambios constitucionales, es decir, distintas partes de una constitución se modifican en diversos momentos, a diferencia de cambios sincrónicos, típicos de una modificación total de la constitución o de su diseño inicial que afectan necesariamente a las diversas partes de la constitución.

Aplicando su esquema al constitucionalismo en Cuba, Gargarella indica que, al igual que en demás países del continente, hubo una notable expansión de derechos sociales y económicos plasmados en la constitución a lo largo de la trayectoria de las constituciones de 1901, 1940 y 1976. A partir de la Constitución de 1976, Gargarella anota que se torna omnipotente el poder del ejecutivo, y en particular del Presidente Fidel Castro, justificado como garantía que sí se cumplirían los derechos sociales y económicos plasmados en la constitución. Surge, según Gargarella, una ruptura entre las dos partes de la Constitución; la abrumadora concentración de poder en el ejecutivo nacional impedía que cualquier otro mecanismo para ejercer poder pudiera realmente funcionar. La democratización en el ejercicio del poder en Cuba requeriría, siguiendo la lógica de este análisis, una desconcentración y reducción del poder presidencial.

Reflexionando sobre el interesante análisis de Gargarella, es menester señalar que el híperpresidencialismo en Cuba, a diferencia de lo ocurrido en muchos otros países del continente, no fue producto de reformas diacrónicas, cambiando una parte de la constitución sin la otra. La Constitución de 1976 fue totalmente nueva, y la construcción sincrónica de sus partes normativas y orgánicas produjo el híperpresidencialismo. Sin embargo, la reforma constitucional de 2002 sí fue un proceso diacrónico. Esa reforma cercena los derechos de la generación del futuro de modificar la constitución mientras que retiene los poderes omnímodos del ejecutivo, que ahora se justifican más para impedir que se ejerzan derechos ciudadanos en un futuro.

Vinculando estas observaciones con las propuestas de Rafael Rojas y el análisis de Amalia Pérez Martín, discutidos en la sección anterior, sería más deseable, si se genera mayor latitud en el ejercicio de los derechos sociales y políticos, modificar sincrónicamente también el papel de la Asamblea Nacional. Una sociedad civil más amplia, bajo un marco constitucional más flexible, podría entrelazarse con un mayor activismo por parte de las comisiones de la Asamblea Nacional, y una mayor permanencia en el desempeño de sus labores. Requeriría pensar en más detalle sobre los reglamentos internos de la Asamblea Nacional y la Ley Electoral para vincular modificaciones en ambas grandes partes de la Constitución que orienten al país hacia rumbos más democráticos de participación y hacia un ejercicio más participativo del poder.

La deliberación política para una constitución deseable

¿Responde una constitución a los deseos del pueblo soberano, deseos que manifiesta y ejerce mediante un ponderado debate y deliberación pública? El artículo de Julio César Guanche en este dossier se formula implícitamente esa pregunta, y hurga en los orígenes de la Constitución de 1940 en busca de su interesante respuesta. Guanche demuestra resultados impresionantes de esa deliberación y debate público:

- El texto constitucional de 1940 reconoció las demandas y aspiraciones de justicia. Hubo por tanto una estrecha relación entre la expresión de deseos y la formulación de un texto deseado.
- La acción colectiva y el debate público en 1940 fueron fruto de una ya ampliada sociedad civil, y a su vez esas acciones y esos debates ampliaron y

fortalecieron más a esa pujante sociedad civil. Resultó ser un proceso político eficaz y deseado al mismo tiempo.

- Se formó un genuino y tangible consenso plural en 1939 y 1940 en el debate político y en la Convención Constituyente. Hacendados, industriales, y líderes sindicales participaron en el debate y en la Convención, así como conservadores y comunistas y políticos de todos los colores ideológicos. A pesar de discrepantes puntos de partida, coincidieron en medidas importantes como la adopción de una moratoria hipotecaria.
- También plural fue el debate y el consenso que aprobó el precepto constitucional que la discriminación racial es un delito. Hubo mayor diversidad de criterios sobre cómo tratar el problema racial, pero se cumplió la satisfacción de la aspiración de justicia, mediante el debate público y la acción colectiva, para lograr el consenso que produjo el texto constitucional en esta materia clave para una sociedad como la cubana.

Sin embargo, tomemos nota también tres aspectos adicionales:

- Por loable que fueron el debate y la deliberación y sus resultados textuales, la Constitución de 1940 se cumplió sólo parcialmente tanto en términos del eficaz ejercicio de los derechos ciudadanos como en el funcionamiento real del Estado y del gobierno.
- La aprobación de la moratoria hipotecaria respondió a la presión de los intereses de unas doscientos mil personas en un país cuya población rondaba los cuatro millones. Los más pobres nunca tuvieron el lujo de obtener una hipoteca. La moratoria hipotecaria protegió a quienes ya tenían medios para que un banco les otorgara una hipoteca, y ya tenían poder para persuadir a comunistas y conservadores que merecían tal protección política. Se fortaleció el poder de quienes ya lo poseían en alguna medida.
- La Constitución de 1940 proclamó el delito de discriminación racial pero retuvo la prohibición de organización de un partido político que intentara la representación racial. Esa prohibición, que data de comienzos del siglo y cuya manifestación sangrienta fue la supresión del Partido Independiente de Color en la breve guerra civil de 1912, es un ejemplo de un pacto intergeneracional respetado. Los regímenes republicanos posteriores y la Constitución vigente en 2016, prohíben tal partido.[3] La Constitución vigente permite solamente un partido político, es decir, el Partido Comunista de Cuba.

El muy acertado análisis de Guanche resalta el valor de la deliberación y del debate. Simplemente recordemos que fuera del consenso surgido de esos debates quedó la libertad de asociación que permitiera el establecimiento de un partido de representación racial para proteger a los desprotegidos; que parte del consenso surgido logró la protección, mediante la moratoria hipotecaria, de quienes ya poseían una cuota de poder; y que a pesar de lo loable de las deliberaciones políticas, resultaron ser insuficientes para construir los mecanismos que lograren que la Constitución de 1940 verdaderamente se cumpliera.

Conclusión

La Constitución de la República de Cuba, en su preámbulo, cita a José Martí: "Yo quiero que la ley primera de nuestra República sea el culto de los cubanos a la dignidad plena del hombre." Los artículos de este dossier coinciden con ese criterio. Señalan la importancia de reconocer y respetar el pacto intergeneracional que permita que la generación del futuro, portavoz de la dignidad de la República, pueda ejercer su derecho de modificar la Constitución en sus aspectos fundamentales, si así lo estima pertinente. Insisten en la importancia de la coherencia constitucional sincrónica para que correspondan eficaz y democráticamente las partes clave de la Constitución: la garantía de los derechos y la dignidad ciudadana y el funcionamiento del Estado como instrumento para lograrlo. Esa coherencia, además, argumentan los autores en el dossier, requiere restablecer y fortalecer el papel fundamental de la Asamblea Nacional como órgano superior del Estado, como instrumento para controlar a las instancias inferiores, y como sendero hacia un futuro de cambios que exija la responsabilidad y la rendición de cuentas frente a un pueblo digno y soberano. Coinciden, finalmente, en la importancia de un debate público, de una amplia deliberación, de una dilatación de los espacios para una vibrante sociedad civil, y de la importancia fundamental de proveer los mecanismos y de fortalecer las capacidades que permitan el ejercicio participativo y democrático de los derechos de ese pueblo digno y soberano.

NOTAS

1. Sin embargo, he publicado un artículo sobre la Constitución vigente en Cuba en *Cuba hoy: Analizando su pasado, imaginando su futuro* (Madrid: Editorial Colibrí, 2006), capítulo 13; versión en inglés, *A Constitution for Cuba's Political Transition: The Utility of Retaining (and Amending) the 1992 Constitution* (Miami: Cuba Transition Project, Institute for Cuban and Cuban-American Studies, University of Miami, 2003); el anexo de ese folleto incluye un ejemplo de enmienda constitucional sincrónica, artículo por artículo. Mi texto está disponible también en el sitio http://ctp.iccas.miami.edu/Research_Studies/JDominguez.pdf, y su anexo en http://ctp.iccas.miami.edu/Research_Studies/JDominguezAnexo.doc.

2. Para una descripción de las reformas económicas y sus resultados bajo la presidencia de Raúl Castro, véanse dos artículos de Omar Everleny Pérez Villanueva, "La economía cubana: Evaluación y propuestas de cambios necesarios en las políticas," 33–55, e "Inversión extranjera directa en China, Vietnam y Cuba: Experiencias pertinentes para Cuba," 206–244, ambos en *Desarrollo económico y social en Cuba: Reformas emprendidas y desafíos en el siglo XXI* (México, DF: Fondo de Cultura Económica, 2013).

3. Sobre este importante tema, véase Alejandro de la Fuente, *A Nation for All: Race, Inequality, and Politics in Twentieth-Century Cuba* (Chapel Hill: University of North Carolina Press, 2001).

ROBERTO GARGARELLA

The "Engine Room" of the Constitution (with Some Particular Attention to the Cuban Case)

ABSTRACT

In the past century, most constitutions experienced an explosive expansion of their declarations of rights. The rights section of our constitutions has changed and grown dramatically, but this fundamental innovation has not been accompanied by equivalent and consequent changes in our constitutions' organization of powers. The intuition that guides this approach is that changes introduced in one part of a constitution call for corresponding adjustments to other parts of the constitution, so as to make things consistent and allow those parts to continue working together. In this article I claim that, as in any other hyperpresidentialist country, Cuba's civil society needs to regain control of basic public affairs. This would require the introduction of certain changes, including to the organization of power, and particularly changes in the Executive Power, so as to make the democratization of power possible and the enforcement of rights independent of the will of one or a few.

RESUMEN

En el ultimo siglo, una mayoría de constituciones experimentaron cambios explosivos en sus declaraciones de derechos. La sección de derechos de nuestras constituciones creció de modo dramático, pero estas innovaciones fundamentales no fueron acompañadas por cambios equivalentes en la organización de los poderes de tales constituciones. La intuición que guía este enfoque es que los cambios introducidos en una parte de una constitución requieren ajustes en otras partes, para que las partes sean consistentes entre sí. En este artículo sostengo que en Cuba, como en otros países híperpresidencialistas, la sociedad civil requiere recuperar control sobre los asuntos públicos. Esto exige, a su vez, la incorporación de ciertos cambios, incluyendo cambios en la organización del poder —y particularmente cambios en la organización del Poder Ejecutivo—, de tal modo que facilite la democratización del poder, y haga que la aplicación de derechos sea independiente de la voluntad de uno o unos pocos individuos.

Interrelated Constitutional Changes

In the past century, most constitutions experienced an explosive expansion in their declarations of rights. The rights section of our constitutions has changed and grown dramatically, but this fundamental innovation has not been accompanied by equivalent, consequent changes in constitutions' organization of powers. The intuition that guides my argument is based on the assumption that the different parts, articles, and/or sections of a constitution are interrelated and that, consequently, what one does or not concerning one portion of the constitution has an impact on the rest of it—that is, changes introduced in the rights section of a constitution have an impact on the organization of powers, and vice versa. The idea, then, is that changes introduced in one part of the constitution call for corresponding adjustments in other parts of the constitution, so as to make those parts consistent and allow them to continue working together.

An obvious example of this is the following. Imagine that Spain wants to change its article 38, which reads like this:

> Free enterprise within the framework of a market economy is recognized. The public authorities guarantee and protect its exercise and the defense of productivity in accordance with the demands of the general economy, and as the case may be, in keeping with planning.

If Spain wanted to renounce to its constitutional commitments to "free enterprise" and a "market economy," to go for a more centralized, socialist economic model, then it should not only change article 38 but also adjust the rest of the Spanish Constitution accordingly. Typically, it should include changes in its declaration of rights, particularly references to the protection of private property (i.e., article 33).[1]

My main interest, in any case, is with one particular set of adjustments, namely the required adjustments between the two main parts of a constitution: the section that defines the organization of powers and the one dedicated to the declaration of rights. In other words, I am fundamentally interested in *intersectional* constitutional reforms and adjustments. The idea is this: if, for some purpose, one part of a constitution is designed or reformed in a certain way, then the other part of the constitution should be adjusted accordingly.

Years ago, the legal philosopher Carlos Nino explored an interesting example in this respect,[2] the case of reforms directed at including social and economic rights in a constitution. Nino objected to some of the democratic and progressive groups that were promoting those changes, because of the way they were proceeding. For him, one of the main and obvious consequences that followed from the initiative in question (to give constitutional status to social and economic rights) was the augmented powers of the Judiciary. In effect, given that judges were in charge of enforcing rights, the (massive) inclusion of new rights increased their powers accordingly. This finally obvious but still unexpected result—he claimed—could not but be resisted by the democratic and progressive groups behind those reforms: through the introduction of those new rights, they explicitly wanted to empower disadvantaged groups rather than transfer more powers to the Judiciary (in fact, many were highly critical of judicial review and the traditional conservatism of the judicial power). The idea was, in the end, that the initiative had to be reconceived, or the organic part of the Constitution readjusted so as to avoid an undesired but obvious by-product.

Nino's suggestion was useful both for synchronic and diachronic initiatives. By *synchronic* changes, I refer to changes that are made at the same time to the two different parts of the constitution. This is what typically happens when a country adopts a completely new constitution (e.g., the United States in 1789, France in 1791). By *diachronic* changes, I refer to changes made at different times to the two different parts of a constitution. This is what typically happens in processes of constitutional reform, particularly when they are concentrated more on one part of the constitution than another. Herein, I mainly address diachronic reforms, and then of a particular kind: those I assume to be distinct to the past century.

New Rights

Constitutional reforms in the past century included two fundamental features, affecting two sections of a constitution: an expanded list of rights and the (continued or increased) concentration of powers in the Executive. The first point seems evident in a majority of Western countries, where declarations of rights have been substantially expanded, particularly since the enactment of the Mexican Constitution of 1917, the Russian Constitution of 1918, and the Weimar Constitution of 1919.

At the European level, for example, and since 1961, the European Social Charter of rights, which covered "social" aspects beyond the European Convention of Human Rights, included new rights, such as the following: right to work; right to just, safe, and healthy working conditions; right to fair remuneration; right to organize; right to bargain collectively; right of children and young persons, employed women, the family, and mothers and children to protection; right to vocational guidance and training; right to protection of health; right to social security; right to social and medical assistance and to benefit from social welfare services; right of disabled persons to vocational training and integration; and rights relating to the freedom of movement in combination with the right to protection and assistance.[3]

These general European initiatives sooner or later were followed by particular, individual countries, which modified their own constitutions. What follows are a few examples of countries that substantially expanded their declaration of rights: The 1978 Spanish Constitution, for example, which followed forty years of dictatorship, includes fundamental rights divided into three categories: classical fundamental rights, including life, personal integrity, honor, religion, privacy, participation, and assembly (articles 14–29); rights and duties of citizens, including marriage, property, military service, and free enterprise (articles 30–38); and economic and social rights, including family, children, economic policies, social security, health protection, culture, and environment (articles 39–52). The 1993 Italian Constitution, which modified the previous one from 1947, includes a chapter on "ethical and social relations," which refers to family rights (article 31), health rights (article 32), and the right to education (article 34); one on "economic relations," which refers to labor rights (article 35), wages (article 36), equality of women at work (article 37), welfare rights (article 38), trade unions (article 39), and the right to strike (article 40); and "political rights," which refers to voting rights (article 48), political parties (article 49), and petitions (article 50). The 1983 Netherlands Constitution, which almost totally changed the previous 1815 Constitution, dedicates its first twenty-three articles to the declaration of fundamental rights. These rights include individual rights such as equality (article 1), voting (article 4), religion (article 6), expression (article 7), association (article 8), property (article 14), and social and "third-generation" rights like those of work (article 19), welfare (article 20), environment (article 21), health (article 22), and education (article 23).

The situation so far described is substantially similar to the one existing in Latin America. However, in Latin America—a region that was always at the avant-garde in terms of social, economic, and cultural rights—the legal commitment expressed concerning those rights was even stronger than in Europe, at least regarding the content of new constitutions. A quick overview of these constitutions shows that the documents included references to the rights to the environment, culture, health, education, food, housing, work, clothing, the promotion of gender equality, affirmative action, participatory democracy, the right to recall, and the right to hold a referendum or popular assembly. Many Latin American countries, in addition, provided constitutional or supralegal status to international human rights treaties (Argentina, article 75 inc. 22; Bolivia, article 256; Brazil, article 5; Colombia, article 93; Costa Rica, article 7; Dominican Republic, article 74; Ecuador, article 417; El Salvador, article 144; Guatemala, article 46; Honduras, article 18; Paraguay, article 141; Peru, article 56; Venezuela, article 23).

In sum, the point is simply that in the past decades, all over the world, constitutionalism has gone through a substantive transformation, at least in terms of traditional, austere, liberal, classical declarations of rights. In the next section I add to this point by showing that those substantive modifications were, in the end, limited and imperfect because they did not reach the organic section of the constitution or modify it accordingly.

Old Powers: Democratic Deficit and Hyperpresidentialism

As anticipated, the relevant changes introduced by numerous modern constitutions in their declaration of rights were not followed for corresponding changes in their organization of powers. What should one have expected, concerning this latter section, and in light of the important modifications introduced? In other words, what additional changes would the expansion of rights produced in recent years require? How should the constitution be modified in accordance with those initiatives?

Although there is no obvious answer to the previous questions, I suggest some possible alternatives. For one thing, most of those changes were in a clear direction, namely to improve the status of the most disadvantaged members of society. The incorporation of more rights wanted to ensure certain special protections for individuals and groups that had been traditionally marginalized by the law. These sections of society included, first and most significantly, members of the working class, but also women and children, and then the elderly as well as racial and ethnic minorities, and more recently aboriginal groups. In that way, the expansion of social, economic, and cultural rights came to make societies more egalitarian. Similarly, the expansion of political rights and the diffusion of participatory rights came to make societies somehow more democratic, more horizontal. The recognition of other groups' identities and the affirmation of their cultural rights recognized the multicultural and plural character of our societies.

As a consequence, one could have expected that the organization of powers of our constitutions changed accordingly, that is, in the direction of making our societies more egalitarian, democratic, horizontal, and toward reaffirming societies' multicultural character. However, this is not at all what has happened with our constitutions. By contrast, on many occasions, the organization of powers remained almost untouched, as if society had not made such a clear gesture in the direction of political equality. Even worse, on other occasions, the organization of powers did change, but in ways that made societies less egalitarian and less democratic; instead, the powers of the Executive were augmented, and the organization of powers became more vertical.

So, the two parts of a constitution in these cases were not made consistent one with each other, and the changes introduced in the rights section were not followed by corresponding changes in the organization of powers. Let me illustrate this with an example from Latin America. This example illustrates the case of constitutions that radically changed the organization of rights while their organization of powers was left basically untouched. Latin America's typical organization of power thus still reflects what has been called a hyperpresidentialist political structure (Gargarella 2010).

In effect, we must first recall that Latin America pioneered the wave of constitutional reforms that came to expand the list of social, economic, and cultural rights. This extraordinary development, however, was not accompanied by reforms that changed the organization of powers accordingly. Notably, these constitutions kept their traditional, hierarchical organization of powers untouched. That is to say, these constitutions ratified—and sometimes strengthened—rather than renounced their old hyperpresidentialist systems. This decision was surprising because the vertical character of the political system directly contrasted with the inclusive and democratic spirit that characterized the reforms advanced in the area of rights. The contrast had become even more noteworthy by the 1980s, when legal and political doctrinaires identified hyperpresidentialism as one of the causes behind the tragic cycle of political instability that affected the region during that century. This was the first time in a long period that activists and scholars from different countries and origins agreed on criticizing a central aspect of the dominant organization of power (Nino 1987; Linz and Stepan 1978; Linz and Valenzuela 1994). According to Carlos Nino (1992, 38), for example, "the diagnosis of the time was that a crucial, although not the only factor, explanation for the fragility of (the institutional system) was a presidential system that had grown excessively." The critics of hyperpresidentialism agreed on the fact that the president concentrated too much power, too many responsibilities, and too many expectations in his or her own figure, during a fixed term, which resulted in conditions conducive to instability.

The fact is, however, that despite this theoretical agreement, the constitutional reforms that had appeared in the entire region by the end of the twentieth century—the new Latin American constitutionalism—did not include such reforms (Couso 2014; Martínez Dalmau 2009; Salazar Ugarte 2013; Viciano Pastor and Martínez Dalmau 2011; von Bogdandy, Fix-Fierro, and Morales Antoniazzi 2014). By contrast, the reforms were oriented by opposite principles, assuming (wrongly, I maintain) that the concentration of authority was necessary (again) to overcome the social and economic crises that followed the application of programs of structural adjustment, high unemployment, and social distress during the 1990s.

So Latin America went through periods of profound institutional reforms, during which new and robust declarations of rights were introduced, but these innovations were not accompanied by correlative changes in the organization of power. By contrast, the old hyperpresidentialist systems were reaffirmed or even strengthened. In sum, profound constitutional reforms came to "democratize" the section of constitutions addressing rights, but they kept the "engine room" of the political system in line with old, hardly democratic principles (Gargarella 2013).

Constitutions with Two Souls: Rights versus Power

What we have been creating in recent years are constitutions that seem to have "two souls": they are rich and generous in their declarations of rights, but they retain or strengthen a regressive political system, which limits rather than facilitates popular inclusion and participation. Now, there is no clear agreement concerning what happens when the two main parts of the constitution are organized according to these two different principles, which seem to be in tension with each other, namely generous lists of rights, and concentrated powers. What kind of dynamic, then, can we expect to develop? There are different possible answers to this question.

One answer is simply that we should not expect anything particularly wrong to happen: one might argue that the two parts of the constitution are not interrelated, and as a consequence we should not expect anything bad from this internal tension or contradiction between the parts. This would be so either because the two main sections of the constitution are autonomous, or because the parts are relatively indifferent to each other. This is, in fact, what we see in Latin America's everyday constitutional practice: generous constitutions in terms of rights and concentrated political powers.

An alternative answer would suggest that the different parts of the constitution are related to, and in dialogue with, each other. The question, then, is how these different parts relate to each other, or more precisely, what we should expect from those parts being in tension with each other.

Some analysts of the so-called new Latin American constitutionalism have argued that the arrival of new social, economic, cultural, and multicultural rights has defined a new profile of constitutions, moderating or compensating the restrictive features defined by its organic part. For example, Rodrigo Uprimny (2011) and Gerardo Pisarello (2011) recognized that, on balance, the new Latin American constitutions tended to augment the powers of the Executive (typically, but not only, by allowing for presidential reelection), and at the same time, they strengthened their social and inclusionary aspects, which counterweighed the previous set of initiatives. Gabriel Negretto (2011, 1792) has also examined the "amalgam" produced between seemingly "inconsistent institutions," recognizing that, from the perspective of "an external observer," reforms that prompt "plural representation and consensual decision making may appear incompatible with reforms that restrict party competition and concentrate power in the executive branch." For him, through the latest regional reforms, increasing presidential powers would have been "compensated" for by the emergence of numerous counterbalancing tendencies.

In my view, these latter approaches are wrong for two main reasons. First, those studies are problematic because of the synchronic or ahistorical analysis on which they are based. Contrary to those approaches, one should pay attention to history and context: the *dynamics* of reforms, their diachronic character. More particularly, one should focus on the established constitutional structures and see how they "receive" the new reforms. Usually, the established structures have special capacities for fostering or hindering (for activating or deactivating) the novel reforms. Second, one should consider the special strength of the power structure of the constitutional organization (e.g., the existing concentration of political and economic powers), or the dimension of "power" that is always present. In particular, and for present purposes, I maintain that the constitutional section dedicated to the organization of powers represents the "engine" of the constitution and thus, also, its dominant part. That part may enforce or deactivate or neutralize what it is done with the rest of the constitution.

Of course, we may accept this latter approach and still fundamentally disagree on the meaning and implications of recent reforms. For some, the concentration of powers in the Executive seems to be an important, if not necessary, condition for the enforcement of new rights. That organization would have come to articulate "the lost (or never recovered) relationship between sovereignty and the government" (Viciano Pastor and Martínez Dalmau 2011, 20). In some of his latest works, for instance, the Marxist theorist Ernesto Laclau suggested that view, defending the concentration of powers in the hands of a leader or caudillo as an appropriate and necessary way to advance social justice. Alternative organizations of powers—typically including heavy systems of checks and mutual controls—would have been functional to the preservation of the status quo (Laclau 1987).

The concentration of powers tends to conspire both against the values of democracy and against the value of having a robust list of enforced rights (Gargarella 2013). The first part of this claim seems simply evident: the concentration of powers directly contradicts the principle of the democratization of power: we decide things either collectively: horizontally or vertically—the latter when someone decides for us. For that reason, those of us who defend a radical democratization of society should favor a horizontal rather than vertical organization of powers.[4] I should say something similar about the second part of the claim, that the concentration of powers tends to undermine the newly adopted and bold declarations of rights. I do not maintain that one thing necessarily comes with the other. In fact, history has given us examples of both situations: powerful presidents who build welfarist institutions and powerful presidents who dismantle the welfarism. However, there is something in the "logic" of the concentration of powers that works against this idea as a means for improving the enforcement of rights. Basically, the idea of concentrating powers does not seem to be conducive to the expansion of rights, which are supposed to make people more autonomous. Typically, there seems to be an obvious tension between the concentration of powers and the expansion of participatory rights. We have no good reason to expect that a privileged leader will encourage changes that would directly curtail his or her own powers; that is, if society has more chances to decide for itself on fundamental public issues, then a leader would have less power to decide things by him- or herself). Additionally, in profoundly unequal societies like many of those in which we live, the concentration of economic powers tends to provide tremendously perilous incentives to the members of the sitting government: in such contexts, those who are benefited by the concentration of economic and political powers tend to work together rather than confront each other, thus reinforcing the dynamics of inegalitarianism and injustice.

Cuban Constitutionalism in the Latin American Context

Despite its well-known peculiarities—mainly a result of the 1959 Cuban Revolution—one can still say that Cuban constitutionalism fits well into the context of Latin American constitutionalism. More specifically, the basic features, or structure, of its main constitutions are clearly related to those that have come to be dominant in the region.

The first constitutional norm enacted in Cuba, during the socialist era, was that of 1959, which was in force until the enactment of the 1976 Constitution. The 1959 Constitution challenged the constitutional precedents of 1901, 1934, and 1940, which defined some basic features related to the structure of checks and balances and the organization of rights.

For instance, the 1901 Constitution, which was partly inspired by the liberal US Constitution, adopted the traditional political organization based on the notion of checks and balances, although it introduced some relevant changes to that, particularly concerning the provision of some additional powers to the president. That constitution also became famous for the inclusion of the Platt Amendment, which it incorporated in February 1901.[5] Over more than three decades, the amendment was used for "establishing and expanding the hegemony of the United States in Cuba," and thus it became a "visible symbol and a provocative expression of U.S. ascendancy" (Pérez 1986, 336, 338). The 1934 Constitution, instead, created a different Executive Power, which was based on a president and the Council of Ministers.

In contrast to the previous documents, the 1940 Constitution emphasized the social aspects of constitutionalism, which put it in line with the new wave of Latin American social constitutionalism. The 1940 document seemed to draw inspiration from the Mexican 1917 example, the 1931 Spanish Constitution, and the Weimar Constitution. It was also defended by Fidel Castro before the triumph of the revolution, in well-known texts such as *La historia me absolverá* and *Manifiesto de la sierra*. The Constitution appeared to be one of the more interesting consequences of 1933, when General Machado was cast out of power (Castro 1957). Considered "one of the more liberal and progressive Constitutions ever written in America," the 1940 Constitution "was an attempt to establish both in history and on paper that that the 1833 Revolution had not managed to implement in practice" (Farber 1976, 94, 96).

With the instauration of the new revolutionary and socialist regime, however, the prevalent constitutional organization suffered radical changes.[6] In February 1959, the government introduced fundamental modifications to the organization of power (which would be very much in line with those that would come to distinguish Latin America's radicalism in the twentieth century). Above all, the government concentrated powers in the Executive, as a way to ensure the imposition of social changes "from above." The arguments in support of this decision were many, including the need to establish the "dictatorship of the proletariat" (to thus initiate the transition to socialism) and the need to resist menacing external threats.

In part, the new Cuban Constitution reproduced the organization of powers already established in the 1940 constitution, through the creation of a presidential structure composed of the Executive Power and the Council of Ministers. However, the Constitution also introduced some important changes to the traditional structure. Now, "Congress was suppressed and the Legislative Power appeared in the hands of a Council of Ministers, which in fact strengthened the powers of the President, who was in charge of appointing those Ministers" (Valencia Carmona 1979, 91). Actual practice, in addition, aggravated that situation, because Fidel Castro—then prime minister and general secretary of the Communist Party—became in charge of the exercise of the Executive functions.

The 1976 Constitution was ratified through a referendum that was held in February 1976. It deserves special attention for various reasons. For example, it is the first American constitution that explicitly adhered to the socialist creed, as article 1 maintains that Cuba is a "socialist state of workers." The Constitution also declared itself to be guided by the ideas of Marx, Engels, and Lenin, as well as Latin American independence leaders such as José Martí (preamble). In addition, the Constitution organized an economic system based on the collective ownership of the means of production (article 14 reads: "In the Republic of Cuba rules the socialist system of economy based on the people's socialist ownership of the fundamental means of production and on the abolition of the exploitation of man by man"), and it defined for the state an active and non-neutral role in the areas of culture and education (chapter 5).

Regarding the organization of powers, the new document introduced some changes in the original organization and brought the system more in line with the 1936 Soviet Constitution. In particular, the new document stressed the role of the Communist Party, organized a planned economy, and established free health services and education. In addition, the new constitution created the Council of State, the Council of Government (part of the Executive branch), and the National Assembly of Popular Power (a legislative institution). It also included some uncommon features, such as the right to recall most public officers (according to article 68, for example, "those elected must render an account of their work and may be revoked at any time").

The Constitution also recognized a vast list of rights related to the family (chapter 3), education and culture (chapter 4), and equality (chapter 5). Chapter 6 of the Constitution, in particular, is entirely dedicated to the enumeration of new rights, duties, and guarantees, which are described in more than twenty articles.

Cuban Constitutionalism: Some Final Considerations

If we stick to the main texts of Cuban constitutionalism, we find in the past century a legal development that in general terms followed the main trends that distinguished Latin American constitutionalism. We see, for instance, that at the beginning of the century (1901) Cuba adopted a system of checks and balances in line with the US model; that—as did most constitutional organizations in the region—it provided special, additional powers to the Executive, making it the strongest branch of power; and that it then (in the 1940s) turned to a more social version of constitutionalism, as did most countries in the region, and to a more moderated version of presidentialism, as did a few of them.

Everything changed substantially, of course, with the coming of the revolution. But even then there are things to say in connection with the legal approach we have so far developed. Most notably, we can recognize in Cuba, as in most other Latin American countries, the development of a profound crack between the two main sections of the various constitutions. This break was, in most cases, one that favored an organization of powers (particularly since 1976) that became, as in most countries of the region, heavily skewed toward the Executive. Clearly, in the Cuban case, the growth of the Executive was so extraordinary that the Executive basically engulfed the entire constitutional organization: everything came to be dependent on the will of Castro.

In such a context, it is surely difficult to imagine the introduction of severe changes. How to introduce them? Through what means? At the same time, the hypertrophied peculiar character of the organization of powers make it obvious where one should start working to introduce changes, no matter one's conception of democracy. Without significantly changing the organization of powers, and in particular the structure of the Executive branch, it seems difficult to conceive of the introduction of any other change. Quite simply, the possibility of receiving a formal or informal veto, at any time, from the head of the state threatens to make any other constitutional modification unviable.

The adoption of this view also implies the denial of an alternative one, according to which legal and constitutional elements represent unimportant, superstructural things. This alternative view gained enormous popularity, even among legal scholars. In the years after the Cuban Revolution, for example, leftist authors referred to constitutional clauses as "mechanisms . . . of the juridical supra-structure" (Escasena 1984, 129), stated that the Constitution merely "ratified the existing economic and political relations" (Peraza Chapeau 1986, 184), described its content as the mere "reflect[ion of . . .] the socio-economic reality" of the country (Fernández-Rubio Legrá 1985, 53–54), and referred to it as a mere mirror of reality (Palacios Barrera 1988). Some others made a distinction between "the formal constitution," or the text, and the "real constitution," the material, external reality (Álvarez Tabio 1985, 13).

Against such a view, those of us who advocate for a more deliberative democracy, out of the conviction that issues of public morality should be decided collectively (in the same way that issues of private morality should remain in the hands of each individual), consider that it is time that in Cuba—as in any other hyperpresidentialist country—civil society regain control over basic public affairs. That imagined change requires many things, but among them the introduction of significant constitutional changes. Moreover, I have suggested here the importance of introducing certain changes, namely in the organization of power—and particularly in the Executive Power—so as to make the democratization of power possible and the enforcement of rights independent of the will of one or a few.

NOTES

1. According to article 33: "(1) The right to private property and inheritance is recognized. (2) The social function of these rights shall determine the limits of their content in accordance with the law. (3) No one may be deprived of his property and rights except for justified cause of public utility or social interest after proper indemnification in accordance with the provisions of law."

2. Personal conversations with Carlos Santiago Nino, director of the Center for International Studies, Buenos Aires, over several years.

3. I take these lists from the 2000 working paper "Fundamental Social Rights in Europe," by the European Parliament's Directorate General for Research, and available at http://www.europarl.europa.eu/workingpapers/soci/pdf/104_en.pdf.

4. One should not assume that the only alternative to the concentration of powers is a traditional, bureaucratic parlamentarization of society. Unfortunately, the old polemic of presidentialism versus parliamentarism has improperly contaminated this discussion.

5. The amendment was annexed to the Constitution after pressure from the United States, and particularly through the demands of Senator Orville Platt. As a result, the United States was authorized to intervene in internal Cuban affairs in order to protect its independence. In this respect, the

amendment authorized the United States to acquire bases on the Cuban coast (like Guantánamo and the Isle of Pines).

6. According to an early commentator, the new regime attempted to transform the "aristocratic democracy" into a "Rousseauean" democracy (Frondizi 1961, 154–155).

REFERENCES

Alvarez Tabio, F. 1985. *Comentarios a la Constitución socialista*. Havana: Editorial de las Ciencias Sociales.

Castro, F., et al. 1957. "Manifiesto de la sierra." Available at http://es.scribd.com/doc/37311105/1957-M-26–7-Sierra-Manifesto-Fidel-Castro-Felipe-Pazos-Raul-Chibas.

Couso, J. 2014. "Las democracias radicales y el nuevo constitucionalismo latinoamericano." En *Derechos humanos: Posibilidades teóricas y desafíos prácticos*. Seminario Latinoamericano. Buenos Aires: Libraria.

Escasena, J. 1984. *La evolución de la legalidad en Cuba*. Havana: Editorial de Ciencias Sociales.

Farber, S. 1976. *Revolution and Reaction in Cuba, 1933–1960*. Middletown, CT: Wesleyan University Press.

Fernández-Rubio Legrá, A. 1985. *El proceso de institucionalización de la Revolución Cubana*. Havana: Editorial de Ciencias Sociales de la Habana.

Frondizi, S. 1961. *La Revolución Cubana*. Montevideo: Editorial Ciencias Políticas.

Gargarella, R. 2010. *The Legal Foundations of Inequality*. Cambridge: Cambridge University Press.

Gargarella, R. 2013. *Latin American Constitutionalism*. Oxford: Oxford University Press.

Laclau, Ernesto. 1987. "Populismo y transformación del imaginario político en América Latina." *Journal of Latin American and Caribbean Studies* 42: 25–38.

Linz, J., and A. Stepan. 1978. *The Breakdown of Democratic Regimes*. Baltimore: Johns Hopkins University Press.

Linz, J., and A. Valenzuela. 1994. *The Failure of Presidential Democracy*. Baltimore: Johns Hopkins University Press.

Martínez Dalmau, R. 2009. "¿Qué es el 'nuevo constitucionalismo latinoamericano'?" *Gaceta Constitucional*, no. 52. Lima.

Negretto, G. 2011. "Shifting Constitutional Designs in Latin America: A Two-Level Explanation." *Texas Law Journal* 89, no. 7: 1777–1806.

Nino, C., ed. 1987. *Presidencialismo vs. parlamentarismo*. Buenos Aires: Consejo para la Consolidación de la Democracia.

Nino, C. 1992. "¿Qué reforma constitucional?" *Propuesta y control* 21: 37–59.

Peraza Chapeau, J. 1986. "Consideraciones en torno al concepto de constitución." *Revista Jurídica* 4, no. 13: 184–197.

Pérez, L., Jr. 1986. *Cuba under the Platt Amendment, 1902–1934*. Pittsburgh, PA: University of Pittsburgh Press.

Pisarello, G. 2011. *Un largo termidor: Historia y crítica del constitucionalismo antidemocrático*. Quito: Corte Constitucional del Ecuador.

Salazar Ugarte, P. 2013. "El nuevo constitucionalismo latinoamericano (una perspectiva crítica)." En *Constitucionalismo contemporáneo: Homenaje a Jorge Carpizo*, compiled by L. González Pérez and D. Valadés. Mexico City: Universidad Nacional Autónoma de México. http://biblio.juridicas.unam.mx/libros/libro.htm?l=3271.

Uprimny, R. 2011. "The Recent Transformation of Constitutional Law in Latin America: Trends and Challenges." *Texas Law Review* 89, no. 7: 1587–1610.

Valencia Carmona, S. 1979. *El poder ejecutivo latinoamericano*. Mexico City: Instituto de Investigaciones Jurídicas, Universidad Nacional Autónoma de México.

Viciano Pastor, R., and R. Martínez Dalmau. 2011. "Fundamentos teóricos y prácticos del nuevo constitucionalismo latinoamericano." *Gaceta Constitucional* (Lima), no. 48: 312.

von Bogdandy, A., H. Fix Fierro, and M. Morales Antoniazzi, eds. 2014. *Ius constitutionale commune en América Latina: Rasgos, potencialidades y desafíos*. Mexico City: Universidad Nacional Autónoma de México.

RAFAEL ROJAS

¿Es posible ampliar los derechos civiles y políticos en Cuba sin revocar el socialismo?

RESUMEN

La Constitución cubana de 1976, reformada en 1992 y 2002, contiene fuertes enclaves totalitarios en los artículos que distribuyen los derechos civiles y fundamentales a la ciudadanía. La esencia de esos enclaves es el establecimiento de un marco autorizado para el ejercicio de la libertad de asociación, expresión y manifestación por medio de las organizaciones de masas y los medios de comunicación del Estado. Esta ponencia intenta explorar la posibilidad de una reforma de los artículos que determinan esa restricción de derechos básicos, sin alterar el núcleo ideológico y político del socialismo cubano. Esas reformas contribuirían a establecer una relación más fluida entre el proceso de autonomización y pluralización de la sociedad civil y las nuevas formas de representación política del Estado en el siglo XXI.

ABSTRACT

The Cuban Constitution of 1976, amended in 1992 and 2002, contains strong totalitarian enclaves in the articles on fundamental civil and citizenship rights. The essence of these enclaves is the establishment of a framework for the exercise of freedom of association, expression, and protest through popular organizations and the media of the State. This article attempts to explore the possibility of a reform of those items that determine the restriction of basic rights, without altering the ideological and political core of Cuban socialism. Such reforms would establish a more fluid relationship between civil society and the Cuban state.

En los últimos años la teoría constitucional latinoamericana ha renovado su interés por los procesos constituyentes y de reformas parciales o totales de las cartas magnas de la región. Estudios como los de Roberto Gargarella, profesor de la Universidad Torcuato di Tella, en Buenos Aires, o Gabriel Negretto, investigador del Centro de Investigación y Docencia Económicas (CIDE), en la ciudad de México, son reveladores de la interlocución que la historia y la teoría políticas establecen con el nuevo ciclo de reformismo constitucional que se vive en América Latina desde mediados de la década pasada y, en algunos casos, desde los años 90.[1]

Cuba ha permanecido al margen de ese ciclo de reformismo constitucional.[2] Si la reforma de 1992, en lo que tuvo de abandono del referente soviético, puede ser entendida como una tenue conexión de la isla con los procesos constitucionales de las transiciones a la democracia, en los años 80 y 90, el ensanchamiento de la dotación de derechos de tercera y cuarta generación, como los relacionados con las alteridades comunitarias (ej., sexuales, étnicas, genéricas, religiosas o migratorias), que ha distinguido los más recientes procesos constitucionales en países como Colombia y Venezuela, Ecuador y Bolivia, Brasil y México, en las dos últimas décadas, no se ha manifestado de forma tangible en Cuba.

La última reforma constitucional que tuvo lugar en ese país, en junio de 2002, aprobada por unanimidad y refrendada en un plebiscito por el voto afirmativo de más de ocho millones de electores, agregó al artículo 3º un párrafo en el que se establece que "el socialismo y el sistema político y social revolucionario [. . .] es [*sic*], irrevocable, y Cuba no volverá jamás al capitalismo." Aquella reforma adicionó también otro párrafo al artículo 11º, que señala que las "relaciones económicas, diplomáticas y políticas con cualquier estado no podrán ser jamás negociadas bajo agresión, amenaza o coerción de una potencia extranjera," y unas líneas más al artículo 137º, que aseguran que la Constitución no puede ser reformada en "lo que se refiere al sistema político, económico y social, cuyo carácter irrevocable" está planteado en el artículo 3º.[3]

A pesar del sentido coyuntural que tuvieron aquellas reforma de 2002, como parte de la legislación antídoto contra la enmienda Helms-Burton, del Congreso de Estados Unidos, en 1996, y también contra el Proyecto Varela, impulsado por Oswaldo Payá y el Movimiento Cristiano de Liberación, y contra la política hacia la isla, anunciada por el presidente George W. Bush el 20 de mayo de 2002, y que tomó forma con las sanciones del año siguiente, la reforma afianzaba el núcleo totalitario de la Constitución de 1976. El establecimiento de la "irrevocabilidad" del socialismo y de la imposibilidad de una reforma constitucional del sistema reafirmaba las cláusulas pétreas de los textos de 1976 y 1992, sintetizadas en el artículo 62º, que sostiene que las libertades ciudadanas "no pueden ser ejercidas contra lo establecido en la Constitución y las leyes, ni contra la existencia y fines del Estado socialista, ni contra la decisión del pueblo cubano de construir el socialismo y el comunismo."[4]

La tautología jurídica de las cláusulas pétreas, especialmente en la reforma del artículo 3º, estaba redactada de tal manera que podía interpretarse como una errata o una expresión correcta. En vez de decir "el socialismo y el sistema político y social revolucionario son irrevocables," el nuevo artículo 3º decía "el socialismo y el sistema político y social es irrevocable." El verbo infinitivo en singular intentaba trasmitir que el socialismo y el sistema político y social revolucionario eran una y la misma cosa. Sin embargo, al admitir que la Constitución podía ser reformada parcial o totalmente, como aseguraba el artículo

137º de la Constitución de 1992, se sugería que no todo el texto constitucional contenía la identidad ideológica y política del sistema socialista.

La Constitución de 1992, reformada en 2002, no especifica cuáles son los artículos que determinaban lo socialista del sistema. El corazón constitucional del socialismo cubano, por decirlo así, está abierto a interpretación. Desde un punto de vista marxista-leninista, que es la ideología de Estado consagrada en la propia Constitución, el socialismo estaría concentrado en los artículos 14º, 15º, 16º y 17º, que establecen el régimen de propiedad estatal sobre los medios de producción y el principio de distribución socialista "de cada cual según su capacidad, a cada cual según su trabajo."[5] Algunas de las reformas emprendidas por el gobierno de Raúl Castro, en el reciente proceso de "actualización del socialismo," han alterado, en la práctica, el régimen de propiedad, por lo que difícilmente esos artículos de la Constitución serán irreformables.

Aunque en la Constitución de 1992 se introdujo un artículo 23º, que reconoció la "propiedad de las empresas mixtas, sociedades y asociaciones económicas que se constituyen conforme a la ley," la hegemonía del Estado en la posesión y administración de los recursos económicos siguió siendo indiscutible. La entrega masiva de tierras a los campesinos en usufructo, la liberación del mercado inmobiliario, el proceso de compra y venta de automóviles y la apertura de la agricultura, la producción azucarera, la minería, los puertos y la extracción petrolera a la inversión extranjera, sin revertir totalmente esa hegemonía, han vuelto obsoletos los artículos de la Constitución de 1992, consagrados a la propiedad estatal socialista y a la "organización, dirección y control, por parte del Estado, de la actividad económica nacional."[6]

Otra manera de inferir lo irreformable de la Constitución cubana sería localizar, en la dogmática y la pragmática del texto constitucional, los artículos que definen el régimen de la isla. Los artículos 3º, 5º, 6º, 7º y 39º serían los fundamentales, en ese sentido, al condensar las instituciones básicas del sistema político de la isla —partido comunista único, organizaciones sociales y de masas, órganos ejecutivos y representativos del poder popular—, además de la ideología de Estado, "marxista-leninista y martiana."[7] Sin embargo, no hay manera precisa de derivar cuál es la zona comprendida por la cláusula pétrea del socialismo irrevocable, si la referida al sistema de propiedad y al principio de distribución del ingreso o la dogmática y orgánica de la institucionalidad del régimen político.

En otras palabras, la cláusula pétrea, que define lo irreformable de la Constitución de 1992, carga con la ambivalencia de la definición del concepto de socialismo en el propio texto constitucional y en los documentos programáticos del Partido Comunista. El concepto de socialismo funciona, en esa documentación, como un significante vacío, como el estudiado por Ernesto Laclau (2005) en su libro *La razón populista*, que puede identificarse con otros conceptos de distinta índole, como los de patria, nación o Revolución, y, a la vez, cambiar de contenido en el proceso de reforma constitucional. Así como en 1992, el socialismo dejó de ser ateo y admitió la propiedad mixta sobre los medios de producción, aunque de forma poco precisa, en una reforma futura, lo irrevocable del mismo podría comprender sólo una parte del articulado dogmático y pragmático.

A diferencia de algunas constituciones liberales, que localizan sus cláusulas pétreas en el registro de derechos fundamentales, la cubana de 1992 dedica su capítulo VII a los "derechos, deberes y garantías fundamentales," colocando a estos fuera de cualquiera de las dos acepciones posibles de socialismo, es decir, como sistema de propiedad y distribución del ingreso o como régimen político de partido comunista único e ideología de Estado marxista-leninista y martiana. Los derechos civiles y políticos, específicamente, están comprendidos entre los artículos 53° y 62°, luego de la amplia dotación de derechos sociales que ofrece el mismo texto.[8] Esos derechos civiles y políticos —de palabra, prensa, reunión, manifestación, asociación, conciencia, religión, correspondencia, comunicación y habeas corpus—, tienen una limitación básica, que es el establecimiento de un marco autorizado de sociabilidad dentro de las organizaciones de masas, medios de comunicación e instituciones del Estado.[9]

En contra del sentido restrictivo que intentaron trasmitir las reformas de 2002, la limitación de derechos civiles y políticos de la Constitución de 1992 es uno de los aspectos más fácilmente reformables del texto constitucional. Los artículos 53° y 54°, luego de reconocer a los ciudadanos "libertad de palabra y prensa conforme a los fines de la sociedad socialista" y "derechos de reunión, manifestación y asociación," señalan los medios de comunicación estatales y las organizaciones de masas y sociales como vías para su ejercicio.[10] Con eliminar esas oraciones o agregarle a las mismas que la sociedad también cuenta con organizaciones no gubernamentales o instituciones y medios no afiliados al Estado socialista, para el ejercicio de esas libertades y garantías, se extendería la legitimidad constitucional a una zona considerable de la sociedad civil, que también practica derechos civiles y políticos.

La idea de las instituciones y medios del Estado como marco autorizado para el ejercicio de libertades tiene, además de una codificación ulterior en el Código Penal, que criminaliza la práctica de derechos fundamentales fuera del mismo marco, una conexión sustancial con la ideología de Estado. En dicha ideología, es el Estado, en tanto titular, a la vez, del sistema de propiedad y del régimen político, y no la sociedad civil, el principal sujeto de derecho. La complejización y pluralización de la sociedad cubana que se ha vivido, sobre todo, en las dos últimas décadas, está desestabilizando, en la práctica cotidiana, esa hegemonía estatal. De manera que una reforma constitucional que legitime otros espacios de sociabilidad no haría más que adaptar la Constitución de 1992 a la realidad social creada en los últimos veinte años.

Con el artículo 62° de la Constitución de 1992 sucede lo mismo que con las cláusulas pétreas de la reforma de 2002. Al sostener que "ninguna de las libertades reconocidas a los ciudadanos puede ser ejercida contra lo establecido en la Constitución y las leyes, ni contra la existencia y fines del Estado socialista, ni contra la decisión del pueblo cubano de construir el socialismo y el comunismo," la legalidad constitucional se hace descansar sobre la identidad ideológica del partido gobernante.[11] Al agregar, además, que la "infracción del principio" contenido en el artículo 62° es "punible," se abre la puerta a la penalización de un ejercicio de las libertades ciudadanas que, legítimamente, propenda a la proyección pública de una comunidad o grupo social que base su cohesión en una ideología distinta a la del Estado.[12]

Una peculiaridad histórica de todos los regímenes socialistas, basados en una u otra variante de marxismo-leninismo, es que, como argumenta Edgar Morin en *¿Qué es el totalitarismo? De la naturaleza de la URSS*, definen la ideología de Estado a partir del régimen de propiedad, del método de remuneración y de los derechos del trabajador, pero, también, del logro de un estadio futuro de desarrollo, encerrado en el concepto de comunismo. Lo socialista, en la Constitución cubana vigente, encierra, además de una realidad, un deseo, una "aspiración emancipadora," como diría Morin, que, sin embargo, cristaliza en un "complejo totalitario institucionalizado."[13] Los límites ideológicos y políticos de la asociación en Cuba estarían definidos, constitucionalmente, por la propia estructura institucional del régimen político —partido único, propiedad estatal, ejercicio de libertades en el marco de las organizaciones de masas, control gubernamental de los medios de comunicación—, y por la premisa doctrinal del marxismo-leninismo de que a la etapa de transición socialista deberá seguir la sociedad sin clases del comunismo.

Como apuntaba más arriba, con algunas reformas de 1992 y, más claramente, con las medidas adoptadas por el gobierno de Raúl Castro y el Partido Comunista a partir del VI Congreso de 2011, varios elementos distintivos de aquel socialismo, codificado por la Constitución de 1976, han sido transformados. De manera que, en la práctica social y política, el concepto de socialismo ha sido resemantizado, aunque la legislación constitucional y penal no lo especifique. Parece, por tanto, inevitable que la actualización del socialismo se extienda, también, al articulado constitucional que limita las libertades públicas a partir de premisas ideológicas que el propio gobierno y el propio partido han desechado o reformulado.

Si la actualización avanza sobre el texto constitucional cubano, ¿podrían ampliarse los derechos civiles y políticos sin revocar el socialismo? Mi respuesta es que sí, aunque desplazando o reduciendo el campo semántico del núcleo conceptual socialista de la Constitución. Dado que el socialismo ya no puede ser definido sobre la base de la propiedad estatal sino de la propiedad mixta y que tampoco puede ser definido, únicamente, a partir del principio de la distribución socialista, ya que el mercado introduce nuevas formas de remuneración, lo socialista irrevocable de la Constitución deberá concentrarse en la estructura institucional del régimen político. El artículo 5º, especialmente en la disposición funcional del Partido Comunista como "vanguardia organizada de la nación cubana, como fuerza dirigente superior de la sociedad y el Estado" —no tanto como instituto portador de una ideología de Estado, "marxista-leninista y martiana" o como "organizador y orientador de la construcción del socialismo y el avance hacia la sociedad comunista," que, como vimos, serían roles rebasados por la pluralidad civil e ideológica actual y por la economía mixta—, acoge ese núcleo conceptual.

Sin tocar ese artículo, una reforma constitucional que flexibilice la subordinación ideológica y política de las organizaciones de masas al partido comunista y al Estado y que dilate la autonomía de la sociedad civil por medio de mayores posibilidades jurídicas para la articulación de comunidades autogestionadas, agrupaciones independientes y organizaciones no gubernamentales, sería un aporte sustancial a la extensión de derechos civiles y políticos en Cuba. Tanto en la normativa como en la pragmática constitucionales, las reformas en la materia serían muy sencillas y tendrían como objetivo central los artículos 53º y 54º.

En su clásico *Introduction to the Study of the Law of the Constitution*, A. V. Dicey asociaba las libertades civiles y políticas fundamentales, en cualquier estado moderno, con los derechos a la libertad personal, a la libertad de discusión y a la libertad de reunión pública.[14] Además de entender esos derechos como naturales, de acuerdo con la tradición liberal moderna, Dicey enfatizaba el carácter personal o individual de los mismos. Tanto los liberalismos como los socialismos del siglo XX, sin negar las libertades públicas a esas garantías, las ampliaron a otros derechos sociales, civiles y políticos y, sobre todo, reivindicaron el carácter grupal o colectivo —hoy diríamos, comunitario— de algunos de ellos. En estudios más recientes, como los de Lynn Hunt y Samuel Moyn, los derechos civiles y políticos son comprendidos dentro de los derechos humanos básicos, tanto en la dimensión individual como en la colectiva.[15]

Los artículos 53º y 54º, al establecer un marco de sociabilidad autorizado para el ejercicio de los derechos civiles y políticos en Cuba, se desentienden, a la vez, de la tradición clásica de los derechos naturales y de la filosofía contemporánea de los derechos humanos. Sin embargo, una reforma de esos artículos no tendría necesariamente que alterar la concepción doctrinal que rige todo el orden constitucional del socialismo cubano, que hacen de organizaciones sociales y de masas y de los medios de comunicación gubernamentales, vías legítimas de asociación y expresión. Como decíamos, con eliminar los pasajes de ambos artículos que así lo establecen y agregar, tal vez, que la ciudadanía también cuenta con asociaciones civiles, organizaciones no gubernamentales y medios comunitarios para expresarse y asociarse, el orden constitucional se movería claramente en la dirección de la filosofía de los derechos humanos contemporáneos.

Además de sencilla, esa reforma abriría la puerta a otras posibles reformas, en la propia Constitución y en la legislación complementaria, como la relacionada con un no descartable tránsito del régimen de partido único a otro de partido hegemónico —para la cual tampoco es necesaria la reforma del artículo 5º, ya que en el mismo ni ningún otro de la Constitución se dice textualmente que el partido comunista es único—, o una eventual ley secundaria de asociaciones, que adaptaría al *corpus* jurídico del Estado la nueva red de organizaciones no gubernamentales que se abre paso en la sociedad civil cubana.

Es conocida la frase de Thomas Jefferson, en carta a James Madison, de que "toda constitución y toda ley, caduca naturalmente pasados los treinta y cuatro años." Hay quienes han acortado la frase a quince o a diecinueve años o al paso de una generación a otra, como ha sugerido el neomarxista Michael Hardt, en su reciente edición de los textos republicanos de Jefferson. Pero John Stuart Mill decía algo más preciso: "para que las leyes cambien es preciso el surgimiento de una generación virtuosa o que la realidad haya cambiado más rápido que la ley." Esto último que, al decir del filósofo británico, es lo más frecuente en la historia de la humanidad, está sucediendo en Cuba desde hace más de dos décadas.

NOTAS

1. Roberto Gargarella, *Latin American Constitutionalism, 1810–2010: The Engine Room of the Constitutions* (Oxford: Oxford University Press, 2013); Gabriel L. Negretto, *Making Constitutions: Presidents, Parties, and Institutional Choice in Latin America* (Cambridge: Cambridge University Press, 2014).

2. Rafael Rojas, "La soledad constitucional del socialismo cubano," en *De Cádiz al siglo XXI: Doscientos años de constitucionalismo en Hispanoamérica*, ed. Rafael Rojas y Pablo Mijangos (México, DF: Taurus, 2012), 377–399.

3. Leonel Antonio de la Cuesta, *Constituciones cubanas* (Miami: Alexandria Library, 2007), 531–533.

4. Ibíd., 499.

5. Ibíd., 488.

6. Ibíd., 489.

7. Ibíd., 485 y 494.

8. Ibíd., 498.

9. Rafael Rojas, "El socialismo cubano y los derechos políticos," *Espacio Laical*, no. 3 (2012): 67–69.

10. de la Cuesta, *Constituciones cubanas*, p. 498.

11. Ibíd., 499.

12. Ibíd.

13. Edgar Morin, *¿Qué es el totalitarismo? De la naturaleza de la URSS* (Madrid: Anthropos, 1985), 27–67.

14. A. V. Dicey, *Introduction to the Study of the Law of the Constitution* (Indianapolis, IN: Liberty Fund, 1982), 123–179.

15. Lynn Hunt, *La invención de los derechos humanos* (Barcelona: Tusquets, 2009), 149–179; Samuel Moyn, *The Last Utopia: Human Rights in the History* (Cambridge, MA: Harvard University Press, 2012), 17–32.

JULIO ANTONIO FERNÁNDEZ ESTRADA

Una Constitución para Cuba: La necesidad de una nueva constitución: El enfoque técnico y el enfoque político

RESUMEN

En Cuba se ha anunciado el proceso de reforma constitucional, pero esto no ha significado todavía la apertura a un debate público sobre el futuro de la ley de leyes cubana. Existen diferentes posturas en la isla sobre las posibilidades de reforma, unos piensan que debe ser una reforma total y otros, que debe ser una reforma parcial. Partimos de la convicción de que estamos ante una buena oportunidad para proponer una nueva constitución para Cuba, siempre y cuando aprovechemos esta circunstancia para efectuar un ejercicio democrático transformador por sí mismo, para discutir y aprobar esta Constitución. Por esta razón este artículo defiende la necesidad de una Asamblea Constituyente, que sirva de punto de partida para un cambio en Cuba, más allá del propio hecho de crear una constitución nueva.

ABSTRACT

Cuba has announced a constitutional reform process, but this has not meant the opening of a public debate on the future of the Cuban law of laws. There are different positions on the island about the possibilities of reforms: some think there must be a total reform, and others that it be partial. This is a great opportunity to propose a new constitution for Cuba, as long as we take advantage of that circumstance to make a democratic exercise that is transforming by itself to discuss and approve this Constitution. For that reason, this article defends the need for a Constituent Assembly, which will serve as a starting point for a change in Cuba that goes even beyond the creation of a new constitution.

Breve caracterización del Poder Popular y la democracia en Cuba

La Constitución cubana está vigente desde febrero de 1976, con ella nació institucionalmente el Poder Popular y la proclamación de que vivíamos jurídicamente en un Estado socialista.

En el 2015 muchos nos preguntamos cómo rescatar la mística socialista que permita la resistencia de un núcleo no capitalista en la política y la economía cubanas, para aspirar desde ese centro a plantear un modelo de socialismo democrático, participativo, de soberanía popular, de resignificación de los valores de la República, con el Estado y más allá de él, desde la sociedad civil, para que se pueda superar el trauma de tantos años de excesivo centralismo, esquematismo político, dogmatismo ideológico, ninguno de ellos valores del socialismo al que aspiramos algunos ciudadanos y ciudadanas de Cuba.[1]

De esta forma lo expresó el ensayista Julio César Guanche: Si bien el "socialismo real" pudo existir sin democracia, la democracia del futuro no puede existir sin un nuevo socialismo. Por ello el futuro democrático de Cuba ha de ser, si quiere conseguirlo, más socialista.[2]

A la misma vez, quince años después de comenzado el siglo XXI, en Cuba el Poder Popular no logra afianzarse como la forma idónea de nuestro Estado, aunque esta organización tenga ventajas claras ante el panorama de alejamiento de la política y el poder que viven la mayoría de los pueblos del mundo.[3]

Las ventajas de las que hablamos no rebasan, casi todas ellas, el diseño constitucional y jurídico en general que las sostiene y norma, lo que significa que el Poder Popular es inobjetable como expresión de soberanía popular, pero no ha logrado en la vida social de Cuba entregarle el poder al pueblo.

En el momento en el que escribimos este ensayo se experimenta una nueva forma de estructuración del Poder Popular, en dos provincias nuevas de nuestra división político-administrativa: Artemisa y Mayabeque. Este ejercicio se basa en el Decreto 301 del Consejo de Ministros que regula la naturaleza y esencia del ensayo, caracterizado sobre todo por la depuración de las facultades de la Administración a nivel local, para separarla de las respectivas Asambleas, así como para liberar a las administraciones de los vínculos asfixiantes de los Organismos de la Administración Central del Estado en cada territorio.

Pero el experimento deja intacta hasta el momento la forma en que los municipios deciden sobre sus presupuestos, por lo tanto queda alejado de los interesantes expedientes del presupuesto participativo, el control social de servicios públicos, entre otras formas usuales de renovada participación popular, que en América Latina y no en alejados escenarios, se practican hoy.

La reforma constitucional de 1992

En el año 1992 la Constitución socialista de Cuba tuvo su más profunda reforma. En aquellos años se discutía desde las aulas de las facultades de derecho hasta la calle, sobre si se trataba de una modificación superficial o si solo era una reforma del sistema político y económico cubano.

El argumento a favor de que no era una reforma profunda se basaba en una consecuencia jurídica: la modificación se había realizado sin necesitar de referendo popular porque no había alterado los derechos, deberes y garantías constitucionales ni las facultades de los principales órganos del Estado cubano, como establecía la propia constitución en su cláusula de reforma.

Desde aquellos años y hasta el día de hoy, otros y otras hemos pensado que aquella reforma hubiera necesitado el respaldo ético de un pueblo que veía cómo se hacía reversible la propiedad estatal socialista de todo el pueblo por decisión del gobierno y cómo de esta excepción nacía la propiedad de las empresas mixtas.

El poder constituyente del pueblo no debe depender solamente de la norma jurídica constitucional que la envuelve en un trámite legal sino que se deriva de la legitimidad de los intereses generales, esto significa que en un contexto político socialista como el cubano, era muy fácil desbordar la cláusula de reforma constitucional de la carta magna de 1976, para encontrar consecuencia con la voluntad de las mayorías, pues los cambios que se propusieron no resultaron de forma sino de fondo.

La reforma de 1992, además, introdujo el ideario martiano como paradigma ideológico para el proyecto político de unidad nacional y conservación de la independencia y la soberanía, en los años más duros para el mantenimiento del consenso popular al lado de los valores de la Revolución. De esta manera la impronta martiana cambió nuestra concepción constitucional de República y sumó al marxismo-leninismo del Partido Comunista, el ideario del apóstol.

Otras importantes reformas se dieron en el sistema electoral, lo que se tradujo en una nueva y más democrática manera de elegir a los delegados y diputados, de forma directa en los dos procesos electorales cubanos. Apareció también el Consejo Popular, que debía reconectar al pueblo con sus asambleas locales, pero que tuvo la mala fortuna de surgir en el momento del más crudo Período Especial, lo que lo convirtió en un órgano más de la supervivencia social.

Hasta el día de hoy pensamos que los Consejos Populares han dado lecciones, esporádicas, pero reales, de la espontánea, rica y vital imaginación política del pueblo, porque en zonas y barrios más politizados han logrado escapar del centralismo y mostrarse como el contrapoder que se pensaba que podían ser, como máxima autoridad en su demarcación, según la Constitución de la República.[4]

La reforma constitucional del año 2002

Si la Ley de Reforma Constitucional de 1992 se pensó para cumplir los lineamientos del IV Congreso del Partido, y lograr la supervivencia económica, financiera, política, y para esto nuestro Estado quedó laico y no ateo, en el actual artículo 8 de la Constitución y allí mismo se subrayó la libertad religiosa, ya en el año 2002 las cosas habían cambiado lo suficiente para que el Estado se volviera a fortificar como lo hizo.

La última reforma constitucional se llevó a cabo por iniciativa de la coordinación nacional de las principales organizaciones de masas cubanas, sobre todo los Comité de Defensa de la Revolución, que consultaron al pueblo, por una vía no electoral, por lo tanto no como referendo o plebiscito, sobre la irreversibilidad del socialismo en Cuba.

Por la respuesta positiva de la mayoría de la población a la pregunta de si queríamos seguir siendo un Estado socialista, se propuso que la Constitución recogiera, ahora como cláusula de intangibilidad, el carácter irrevocable del socialismo en Cuba, tanto política como económicamente.

Lo interesante de esta última reforma es que fue una reacción ante el intento de algunas zonas de la oposición política en Cuba, de presentar un proyecto de modificación a la constitución, que consideraba el desmontaje del sistema socialista en su totalidad. El Proyecto Varela fue presentado por la vía de la iniciativa legislativa popular pero no llegó a considerarse por el órgano legislativo cubano.

El resultado más provechoso a la democracia cubana de todos estos acontecimientos fue, a mi entender, que la institución de la iniciativa legislativa, impulsada directamente por el pueblo, no se tocó, ni se puso en tela de juicio.

El papel de la Asamblea Nacional como órgano legislativo y constituyente

Nuestra Constitución actual, como ha quedado después de las reformas más gruesas que ha sufrido, se definiría como rígida, según una clasificación muy común, que toma como parámetro los requisitos legales para la modificación total o parcial del magno texto.[5]

El único órgano constituyente en Cuba es la Asamblea Nacional del Poder Popular, es además esta Asamblea el único órgano legislativo y el que conserva la poderosísima facultad de declarar la inconstitucionalidad de las leyes, decretos leyes, decretos y otras disposiciones normativas, facultad esta que jamás ha ejercido en treinta y nueve años de existencia como órgano supremo del Estado.

La crisis de la Asamblea Nacional no solo se evidencia porque han sido muy pocas las votaciones no unánimes de su historia legislativa, o porque los diputados y diputadas no usan su derecho a presentar proyectos legislativos como miembros individuales de la Asamblea, sino sobre todo porque los Decretos Leyes del Consejo de Estado, que es un órgano de la propia Asamblea que la representa entre período y período de sesiones, triplican, junto a los Decretos del Consejo de Ministros, que es el gobierno de la República, a las Leyes de la Asamblea Nacional.

Este panorama ha inclinado la labor legislativa cubana desde 1976 a favor de órganos pequeños, de representación indirecta, como el Consejo de Estado, o de ninguna representación, como el Consejo de Ministros, lo que unido a que la Asamblea Nacional se reúne dos veces al año durante apenas una semana en total, rompe con la lógica constitucional que la ubica en el sistema político como el órgano superior del Estado y la reserva de la democracia en última instancia.

Algunos puntos polémicos sobre la posible reforma total de la Constitución cubana

Cualquier modificación de importancia a la Constitución actual en Cuba, conllevaría una transformación del sistema político y económico, lo que a mi entender afectaría la cláusula de intangibilidad vigente desde 2002.

Si nuestro sistema político actual es socialista, un cambio en su estructura, naturaleza, forma, contenidos, iría contra el tercer párrafo del artículo 3 de la Constitución, porque no existe un sistema político socialista abstracto sino las experiencias concretas que lo implementen, lo que significa, según mi apreciación, que introducir una nueva forma de propiedad o un nuevo órgano del Estado en la Constitución, está hoy prohibido por la reforma del 2002.

Antes de plantearnos los problemas propios de una supuesta reforma total de la Constitución, habría que preguntarse si no es posible cumplir el deber que tenemos como pueblo, y que tiene el Estado, desde la misma fecha, de respetar los postulados constitucionales como guía cívica, como medida de lo logrado en la Revolución de 1959 y como método de dirección administrativa.

¿Hasta qué punto no sería una aventura reconfortante como pueblo, cumplir y hacer cumplir las decenas de artículos de la Constitución socialista, que no se respetan ni por las instituciones, ni por los burócratas, ni por la ciudadanía?

¿No hay un programa político por sí mismo en hacer que el Estado sea en definitiva de los trabajadores; en hacer que la República se construya con todos y por el bien de todos; en ser soberanos de forma directa y no solo por medio de la representación política; en practicar la resistencia ante el que intente derrocar la Constitución; en revocar a los que, electos, no hayan rendido cuenta como esperábamos; en nominar a los candidatos o candidatas que pensemos que lo pueden mejorar todo; en poner a las Asambleas, desde la nacional hasta la municipal, a legislar para nosotros y por nosotros; en proyectar como pueblo, a partir de la iniciativa que nos compete, el contenido de las leyes que creamos más urgentes; en exigir que se use el referendo y la consulta pero no de manera extraordinaria?

Esto y mucho más nos quedaría por hacer antes de pensar en una nueva constitución, pero también hay lagunas en nuestra institucionalidad que jamás resolvimos, en el derecho, en la política, en la economía, por citar algunas graves ausencias.

Sobre las mencionadas lagunas existen criterios disímiles, que pueden estudiarse con facilidad, por ejemplo, en uno de los primeros espacios públicos de discusión sobre este tema que se abrió en Cuba, en el año 2009, propiciado por la revista *Espacio Laical* en un dossier bajo el título "Desafíos constitucionales de la República de Cuba", y en el que participaron Jorge Ignacio Domínguez, Dimitri Prieto, Roberto Veiga y Julio Antonio Fernández Estrada.

En dicho dossier aparecen propuestas que van desde el pluripartidismo, la derogación de la cláusula pétrea de la irreversibilidad del socialismo, hasta la introducción de la defensoría del pueblo, el tribunal constitucional, la libertad de asociación, la autonomía municipal, el regreso del tribunal de garantías, la separación entre la jefatura del Estado y del Gobierno, la elección directa de todas las autoridades públicas, la eliminación de una ideología dominante en el texto constitucional, la aceptación de la doble ciudadanía y la consagración en la magna ley del *habeas corpus*, entre otras.

La Constitución que aprobemos deberá modernizar sus definiciones jurídicas, esto en el sentido ideológico que se decida en democracia, que prefiero lo más inclusivo, horizontal y ecuménico que se pueda lograr, dado el nivel de concertación real que exista en esa coyuntura.

Lo anterior significa, por dar algunos ejemplos, considerar como principios el Estado de Derecho, el pluralismo político, o identificar y reconocer a la sociedad civil o a la administración pública, los derechos humanos, así como elevar al plano que merece la protección jurídica al medio ambiente o a sectores desfavorecidos de la sociedad.

Es una urgencia considerar el carácter progresivo de los derechos fundamentales, sumar todos los que las luchas de nuestro pueblo, aun después de la Revolución, ha seguido adicionando a nuestra historia de reivindicaciones sociales, como por ejemplo, todos los derechos relacionados con la libre orientación sexual de las personas.[6]

Es imprescindible la consagración más amplia posible de un régimen de garantías jurídicas, políticas y materiales de los derechos humanos, que le dé relevancia constitucional a una especie de amparo, como se reconoce en las últimas cartas magnas de América; que se reconozca acciones individuales y colectivas de fácil ejercitación, para proteger derechos específicos; que se dé el lugar que merece al *habeas corpus* o al *habeas data*, por mencionar dos garantías célebres, que no existen en la Constitución cubana.

Nuestra Constitución necesita —lo necesita nuestro pueblo— una Defensoría del Pueblo, que no esté atada a ningún órgano estatal reconocido, para que pueda desarrollar sus funciones de auxilio a las víctimas de violaciones de derechos, y es momento ya de tener un procedimiento y una institución independiente, que realice la sagrada tarea de proteger la Constitución y de declarar la inconstitucionalidad de actos y normas violatorios.

Como ha afirmado el destacado economista cubano Pedro Monreal: "no basta con que los derechos estén reconocidos por la Constitución y por las leyes, y defendidos en los discursos. Es esencial que la materialización de los derechos económicos y sociales sea justiciable y exigible, es decir, que exista una legislación específica que garantice el cumplimiento de las obligaciones derivadas de un derecho dado y que contemple la existencia de remedios legales en caso de no cumplimiento y de violaciones".[7]

La Constitución es un buen lugar para dejar esclarecido el alcance del Derecho en un país, y quiénes y hasta dónde deben y pueden crear Derecho en un Estado; son las llamadas normas secundarias, que tanto extrañamos los que queremos un ordenamiento jurídico sano y armonioso, donde no podamos encontrar resoluciones sin publicar, o clasificadas, o decretos que desajustan leyes o simples cartas que crean derechos, deberes y procedimientos.

Sería un buen momento para sopesar la obsesión por la propiedad privada —que solo es contraria al socialismo y a la democracia cuando se considera exclusiva y excluyente— a favor de otras modalidades que la puedan acompañar y sujetar, sobre todo la propiedad común, mucho más cercana a lo que hemos intentado y no logrado con la socialización de los bienes, que no sobrepasó la estatalización de los mismos.

Contrario a lo que se ha repetido hasta el cansancio sobre las limitaciones de orden público a la propiedad personal en la Constitución cubana, debemos decir que estas limitaciones han sido al menos consecuentes con un régimen de propiedad que no consideró la existencia de la propiedad privada y que prohibió la explotación del hombre por el hombre.

A la misma vez se esgrime la tesis por otros intelectuales en Cuba, de que la propiedad privada apareció con la reforma de 1992 y la introducción de la propiedad de las empresas mixtas, pero a mi modo de ver esto no basta para entender tal institución en el ordenamiento jurídico cubano, porque el contenido de la propiedad desde un punto de vista solamente jurídico, necesita de un aparato de defensa del derecho por el propietario, que debe ir hasta las últimas consecuencias del ataque al patrimonio del deudor incumplidor, etcétera.

Todo lo anterior ha sido imposible en todo momento en el Derecho cubano, el cual no permite el embargo de bienes del Estado, ni ha regulado hasta hace muy poco y con una modalidad limitada, formas de garantías de los créditos como la hipoteca, sin la cual la propiedad privada no puede sobrevivir.

Es muy interesante que algunos defensores de las reformas liberales en Cuba consideren que la Constitución de 1976 no es una traba para los cambios, precisamente porque, aunque mantiene garantías a la presencia estatal como el derecho de tanteo y retracto ante la intención de venta de la tierra de un agricultor pequeño, o la regulación del derecho de herencia de la tierra solo para los que la trabajen, a la vez no utiliza otras cláusulas más populares y menos estatales, que aseguren la conservación de la soberanía de los recursos, de la soberanía del trabajo, en manos, precisamente, de los trabajadores.

Breves conclusiones y propuestas

Mas lo que quita el sueño a los que pensamos en estas cosas es cómo hacer esta reforma, ¿con el pueblo presente y activo o con el pueblo movilizado, que opina pero no decide?

Una Asamblea Constituyente está fuera de las posibilidades que el texto constitucional considera, porque este solo toma en cuenta la facultad constituyente de la Asamblea Nacional, la cual tendría que realizar su último acto soberano creando una nueva constitución, pero este poder constituyente no sería entonces nuevo, resultado de una especial elección para el proceso de creación del nuevo texto, sino la continuación del máximo órgano del Estado.

Esta alternativa, sin embargo, todavía podría tener modalidades, porque la Asamblea Nacional del Poder Popular es capaz de liderar un proceso de reforma parcial o total de la Constitución, mediante la convocatoria de consultas populares, o puede esperar a recibir una propuesta de una comisión especial, creada fuera del ámbito institucional, que contenga la modificación, casi seguro parcial, de la Constitución.

Se pierden de vista, sin embargo, otras opciones posibles, como la de modificar solamente la cláusula de reforma de la constitución e introducir la posibilidad de la convocatoria a elecciones de una Asamblea Constituyente, para que redacte y apruebe una nueva constitución que debe ser puesta, en todo caso, a disposición de la confirmación popular, en referendo.

Esta misma forma se puede manifestar de dos maneras, mediante la presentación de un proyecto de reforma constitucional por las vías tradicionales de los últimos cuarenta años, por las cuales se propone una ley a la Asamblea Nacional, o mediante un proyecto de ley impulsado por iniciativa legislativa popular, que solo contenga la forma en que quedaría redactada la nueva cláusula de reforma constitucional.

En este caso la propuesta de ley sería una vía popular indirecta de apertura a un proceso constituyente.

Otra posibilidad es que movimientos sociales o de la sociedad civil cubana en general, propongan un proceso constituyente, que parta de la determinación de la excepcionalidad institucional que regiría hasta la existencia de un nuevo magno texto, que defienda el tránsito republicano y la paz, y organice la forma en que se propondría y aprobaría una nueva constitución.

La opción de la democracia siempre es atemorizante pero justa, por eso confío en que una Asamblea Constituyente es la mejor manera para plantear un cambio tan profundo en Cuba, aunque conozca el estado de la cultura política de la gente cubana, aunque sepamos que no hemos discutido estos asuntos durante muchos años y ahora se puedan asustar algunos y emocionar tantos otros.

Mas, si la alternativa es que otra vez recibamos un proyecto acabado para ser ratificado, si es que se lleva a referendo, con contenidos esperados y otros que no lo sean tanto, con decepcionantes acuerdos entre fuerzas que no incluyen al pueblo, entonces preferimos el riesgo sublime de decidir nuestro futuro entre todos y todas, que somos al fin el único espacio donde no sobra nadie.

NOTAS

1. Los referentes teóricos metodológicos con los que me afiliaría en una serie de transformaciones en la sociedad cubana son los del socialismo democrático republicano, por la base teórica compleja que lo sustenta en sus principios de poder popular, control popular de la política, ciudadanía como sujeto protagonista en política, creación popular del Derecho, control popular de la administración pública y de la aplicación de las normas jurídicas. Mayra P. Espina Prieto, Juan P. Triana Cordoví y Julio Antonio Fernández Estrada, "Transformación de la sociedad cubana: contribuciones a un debate actual", comp. Yuliet Cruz, Fabián García, Celia García y Juliette Fernández, *Cuadernos del CIPS 2010: Experiencias de investigación social en Cuba* (La Habana: Publicaciones Acuario, 2011), 33.

2. Julio César Guanche, *La verdad no se ensaya. Cuba: El socialismo y la democracia* (La Habana: Editorial Caminos, 2012), 50.

3. Guanche lo ha visto de esta manera: "El sistema institucional se ha sostenido por la calidad de la ciudadanía que interviene en él, pese a las contradicciones y desestímulos que presenta. Las bases de ese sostenimiento experimentan grandes desgastes, pues el sistema institucional no ejerce todas sus prerrogativas, limita el contenido de las atribuciones de los delegados y opera en un contexto que reduce la posibilidad de desempeñar las funciones que establece". Julio César Guanche, "La participación ciudadana en el Estado cubano", en *La verdad no se ensaya. Cuba: El socialismo y la democracia* (La Habana: Editorial Caminos, 2012), 149.

4. En la década de 1990, el jurista y profesor universitario Julio Fernández Bulté defendía la idea de que los Consejos Populares podían ser la expresión democrática del llamado poder negativo del pueblo. Esta tesis provenía de la consideración de que existe una expresión soberana popular de carácter positivo, constructivo, y otra de carácter negativo, de contención, que no hace pero sí impide, lo que completaría el panorama de la potestad del pueblo. El poder negativo tiene a su vez dos vertientes, una directa, en la que el pueblo ejerce el derecho de resistencia, rebelión, exilio, huelga política, y otra indirecta, con antecedente directo en el Tribunado de la Plebe de la República romana antigua, basado en un mandatario del pueblo, electo por este, que ejerce el veto y el auxilio frente a las decisiones impopulares. Los Consejos Populares, según la interpretación del mencionado profesor cubano, podían convertirse en el poder negativo indirecto que al Poder Popular le faltaba en la Cuba. En la primera década del siglo XXI se realizó una tesis de maestría en derecho constitucional y administrativo, en la Universidad de la Habana, por el licenciado Luis Mario Coto, que regresaba con más argumentos a la misma interpretación.

5. En el capítulo XV de la Constitución cubana, llamado Reforma Constitucional, en un único artículo 137 se declara: "Esta Constitución sólo puede ser reformada por la Asamblea Nacional del Poder Popular mediante acuerdo adoptado, en votación nominal, por una mayoría no inferior a las dos terceras partes del número total de sus integrantes, excepto en lo que se refiere al sistema político, social y económico, cuyo carácter irrevocable lo establece el artículo 3 del Capítulo I, y la prohibición de negociar bajo agresión, amenaza o coerción de una potencia extranjera, como se dispone en el Artículo 11. Si la reforma se refiere a la integración y facultades de la Asamblea Nacional del Poder Popular o de su Consejo de Estado o a derechos y deberes consagrados en la Constitución, requiere, además, la ratificación por el voto favorable de la mayoría de los ciudadanos con derecho electoral, en referendo convocado al efecto por la propia Asamblea".

Constitución de la República de Cuba (La Habana: Editorial My. Gral. Ignacio Agramonte y Loynaz, 2013), 82–83.

6. La progresividad de los derechos humanos se ha considerado hasta ahora mayormente como un principio que al interior de una constitución impide un retroceso en la regulación y consideración de derechos humanos y su protección legal, pero me atrevo a una propuesta más radical: como mismo defendemos una especie de iusnaturalismo civilizatorio, que nos permitiría reivindicar derechos por encima de la regulación jurídica, por el hecho histórico de su acumulación cultural en miles de años de lucha popular, también podríamos defender la tesis de que la regulación y consagración de un derecho humano en una constitución lograda por cualquier pueblo es razón suficiente para que estos derechos se consideren progresivamente alcanzados por cualquier otro pueblo, dado el carácter universal de los derechos humanos.

7. Pedro Monreal, "Poniendo nuevas preguntas sobre la mesa: Apuntes para una introducción a un volumen de Cuba", ed. Roberto Veiga y Lenier González, *Desafíos económicos de Cuba: Apuntes para un debate* (La Habana: Proyecto Cuba Posible, 2014), 12.

AMALIA PÉREZ MARTÍN

El lugar del derecho en el orden político de la reforma económica en Cuba: Entre la república y el reino

RESUMEN

Las tensiones existentes entre el ordenamiento constitucional y el desarrollo de la Reforma económica en Cuba, describen un espacio de ilegitimidad, originado en una comprensión que reduce el derecho a instrumento justificatorio de la política. En el presente trabajo, cuestiono este hecho desde un ideal normativo específico: la necesidad de estructurar la República en tanto negación del "reino," entendido como ejercicio ilegítimo e irresponsable del gobierno. A partir de ello, sostengo que los problemas que hoy impiden la participación en la toma de decisiones y en el control de la actuación estatal deben ser resueltos en el marco de una nueva comprensión sobre la ley y con la elaboración de una nueva Constitución.

ABSTRACT

Tensions between the constitutional order and the development of economic reform in Cuba describe a space of illegitimacy, which has its origins in an understanding of law as a justificatory instrument of politics. In this article, I question this fact from a specific normative ideal: the need to structure the republic as denial of the "kingdom," that is, the illegitimate and irresponsible exercise of government. From this, I argue that the problems that currently prevent participation in decision making and the control of government action must be resolved within the framework of a new understanding of the law and the drafting of a new constitution.

Afirmar que el actual proceso de cambios en Cuba evidencia una comprensión del derecho que lo reduce a justificación de la política supone asumir una crítica frente a las posturas que valoran positivamente la reforma argumentando la existencia de una mayor utilización y presencia del derecho. Aun cuando este mayor uso pueda resultar cierto, señalamos problemas de fondo que afectan la legitimidad de este proceso. Problemas heredados del pasado y nunca solucionados, asociados a la construcción de un sistema jurídico socialista y a las limitaciones de la institucionalidad estatal, que conducen a reflexionar sobre las posibilidades de nuestra República, más allá de la forma de gobierno que esta implica.

La estructura que se sigue para la presentación y desarrollo del argumento, comprende primeramente la exposición del acercamiento teórico al tema, esto es, la tradición republicana democrática del Mediterráneo clásico, y específicamente los principios del republicanismo romano según los cuales la República es la negación del "reino" y la creación de la ley la principal expresión de la soberanía popular. Luego se analizan los conflictos entre orden socialista y republicano, evidenciados tanto en la construcción del sistema jurídico cubano como en las limitaciones que el diseño y la práctica de la institucionalidad estatal suponen a la representación de la soberanía popular. A manera de conclusiones se dialoga con declaraciones recientes de la Ministra de Justicia en Cuba y opiniones de distintos académicos, sobre el lugar del derecho en el proceso de "reforma económica."

La República como negación del "reino" y la ley como expresión de la soberanía popular

El presente estudio toma como referente la tradición republicana democrática del Mediterráneo clásico. En específico se considera el modelo romano republicano antiguo, desde una mirada a sus instituciones democráticas, entendidas como conjunto orgánico de instrumentos tendientes a la soberanía del pueblo, al control directo de su gobierno y a la conservación de su libertad.

La historia de la República romana evidencia una aversión hacia la monarquía y todo lo que esta representaba. La *libertas* republicana se contrapone al gobierno de los reyes, y el primer cambio significativo que conduce a la República es precisamente la sustitución de la figura del rey monocrático, vitalicio e irresponsable por la de dos cónsules, magistrados electivos que ejercen el gobierno de forma colegiada, temporal y responsable[1]. En el primer libro del *Digesto* del emperador Justiniano encontramos de forma repetida la expresión "expulsados después los reyes" para describir el cambio de fórmula política y la fundación de la República y su derecho.[2]

El orden real se diferenciaba del sistema republicano en especial por la posibilidad y la tendencia de los reyes a regir *omnia manu gubernare, sine lege certa, sine iure certo.*[3] Es decir, todo se gobernaba sin ley y derecho ciertos, por el poder de los reyes. La especificidad del orden real, no reside entonces en el acto de *gubernare* en sí mismo, sino en su ejercicio irresponsable, pues a los reyes solo les bastaba para ejercer su poder, sostener la incertidumbre sobre la ley y el derecho. Lo que incluso no excluye necesariamente al derecho, pues el gobierno real o autocrático también lo usa, pero considerándolo como instrumento del ejercicio arbitrario del poder.

La comprensión de la vida republicana a partir de la oposición radical al reino, se convierte en un arma crítica en manos del pueblo para el control permanente de las instituciones. Toda ley resulta despótica, arbitraria, ilegítima, cuando es reducida a simple legalismo de la ley. En cuyo caso su transgresión, dignifica y humaniza, produce la afirmación de la libertad.[4]

La rebelión del sujeto frente a la ley ilegítima, lejos de negar el ideal republicano, se afirma en dos de sus pilares: la ley pública como producto de la voluntad mayoritaria del pueblo; la *libertas* como sometimiento voluntario a la ley votada en común. La *libertas* republicana, en su acepción de acatamiento de la ley pública, más en función de su creación que de su contenido, se contrapone al *regnum*, al despotismo de la ley, y al asamblearismo como nota caracterizadora de la demagogia.[5]

El vínculo entre *populus* y *lex* fue reconocido tempranamente, en la Ley de las XII Tablas: "lo último que el pueblo ordena sea lo que valga."[6] Mandato que viene a constituir un principio fundamental de la vida constitucional republicana, y de la verdadera democracia,[7] de acuerdo con el cual, derecho será todo aquello que el pueblo decida, incluso a través de la costumbre:

> Así como las mismas leyes por ninguna otra causa nos obligan, sino porque fueron recibidas por el juicio del pueblo, así también con razón guardarán todos lo que sin estar escrito aprobó el pueblo; porque, ¿qué importa que el pueblo declare su voluntad con el sufragio, o con las mismas cosas y con hechos? Por lo cual también está muy correctamente recibido que las leyes se deroguen no solo por el sufragio del legislador, sino también por el tácito consentimiento de todos por medio del desuso.[8]

La posibilidad de que el pueblo pueda abrogar por la costumbre la ley formalmente válida que él mismo otorgó, retiene en el pueblo la última palabra sobre el derecho, y la capacidad de rebelarse en su contra. La ley, y la costumbre del pueblo, fundan la libertad política, esta no existe fuera de la ley, en ese "afuera" estaría el poder unipersonal e irresponsable del reino. De ahí la prioridad de la ley en el modelo republicano romano frente a la creación normativa del gobierno, que solo puede ejecutar la voluntad general consagrada en ley. Sin embargo, el derecho romano republicano no era un derecho legislativo sino un sistema, fundido en una unidad. De ahí que se haya hablado de un dualismo latente entre el *ius*, custodiado y desarrollado por expertos juristas rodeados de prestigio social, y la *lex*, reguladora de la dimensión pública de la vida. Dualismo vivido como parte de la experiencia política republicana.[9]

Conflicto entre orden socialista y republicano: La construcción del sistema jurídico cubano

La Constitución socialista cubana de 1976,[10] opuesta a los principios, estructuras y dogmas fundamentales del Estado liberal, instauró una forma de Estado basada en el Poder Popular, y reconoció a la república como su forma de gobierno. Sin embargo, la asimilación acrítica de la teoría y prácticas constitucionales del socialismo real de Europa del Este, hicieron mella en el ideal republicano. La doctrina marxista leninista recogida en la Constitución, imbuida en el reduccionismo dogmático del burocratismo estalinista y de gran debilidad axiológica, estaba lejos de ser la mejor alternativa frente a valores jurídicos y morales de la filosofía política y jurídica burguesa. La afirmación del socialismo se entendía como afirmación de la democracia, obstruyendo la reflexión sobre la necesidad del vínculo entre ambos, y sobre cómo la lógica de análisis republicana podría iluminar problemas propios del socialismo.

El republicanismo, como cuerpo de pensamiento y práctica política, forma parte de la historia cubana; nuestro pensamiento ya sea en la fase criolla, o luego en la fase propiamente cubana, presenta un fuerte componente republicano. Sin embargo, entender la república no solo como forma de gobierno sino como forma de autodeterminación política a través de la ley, nos conduce a reflexionar sobre los problemas en la construcción del sistema jurídico socialista en Cuba, determinados por la conflictividad existente entre orden político socialista y republicano.

Desde los años 80 la necesidad de un proceso de revisión integral de los problemas en la construcción del nuevo sistema jurídico, fue señalada reiteradamente en el discurso político oficial, a través de lo siguiente:

- Ponencias del primer Simposio Científico acerca de la Política y la Ideología y Sus Relaciones con el Derecho, de 1984
- El Informe Central del III Congreso del Partido Comunista de Cuba (PCC), de 1986
- El Informe Central del III Congreso de la Unión Nacional de Juristas de Cuba (UNJC), de 1987
- El "Estudio sobre los factores que más afectan al desarrollo de una cultura de respeto a la ley" de la Asamblea Nacional del Poder Popular (ANPP), de 1987.

La revisión y análisis de estos documentos revela una reiterada referencia al programa de trabajo del Buró Político del PCC de 1982, cuyo cumplimiento permitiría satisfacer, antes de concluir el quinquenio 1986–1990, la demanda de juristas y contribuir a acelerar el proceso de eliminación de deficiencias en la labor jurídica. No es casual que en 1984, el primer (y único) Simposio Científico acerca de la Política y la Ideología y Sus Relaciones con el Derecho, asumiera entre sus razones fundamentales, aportar en la solución del problema de la escasa preparación de cuadros para la esfera jurídica.[11] En la misma línea, el Informe Central del III Congreso del PCC, realizado durante 1986, señaló la falta de juristas debidamente calificados y con experiencia para desempeñar las funciones de jueces, fiscales y abogados.

En el marco del proceso de rectificación de errores y tendencias negativas, en el propio año 1987, el Informe del III Congreso de la UNJC, ubica como insumo para la acción, la advertencia que en 1984 realizara Fidel Castro, cuando decía: "Nosotros no tenemos todavía una cultura de respeto a la ley y de acatamiento a las leyes."[12] Este informe da cuenta del debate nacional acerca de las "tesis sobre la vida jurídica del país," aprobadas en el propio Congreso. Según este documento, los factores que habían afectado la función del derecho en el proceso de construcción del socialismo hasta ese momento, habían sido tanto la ausencia de una cultura de respeto y acatamiento a las leyes como las deficiencias de la formación de los cuadros jurídicos que prevaleció durante muchos años.[13] Se ratifica así el discurso oficial mantenido en los otros documentos, incluida la calificación del año 1982 como un momento de inflexión en la percepción de la dirección política de la Revolución, sobre el derecho.

Con estos antecedentes, no resultan extraños los resultados que arrojara en el propio 1987 el "Estudio sobre los factores que más afectan al desarrollo de una cultura de respeto a la ley" que realizara la Comisión de Asuntos Constitucionales de la ANPP. En este se comprueba que pasada una década de vigencia de la Constitución socialista "más de las dos terceras partes de los encuestados ignora que la Constitución de la República es la ley más importante del país, incluyendo en ese dato global un 44,5% del universo de los dirigentes." Según el propio estudio, las dos fuentes mayores de incumplimiento de la ley aparecían asociadas a su desconocimiento y a la falta de control, estando el origen de las infracciones legales y de las irregularidades, en el propio Estado, "no en la vida ciudadana, en la calle o en el barrio."[14]

A mediados de los años 90, la persistencia de legislaciones anacrónicas, la inadecuación de regulaciones legales a las necesidades sociales, las contradicciones en el derecho vigente, la pura y simple inobservancia de las leyes y las facultades "autoatribuidas" por ministros, jefes de organismos y dependencias del Estado para dictar disposiciones incongruentes con el sistema y la Constitución, llevan a afirmar que esos problemas "siguen rebasando su reconocimiento oficial y el reiterado llamado a superarlos."[15] Pero, no es solo falta de voluntad política para atender los problemas reiteradamente señalados, es el marco estructural del sistema lo que impide su solución. A continuación se señalan posibles causas de problemas de carácter estructural que persisten en el sistema jurídico cubano y afectan la legitimidad de cualquier proyecto de cambios en Cuba.

Dogma sobre la negación del papel revolucionario del derecho

El papel del derecho se vio afectado desde los inicios del proceso revolucionario, como resultado de una comprensión de lo jurídico como instrumento inapropiado para la necesaria agilidad y eficacia de las medidas políticas y administrativas revolucionarias. En los citados documentos de los años 80 la explicación sobre la ausencia de una cultura de respeto a la ley y su incumplimiento se centraba en señalar el significado antipopular que aún conservaban las leyes. Así, se instaló en la práctica una "forma del *nihilismo* hacia lo jurídico, de desvalorización del papel del Derecho y de la cultura jurídica, al punto de pensarse la Revolución al margen del Derecho."[16]

La comprensión actual del derecho como simple instrumento o vehículo de decisiones tomadas en ámbitos inaccesibles o independientes tanto a lo "estrictamente jurídico" como a la participación popular, expresa en un nuevo contexto del proceso revolucionario, los ecos de aquel dogma. Esta comprensión se hace visible en la llamada "implementación jurídica" de los "Lineamientos del VI Congreso del PCC," donde los cambios están guiados por "políticas" que solo una vez aprobadas en las reuniones ampliadas o compartidas del Consejo de Ministros (CM), el Buró Político del PCC, y el Consejo de Estado (CE), pueden pasar a la fase de transcripción a norma legal, en los estrictos marcos que en el texto de cada una de estas "políticas" se prevea. La redacción de las normas se coordina por la "Comisión Permanente para la Implementación de los Lineamientos" perteneciente al Gobierno, específicamente a través de su subcomisión jurídica, que radica en el Ministerio de Justicia.

El problema no es que se decida en ámbitos políticos y después se transcriba en la ley, sino que se haga de forma discrecional, en instancias (comisiones, subcomisiones, reuniones compartidas o ampliadas) parainstitucionales, que vienen a socavar uno de los propios objetivos de la reforma: mejorar las bases institucionales del país. Pudiera alegarse que este es un procedimiento más expedito y adecuado al ritmo necesario de los cambios, sin embargo, tal argumento no justifica que la política quede por ello "libre" del derecho, de los mecanismos e instituciones habilitados legalmente para el control ciudadano a su elaboración y ejecución. La elaboración de la política condena al derecho a ser su justificación, y la ley resulta reducida a simple legalismo, contrario a la comprensión de la República como negación radical del reino, entendido como ejercicio ilegítimo e irresponsable del gobierno.

Influencia de los modelos jurídicos y doctrinales de la Unión Soviética

La forma de incorporación de la técnica y tradición jurídica soviética en las primeras décadas de la Revolución generó la reducción del derecho a su dimensión normativa estatal, excluyendo sus elementos axiológicos, valorativos y empíricos. Esto a su vez afectó el sentido popular y progresista de nuestra técnica jurídica, evidenciado en la rigidez del tratamiento de las fuentes del derecho, donde el rígido monismo jurídico estatista produjo la negativa a admitir fuentes populares, de creación directa del derecho, como la costumbre.[17]

En la actualidad, se mantiene el parco diseño del sistema de fuentes formales del derecho fijado en los años 70.[18] Asimismo, sigue sin emitirse una ley de actos normativos que de alguna manera defina la distribución de competencias normativas de forma coherente y orgánica, y limite tanto la palpable existencia de fuentes formales del derecho con un ámbito de actuación mayor que el regulado, como la inactividad del legislador en la promulgación de leyes accesorias o complementarias a la Constitución, imprescindibles para el ejercicio de los derechos y la eliminación de lagunas legales en importantes esferas.

Diseño del mecanismo de defensa constitucional

En un primer momento del proceso revolucionario, existió un control social inorganizado de la creación legislativa y de las labores de gobierno, expresado más como "opinión del pueblo," que a través de recursos institucionales de la ciudadanía para controlar y participar protagónica y sistemáticamente en tales actividades. La Constitución y los distintos Reglamentos parlamentarios que han regido desde 1976,[19] encomendaron el control constitucional y legal no a un órgano técnico o independiente, sino a la ANPP, a través de su Comisión de Asuntos Jurídicos y Constitucionales. El control constitucional es previo a la aprobación de las leyes, y solo es posible el control posterior a través de la facultad de la ANPP de revocación de normas de inferior jerarquía. No existen mecanismos efectivos para que el ciudadano solicite directamente la declaración de inconstitucionalidad de una norma legal, o para que controle la actividad de la ANPP en este ámbito.

El problema radica tanto en la insuficiencia de lo normado como en la inactividad de la ANPP, órgano que desde su creación nunca ha ejercido la revocación como forma de control constitucional. Precisamente, la "penosa realidad"[20] del ordenamiento jurídico cubano se ha relacionado al hecho de que la ANPP no ha ejercido de manera sistemática y metódica la responsabilidad del control constitucional y legal que le fue encomendada, contribuyendo a que el desorden del sistema legal continúe y vuelva a ser señalado como una dificultad a superar con la reforma.

Proliferación de normas legales que "afectan la vida de la gente"

En 1987, en la sesión parlamentaria de discusión de los resultados del mencionado estudio de la ANPP, Fidel Castro criticó la proliferación legislativa en el ámbito del Gobierno y la Administración: "dictamos resoluciones en muchos organismos que son como para aplicar en otro mundo [. . .] todos los ministros dictan resoluciones que afectan la vida de la gente [. . .] habrá que regular eso [. . .] regular quizá un programa para hacer todo eso que parece una necesidad, ordenar esta telaraña enorme."[21] En 1997, la Resolución económica del V Congreso del PCC ubicaba nuevamente la necesidad de elaborar un coherente programa legislativo que incluyera proyectos de leyes y regulaciones complementarias, y fortalecer las estructuras jurídicas vinculadas con la gestión económica.

En sentido similar, paralelamente al sostenido discurso oficial, Hugo Azcuy reclamaba avanzar hacia una "redefinición del papel del Derecho en la sociedad y hacia una legalidad más controlable por ella y ajustada a sus requerimientos actuales."[22] Sin embargo, la proliferación incontrolada de normas jurídicas persiste en espacios ajenos a la ANPP, a los que el ciudadano no tiene acceso. Este es el caso de los decretos-leyes del Consejo de Estado, los decretos del Consejo de Ministros, y las resoluciones y otras normas de inferior jerarquía dictadas por los jefes de Organismos de la Administración Central del Estado (OACE), actos que rompen con la colegialidad, la garantía de la deliberación pública de las decisiones políticas y la participación popular directa en la toma de estas, como principios esenciales de la vida republicana.

Deficiente publicidad del derecho

Según la Constitución cubana de 1976, las leyes, decretos-leyes y decretos, deben ser siempre publicados en la Gaceta Oficial de la República. Sin embargo, por un lado, existe un vacío legal sobre la obligatoriedad de publicación en la Gaceta Oficial de las disposiciones de los órganos locales del Poder Popular, y por otro, normas infraconstitucionales han limitado el alcance de la obligación de publicidad: (1) Decreto 62 de 1980, según el cual la publicación del amplio volumen de resoluciones, instrucciones y circulares de los OACE, está condicionada a su "carácter general," el que debe ser definido por la propia autoridad que emite la disposición legal, (2) Decreto-Ley 272 de 2011, que instituye la emisión de decretos presidenciales como facultad del presidente del CM, acto normativo desconocido por la Constitución que solo se publica a decisión discrecional del presidente.[23]

La necesidad de mayor publicidad del derecho no ha sido situada entre las prioridades de la reforma. Pareciera difícil advertir la ruptura que esto genera con (1) la eficacia y validez de los actos normativos, (2) la sistematicidad del ordenamiento jurídico, (3) el principio de "la ignorancia del Derecho no excusa de su cumplimiento," y (4) la seguridad jurídica, la certidumbre, el cierre a la arbitrariedad y el principio de transparencia en la actuación político-estatal. Aspectos estos últimos que paradójicamente sí se han colocado en la agenda de cambios.

Conflicto entre orden socialista y republicano: Institucionalidad estatal y representación de la soberanía popular

Estudios sobre el sistema político cubano han señalado que el funcionamiento real de las instituciones muestra grados de desvíos respecto del orden institucional, que afectan su legitimidad y eficiencia.[24] Si bien este examen resulta atinado, consideramos que los problemas en la representación de la soberanía popular, no solo deben ubicarse en la deviación de la práctica política en relación a lo normado, sino como el resultado de la combinación de limitaciones propias de lo normado sobre la estructura estatal, y su práctica. A continuación, esto será analizado tomando como caso de estudio, el diseño legal sobre la organización y funciones de la ANPP, y su relación con el CE.

El reconocimiento, de raigambre republicana, de la soberanía popular, única e indivisa, como fuente de todo el poder estatal, expresado en la unidad de poder, ha sido sostenido por el constitucionalismo socialista en tanto principio organizacional del Estado o herramienta contra el abuso en el ejercicio del poder. Heredera de aquellas ideas, la carta magna cubana de 1976 lo incluyó entre los principios de organización y funcionamiento de la actividad de los órganos estatales. Incluso aunque la reforma de 1992 haya suprimido la unidad de poder y el centralismo democrático en la enunciación, quedando únicamente el principio de democracia socialista, las reglas mantenidas como inherentes a esta, revelan que aquellos dos principios siguen siendo esenciales en nuestra organización política estatal y en las relaciones a su interior.[25]

La supresión formal de estos principios, debe rastrearse en el proceso de discusión del Llamamiento al IV Congreso del PCC, y en el propio Congreso, donde la necesidad de distinguir y separar las funciones gubernativas y de administración estatal, de las políticas e ideológicas y de las económicas, se había colocado en el centro del debate. En especial, el concepto de la unidad de poder en el ámbito provincial y municipal, había derivado en la práctica generalizada de una sustitución progresiva de las funciones propias de la asamblea (órgano deliberativo) por su comité ejecutivo (órgano administrativo), y frecuentemente de las del propio comité ejecutivo por las de su presidente. Ese nuevo enfoque, dirigido a solucionar problemas derivados de la implementación práctica de la unidad de poder al estilo soviético, no alcanzó al funcionamiento de la ANPP.

Fruto precisamente del rechazo por el constitucionalismo socialista a la tesis de la tripartición de poderes, la ANPP, en su condición de órgano supremo de poder y centro del mecanismo institucional, es concebida constitucionalmente no solo como única institución legislativa y constituyente, sino también como entidad deliberante-política de la República y vértice del control o fiscalización del resto de las instancias estatales. Entre los rasgos que la caracterizan están: carácter no permanente, no profesionalización de la gran mayoría de sus integrantes, inexistencia de contradicciones antagónicas de intereses en su interior, estructuración de la representación política a través de un mandato imperativo.

Del carácter no permanente de las sesiones plenarias de la ANPP, resultado de asumir la práctica constitucional soviética,[26] deriva que otro órgano, el CE,[27] la represente entre uno y otro período de sesiones, para proporcionar carácter ininterrumpido a la actividad parlamentaria. Pero este órgano asume, en tanto jefatura colegiada del Estado, atribuciones más amplias, fijadas de forma independiente en la Constitución.[28]

La explicación dada a este diseño por teóricos soviéticos: “el *Presidium* del Soviet Supremo de la URSS, al ser, entre sesión y sesión del parlamento, el órgano supremo del poder estatal y a su vez, parte constituyente del Soviet Supremo, está llamado a ejercer de modo ininterrumpido el poder estatal supremo del país"[29], resulta contrastante con los propios principios democráticos de la organización y funcionamiento de los órganos estatales soviéticos, que excluían la posibilidad de un órgano superior independiente del parlamento o de un órgano que en cierto modo pudiera enfrentársele. La concurrencia en un mismo órgano de la jefatura del Estado y la representación del órgano parlamentario, puede conducir a la concentración de poder y las distorsiones en el funcionamiento del sistema institucional.

En Cuba, la complejidad de la relación entre ambos órganos, ha sido interpretada según dos líneas fundamentales: como representación y como mandato.[30] Una relación de mandato puede argumentarse a través de los mecanismos de control con que cuenta la ANPP según el texto constitucional: carácter colegiado del CE; facultad de la ANPP de elegir y revocar a los miembros de este; control político de su labor mediante la rendición de cuentas; revocación de los actos normativos por este promulgados; interpolación de los diputados de la ANPP a los miembros del CE.

Sin embargo, cada uno de esos mecanismos, independientemente de su ejecución práctica, presentan limitaciones desde su diseño: la rendición de cuentas no se concibe con carácter sistemático; las preguntas a los miembros del CE solo pueden realizarse durante las sesiones plenarias; las respuestas a estas preguntas pueden ser aplazadas hasta la próxima sesión e incluso limitarse su publicidad por decisión del propio CE; no es claro el procedimiento para la revocación de su miembros. Por otra parte, son omitidos otros presupuestos del mandato como la publicidad y la transparencia en la gestión, ya que más allá de la necesaria adopción de las decisiones del CE por mayoría simple de votos,[31] no existe disposición legal que regule su funcionamiento y organización.

Quienes se encuentran a favor de la posición que ve en el CE el representante de la ANPP y por tanto el depositario-sustituto de todas de sus atribuciones en los períodos de interregno de aquella, incluida la legislativa, no advierten la transferencia que se produce en la representación de la soberanía, es decir, el alejamiento que esto significa para el ejercicio directo del poder político por el pueblo. No obstante, ya sea derivado del escaso ejercicio de los mecanismos de control o de las limitaciones de la propia regulación legal, ha primado esta concepción que ve en el CE una instancia tridimensional: órgano supremo del poder, institución legislativa y agencia ejecutiva. Amplio diagrama de atribuciones que lo convierten en el centro del andamiaje estatal, apoyado además por el rol que tiene su presidente, quien encabeza a su vez al CM, y por lo cual deviene no solo jefe del Estado sino también de la función ejecutivo-administrativa, dimensiones que le otorgan un protagonismo particular y lo alejan de ser un *primus inter pares*.[32]

El desplazamiento o sustitución de la ANPP se confirma al analizar la vaga regulación constitucional acerca de los otros órganos que integran su estructura y que pudieran relativizar su carácter no permanente: Presidente, Vicepresidente y Secretario. Doctrinalmente, estos tres cargos componen la Presidencia, la cual teóricamente es entendida como el principal órgano de arbitraje y reglamentación de los trabajos parlamentarios, debido a su alta responsabilidad en la preparación, conducción y organización de las sesiones de trabajo. En el caso cubano, la regulación constitucional es bastante parca al respecto, pues únicamente establece las atribuciones del Presidente.[33] Pero, algunas de estas terminan atentando contra la autonomía de la ANPP: (1) su Presidente solo puede convocar sus sesiones ordinarias (las extraordinarias son iniciativa o aprobación del Presidente del CE), (2) no se definen el rol y derechos del Presidente de la ANPP al asistir a las reuniones del CE, (3) el Presidente debe compartir el lugar destinado a la presidencia de las sesiones plenarias del parlamento, con todos los miembros del CE, órgano que en ese momento no existe.

La ANPP también cuenta con otro componente de las estructuras parlamentarias: las comisiones de trabajo (permanentes y temporales).[34] Derivado del carácter no permanente del Parlamento cubano, el trabajo en comisiones debería ser la figura organizativa prevalente, lo cual además permitirían superar el concepto de parlamento identificado solo con el pleno y mantener el funcionamiento parlamentario entre sesiones plenarias.[35] Sin embargo, en contra del protagonismo de las comisiones permanentes encontramos: (1) la preeminencia del CE, (2) un diputado no puede integrar más de una comisión permanente (puede asistir con voz pero sin voto a las reuniones de las que no forme parte), (3) no todos los diputados forman parte de comisiones, (4) las comisiones, subcomisiones, y grupos de trabajo, están integrados exclusivamente por diputados, (5) el vigente Reglamento parlamentario las califica como órganos auxiliares de la ANPP y del CE en la más alta fiscalización de los órganos del Estado y del Gobierno, restringiendo su capacidad decisoria, (6) las herramientas que pueden utilizar en sus funciones necesitan la previa aprobación del presidente de la ANPP, quien además determina, junto al jefe del CE, sus planes de trabajo, los cuales no son divulgados, tampoco sus reuniones o al menos sus actas. Algo que es aún más preocupante en el caso de las actas de las sesiones plenarias públicas de la ANPP, que solo pueden ser mostradas a ciudadanos cubanos que demuestren "razones que lo justifican."[36]

Los decretos-leyes del Consejo de Estado

Como hemos visto, en la manera en que la regulación legal cubana intenta asegurar la permanencia de la ANPP, y supuestamente salvaguardar su supremacía política, esta es socavada. Esta cuestión sería señalada en 1992 por el entonces presidente de la ANPP, Juan Escalona Reguera, quien insistía específicamente en la necesidad de ganar en calidad y agilidad en los procesos de creación legislativa para erradicar la regulación por el CE a través de decretos-leyes, de muchas relaciones jurídicas que por su alcance e importancia social y económica deberían ser objeto de una ley.[37]

La posición de la ley en un Estado debe explicarse a través del lugar que el principio democrático asigna al órgano legislativo en la propia Constitución. En la carta magna cubana la ANPP es órgano supremo de poder del Estado, representante de la soberanía popular y titular único de la potestad constituyente y legislativa en la República.[38] Sin embargo, entre las atribuciones que la propia Constitución asigna al CE está la de dictar decretos-leyes entre uno y otro período de sesiones de la ANPP,[39] la que se encuentra facultada para revocarlos total o parcialmente sin causa específica, o por contradicción con la Constitución y las leyes.[40] De esta regulación constitucional se infiere la diferencia de rango entre ley y decreto-ley, pues se subordina el decreto-ley tanto a la Constitución como a la ley. Asimismo, junto al principio de jerarquía normativa, basta considerar el cometido de dirección política y de órgano representante de la soberanía popular que la propia Constitución confiere a la ANPP para negar que la facultad reconocida al CE de dictar decretos-leyes, pueda equivaler en nuestra Constitución al ejercicio de la potestad legislativa.

La práctica política en Cuba dio cuenta desde 1979, de cierta preocupación acerca de la posición o lugar de los decretos-leyes en el ordenamiento jurídico cubano. A finales de ese año, el Buró Político del PCC le encomendó a Osvaldo Dorticós Torrado, que elaborara un dictamen interpretativo de esta atribución conferida al CE, para ser sometido a la ANPP en su período de sesiones de aquel diciembre. En este, se aprobó por unanimidad la solicitud que realizara Fidel Castro, entonces presidente del CE, de que se autorizara a dicho Consejo para dictar decretos-leyes entre uno y otro período de sesiones de la ANPP, aunque implicaran modificaciones de leyes aprobadas por esta, teniendo en cuenta que luego serían sometidos a ratificación.

El aludido dictamen vino a combatir las interpretaciones dadas a la Disposición Undécima de la Ley de Tránsito Constitucional, aprobada mediante el mismo referendo aprobatorio de la Constitución, el 24 de febrero de 1976. Al decir de Dorticós, la posición que negaba al CE la posibilidad de modificar o derogar leyes, estaba en contra de los cimientos ideológicos de las estructuras de un Estado socialista y de sus órganos supremos del Poder Popular.[41] Desde entonces quienes siguen la línea de equiparación del decreto-ley a la ley en cuanto a su rango y fuerza, y por tanto su capacidad de modificar o derogar aquella, generalmente, argumentan el carácter del CE como representante de la ANPP. Así, el CE puede actuar en "sustitución de" y no como "mandatario," y en función de garantizar la continuidad de la función legislativa, puede asumir plenas facultades, limitadas sólo por la ratificación y la eventual revocación por parte de la ANPP. Según esta postura, las leyes y los decretos-leyes tienen un idéntico carácter legislativo e igual jerarquía.[42]

La lectura rechazada por Dorticós, se sostenía en la mencionada Disposición Undécima de la Ley de Tránsito constitucional, argumentando que los decretos-leyes no tiene igual rango y fuerza que las leyes, y solo pueden modificar o derogar las aprobadas con anterioridad a la creación de la ANPP, no las emitidas por esta. A favor de esta tesis se esgrime el principio de jerarquía entre los diferentes actos normativos, entre los cuales hay una clara diferencia en su denominación, según el órgano del que procedan y el procedimiento necesario para su aprobación, así como por el papel político que cada órgano desempeña en la estructura estatal: ley para las normas que aprueba la ANPP; decreto-ley para el CE y decreto para el CM.[43]

Independientemente del debate doctrinal, la práctica política ha seguido la primera tesis, defendida por Dorticós, tomando como basamento jurídico el acuerdo de la ANPP de diciembre de 1979. En la actual coyuntura, es necesario reparar en las implicaciones de la relación entre CE y ANPP para la vida republicana democrática, considerando la unidad de poder como defensa de la soberanía popular y no vehículo de la concentración de poderes políticos en el Estado. Además, si creemos que es al soberano a quien corresponde la legislación, es importante cuestionar el hecho de que en el sistema normativo cubano los decretos-leyes sean mucho más numerosos que las leyes. Como muestran los gráficos siguientes, en el período que va desde enero de 1977 hasta septiembre de 2013,[44] se emitieron 310 decretos-leyes y 115 leyes (118 si se incluyen las tres leyes de reforma constitucional). En términos generales, la cifra de decretos-leyes casi triplica el total de leyes dictadas, y si bien pudiera parecer lógica la disminución en la emisión de leyes por legislatura, no lo es el sostenido contraste con la cantidad promedio de decretos-leyes (figura 5.1), y que solo en dos años (1986 y 2004) la cantidad emitida de ambos sea la misma, así como que exista un solo año (1987) donde la cifra de decretos-leyes sea menor (figura 5.2).

Por otra parte, en la figura 5.2 se evidencia que en el año 2007 se produce el pico más alto de decretos-leyes emitidos (dieciséis) desde 1977, lo que no es posible apreciar si observamos solo la figura 5.1, donde la Legislatura VI (2003–2008) aparece como la de menor emisión de leyes y decretos-leyes. Al respecto resulta pertinente señalar que en 2006 se produce la salida de Fidel Castro de la presidencia del Consejo de Estado y la entrada en este cargo con carácter provisional de su hermano Raúl Castro, quien lo asume formalmente en 2008. A partir de este momento, según muestran ambos gráficos, se consolida la tendencia iniciada en estos primeros años de gobierno de Raúl. En este sentido, durante la Legislatura VII (2008–2013), se emite la mayor cantidad de decretos-leyes (cincuenta y dos) y la segunda menor cifra de leyes (once) desde 1977, lo cual coincide con el comienzo del proceso de implementación legal de la Reforma económica en Cuba.

Este asunto no puede verse solo desde el enfoque cuantitativo ya que las tendencias señaladas anteriormente pueden precisarse según el contenido nor-

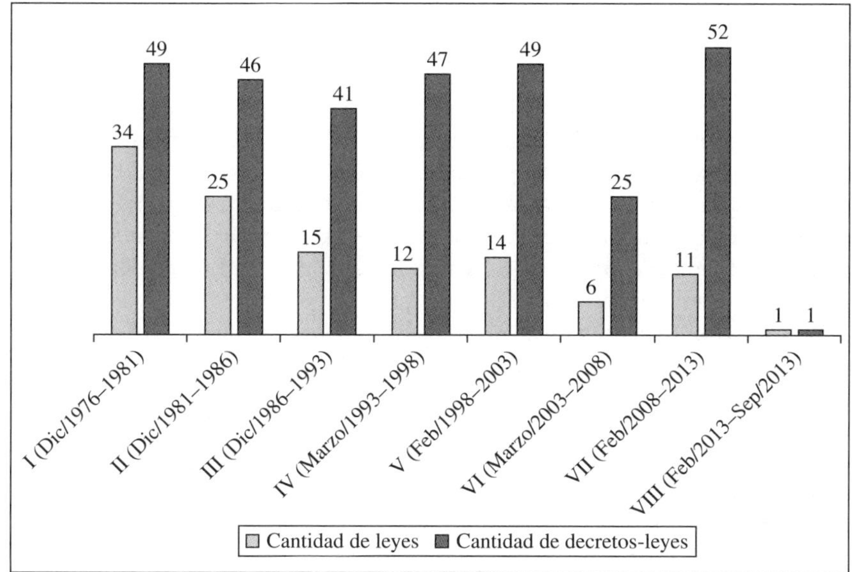

FIGURA 5.1. Leyes y Decretos-leyes por Legislatura

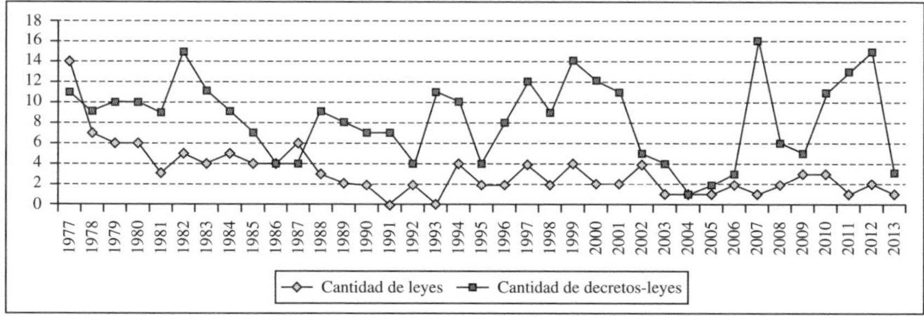

FIGURA 5.2. Leyes y Decretos-leyes por año

mado o la coyuntura que lo determina. Los gráficos no muestran que el ámbito normativo de relaciones sociales que abarcan los decretos-leyes es mucho mayor que el de las leyes, que en repetidas ocasiones los decretos-leyes han modificado y derogado leyes, y que constituyen la norma de mayor jerarquía en ciertas áreas de regulación. Además existe un gran número de disposiciones de inferior jerarquía que, complementando o desarrollando contenidos de decretos-leyes, terminan contradiciendo la voluntad soberana expresada en leyes aún vigentes. A pesar de lo cual, la ANPP nunca ha revocado un decreto-ley y el trámite de decidir la ratificación por acuerdo del pleno tanto de decretos-leyes como de acuerdos del CE (no previsto legalmente), fue realizado por última vez en el lejano 1996.[45]

Ambos enfoques en el análisis (cuantitativo y cualitativo) muestran que la relación entre ley y decreto-ley resulta evidencia fundamental de la sustitución o subordinación del órgano parlamentario y del debilitamiento en la representación de la soberanía popular. A su vez esto se traduce en el traslado del debate y del liderazgo a otras instancias distintas de la ANPP, en el freno a su desarrollo institucional, en la limitación de la participación ciudadana y la transparencia en el proceso de creación del derecho, y en la falta de credibilidad en la instancia parlamentaria y en la ley.

El argumento a favor de la facultad legislativa del CE para suplir la ausencia de la ANPP, cae por su propio peso ante la inaplazable necesidad de fortalecer el trabajo legislativo del órgano supremo de poder en el período intersesiones. Debemos otorgar a las comisiones permanentes el protagonismo que merecen, así como repensar el rol de los diputados y del pueblo en el procedimiento legislativo, y dotar a la ANPP, si fuera preciso, de otras estructuras que permitan la intervención de especialistas que puedan apoyar sistemáticamente su trabajo en este ámbito. Además no puede desconocerse el problema de la desvalorización de las asambleas y sus posibilidades legislativas, como parte de las llamadas "crisis del parlamento" o "crisis de la ley." Estas expresiones describen la pérdida de peso de la creación legislativa en sede parlamentaria y su abandono en manos de otros órganos estatales, fundamentalmente los de carácter ejecutivo, donde el procedimiento no transcurre en la misma forma y con los mismos requisitos. Desde enfoques diversos, se ha identificado en esta hipertrofia legislativa de los gobiernos uno de los grandes dilemas de la democracia contemporánea.[46] También se ha denunciado como modo errado de pensar el constitucionalismo, esto es, que el poder concentrado (político, económico) no puede sino resistir la puesta en práctica de los derechos, porque esta promete socavar también el poder de quienes gobiernan discrecionalmente, bajo el control de nadie.[47]

La Reforma económica en Cuba, a manera de conclusión

Según la actual Ministra de Justicia, María Esther Reus, en la implementación jurídica de los Lineamientos, "las decisiones que se están adoptando llevan un *reflejo* en la norma [. . .] Podemos decir que el país está *institucionalizado* porque tenemos más de 700 normas jurídicas vigentes [. . .] ese proceso lleva dos momentos: el cambio económico, estructural y funcional, y su *reflejo* en la norma jurídica, que es *lo que las personas ven*, porque dice cómo se introducirá el cambio."[48] En sentido similar, algunos académicos han señalado como eje fundamental de la Reforma económica, el peso de la ley en las políticas, dirigido en primer lugar a hacer permanentes las reformas, a crear un marco límite para los poderes discrecionales de la burocracia, y a reforzar jurídicamente la capacidad de los ciudadanos en sus relaciones con los OACE. Según estos autores, la ley adquiere un "peso instrumental inédito en la política."[49]

En ambos enfoques, que el derecho tenga un carácter "instrumental" o que sea solo un "reflejo" de decisiones ya tomadas, no resulta un problema. Aunque también se reconoce, en torno a la cuestión de la velocidad y resistencias internas del proceso, el mantenimiento del espacio sobrerregulado heredado, que impide el desarrollo de las nuevas políticas.[50] Asimismo, ha sido señalado como otro de los problemas de la "actualización," la ausencia de una visión integral que se ha amparado en el carácter solamente económico de esta reforma.

Las referidas declaraciones de la Ministra de Justicia y de académicos, contrastados con los problemas vigentes señalados en este trabajo, demuestran que en la etapa de cambios que vive el país, sigue sin comprenderse que dentro de la política revolucionaria, la importancia del derecho no está dada solo porque institucionalice el rumbo de la revolución al reflejar decisiones políticas tomadas, sino y sobre todo, por la necesidad de concebir el espacio de su creación en sentido republicano, como aquel a través del cual el pueblo puede decidir directamente su destino, fundar su libertad. En la actual coyuntura, la libertad política implica necesariamente poder decidir para qué y para quién se está legislando. A lo que pudiera coadyuvar la institución de mecanismos de control provenientes del pueblo o de otros órganos del Estado que permitan, cual magistrados republicanos romanos en ejercicio de *intercessio*, revisar o frenar la actividad legislativa así como cuestionar el ejercicio del control constitucional realizado por el órgano que representa la soberanía popular.

Para enfrentar las limitaciones que la institucionalidad estatal cubana presenta a la existencia del autogobierno democrático republicano, la solución no es legislar más, o tener más normas jurídicas solo para conocer "cómo se introducirá el cambio." En este sentido, una nueva carta constitucional es imprescindible para asegurar la coherencia y unidad del resto del ordenamiento jurídico, y también del proceso de reforma. Pero esta constitución no será por sí sola garantía de la democratización y socialización en el orden político y económico, de la superación de las inconsecuencias de la actual regulación y el diseño institucional-estatal, o el cierre a la práctica parainstitucional en la implementación de los Lineamientos. Las posibilidades de una nueva constitución para solucionar los problemas señalados, radican en concebir los cambios mediados por la ley, y no justificados a través de la ley. Esto implica regular las condiciones de las transformaciones de forma democrática, asegurando que en la decisión se redistribuya el poder y se socialice la determinación de las soluciones posibles desde, y no por fuera, del derecho.

NOTAS

1. Estas características se extendieron a todas las magistraturas, incluido el derecho de *intercessio*, según el cual los magistrados de categoría igual o superior podían vetar toda decisión tomada por otro, incluida la propuesta de proyectos de ley a los comicios.

2. Justiniano, *Corpus Iuris Civilis* (Barcelona: Edit. Jaime Molina, 1989), fragmentos D.1.2.2.3; D.1.2.2.16; D.1.2.2.20. En adelante se seguirá esta forma de citar, donde la letra *D* refiere al *Digesto*, y los números a la ubicación de los fragmentos, por orden: libro, título, párrafo y parágrafo.

3. Justiniano, *Corpus Iuris*, D.1.2.2.1; D.1.2.2.3; D.1.2.2.14.

4. Franz Hinkelammert, *El sujeto y la ley: El retorno del sujeto reprimido* (La Habana: Editorial Caminos, 2006), 443.

5. A. Fernández de Buján, *Derecho público romano*, 14ª ed. (Madrid: Editorial Civitas, 2011), 97.

6. Julio Fernández, *Manual de derecho romano* (La Habana: Félix Varela, 2004), 243.

7. Pierángelo Catalano, "Derecho público romano y principios constitucionales bolivarianos," en *Constitución y Constitucionalismo hoy* (Caracas: Fundación Manuel García-Pelayo, 2000), 691.

8. Justiniano, *Corpus Iuris*, D.1.3.32.1.

9. G. Zagrebelsky, "La ley, el derecho y la Constitución," *Revista Española de Derecho Constitucional* 24, no. 72 (2004): 11.

10. Constitución de la República (La Habana: Ministerio de Justicia, 2005). Publicado en Gaceta Oficial Extraordinaria 3, de 2003, actualizado luego de la reforma constitucional de 2002.

11. Ministerio de Justicia (MINJUS), *1er Simposio acerca de la Política y la Ideología en sus relaciones con el Derecho: Ponencias seleccionadas para su discusion en el simposio* (La Habana: Ediciones MINJUS, 1984).

12. UNJC, *Tesis sobre la vida jurídica del país* (La Habana: Ediciones Ministerio de Transporte, 1987), 5.

13. En 1982 existían aproximadamente 5.624 juristas, y el 44 por ciento radicaba en La Habana. La primera graduación de abogados después del triunfo revolucionario fue en 1961 con 252 egresados; en el curso 1961–1962 se graduaron 63; en el curso 1963–1962, 133; en el curso 1963–1964, 336. A partir del curso 1964–1965 se evidencia la falta de interés en dicha formación; en ese año no hubo ningún egresado; en el curso 1965–1966 hubo 43; en 1966–1967, 31; en el curso 1967–1968, 56; en el curso 1968–1969, 37; y en el curso 1969–1970, 74. Las cifras se reducen más aún en los cursos 1970–1971, 1971–1972 y 1972–1973 donde los graduados ascienden a 22, 17 y 6 respectivamente. En el curso 1972–1973 se produce la primera graduación del "curso para trabajadores," con 112 graduados, la más alta desde 1964. Desde ese momento, la cifra de graduados del curso regular diurno sigue sumamente baja pero aumenta en el curso para trabajadores, en los años 1978 y 1979 no egresa ni un solo estudiante en el diurno pero de los trabajadores se gradúan 124 y 285. La situación mejora lentamente durante los años 80, y se llega a sobrepasar los 300 egresados. Unión Nacional de Juristas, *Tesis sobre la vida jurídica*, 9.

14. ANPP, *Estudio sobre los factores que más afectan al desarrollo de una cultura de respeto a la ley* (La Habana, 1987).

15. Hugo Azcuy, "Revolución y derechos," en *Análisis de la Constitución cubana y otros ensayos* (La Habana: Instituto Cubano de Investigación Cultural Juan Marinello y Ruth Casa Editorial, 2010), 289.

16. Julio Antonio Fernández y Julio César Guanche, "Se acata pero . . . se cumple. Constitución, República y socialismo en Cuba," *Temas 55* (2008): 130.

17. Julio Fernández, "Tras las pistas de la Revolución en cuarenta años de derecho," *Temas* 16–17 (1998–1999): 104–119.

18. No existe un precepto en el ordenamiento jurídico cubano que las defina. Se han interpretado como fuentes, a partir del artículo 630.1 de la Ley de Procedimiento Civil, Administrativo, Laboral y Económico, que regula los motivos de casación: las leyes, las interpretaciones de éstas emanadas del Consejo de Estado, y las instrucciones y acuerdos del Consejo de Gobierno del Tribunal Supremo (Ley 7 de 19 de agosto de 1977, Gaceta Oficial Ordinaria 34 de 1977).

19. En siete legislaturas, la ANPP ha tenido tres reglamentos, de 1977, 1982 y 1996. El reglamento vigente fue aprobado por Acuerdo IV-56, de 25 de diciembre de 1996, Gaceta Oficial Ordinaria 48 de 1996.

20. Azcuy, "Revolución y derechos," 296.

21. Fidel Castro, *Despertar la conciencia del respeto a la ley* (La Habana: Ministerio de Justicia, 1987). Folleto resumen de la Sesión diferida de la ANPP de 18 de septiembre de 1987.

22. Azcuy, "Revolución y derechos," 296.

23. Decreto 62, "De las normas para la publicación en la Gaceta Oficial," de 30 de enero de 1980, Gaceta Oficial Ordinaria 14 de 1980; Decreto-Ley 272 "De la organización y funcionamiento del Consejo de Ministros," de 16 de julio de 2010, Gaceta Oficial Ordinaria 33 de 2010.

24. Juan Valdés, *El espacio y el límite: Estudios sobre el sistema político cubano* (La Habana: Instituto Cubano de Investigación Cultural Juan Marinello y Ruth Casa Editorial, 2009).

25. Antes de la reforma constitucional de 1992, el artículo 66 establecía los principios de organización y funcionamiento de los órganos estatales. Actualmente aparecen en el artículo 68 de la Constitución.

26. El artículo 78 de la Constitución y el artículo 43 del vigente Reglamento de la ANPP, establecen la realización de dos sesiones plenarias anuales, pero la duración de estas no está determinada por mandato constitucional ni legal, lo que en principio permite cierta flexibilidad. Es decir, posibilita establecer caso a caso la duración, en dependencia de los asuntos a tratar en el orden del día. En la práctica, desde la creación de la ANPP, las sesiones plenarias han durado dos días como regla.

27. Artículo 74: "La ANPP elige, de entre sus diputados, al CE [. . .]. El CE es responsable ante la ANPP y le rinde cuenta de todas sus actividades"; y artículo 89: "El CE es el órgano de la ANPP que la representa entre uno y otro período de sesiones, ejecuta los acuerdos de ésta y cumple las demás funciones que la Constitución le atribuye. Tiene carácter colegiado y, a los fines nacionales e internacionales, ostenta la suprema representación del Estado cubano." Ambos mantienen la redacción original.

28. Este tipo de órgano fue conocido como Presidium por el nombre que adquirió en el modelo soviético, y su composición osciló entre 15 y 25 integrantes. Aunque el esquema organizacional de Presidium, con su sello de colectivización institucional del poder, fue el modelo del constitucionalismo de los países socialistas de Europa del Este, en Cuba esta noción tiene antecedentes en las constituciones mambisas y la Ley Fundamental de 1959. En ambos casos, su existencia deriva de la necesidad de institucionalizar y legitimar el poder político en condiciones internas o externas hostiles y ante un entorno histórico-social adverso.

29. M. Krutogolov, *Coloquios sobre la democracia soviética* (Moscú: Progreso, 1980), 131.

30. E. Marill, *Constitución de la República de Cuba: Temática/legislación complementaria* (La Habana: Ciencias Sociales, 1989), 233.

31. Artículo 91 de la Constitución. Mantiene la redacción original.

32. Similar protagonismo fue otorgado por el artículo 4 del Decreto-Ley 272 de 2011, al primer vicepresidente del CE, al establecer que es a la vez primer vicepresidente del CM, cargos que hasta ese momento solo habían coincidido como resultado de su histórica reelección.

33. El actual artículo 81 de la Constitución, mantiene la redacción original. Pero es en el artículo 5 del Reglamento de la ANPP y en el Reglamento de Sesiones, donde encontramos un catálogo más amplio de atribuciones. Algunas de estas tienen especial relevancia política, como la facultad discrecional del presidente ("cuando lo estime conveniente") de proponer a la ANPP que

los proyectos de leyes sean sometidos a consulta popular y otras relacionadas con el procedimiento legislativo. El Reglamento de Sesiones, emitido el 3 de enero de 1983, Gaceta Oficial Ordinaria 13 de 1983, es el único emitido desde la creación de la ANPP.

34. Según artículo 27 del Reglamento de la ANPP, las primeras se crean en respuesta a la necesidad de un ámbito concreto de trabajo y se nombran para cada legislatura, las segundas, se crean cuando lo aconsejen las circunstancias. Estas últimas mayormente han sido Comisiones de Estilo. La VIII y actual Legislatura, constituida en febrero de 2013, ratificó en su primera sesión ordinaria la denominación e integración realizada provisionalmente por el Presidente, quedando diez comisiones permanentes: (1) Comisión de Relaciones Internacionales, 22 integrantes; (2) Comisión de Salud y Deporte, 46 integrantes; (3) Comisión de Atención a los Servicios, 41 integrantes; (4) Comisión de Educación, Cultura, Ciencia, Tecnología y Medio Ambiente, 49 integrantes; (5) Comisión de Defensa Nacional, 26 integrantes; (6) Comisión de Industria, Construcciones y Energía, 37 integrantes; (7) Comisión de Atención a la Juventud, la Niñez y la Igualdad de Derechos de la Mujer, 37 integrantes; (8) Comisión de Asuntos Económicos, 30 integrantes; (9) Comisión de Asuntos Constitucionales y Jurídicos, 26 integrantes; (10) Comisión Agroalimentaria, 41 integrantes (Acuerdo VIII-8, Gaceta Oficial Ordinaria 39 de 2013).

35. La Constitución establece que el nombramiento de las comisiones es una de las facultades de la ANPP (artículo 75, inciso ñ), que el Presidente del parlamento tiene entre sus atribuciones dirigir y organizar la labor de las comisiones (artículo 81 inciso e) y que estas están legitimadas para ejercer la iniciativa legislativa (artículo 88 inciso ch). Por otra parte, el artículo 78 de la propia Constitución, identifica al período ordinario de sesiones como aquel en que se reúne el pleno, las sesiones de tipo plenarias, con lo cual obvia a las comisiones como forma del trabajo parlamentario ordinario.

36. Artículo 58 del Reglamento de la ANPP.

37. Juan Escalona, "Sobre el perfeccionamiento de los órganos del poder popular," *Revista Cubana de Derecho* 3 (1992): 6.

38. Se localiza esencialmente en los artículos 1, 3, 5, 69, 70 y 75 de la Constitución de la República.

39. La facultad de dictarlos se encontraba prevista en el artículo 88 inciso c, hoy artículo 90 de la Constitución. Por otra parte, su adopción por el voto favorable de la mayoría simple de sus integrantes, está en el artículo 91, la necesaria firma del Presidente del CE, en el artículo 93 inciso j, y la obligatoriedad de su publicación en la Gaceta Oficial, en el artículo 77.

40. Artículo 75, incisos ch y r de la Constitución. Por su parte, el artículo 81 del Reglamento de la ANPP, especifica que las comisiones permanentes y los diputados, pueden promover la revocación en todo o en parte de los decretos-leyes, pero el procedimiento para su tramitación no queda suficientemente claro.

41. Artículo 1, Disposición Undécima, Ley de Tránsito Constitucional de 24 de febrero 1976, Gaceta Oficial Edición Especial 2 de 1976: "Mientras permanezca vigente, total o parcialmente, alguna ley, decreto-ley, ley-decreto, acuerdo-ley, órdenes militares de los gobiernos interventores y demás disposiciones legales promulgadas o puestas en vigor con anterioridad a la constitución de la ANPP, el CE, entre uno y otro período de sesiones de la ANPP, estará facultado para modificar o derogar total o parcialmente dichas disposiciones legales, debiendo dar cuenta a la ANPP en su próxima sesión, a los efectos de que ratifique o no dicha modificación o derogación."

42. D. García, *La organización estatal en Cuba* (La Habana: Ciencias Sociales, 1981); Juan Vega, *Derecho constitucional revolucionario en Cuba* (La Habana: Ciencias Sociales, 1988).

43. Fernando Álvarez, *Comentarios a la Constitución socialista* (La Habana: Ciencias Sociales, 1981); Josefina Méndez, "El modelo de creación de leyes en Cuba" (tesis doctoral, Universidad de Oriente, 1999); Julio Fernández, *Teoría del derecho* (La Habana: Félix Varela, 2001).

44. Ambos gráficos son creación propia, a partir de la sistematización de todas las leyes y decretos-leyes del período.

45. El Acuerdo IV-58 de la ANPP, de 25 de diciembre de 1996, es el último publicado en Gaceta Oficial sobre la ratificación de decretos-leyes del CE (Gaceta Oficial Ordinaria 48 de 1996). La práctica de la ratificación no estaba prevista en la Constitución soviética de 1936 que ejerció gran influencia sobre la nuestra, pero fue introducida en la Unión Soviética con la modificación constitucional de 1977, donde el primero de los casos de ratificación era la modificación introducida a actos legislativos vigentes. La Constitución cubana nunca lo incorporó, su práctica se amparó legalmente en la parte final de la citada Disposición Undécima de la Ley de Tránsito Constitucional. En la actualidad el trámite se reduce a circular entre los diputados, durante las sesiones plenarias, una carta del Presidente de la ANPP donde informa, según comunicación del Secretario del CE, sobre los decretos-leyes y acuerdos firmados. Puede suponerse que el cambio se produce en 1996 porque el Reglamento parlamentario aprobado ese año prevé en su artículo 97 que el CE "en cada período ordinario de sesiones dará cuenta de los decretos-leyes y acuerdos adoptados," como parte de su rendición de cuentas.

46. María A. Castro e Camargo, "Decretos leyes y jurisdicción constitucional: Estudio comparado" (tesis doctoral, Universidad de Salamanca, 2010).

47. Roberto Gargarella, "El nuevo constitucionalismo latinoamericano," http://www.sinpermiso.info/textos/index.php?id=7247.

48. María Esther Reus, "Con todas las de la ley" (entrevista por S. G. Bugallo), *Juventud Rebelde*, 10 de mayo de 2014, http://www.juventudrebelde.cu/cuba/2014–05–10/con-todas-las-de-la-ley/ (énfasis agregados). Mediante el Acuerdo VIII-8, la ANPP aprobó las Directivas Principales del trabajo de las Comisiones para la actual Legislatura, entre ellas, el trabajo legislativo resulta subordinado a la lógica de la implementación: "participación en la actividad legislativa que sustenta el proceso de implementación de cada una de las políticas, de conformidad con el rango de la norma y la solicitud de opiniones que se reciban en la ANPP durante su elaboración o realizar según proceda, propuestas legislativas."

49. Rafael Hernández y Jorge Domínguez, *Cuba, la actualización del modelo: Balance y perspectiva de la transición socialista* (La Habana: Ediciones Temas; Washington, DC: David Rockefeller Center for Latin American Studies, 2013).

50. Ibíd.

JULIO CÉSAR GUANCHE

La Constitución de 1940: Una reinterpretación

RESUMEN

La interpretación de la Constitución cubana de 1940, texto clave del constitucionalismo social latinoamericano de la primera mitad del siglo XX, ha estado dominada por dos claves de lectura: representó el mayor proceso de consenso en Cuba republicana y resultó "burlada" por la carencia de legislación accesoria, que le otorgó escaso alcance normativo. En mi ponencia, releo la segunda de estas claves. Para ello, repaso dos grandes debates de la época: la liquidación de la moratoria hipotecaria, cuestión que afectaba tres cuartas partes de la propiedad cubana, y la discriminación racial, problema que interesaba a vastos grupos sociales. Mi hipótesis es que la forma en que quedaron solucionados ambos problemas en 1940 resolvían asuntos de importancia crucial para el aquí y ahora. Con ello, la Constitución proveía, además, de buenas razones las expectativas hacia el futuro de ese orden normativo, consagrando un criterio social de la democracia y una acepción de la nación inclusiva y sensible hacia lo popular. En mi enfoque, esta Constitución puede ser considerada como "populista." Desde esa noción, visibilizo la participación de sujetos populares en la creación de tal orden "populista." De este modo, mi análisis se extiende a las formas históricas del capitalismo, y de su relación con la democracia, en el siglo XX latinoamericano.

ABSTRACT

The Cuban Constitution of 1940 is an important text for the development of social constitutionalism in Latin America during the first half of the twentieth century. It has been interpreted in two principal ways: it represented the biggest process of consensus that took place in republican Cuba, and it was flouted by the lack of legislation that would allow it to have wide normative reach. This article reinterprets the latter argument by analyzing two great debates of the time: the liquidation of the mortgage moratorium, which was an issue that affected three-fourths of Cuban property. It also studies racial discrimination, a problem of interest to many social groups. My argument is that the way both problems were solved in 1940 also resolved current matters of crucial importance. The Constitution gave good reasons to expect a future of normative order, with established social criteria of democracy and the meaning of an inclusive nation, including sensitivity towards the popular sectors. I argue that this constitution can be considered "populist." With that understanding, I shed light on the participation of the popular sectors in the creation of such "populist" order. Therefore, my analysis extends to the history of capitalism and its relation to democracy in the twentieth century in Latin America.

La interpretación de la Constitución cubana de 1940 ha estado dominada por dos claves estándar de lectura: representó el mayor proceso de consenso en Cuba republicana y resultó "burlada" por la carencia de legislación accesoria, que le otorgó escaso alcance normativo. En el presente texto, releo la segunda de estas claves. Para ello, repaso los debates sobre la liquidación de la moratoria hipotecaria y la discriminación racial. Mi hipótesis es que la forma en que quedaron solucionados ambos problemas en 1940 —en el primer caso, la moratoria fue diferida a favor de los deudores en más de 20 años y, en el segundo, la Constitución creó el delito de discriminación racial— resolvían asuntos de importancia crucial para el aquí y ahora. Con ello, la Constitución proveía además de buenas razones las expectativas hacia el futuro de ese orden normativo, por consagrar un criterio social de la democracia y una acepción de la nación inclusiva y sensible hacia lo popular. Mi texto no se pronuncia sobre aquello en que la Constitución de 1940 fue "burlada" —que sería materia de otro estudio—, pero sí matiza la narrativa sobre su "ineficacia general."

La liquidación de la moratoria hipotecaria

Es irónico que "el primer problema de Cuba," el asunto que representaba, en 1939, el "alma de la Constituyente," no haya sido tomado en cuenta para juzgar la efectividad de la Constitución de 1940. Me refiero al "magno problema" de las deudas hipotecarias. Cuando en octubre de 1939, el presidente Laredo Brú vetó un proyecto de ley de liquidación, aun cuando sus críticos señalaron que favorecía a los acreedores, la reconsideración congresional del veto se estuvo valorando hasta la víspera de la Constituyente, que tomó el asunto en sus manos como "el más importante que discute esta Convención," una "cuestión de honor para con el pueblo de Cuba" (Diario de Sesiones de la Convención Constituyente 1940c).

El problema de la moratoria puede sintetizar así: los efectos de la Gran Depresión, la crisis azucarera, la subida de los precios de productos de primera necesidad, el encarecimiento del valor de la moneda, la escasez de circulante, la carencia de instituciones públicas de crédito, la propiedad extranjera de parte de la banca y la ausencia de una institución eficaz de declarar bancarrota, provocó la incapacidad de pago de los deudores hipotecarios. Miles de propiedades fueron rematadas a precios de fábula. Tómese en cuenta dos ejemplos: un edificio del reparto El Vedado, de veinticuatro apartamentos, propiedad de E. Montoulieu, tasado en 200.000 pesos, fue rematado en 1932, a favor de E. Sarrá, en 5.000 pesos (Asociación Nacional de Propietarios 1939a, 40). Marcial Facio tomó 30.000 pesos a préstamo del Chase National Bank, en 1927, y dio en garantía un certificado que representaba el 30 por ciento del valor neto de la Compañía Azucarera de Bahía Honda, S.A., con valor total estimado en 400.000 pesos. En el contrato se pactó el avalúo de dichos valores, para el caso de subasta, en la suma de 100.000 pesos. En 1929, el banco acreedor subastó la prenda y el postor del mismo banco se la adjudicó en primera y única subasta por 2.000 pesos (Asociación Nacional de Propietarios 1939a, 38).

El problema tenía soluciones en el derecho privado, mediante recursos como el propio código civil o la cláusula *rebus sic stantibus*. Según esta, si por fuerza mayor, cambian las condiciones que dieron lugar a un contrato, y lo pactado antes es ahora desproporcionalmente más oneroso, dadas las nuevas circunstancias extraordinarias e imprevisibles, la cláusula permite modificar o incluso poner fin al contrato (Goldenberg 1977). Aquí radicaba una primera cara del dilema: resolver el problema apelando al derecho civil, reconociendo la legitimidad de los contratos y ofreciendo una puerta de excepción, de carácter "civil," de salida; o considerarlo un problema de derecho económico, ofreciendo, en cambio, como regla una salida de naturaleza "pública." La cuestión es que sendas salidas conducían hacia destinos diferentes.

Para los defensores de la moratoria, era imprescindible evitar la "paz de los sepulcros." Sin ella, Cuba sería un "cementerio de deudores" (Asociación Crédito Territorial, 4 de octubre de 1939). Estimaban en doscientas mil familias las afectadas por las hipotecas, sobre una población de cuatro millones. Los defensores de los acreedores argumentaban que liquidar la moratoria, y aceptar la retroactividad de los actos nacidos de la contratación privada, equivalía al hundimiento del crédito, al fin de la propiedad privada y del sistema capitalista y a la bancarrota de la economía cubana.[1]

La salida "pública" al problema de la moratoria disputaba sentidos políticos cruciales hacia 1940: asegurar la posibilidad misma de la Constituyente, cuestionar el liberalismo económico, legitimar el intervencionismo estatal en la economía, adjudicar el costo de los derechos sociales, considerar a la política como "creadora" de derechos, definir qué era el "pueblo" y disputar el contenido de la democracia.

Hacia fines de los 1930, la celebración de una Constituyente "soberana" enfrentaba varios obstáculos: el artículo 115 de la Ley Constitucional de 1935, la necesidad de aprobar la amnistía política y de resolver el problema universitario. Una vez superados estos, la liquidación de la moratoria quedó como "el" problema. Se trataba de evitar la "paradoja de una convención nacional sin nación." (Asociación Nacional Pro-Deudores, 25 de octubre de 1939). Para esta opinión, sin liquidación de la moratoria se iría a la Constituyente a pronunciarle al pueblo "el panegírico de su desgracia." Su texto sería mero informe de la pérdida de la propiedad, la tierra, el trabajo y los negocios cubanos. La "gran batalla" por la justicia de la revolución de 1930 habría sido ganada por la usura.[2]

Para los defensores de la moratoria, el liberalismo económico fue el principal causante del desastre. Cuestionaban la "santidad" de los contratos y la imposición del derecho adquirido sobre el derecho "a la vida" (el lema de la

Asociación Nacional de Propietarios era "vivir es primero"). La prevalencia de estas nociones liberales, hacían imposible, según sus críticos, la consecución de un rumbo capaz de lograr un "capitalismo humanizado." La defensa de los deudores, dentro del marco general de impugnación del derecho ilimitado de propiedad privada y de necesidad de intervención sobre la economía, representaba el propósito de refundar el capitalismo cubano poscrisis sobre nuevas bases.

El reclamo keynesiano de la "eutanasia del rentista" cobró forma en Cuba en la crítica al acreedor hipotecario "parásito," en una loa del capitalismo productivo, considerado capaz de someter políticamente al capital financiero especulativo. El ideal se expresaba de este modo: "Hay dos tipos de capital. El que se pone en marcha y el estático. El que se pone en marcha circula por la vía de las inversiones audaces y creadoras que son, en definitiva, la que comportan riqueza nacional y prosperidad pública, el estático se limita a no correr riesgos y asegurar un rendimiento sólido, por la vía de la inversión conservadora y tranquila, lo que se traduce, comúnmente, en empobrecimiento general y en acaparamiento de la propiedad inmobiliaria, por la vía de las hipotecas, por unos cuantos capitalistas usurarios. ("Editorial" 1936b, 17 y 45) El modelo de "capitalismo productivo" prometía a su vez concesiones al mundo del trabajo y, con ello, aseguraba la reformabilidad del capitalismo.

En este punto coincidían pequeños deudores, grandes industriales y hacendados, como J. M. Casanova y la Coalición Unión Revolucionaria Comunista. Para esta última, inmersa en una estrategia que le permitiera mayores niveles de interpelación con distintas zonas sociales, además de inserción electoral, la derrota de la moratoria abría paso a rechazar "las leyes de impuestos directos y a crear todo un muro infranqueable para las leyes populares tan enérgicamente demandadas por las masas." Por ello, "detrás de la moratoria se ventilan [no solo]: asamblea constituyente, ruta hacia el progreso nacional, mejoramiento del pueblo, derrota de los extranjeros explotadores, soberanía patria" ("Opiniones de hoy," 17 de octubre de 1939), sino también el progreso de la "economía dirigida" que en ese momento ya regulaba el azúcar, el café, comenzaba a regular el tabaco, fijaba el precio de los artículos de primera necesidad, establecía jornales no contractuales e intervenía en toda la economía productora del Estado, en aras de diversificar la economía, postulando al estado como soporte de este programa, y exigiendo en ello la creación de instrumentos como la banca nacional. Para esta lógica, el Estado estaba "obligado" no solo a "amparar," sino a "desarrollar": "Ese concepto arcaico de que el Estado es un mero recaudador y que su función es meramente acumular fondos en el Tesoro no tiene ya vigencia en parte alguna. El Estado es un regulador científico de la economía pública y su misión es proteger y estimular con leyes previsoras y justas la agricultura y a las industrias básicas del país" (Cambeyro 1936).

Durante este proceso, diversos sectores vivenciaron la experiencia de "pueblo," más allá de las interpelaciones discursivas paternalistas ante este (los "humildes" rehusaban esta etiqueta: eran "hombres," organizados y exigentes, y no "humildes" desposeídos de la capacidad de lucha). ("No encontramos en el veto, los motivos del veto," 26 de octubre de 1939). Un vasto espectro policlasista se presentaba a sí mismo como un mismo sujeto moral y político: los "deudores" y los "trabajadores." Empleados, funcionarios, trabajadores asalariados de cierta condición, clases media y grandes propietarios apreciaban cómo un mismo problema atravesaba de modo horizontal a todas sus clases.[3]

A diferencia de la integración "vertical" —dentro de una misma zona social, por ejemplo, la vinculada por la relación asalariada, tipo obreros *versus* patronos—, esta experiencia era clave para la constitución política del pueblo. El conflicto, que los acreedores quisieron presentar como una pugna "entre capitalistas," fue reinterpretado por los deudores como "el problema del pueblo cubano." "Somos el 99%," se dijo desde entonces. "Mis palabras," decía José Antonio Echeverría, a nombre del Comité Pro-Retracto Hipotecario (en una vista pública celebrada en el Senado para aportar criterios sobre la moratoria): "son sencillamente una somera y benévola expresión del sentir y apreciar del 99% de la población" (Asociación Nacional de Propietarios 1939b). Era una idea repetida constantemente : "La Asociación Nacional de Propietarios, respetada por todos los comités provinciales y municipales, que representan la clase media de Cuba, con todos sus amigos, que son todos los demás trabajadores cubanos, es decir, el pueblo entero, con la sola excepción de los directamente interesados" (Asociación Nacional de Propietarios 1939b, 43).

Este discurso se producía dentro de un complejo simbólico que es calificable con precisión de "populista":[4] polarización entre "pueblo" y "oligarquía" —representada esta por los "Sarrá, Falla Gutiérrez y demás cousureros y [. . .] los enemigos extranjeros de la República" ("Opiniones de hoy," 17 de octubre de 1939)—; la refutación de las diferencias entre "derechas e izquierdas" (Carbó 1939) a favor de la consideración de problemas "nacionales," "no partidaristas"; la calificación del capital como "el enemigo público número uno" ("Editorial" 1936b, 17 y 45) en paralelo al despliegue de medidas protectoras de este; la demanda de gobierno técnico y planificación estatal,[5] frente a los gobiernos de la "vieja política"; la expansión de los derechos sociales y la consideración de la democracia como una "tercera vía" entre el fascismo y el comunismo, a favor de la democracia social.[6]

Lo antes dicho sitúa el marco para entender el debate por la apropiación del término de democracia en la fecha. La expresión "verdadera" democracia significaba en tal contexto una democracia de tipo "sustancialista" (Rosanvallon 2007). Batista, a quien Knight califica de "populista escurridizo" (2005, 231) era en realidad más populista que "resbaladizo": emergió cómo líder de este proceso con la defensa de una concepción social de la democracia:[7] el "verdadero concepto de la democracia," decía, se funda en que "el interés del individuo, como el interés de las colectividades, debe sacrificarse al interés general de la nación, siendo ésta la verdadera democracia; la del beneficio general, ya que los intereses de los individuos y de las colectividades, instrumentos en la organización social, regularmente son antagónicos al interés general" ("La verdadera democracia es la que satisface los intereses del pueblo," 10 de enero de 1938).

Con estos sentidos, se disputaba el carácter de "desmercantilización" que traía aparejado el establecimiento de los derechos sociales y se pugnaba por quién debía cargar con su costo. La insistencia en la prohibición de pagar salarios a través de fichas y vales (práctica aún extendida en los centrales a fines de los 1930)[8] se pronunciaba contra una práctica que retiraba del mercado el acceso a satisfactores de la vida, pero no colocaba al Estado en condición de hacerlo. Con tales modos, el capital quedaba "libre" del mercado y del Estado. La presión por impedir el pago en vales, como la de establecer salarios oficiales, buscaba especificar tales peticiones como "derechos" contra la libertad del capital. En la lucha por "los derechos," la réplica de los contrarios a la moratoria fue presentarla como una ley de "privilegio" (un particularismo injustificable normativamente desde un punto de vista democrático, puesto que reclamaba el uso del poder público para proteger a los propietarios) y calificar al cuerpo naciente de derecho social como declaraciones "demagógicas." Los deudores respondieron que la primera se trataba de una ley de "interés nacional" (un universalismo legítimo) y los trabajadores aseguraron que el Estado era el agente de la protección y distribución de los derechos sociales. En el proceso, presionaron al Estado a "funcionar" como un recurso institucional a favor de los deudores y los trabajadores. Contra la tesis paleoliberal, concebían que la política no solo protegía derechos adquiridos, sino creaba nuevos derechos. Sin embargo, la ejecutabilidad del catálogo de derechos sociales (jornal mínimo, jornada máxima, descanso retribuido, trabajo de los nacionales) tenía límites: la introducción de braceros antillanos para la zafra que presionaba a la baja los salarios y la pulsión por cargar a los sectores trabajadores el costo de las nuevas cargas sociales.[9] "En Cuba ha habido economía dirigida a costa del infeliz que la sufrió, sin que el Estado nunca le haya pagado nada" (Asociación Crédito Territorial, 6 de octubre de 1939). En un plano general, la expansión de los derechos tenía su límite en la contradicción, típicamente capitalista, entre acumulación y legitimación. Laredo Brú lo expresaba así en su veto a la moratoria de 1939: "La existencia y confianza del crédito, es, sin duda lo general, lo fundamental y permanente, lo que interesa a todos los cubanos, en tiempo ilimitado e incalculables cantidades y tal interés de ninguna manera debe ser afectado en beneficio del de alguna de las partes que luchan alrededor del problema de la moratoria y su liquidación" ("El veto del Ejecutivo," 1939, 32).

Con todo, la acepción "social" no agota el significado de la democracia disputado en el lapso. Ya cuando tuvo la garantía del poder —después de la "pacificación represiva" de 1934–1935— Batista continuó desplegando medios autoritarios como purgas selectivas en el ejército, expulsión de extranjeros "indeseables" y cierre de periódicos—.[10] A partir de 1936, Batista respetó la institucionalidad política demoliberal (si en 1936 provocó la revocación de Miguel Mariano Gómez, en 1939 declaró respetar el ya aludido veto de Laredo, decisión clave con la que se había manifestado en desacuerdo) y se declaró defensor del poder civil (reconociendo la posible reconsideración del veto por el Congreso). En un plano más general, sus proyectos de naturaleza "corporativa" no pretendían sustituir la lógica del régimen representativo. Las críticas cubanas al liberalismo económico dejaban fuera de crítica a la estructura de la democracia liberal: "Cuba no tiene grandes cuestiones políticas que ventilar en esa magna reunión [la Constituyente de 1940]. Pero está llena de angustiosa interrogaciones económicas" (Asociación Nacional Pro-Deudores, 25 de octubre de 1939). Salvo la propuesta corporativa del ABC, en forma de senado funcional, que fue derrotada, la Constituyente de 1940 no conoció de otras alternativas de régimen de gobierno distinto al representativo, que se entendió parte "indivisible" de esta tríada: "democrático-republicano-representativo" (Diario de Sesiones de la Convención Constituyente, 2–38).[11]

El hecho de juzgar la relación entre "sustancialismo" y representación política como insuficiente, en general, en el populismo, desconoce la crítica al gobierno representativo realmente existente, cuando era este el catalogado expresamente de "insuficiente" en contextos como el cubano. Esa crítica llegaba, a fines de los 1930, a justificar por parte de sectores democráticos un "régimen autoritario" en función del "bien común": "En Cuba hay mucho por hacer, y será bien recibido el que lo haga. [. . .] Si un régimen autoritario viniese a comportar la asepsia de la administración, tornándola más idónea, más moral y menos onerosa, él no provocaría tanta reserva. Lo que lo tornaría opresivo, y por tanto despótico, es que él no persiguiese más finalidad que la de ejercer su predominio, la de reprimir toda libertad, la de sustituir, dentro de un mismo cauce dañino, la forma de simulada institucionalidad que adoptó durante siete lustros la República" ("Editorial," 1937). Este enfoque explica mejor el performance de Batista, tanto como los significados de la democracia en la fecha —uno de los cuales era el "autoritarismo justiciero"—, que una supuesta vocación crítica "doctrinal" del "populismo" frente a la institucionalidad representativa liberal. El entorno mundial resultaba favorable a estos criterios. Para Cuba, estaba cercano el ejemplo de Lázaro Cárdenas, visualizado por algunos actores como una "actuación democrática," combinada con rasgos de un sistema político autoritario.

Las propuestas "corporativistas" cubanas, también la del ABC, parecen haber sido del tipo "societal," centrado en el poder de las organizaciones sociales al tiempo que comprometido con las formas democráticas, y opuestas a corporativismos de tipo "estatalista," como el fascista. En esa fecha, el corporativismo democrático participaba, junto al populismo, del "espíritu de época" crítico del liberalismo, del fascismo y del comunismo. Laski impugnaba "el derecho de soberanía" estatal y colocaba la sede de la legitimidad en un espacio de actores múltiples, entre los cuales el Estado participaba como una más de las agrupaciones sociales. La propuesta sindicalista de Sorel, el solidarismo jurídico de Duguit y la teoría pluralista de G. H. D. Cole negaban la unidad soberana del Estado para refundar la política sobre la base de la existencia múltiple de grupos sociales y de realidades económicas. En dicha lógica, la politización de lo económico suponía la democratización de lo político. En Cuba, Miguel Suárez Fernández (del Partido Revolucionario Cubano-Auténtico) declaraba en la Convención de 1940 que estaba orgulloso de ser calificado de "no liberal," cuando estaba defendiendo "la democracia pura, la democracia criolla, la democracia plena" (Diario de Sesiones de la Convención Constituyente, 20).

Esta noción de la democracia suponía la ampliación de la sociedad civil, como espacio que, a través de la participación política, resultaba competente para autoatribuir derechos y contestar decisiones lesivas tomadas por otros. El problema de la moratoria provocó un gran debate público, actos cívicos de miles de ciudadanos, estructuración de actores colectivos,[12] creación de canales deliberativos y de negociación para la agregación de demandas y de procesos de presión sobre el régimen representativo. Frente a la "impresionalibilidad" de las masas, acusadas por las teorías funcionalistas sobre el populismo de ser "manipulables," como en Germani (1962), Batista decía: "contrariamente a los que piensan que la conciencia ciudadana está sufriendo una locura colectiva [. . .] las masas populares viven momentos de sincero entusiasmo, seguras de que la hora de la reivindicación les ha llegado" ("Triunfarán los que defiendan la mejor causa. Dice Batista," 13 de noviembre de 1939).

Después de largos debates, la Constitución de 1940 prorrogó la moratoria de este modo: "los capitales que no excedan de mil pesos deberán quedar amortizados en treinta de junio de 1960. Los capitales comprendidos entre mil y cincuenta mil pesos, deberán quedar amortizados en treinta de junio de 1965; y en igual día de 1970, si es mayor de cincuenta mil pesos." En las discusiones prevalecieron los argumentos que he descrito como de los "deudores," o, según estos, del "pueblo cubano." Este triunfo no es adjudicable a un solo actor sino al despliegue de esa sociedad civil a favor de la acepción "sustancialista" de la democracia definida a través de un criterio "expansionista" de derechos.[13]

El delito de discriminación racial

El problema de la discriminación racial era otro "magno" asunto a tratar hacia 1940. Aunque más estudiado que el tema de la moratoria, también comparece escasamente cuando se trata de juzgar la eficacia normativa de esa Constitución. Ya en la deliberación constituyente, actores muy diferentes entre sí se afanaron en mostrarse como defensores de la igualdad racial. De hecho, aprobaron por unanimidad (arts. 10 y 20), crear en el constitucionalismo cubano el delito de discriminación racial. El hecho fue celebrado por la Federación Nacional de Sociedades Cubanas de la Raza de Color por su "elevación patriótica" (Diario de Sesiones de la Convención Constituyente 1940d, 2).

Aún con cierto avance social, económico, profesional, de sectores negros a partir de las primeras décadas republicanas, la discriminación continuaba siendo un problema concreto en Cuba en los últimos años de la década de 1930. En mayo de 1937 el Hotel Unión, de la Habana, negó hospedaje a dos jóvenes "de color," delegadas a una reunión de la Caja de Maternidad Obrera.[14] En Santiago de Cuba, el balneario "La Socapa" negaba la entrada a familias de color. En agosto de 1937 la alcaldía de la Habana suprimió las becas, porque determinados colegios no admitían becados "negros." Para enero de 1938, la prensa negra denunciaba que las playas, en la Habana, Cienfuegos y Santiago de Cuba, estaban en poder de empresas particulares o centros aristocráticos que prohibían el acceso de los negros. El hecho sucedía también con extranjeros: al congresista afronorteamericano Arthur Mitchell le fue prohibido alojarse en el hotel Saratoga ("La hermandad de los jóvenes cubanos y la discriminación," 4 de enero de 1937).

La discriminación afectaba a los negros en el trato social, en el acceso a empleos en el comercio y los servicios, y a recursos como tierra y banca. Activistas antirracistas veían a los sectores negros de esta manera: en el catastro de la industria y el comercio nacional la representación del negro no llega "ni siquiera al 2%. La posesión de la tierra, que en todas partes determina la tenencia del principal elemento productor de riqueza, es para ellos un espejismo remoto" (Primitivo Ramírez Ros 1916, 10). Casos contrapuestos, de acceso igualitario de blancos y negros, como el del Jiguaní Club, se consideraban una excepción, que manifestaba cuánto importaba a las élites mantener la "barrera del trato social" como instrumento de preservación de jerarquías sociales racializadas (Juan Marinello 1936, 12).

La discusión sobre la "raza," sobre el lugar del negro, del negro cubano, o del afrocubano, en la sociedad de la fecha estaba en el centro de la definición sobre aspectos claves: afectaba a la noción de democracia y a la definición sobre la nacionalidad. En ese horizonte, era necesario cuestionar fronteras históricas de acceso del negro, como sujeto, a la sociedad cubana, contrarias a su vez a la legitimidad de su complejo cultural, que habían quedado estructuradas socialmente a través de discursos y prácticas como el "peligro de guerra de razas" y la asimilación de la "brujería" con los sistemas religiosos de origen africano.

El símbolo de la "guerra de razas" tenía existencia previa a la llamada "guerrita de razas" de 1912. Juan Gualberto Gómez criticaba en 1893 el uso de la etiqueta para interpretar la aparición de partidos organizados por "el color" en un contexto de transformación de los partidos políticos existentes en la fecha (Juan Gualberto Gómez 1943). En la Convención Constituyente de 1940, cuando se trató el tema de la discriminación, negativa o positiva, apareció un convencional, aunque de modo minoritario, que agitó el término. Delio Núñez Mesa, del Partido Liberal, consideraba "anticubano y antipatriótico tratar de este problema de racismo en Cuba; creo que todos, sin excepción, debemos tener mucho cuidado con esto, porque resulta muy peligroso" (Diario de Sesiones de la Convención Constituyente 1940b, 6–15).

La prensa, en los años inmediatos a 1940, presentaba todavía ciertos delitos comunes como "crímenes de religión." La profanación de tumbas para colectar huesos y, sobre todo, los secuestros y asesinatos de niños —hechos cuyas noticias, muchas veces sensacionalistas, estimulaban el terror social frente al negro— eran presentados junto a las "fiestas de santos" como un mismo conjunto indivisible que rendía "culto salvaje a los dioses del fetichismo" ("Muerta a tiros la niña Gloria y muerto el secuestrador," 1 febrero de 1938). En El Vedado, en diciembre de 1936, fue sorprendida por la policía una "fiesta de santo" a cuyos participantes le exigieron 25 pesos de fianza para quedar libres ("Acusan a brujos y curanderos de Holguín, Oriente," 10 de marzo de 1939). En febrero de 1937, la prensa consignó que habían sido "ocupados," en otra fiesta de santería, los santos Changó, Obatalá, Ochúm y Yemayá ("Batidas contra los centros de brujería se realizan en la 14ª demarcación," 20 de febrero de 1937).

El lenguaje "policial" sobre la santería desconocía la reflexión sobre los "sistemas religiosos de los afrocubanos," que en la fecha, en las obras de Lachatañeré y de Ortiz, distinguía entre brujería y religión y entre delitos y prácticas litúrgicas (Fernando Ortiz 1939a; Rómulo Lachatañeré 1939). Pero el hecho fue desconocido también por el discurso de la Constituyente. Al discutirse sobre cuál moral sería exigible a la ciudadanía triunfó la propuesta de la "moral cristiana" como sinónimo de "moral pública." En esa lógica, para la mayor parte de los convencionales no existía duda sobre la "universalidad" de la moral cristiana. Las únicas "religiones" que aparecen mencionadas en este debate son el espiritismo y la masonería. En la discusión que ventilaba el carácter laico del Estado, y el deber de no proteger religiones en específico, no hubo mención a las religiones "afrocubanas."

Para 1940, producto de la presión de un fuerte activismo antirracista, tanto científico como político,[15] apoyado por la marca impuesta por el fascismo sobre el racismo, era perentorio cuestionar estas fronteras y resolver "en cubano" el "problema negro." Por lo antes dicho, algunas de dichas barreras quedaran inmunes, pero otras experimentaron significativos socavamientos. En todo caso, el horizonte de la democracia racial pasaba no solo por vencer el "trauma del PIC," sino por "incorporar" al negro a la sociedad y a la cultura cubana.

Diversas propuestas intentaron dar cuenta de esto, y formularon diferentes versiones de la nacionalidad. Se trata de algo poco visibilizado: la definición sobre el lugar del negro se encuadraba en varios proyectos de nación beligerantes entre sí en esa fecha.

Hacia 1940, pueden identificarse, al menos, cuatro proyectos diferentes de nación, atravesados todos por la "cuestión racial": (1) la "raza" cubana como parte de "la raza americana"; (2) la "raza" negra como "nacionalidad oprimida," (3) la nación cubana como "conglomerado étnico," al cual no había que "incorporar" al negro, pues este se encontraba en el origen mismo de "lo cubano" y (4) la "cubanidad" como resultado de la fusión "afrocubana."

La "raza americana" era la propuesta oficial de los gobiernos de las "21 repúblicas americanas." Respondía a la posición de la región ante la guerra mundial, al nuevo liderazgo de Estados Unidos, y acaso a un proyecto de "pacificación" de las relaciones de América Latina con España. Al mismo tiempo, propiciaba su diferenciación de otras "razas" y de sus usos por los fascismos. En las primeras décadas del siglo, la representación gráfica de este programa fue *Liborio* (campesino blanco, encuadrado en la utopía de un nacionalismo de corte agrario —cuando era escasa la propiedad real del campesino cubano sobre la tierra—, que mira al "negro" como algo externo a sí mismo. El Partido Independiente de Color respondió a este símbolo con otra imagen de "criollo puro," el personaje negro *José Rosario*).[16] Para los 1930, este nacionalismo "americanista" sobrevivía en imágenes como "el blanco (pobre) y el negrito," de razas separadas, pero fraternales entre sí y era estimulado por las celebraciones oficiales del "día de la raza."[17]

La tesis de la raza negra como "nacionalidad oprimida" era defendida por el partido comunista desde una estrategia dual. Si por una parte defendía la igualdad racial para el conjunto nacional, tenía también, por otro lado, un corolario radical. La noción de nacionalidad "separada "justificaba crear una "faja negra de Oriente." Para esta opinión, apoyada también por la Confederación Nacional Obrera de Cuba, "las masas negras tenían un carácter de minoría nacional." Si estas masas constituían en Cuba más del 20 por ciento de su población total, en la zona negra de Oriente (La Maya, Caney, Cobre, Guantánamo, Palma Soriano, Baracoa, Santiago de Cuba, y parte de Bayamo), según estimaban, más del 50 por ciento de la población era negra, y ocupaba un territorio continuado, una economía propia, un lenguaje común y una cultura unitaria ("La cuestión negra").

Contra esta idea, algunos actores cuestionaron, desde un enfoque hoy conocido como "interseccionalidad," que la opresión de "las masas negras, con las masas de mujeres pobres, surgen del régimen de una doble opresión: la general, de clase, y la específica, de raza o sexo" (Agustín Alarcón 1936, 12). La crítica consideraba que imaginar la "faja" por razones de "raza" era un contrasentido, ante la existencia de diversos orígenes de la opresión sobre el negro. Sin embargo, como mantuvo abierto en "otro frente" la defensa de la igualdad racial para el conjunto nacional, específicamente para los trabajadores, y en ello para los trabajadores negros discriminados, el partido comunista supo captar numerosa militancia y aliados entre los "negros," hasta el punto de quedar asociado el comunismo con la reivindicación racial (De la Fuente 2001, 264–276). La idea de la "faja," abandonada en 1935 —como un error— era contemporánea de la idea de "una nación *adentro* de la nación," enarbolada por W. E. B. DuBois como respuesta a la opresión del negro en los Estados Unidos. En 1936, este insistiría en la tesis del "uso táctico" de la segregación (ver Sandro Medrazza 2008).

Para la tesis de la nacionalidad cubana como un "conglomerado étnico," mezclado, pero no "mestizo," en el sentido que daba Ortiz al término, la causa del negro era la causa de la nacionalidad. Para Arredondo, sin dejar de reconocer la influencia psicológica y cultural que introdujeron en el oriente de Cuba los negros "franceses" de Haití y los asiáticos, el conglomerado étnico de Cuba se integraba por la concurrencia de negros de África y blancos de España. Este punto de vista criticaba el "afrocubanismo," otro proyecto de nacionalidad que comento más adelante. La geografía, la economía, la historia y la cultura habrían forjado "un tipo cubano" que no respondía ni al África ni a España. "Responde a Cuba, a una nueva realidad tiempo-espacial." Al hablar de la "nacionalidad," al decirse "cubano," se habla tanto del blanco como del negro (Alberto Arredondo 1938, 7). Desde estos enfoques, criticaban las comparsas ("recuperadas" en 1937, después de estar prohibidas desde la decada de los 1910) como una "tradición inventada" que respondía a las necesidades y circunstancias del presente cubano, y no a las "purezas" de un pasado africano. Estimaban que la "confusión" entre comparsas ("con valor estético") y las congas ("*arrollaos* sin valor artístico") volvería a hacer "hervir las nefastas teorías de la inferioridad racial y el retraso del negro" (Alberto Arredondo 1939 y 1937). Por lo mismo, cuestionaban la "despolitización" de la llamada "poesía negra," que celebraba un espacio de vida para el negro en el que este no deseaba vivir y que de hecho luchaba por dejar atrás (Juan Luis Martín 1937, 7).

El proyecto de la nacionalidad cubana que tomaba al mestizaje como "esencia" de la nación, era el de la "cubanidad." Sobre este, por estimar que resulta el "triunfador" en 1940, me detengo con más detalle. La formulación más conocida de este proyecto es la de Fernando Ortiz: "La cubanidad es principalmente la peculiar calidad de una cultura, la de Cuba. [. . .] Es condición del alma, es complejo de sentimientos, ideas y actitudes. Pero todavía hay una cubanidad más plena diríase que sale de la entraña patria y nos envuelve y penetra [. . .] Algo que nos atrae y nos enamora como hembra que es para nosotros a la vez una y trina: madre, esposa e hija" (Fernando Ortiz 1939b, 3). La tesis de Ortiz vinculaba las teorías orgánicas y voluntaristas de la nación en una construcción abierta: se es cubano por nacer en Cuba y formar parte de su comunidad de cultura, y por la "conciencia de ser cubano y la voluntad de quererlo ser." El "ajiaco" la más poderosa metáfora mesticista de la "cubanidad," teorizada luego por su creador como "trasculturación," fue elaborada por Ortiz entre 1939 y 1940.[18] La imagen del ajiaco —que en Ortiz comprende el dolor y la explotación de los sujetos que entraron como esclavizados al "caldero" nacional—, comporta un empeño, cuya clave es retomada en nuestros días por la crítica a los "nacionalismos étnicos," de elaborar un concepto normativamente defendible de la nación, no comprometido con el esencialismo, pero capaz de tomar como relevante a la cultura y de someter todo el conjunto a preceptos cívicos susceptibles de ser reconocidos como universales.

En el contexto cubano, hacia 1940, el mestizaje "afrocubanista" no era un proyecto de "socio-liberales," como Ortiz. El "nuevo negro" de Gustavo Urrutia, que cuestionaba la capacidad de "nuestro demoliberalismo vigente" para resolver los problemas sociales y materiales del negro en Cuba, también era "afrocubano." El "nuevo negro" "se ha orientado hacia la promoción de alguna forma de socialismo, de izquierda en la mayoría de los individuos, compatible con nuestra idiosincrasia y con la realidad de nuestras relaciones internacionales" (Gustavo E. Urrutia 1937, 7). Pinto Albiol, marxista, no entendía "el mal efecto que le (producía) al señor Arredondo la palabra 'afrocubanos'" (Angel C. Pinto 1937, 11).

En ese contexto, la "cubanidad" era un recurso de cierto nacionalismo para *re*-crear la nación. En la fecha, es una "tradición inventada," como lo era la propia palabra "cubanidad." En los debates constituyentes, Ferrara entendía el sentido del término "nacionalismo" según este operó hasta la primera guerra mundial. "La idea de la cubanidad responde al antiguo lema 'la patria con razón o sin ella'" (Diario de Sesiones de la Convención Constituyente 1940a, 10–13). El viejo liberal no podía decirlo más claro: "¿Por qué nosotros hemos inventado esto de cubanidad?" (Diario de Sesiones de la Convención Constituyente 1940a, 10–13). La respuesta se encuentra en el uso productivo del mestizaje y del nacionalismo popular de esa hora en América Latina.[19]

Con esos sentidos se le trataba en Cuba hacia 1940. "Lo ideal sería que Cuba fuese Una de raza y de espíritu, que la colonia hubiese sido una apta preparación para la república democrática y ésta un éxito de capacidad cívica [. . .] Estamos de acuerdo. Pero la realidad en que la mente sana y adulta se empeña en vivir, sin acudir a ningún ensueño de opio, es que Cuba será mestiza, si ha de ser Cuba y no otra cosa" (José Antonio Ramos 1937, 111). Incluso ciertas críticas al término "afrocubano" se hacían desde la celebración radical del mestizaje como *democrático* al tiempo que *nacional*. "Somos mestizos y debemos tener el orgullo de nuestro mestizaje. Pues ya es un hecho demostrado que las razas puras empobrecen y degeneran. La mezcla aparece, ante los ojos de los biólogos modernos, como un factor de enriquecimiento. A nuestro mestizaje debemos nuestra personalidad, nuestras posibilidades de futuro. Somos pueblos nuevos, surgidos [. . .] de razas disímiles" (J. I. Jiménez Grullón 1936, 5). La idea recibía "consagración": "La Iglesia Católica fue la primera en reconocer esta realidad que se trata de ocultar por los timoratos, designando Patrona de Cuba a la Caridad del Cobre. Patrona mestiza como corresponde a país mestizo" (Armando Hernández 1937, 5).

El concepto de cubanidad operaba dentro de un campo semántico distinto al que le atribuía Orestes Ferrara. El nacionalismo latinoamericano adquiría en esa hora un nuevo contenido, de naturaleza popular. Hobsbawm (2009, 334) le ha llamado nacionalismo de "tercera ola" en América latina, fase que comienza con la Revolución mexicana y la Revolución rusa y se distingue por la participación activa y positiva de movimientos populares en la política de sus países a escala nacional. El nacionalismo, vía la "cubanidad" en la Isla, representaba la ideología que hacía posible la unidad nacional, el espacio inclusivo de la nación; el cauce de integración de las diferencias sociales, raciales, sexuales y regionales, y la posibilidad de desarrollar una economía nacional. En el proceso, la consagración de los derechos sociales y la profundización de las demandas de completamiento de la ciudadanía, sostenidas bajo el manto de ese nacionalismo, convivieron con estructuras de exclusión social y con el proyecto de sectores burgueses de capturar el Estado a su favor.

Para los críticos del mestizaje, como suerte de "etnopopulismo" (Gottberg 2002), este habría obrado en dicho contexto como "mito conciliador de la nación." El precio a pagar por la conciliación era la abolición formal de las diferencias, o su "superación," necesidad correlativa a los discursos de armonía social y de unidad nacional que los nuevos órdenes populistas necesitaban para sostener lo que hoy se llama "gobernabilidad."[20] Por ese camino, en el contexto populista el discurso de la "unidad nacional" perseguía fines específicos: inclusión social, formación de mercados internos, industrialización y nacionalización —burguesa— de los recursos del país. Ese reformismo se comprometía con manejar institucionalmente el pluralismo y administrar un concepto de pueblo que suponía la disolución etnopopulista de las desigualdades (Gottberg 2002).

Con todo, el mestizaje propuesto por la cubanidad operaba también como un recurso democrático. Como aprecia Moore (1997), hacía parte de una compleja interpenetración de discursos raciales, nacionalistas y artísticos en conflicto. Si bien "estilizaba" las expresiones afrocubanas para su consumo por sectores sociales no negros, también servían para reafirmar el acervo afrocubano y generaban efectos "ciertamente indeseables para las clases dominantes" (De la Fuente 2001, 263). El mestizaje no se presentaba solo como una cuestión de "reconocimiento" sobre la "raza." El populismo era asimilacionista (por mesticista) en lo étnico/racial, pero redistributivo en lo social. La cubanidad no era solo una noción "racial," pues comprendía por igual las demandas de derechos sociales, de trabajo para los nacionales, de nacionalización de la enseñanza, de paridad entre los hijos, etcétera. (No por casualidad, la mayoría de los defensores de la "cubanidad" eran a su vez defensores de la moratoria hipotecaria.) La penetración cultural del mestizaje como sinónimo de la nacionalidad, y no como una representación de esta, se afincó sobre esta realidad: funcionaba en un marco que producía un tipo de reconocimiento "cívico" —respeto y dignidad por las "razas" y valoración positiva de su integración— al tiempo que redistribución en forma de defensa de los derechos sociales.

Tal complejo de problemas se encontraba en el fondo de la aprobación del delito de "discriminación racial" en 1940. En la superficie, la discusión sobre este punto versó sobre si "discriminación" era la palabra más "adecuada." Márquez Sterling señaló que "no aparecía en los diccionarios." Núñez Mesa creía que no existía "discriminación" y que de haberla, era solo porque los afectados no hacían uso de sus derechos. La palabra que contendió con "discriminación" fue "molestia." García Agüero definió el sentido de la primera: "Discriminación, en nuestro criterio y en el de la masa popular, es el acto mediante el cual alguien con posibilidad de ejecutarlo, establece diferencias entre dos núcleos distintos de la población para menospreciar, negarle posibilidades económicas, sociales, de vida, de cualquier naturaleza, a uno de sus dos grupos para ventaja del otro en forma deliberada" (Diario de Sesiones de la Convención Constituyente 1940b). Al mismo tiempo, el convencional comunista propuso agregar la palabra "color" en el precepto sobre discriminación, lo que equivalía a un doble movimiento: buscaba consagrar la inexistencia de las razas y cuestionar la realidad del racismo.

Con la disputa sobre la palabra *discriminación* se ventilaba todavía una cuestión de fondo: la oposición tanto al paternalismo racial (tipo Casanova: "Yo practico mi amistad a la raza negra de Cuba. Que lo digan, si no, muchos negros que son comerciantes, colonos y altos empleados en las fincas azucareras de mi propiedad, y a los cuales no les han faltado nunca ni mis consejos ni mi protección") (Diario de Sesiones de la Convención Constituyente 1940b, 6–15), como a la despolitización del problema "del color." Ante el paternalismo y la despolitización, a resultas del debate, la Convención aprobó por unanimidad el término *discriminación* dentro de un marco de sentido que politizaba la diferencia: el racismo no debía entenderse solo como un "prejuicio moral." Dicho prejuicio tenía fundamentos materiales reconocibles en la pretensión de monopolizar recursos sociales, económicos, culturales. Esta postura, que no era exclusivamente comunista, pues con ella coincidían Emilio Ochoa (del Partido Revolucionario Cubano) y Ramón Zaydín (de Acción Republicana)[21] (a diferencia de Casanova, del Partido Liberal, o Mañach e Ichaso del ABC), coincidía con las maneras en que sectores antirracistas defendían el tema desde la sociedad civil. Cuando ocurrió el "caso" de Mr. Mitchell, la Hermandad de los Jóvenes Cubanos se pronunció "contra actos que sean contrarios a la igualdad democrática" y contra la "discriminación." El propio término fue empleado por parte de estos colectivos, como la Asociación Nacional contra la Discriminación Racial, que pusieron el tema racial como prioridad del debate de la sociedad civil en Cuba.

Consignar esa palabra en el texto constitucional significaba extraer del ámbito de lo "moral" el problema, abrir las puertas a sus consideraciones sociales y sanciones jurídicas y otorgarle mayor potencia para situarse dentro de complejos discursivos como la cubanidad. De la discusión, propuesta por la bancada comunista, sobre la acción afirmativa en el empleo a favor de los negros, quedó este contenido en el artículo 74: "El Ministerio del Trabajo cuidará, como parte esencial, entre otras, de su política social permanente, de que en la distribución de oportunidades de trabajo en la industria y en el comercio, no prevalezcan prácticas discriminatorias de ninguna clase. En las remociones de personal y en la creación de nuevas plazas, así como en las nuevas fábricas, industrias o comercios que se establecieren, será obligatorio distribuir las oportunidades de trabajo sin distingo de raza o color, siempre que se satisfagan los requisitos de idoneidad."

Raimundo Despaigne, explicando lo que el negro debía esperar de la Constituyente, escribió: "A la nueva constitución no debe ir ningún precepto que responda a las tradiciones negativas o reaccionarias, que pueden ser muy honrosas para esa exigua minoría de la población cubana que a través de 35 años de República la usufructúan, pero que nada significan para esa gran mayoría [. . .] que se llama pueblo, que tan afanosamente viene trabajando para que la próxima Constitución recoja todas sus aspiraciones. El problema negro está tan vinculado al ritmo de los acontecimientos humanos, que no podrá decirse que se ha trabajado por Cuba hasta tanto no se plantee y resuelva definitivamente la situación tan lamentable en que vive, en el que tanto contribuyó y contribuye, con su laboriosidad. El negro no puede ver con indiferencia que se le discrimine de tal manera." El debate sobre la "discriminación" de 1940 recogía parte de estas expectativas con buenas razones.

Conclusiones

En este texto he repasado dos cuestiones centrales del debate público cubano de fines de los 1930. He estudiado el conflicto sobre la moratoria hipotecaria y la creación del delito contra la discriminación racial, las dimensiones que comprendían estos debates, y el modo en que quedaron reguladas en la Constitución de 1940. El análisis permite llegar a tres conclusiones de distinto orden:

a) Establecer que la Constitución de 1940 cumplió con aspiraciones centrales de un orden constitucional: recoger el debate público existente al momento de su adopción, fijar normativamente los valores considerados socialmente como de mayor justicia en su contexto, dejar latente la posibilidad de interpretarlos de modo más radical, y reflejar un pacto entre fuerzas sociales, económicas y políticas diferentes, que aumente el campo político que la apoya.

b) Identificar cómo la acción colectiva, el debate público y la ampliación de la sociedad civil, resultó clave para la consagración legal de expectativas sociales largamente incubadas. Se observa que tal consagración, por las disputas de que fue objeto, no despotenciaba dichas exigencias. La investigación establece que la obtención de la moratoria ventilaba modelos de estado en pugna, el carácter del capitalismo cubano de la hora, la definición del "pueblo" y la vigencia de un modelo de democracia expansiva de derechos. El establecimiento constitucional del delito de discriminación racial significaba dejar atrás el "trauma del PIC," impedir tratar "lo cubano" dejando fuera de la nación al negro y su cultura, considerar como "triunfante" un modelo de nación inclusivo y con sensibilidad popular y desarrollar una consideración politizada del antirracismo.

c) El enfoque teórico del texto contribuye al debate que la historia intelectual latinoamericana sostiene actualmente sobre las acepciones del populismo, el liberalismo y la democracia en el siglo XX dentro de la región. Considera que el populismo histórico latinoamericano, del cual hace parte el proceso cubano que llevó a 1940, pretendía emular las nociones de democracia social de la época, rivalizar con el fascismo y el comunismo y constituirse en una alternativa propia de democracia de masas.

NOTAS

1. Raúl de Cárdenas, presidente de la Asociación Nacional Pro-Restauración del Crédito Cubano, se expresaba en estos términos: "El asunto de la reevaluación tiene un interés tan excepcional que el problema de la constitucionalidad [del proyecto de ley de liquidatoria] resulta secundario. El aspecto primordial es el del quebranto inmenso que han de sufrir los intereses públicos con la desaparición del crédito. [. . .] Y a eso vamos nosotros: si se aprueba la ley, el país entero experimentará la sensación de estar en un estado de disolución" (Asociación Nacional Pro-Restauración del Crédito Cubano 1939, 7). Raúl de Cárdenas se presentó como candidato a la Constituyente de 1940 (no resultó electo), por el partido Demócrata Republicano, con un lema que recogía el núcleo de esta campaña: "El principio fundamental para recuperar el crédito es la irretroactividad de las leyes civiles que nazcan de la contratación privada" ("Dr. Raúl de Cárdenas . . . ," 6 de noviembre de 1939).

2. La propiedad norteamericana sobre algunos de los bancos prestamistas introdujo al gobierno de F. D. Roosevelt como otro actor de esta ecuación, que no puedo tratar aquí.

3. Ver este enfoque en Thompson (1979, 31).

4. En mi argumento, el populismo, en su tipo histórico conocido como "populismo latinoamericano," es un tipo ideal de ejercicio político constituido por (1) factores estructurales —economía dirigida, arribo de nuevos sectores al mundo del trabajo asalariado, urbanización, migraciones, conquista del Estado por actores burgueses—; (2) a dimensiones culturales —relanzamiento del nacionalismo como sinónimo de "proyecto legítimo de país," al mismo tiempo inclusivo de actores sociales y disolutivo de identidades "culturales," afirmado sobre una polarización ideológica entre el pueblo y el "antipueblo"—; y (3) a procesos específicamente políticos —inscripción de demandas de distinto signo en el Estado, democratización social e impugnación de las formas liberales de dominación. Este enfoque es deudor de tesis como las de Vilas (2009) y Knight (2005,

231). Por su tema, en este texto no es necesario entrar a considerar el problema de los "neopopulismos." Ver otros enfoques sobre el populismo en: Cammack (2000), Bremmer (2006), Vilas (2003), Roxborough (1987), Hermet (2003).

5. La idea según la cual el populismo latinoamericano de los 1930 y 1940 sometió a la "improvisación constante" su política económica, tesis atravesada a su vez por la noción de su "desapego por la institucionalidad" es una generalización ahistórica. Este es un enfoque más preciso: "Presentar la política económica del populismo como fruto de una estrategia puede resultar excesivo en algunas de sus manifestaciones concretas; en algunos países (Argentina, Brasil, México) corresponden al populismo los primeros experimentos en planificación del desarrollo, pero en otros fue más bien resultado de un encadenamiento de acciones producto de las circunstancias, o la continuidad de enfoques que habían comenzado a tener presencia como respuesta a determinados estímulos externos. En general es admitido que, producto de programaciones articuladas o resultado de determinadas coyunturas, la macroeconomía del populismo presentó convergencias evidentes con una variedad de enfoques que en la misma época venían siendo puestos en práctica por las principales economías capitalistas" (Vilas 2009).

6. Entre los autores que han comprendido como "populista" este escenario en Cuba, ver Annino (1994), Kapcia (1997) y Whitney (2010).

7. Batista desde el principio apoyó la moratoria, diciendo que "salvar a los deudores es salvar a la República." Si bien la moratoria es un importante botón de muestra, no es el único de este proceso. El Ejército fue el destinatario principal en que confiaron las denuncias obreras contra incumplimientos de leyes sociales y fue el mismo que hizo penetrar al Estado cubano ante zonas sociales antes poco o nada "contactadas" por el Estado, a través de campañas de escuelas rurales, institutos cívicos militares y lucha antituberculosis.

8. En 1936 y 1937, violando la Ley Arteaga, se reportaban pagos en vales, entre otros, en los centrales Santa María, Gómez Mena, Delicias, San José, Jobabo, España y Mabay ("Opinión ajena" 1936b; 1936a, 13; 1937b, 13, 1936a, 13, Opinión ajena 1937a, 9 y 48; 1936b, 13).

9. En octubre de 1936, tres personas que pidieron omitir su nombre (era práctica frecuente el despido para quienes protestaran, junto a la acusación de "comunistas") enviaron una carta a *Carteles* declarando lo siguiente: "El Central España, en Matanzas, en manos de intereses norteamericanos [gracias a procesos técnicos] aprovecha energía barata durante la refinación, bajando los costos en 40% por debajo de los corrientes en cualquier refinería de la ciudad de Cárdenas, la ciudad más cercana al central. Este emplea obreros residentes en su propio batey y en el pueblo de Perico. Viéndose por la ley obligado a pagar un peso de jornal mínimo, la administración del central descuenta a todo el personal que gane no más de un peso, 0.20 centavos por servicio de luz y agua. "Si usted vive en Perico, paga a la compañía 0.20 por el agua que toma durante el trabajo, y la luz que alumbra el lugar donde usted trabaja para ellos" ("Opinión ajena" 1936c, 13 y 54).

10. Para 1937, Batista controlaba el mayor ejército de Cuba en su historia: 12.000 efectivos regulares; 20.000 reservas y una policía nacional de 4.000 efectivos. ("Cuba's Boss Batista," *Time*, 26 de abril 1937). La secretaría de defensa disponía en 1937 del 28 por ciento del presupuesto nacional, cifra que superaba ampliamente los presupuestos de secretaría.

11. No hay que ver aquí una defensa "incondicional" de "la democracia" en singular. El régimen representativo, con el sistema de partidos, funcionaba también como un resguardo de la posesión del poder político por parte de las elites, que se reservaban el derecho legítimo de hablar por "el pueblo" y limitaban con ello las vías de intervención popular en la política. Esto último era una de los objetivos fundamentales del corporativismo democrático de los 1930, que se imaginaba como un "complemento" a la democracia liberal, para suplir las deficiencias "individualistas" de esta y otorgar representación a diversos sectores sociales, más allá de los partidos políticos. La revista *Carteles* fue uno de los voceros más agudos de este enfoque en los 1930: "La implantación de una cámara de elección corporativa no sólo estimularía, sino que haría obligatoria la corresponsabilización de esas superiores fuerzas ciudadanas en la administración pública" ("Editorial"

1936c, 17). Sin embargo, *Carteles* decía también: "¿Es posible que todas estas reformas que de un modo tan radical mermaría en las prerrogativas e influencias de los legisladores y los partidos sean propuestas y aceptadas por los actuales miembros del Congreso? Por eso no llevan trazas de prosperar las iniciativas corporativistas, y, en cambio, encuentra [camino] favorable la implantación de un sistema semiparlamentario, mediante el cual, miel sobre hojuelas, aumentarían considerablemente las facultades e influencia de los legisladores, sin ningún resultado práctico que no fuera de un orden puramente político, ya que, en el mejor de los casos, sólo serviría de dique más o menos efectivo contra la recurrencia del hábito revolucionario" ("Editorial" 1936a). Orestes Ferrara comprendía el problema cuando observaba la "contradicción" entre el "régimen representativo" y la "revolución," o entre representación e intervención popular directa: "¿Qué es régimen representativo? Es la ordenada marcha que el pueblo sigue, al poner en los curules del Estado a los que obtengan el mayor número de votos, y aquí hay tres partidos que se califican de revolucionarios. ¿Qué es la Revolución? La desordenada, aunque noble marcha de la voluntad popular, ocupando los poderes por encima de la forma, y por encima del método representativo" (Diario de Sesiones de la Convención Constituyente 1940), 2–38).

12. Por ejemplo, del lado de los deudores, la Asociación Nacional de Propietarios, el Comité Nacional Pro-Deudores, y la Asociación de Crédito Territorial; y, en contra de la moratoria, la Asociación Pro Restauración del Crédito Cubano y la Asociación Conservadora.

13. En el momento en que terminé de escribir este texto, no contaba aún con el acceso a fuentes de archivo cuya revisión, ahora, me permite acceder a conclusiones que matizan la aseveración del párrafo anterior y, creo que, me permiten entender mejor la solución constitucional dada en 1940 al problema de la moratoria. Ciertamente, los argumentos de los deudores ganaron "en general," pero ahora puedo afirmar que un tipo de deudores ganaron más que otros y desprender consecuencias analíticas más profundas de ese hecho. En el texto constitucional aprobado, las deudas más pequeñas (menos de 1.000 pesos) quedarían amortizadas en 1960. Las comprendidas entre 1.000 y 50.000 mil pesos en 1965; y las mayores de 50.000 pesos en 1970. Además de este punto, que privilegiaba las deudas mayores, he comprendido la importancia de otro tema relacionado, mirando más atentamente a los intereses de las deudas: estos iban en una escala desde el 3 por ciento para las deudas pequeñas (menos de 15.000 pesos) hasta el 1 por ciento para las más grandes (más de 800.000 pesos). En la propia Asamblea Constituyente, varias voces comentaron que esta medida protegía en mayor medida a los grandes deudores, aunque se invocase a "todos los deudores." En este sentido, me sigue pareciendo que la solución final fue ventajosa para los deudores, pero que la desigualdad de esas ventajas abre la puerta a considerar temas de clase y de poder constituido que favorecieron más a los sectores gran burgueses que se situaban dentro del "bloque de los deudores." Por otra parte, solo recientemente pude acceder a una visión más completa del papel de los Estados Unidos, de sus bancos, de su gobierno y de su embajada en Cuba. La documentación muestra una intensa actividad por parte de estos actores para lograr soluciones "conservadoras" al tema de la moratoria. Por ejemplo, en el resumen de George S. Messersmith al secretario de estado de los Estados Unidos, fechado el 29 de junio de 1940, este aseguraba que la embajada pudo ver el proyecto final de Constitución antes de que fuese promulgado. El funcionario consideraba que el texto contenía numerosos artículos que afectaban "mayormente los intereses americanos en Cuba" y que "muchos de esos artículos proveen las bases para posteriores resoluciones que afecten esos intereses". Sin embargo, consideraba que los artículos eran "mayormente perjudiciales desde el punto de vista sicológico, más que económico o material." En el tema que aquí me ocupa, el de la moratoria, Messersmith afirmaba que "las provisiones concernientes a la no retroactividad de las leyes y la prohibición de confiscación de propiedades están redactados en una forma satisfactoria." En el curso de mi investigación sobre este tema, aún en proceso, profundizaré en estos temas, datos y enfoques. Ver "Resumen semanal de George S. Messersmith al Secretario de Estado de los EEUU, 29 de junio de 1940," Confidential US Diplomatic Post records, Central America, Cuba 1930–1945, *reel* 63, 1940.

14. Ante su reclamo, se le impuso al dueño del hotel solo dos pesos de multa ("Discriminación" 1936, 11).

15. Con *activismo científico* me refiero a acciones como la siguiente. A instancias de Fernando Ortiz, el octavo Congreso científico panamericano, celebrado en Washington en mayo de 1940, concluyó en uno de sus acuerdos: "considerando que la expresión 'raza' implica una herencia común de características físicas en grupos humanos y que no se ha demostrado que tenga conexión alguna causal con realizaciones culturales, cualidades psicológicas, religiones ni lenguajes, el octavo congreso científico panamericano resuelve: que la antropología rehúsa prestar apoyo científico alguno a la discriminación contra cualquier grupo social, lingüístico, religioso o político, bajo pretexto de ser un grupo racialmente inferior" ("Las razas ante las leyes y las costumbres" 1940, 128–129). Con *activismo político* me refiero a labor que en la esfera pública realizaban centenares de sociedades "de color," asociaciones como Adelante, la Asociación Nacional contra la Discriminación Racial, etcétera.

16. Según Julián V. Serra: "Alguien ha tenido la peregrina idea de personificar al grupo humano en la típica figura del campesino blanco de este país. Esta premeditada ocurrencia carece de un detalle digno de ser tomado en consideración; y es que el tal Liborio es blanco, o parece serlo, y no se explica que siendo el pueblo cubano uno de los más heterogéneos del mundo, pueda estar bien personificado en la típica figura de este humilde ciudadano que por su tipo, no representan nada más que a una de las dos entidades étnicas que forman el total de la población cubana." En contraste, el autor del texto proponía "la no menos interesante figura de José Rosario, el cual tenemos el alto honor de presentar como cubano criollo también." José Rosario era de "carácter enérgico y un valor rayano en la temeridad, con poca instrucción, con muy buen sentido práctico, de costumbres en extremo sencillas y sin pretensión alguna" (Previsión, 30 de diciembre de 1909).

17. En esta lógica, el 12 de octubre de 1939, "el Día de la Raza," motivaba celebraciones de este tipo: "Todas las naciones de América, unidas por la tradición hispánica, celebran hoy la fiesta de la raza. La gesta colombina sirve de marco propicio a la fraternidad de los pueblos nacidos en esta parte del mundo. Cuando la vieja Europa se desgarra en una lucha cuyo alcance nadie puede predecir, cuando la civilización peligra, América da el espectáculo de su unidad espiritual, de la permanencia de su tradición democrática, liberal y fraterna. Hagamos votos hoy, día de la raza, porque los ideales americanos [contribuirán a que el] mundo comprenda, de una vez, que sólo la paz es capaz de garantizar la civilización" ("Día de la raza," 12 de octubre de 1939).

18. Según Ortiz " el vocablo *transculturación* expresa mejor las diferentes fases del proceso transitivo de una cultura a otra, porque este no consiste solamente en adquirir una nueva y distinta cultura, que es lo en rigor indicado por la voz inglesa *acculturation*, sino que el proceso implica también necesariamente la pérdida o desarraigo de una cultura precedente, lo que pudiera decirse una *desculturación*, y, además, significa la consiguiente creación de nuevos fenómenos culturales que pudieran denominarse de *neoculturación*. Al fin, como bien sostiene la escuela de Malinowski, en todo abrazo de coberturas sucede lo que en la cúpula genética de los individuos: la criatura siempre tiene algo de ambos progenitores, pero también siempre es distinta de cada uno de los dos. En conjunto, el proceso es una *transculturación* y este vocablo comprende todas las fases de su parábola" (Fernando Ortiz 1940, 278).

19. Después de una larga elaboración, y de significados peyorativos, el mestizaje fue presentado, habitualmente en el marco de los "populismos latinoamericanos," como el ideal prototípico de lo nacional. Las visiones virreinales y coloniales sobre el mestizo, que suponían la mezcla de "lo peor" de las culturas "española" e "indígena" habían sido abandonadas por nociones que lo dignificaron en tanto lo contrario: el espíritu que, por no estar anclado en parte alguna, capitaliza las ventajas de la mezcla con vocación moderna y emprendedora. En ese curso, el adjetivo "mestizo" evolucionó hacia el sustantivo "mestizaje" (Zermeño-Padilla 2008). La revolución mexicana convirtió al mestizaje en su fundamento cultural —tratando a los indígenas más como mexicanos

que como indígenas— y lo tradujo en política estatal. Por ese camino, el cardenismo empleó el discurso mesticista.

20. Ese populismo habita en un conflicto que tensa lo político y desborda lo institucional y enfrenta resistencias clasistas y racializadas de los sectores dominantes frente al acceso de nuevos sujetos a la esfera de lo político. El campo político vive rupturas que, lejos de celebrar las reglas del juego existentes, a las cuales los actores deberían subordinarse, ponen en disputa nuevas reglas en medio de fuertes colisiones por los desplazamientos que supone el empeño de redistribuir poder entre clases y grupos sociales antes imposibilitados de acceder a sus estructuras.

21. Ramón Zaydín aseguraba: "Se ha hablado en diversas sesiones [. . .] del propósito de nacionalizar a Cuba, del propósito de crear un espíritu nacional, que sea la dínamo de la cubanidad. [. . .] Ese espíritu de cubanidad, ese espíritu nacional, no podrá crearse en nuestra Cuba mientras no podamos borrar todos los prejuicios, todas las reservas, todos los recelos creado en el campo social, y mientras no ascendamos a la paridad económica, para dar a todos los individuos, que integran la nación, sin discriminaciones de ninguna clase, los recursos que los armen en el orden económico para la subsistencia de la vida, y en el orden moral para la captación de la cultura." Estos principios estaban contenidos también en el programa del partido Acción Republicana (Diario de Sesiones de la Convención Constituyente 1940e, 26).

BIBLIOGRAFÍA

"Acusan a brujos y curanderos de Holguín, Oriente." (10 de marzo de 1939). *El Crisol.*

Alarcón, Agustín. (1936). "¿Nación negra? ¡No!" *Adelante* 2 (18, noviembre).

Annino, A. (1994). "Cuba 1934–1958: Un caso atípico en el contexto latinoamericano." En Carlos Vilas (comp.), *La democratización fundamental; El populismo en América Latina.* México, DF: Consejo Nacional para la Cultura y las Artes.

Arredondo, Alberto. (1937). "El arte negro a contrapelo." *Adelante* 3 (26, julio).

———. (1938). "Afrocubanismo poético." *Adelante* 3 (33, febrero).

———. (1939). *El negro en Cuba.* La Habana: Editorial Alfa.

Asociación Crédito Territorial. (4 de octubre de 1939). "Al honorable Sr. Presidente de la República. Contestación del pueblo de Cuba al manifiesto de los prestamistas." *El Crisol.*

Asociación Crédito Territorial. (6 de octubre de 1939). "Al Hon. Presidente de la República. Retratos de los negocios particulares de los bancos." *El Crisol.*

Asociación Nacional de Propietarios (1939a). *Información pública: Pro-revalorización de las deudas: Escritos y discursos pronunciados ante la Comisión del Senado de la República.* La Habana: s.p.

Asociación Nacional de Propietarios. (1939b). *Información pública: Pro-revalorización de las deudas La Habana.* La Habana: s.p.

Asociación Nacional Pro-Deudores. (25 de octubre de 1939). "La ley de liquidación de la moratoria es el alma de la Constituyente." *El Crisol.*

Asociación Nacional Pro-Restauración del Crédito Cubano. (1939). *Apéndice al libro. Conteniendo nuevas opiniones contrarias a la confiscación de la propiedad.* La Habana: s.p.

"Batidas contra los centros de brujería se realizan en la 14ª demarcación." (20 de febrero de 1937). *El Crisol.*

Bremmer, I. (2006). "Populist Resurgence in Latin America?" *Survival* 48 (2): 5–16.

Cambeyro, José. (1936). "En defensa de la industria arrocera." *Carteles* (abril 19): 5.

Cammack, P. (2000). "The Resurgence of Populism in Latin America." *Bulletin of Latin American Research* 19: 129–161.

Carbó, Sergio. (18 de octubre de 1939). "La última victoria de Madame Butterfly." *El Crisol.*

"La cuestión negra." AIHC, FPPML. 1/2:1/1:2/66:91 s.f.

De la Fuente, A. (2001). *Una nación para todos: Raza, desigualdad y política en Cuba*. Madrid: Colibrí.

"Día de la raza" (12 de octubre de 1939). *El Crisol*.

Diario de Sesiones de la Convención Constituyente. (1940a). Vol. 2, no. 45, 22 de mayo. La Habana.

Diario de Sesiones de la Convención Constituyente. (1940b). Vol. 1, no. 27, 2 de mayo. La Habana.

Diario de Sesiones de la Convención Constituyente. (1940c). Vol. 2, no. 51, 27 de mayo. La Habana.

Diario de Sesiones de la Convención Constituyente. (1940d). Vol. 1, no. 30, 6 de mayo. La Habana.

Diario de Sesiones de la Convención Constituyente. (1940e). Vol. 1, no. 26, 27 de abril. La Habana.

Diario de Sesiones de la Convención Constituyente. Vol. 1, no. 34, 10 de mayo. La Habana.

"Discriminación." (1936). *Adelante*2 (14, julio).

"Dr. Raúl de Cárdenas . . . " (6 de noviembre). *El Crisol*.

Editorial. (1936a). "Desacato a la experiencia." *Carteles* 27 (42) (octubre 18): 17.

Editorial. (1936b). "El enemigo público número 1."*Carteles* 27 (34) (agosto 23): 17 y 45.

Editorial. (1936c). "Posibilidades de una Cámara de elección corporativa." *Carteles* 27 (43) (octubre 25): 17.

Editorial. (1937). "El dilema trágico." *Carteles* 29 (3) (enero 17): 19.

Germani, G. (1962). *Política y sociedad en una época de transición: De la sociedad tradicional a la sociedad de masas*. Buenos Aires: Paidós.

Goldenberg, Isidro. (1977). *Claúsula rebus sic stantibus*. Argentina.

Gómez, Juan Gualberto. (1943). "Reflexiones políticas: Los partidos de razas." En Rafael Soto Paz (Ed.), *Antologías de periodistas cubanos. 35 biografías. 35 artículos*, 168–172. La Habana: Empresa Editorial de Publicaciones.

Gottberg, L. D. (2002). "La invención de la identidad mestiza: Reflexiones sobre la ideología del mestizaje cubano." *Estudios: Revista de Investigaciones Literarias y Culturales* 10 (19): 35–53.

"La hermandad de los jóvenes cubanos y la discriminación." (4 de enero de 1937). *El Crisol*.

Hermet, G. (2003). "El populismo como concepto." *Revista de Ciencia Política* 23 (1): 5–18.

Hernández, Armando. (1937). "Cuba y su expresión racial." *Adelante* 2 (22, marzo).

Hobsbawm, Eric J. (2009). "Nacionalismo y nacionalidad en América Latina." En *Repensando la subalternidad: Miradas críticas desde/sobre América Latina*, comp. Pablo Sandoval (Lima: IEP, SEPHIS, 2009).

Jiménez Grullón, J. I. (1936). "Júbilo y dolor en las Antillas: Factor étnico e intercambio humano." *Carteles* 27 (28): 5.

Kapcia, A. (1996). "Fulgencio Batista, 1933–1944: From Revolutionary to Populist." En L. Fowler, *Authoritarianism in Latin America since Independence*. Westport, CT: Greenwood, 1996.

Knight, A. (2005). *Revolución, democracia y populismo en América Latina*. Santiago de Chile: Centro de Estudios Bicentenario.

Lachatañeré, Rómulo. (1939)."El sistema religioso de los lucumís y otras influencias africanas en Cuba." *Estudios afrocubanos: Revista semestral* 3 (1–4): 28–84.

Marinello, Juan. (1936). "El caso del Jiguaní Club: Una carta a su presidente." *Adelante* 2 (13, junio).

Martín, Juan Luis. (1937). "Falsa interpretación afrocubana." *Adelante* 3 (25, julio).

Medrazza, Sandro. (2008). "El New Deal en la línea del color: El problema de la reforma y el espacio de la democracia en W. E. B. Du Bois." *Prismas, Revista de historia intelectual* (12): 33–48.

Moore, R. D. (1997). *Música y mestizaje. Revolución artística y cambio social en La Habana, 1920–1940*. Madrid: Colibrí.
"Muerta a tiros la niña gloria y muerto el secuestrador: Como un film se desarrolló la muerte del que arrebató a una niña para darle muerte." (1 febrero de 1938). *El Crisol*.
"No encontramos en el veto, los motivos del veto." (26 de octubre de 1939). *El Crisol*.
"Opinión ajena." (1936b). *Carteles* (no. 21, mayo 24).
"Opinión ajena." (1936a). *Carteles* 27 (no. 32, agosto 9).
"Opinión ajena." (1936a). *Carteles* 27 (no. 34, agosto 23): 13.
"Opinión ajena." (1936b). *Carteles* 27 (no. 36, septiembre 6): 13.
"Opinión ajena." (1936c). *Carteles* 27 (no. 40, octubre 4): 54.
"Opinión ajena." (1937a). *Carteles* 29 (no. 8, febrero 21): 9.
"Opinión ajena." (1937b). *Carteles* 29 (no. 28, julio 11): 13.
"Opiniones de hoy." (17 de octubre de 1939). *Noticias de hoy*.
Ortiz, Fernando. (1939a). "Brujos o santeros." *Estudios afrocubanos: Revista semestral* 3 (1–4): 85–90.
———. (1939b). "La cubanidad y los negros." *Estudios afrocubanos: Revista semestral* 3 (1–4): 3–15.
———. (1940). "El fenómeno social de la transculturación y su importancia en Cuba." *Revista Bimestre Cubana* 46: 273–278.
Pinto, Angel C. (1937). "Una aclaración." *Adelante* 3 (25, junio).
Ramírez Ros, Primitivo. (1916). "Opiniones de Zebedeo López." *Labor Nueva* 1 (20 de febrero), 9.
Ramos, José Antonio. (1937). "Cubanidad y mestizaje." *Estudios afrocubanos*: *Revista semestral* 1 (1): 92–113.
"Las razas ante las leyes y las costumbres." (1940). *Estudios afrocubanos: Revista semestral* 4: 1–4.
Rosanvallon, Pierre. (2007). *La contrademocracia: La política en la era de la desconfianza*. Buenos Aires: Manantial.
Roxborough, I. (1987). "Latin American Populism." En E. P. Archetti et al. (eds.), *Sociology of Developing Societies*, 119–123. Nueva York: Monthly Review Press.
Serra, Julián V. (1909). "Liborio y José Rosario." *Previsión*, 25 de diciembre de 1909.
Thompson, E. P. (1979). *Tradición, revuelta y consciencia de clase: Estudios sobre la crisis de la sociedad preindustrial*. Barcelona: Crítica.
"Triunfarán los que defiendan la mejor causa: Dice Batista." (13 de noviembre). *El Crisol*.
Urrutia, Gustavo E. (1937). "El nuevo negro."*Adelante* 3 (29, octubre).
"La verdadera democracia es la que satisface los intereses del pueblo: Soy enemigo de la tiranía, amo la verdadera democracia. Dijo Batista."(10 de enero de 1938). *El Crisol*.
"El veto del Ejecutivo." (1939). *Carteles* 33 (44) (29 de octubre).
Vilas, C. M. (2009). "Populismo y democracia en América Latina: Convergencias y disonancias. Presentado en el Seminario Internacional Populismo y democracia en el mundo contemporáneo." Facultad Latinoamericana de Ciencias Sociales y Programa de Postgrado Centroamericano en Ciencias Sociales. Antigua, Guatemala, 12–14 de agosto.
Whitney, R. (2010). *Estado y revolución en Cuba*. La Habana: Ciencias Sociales.
Zermeño-Padilla, G. (2008). "Del mestizo al mestizaje: arqueología de un concepto." *Memoria y Sociedad*. Enero-junio 7, 79–95.

CULTURE AND SOCIETY

YOLANDA MARTÍNEZ-SAN MIGUEL

Fantasy as Identity: Beyond Foundational Narratives in Lourdes Casal

ABSTRACT

This essay analyzes queer and womanist perspectives in the literary work of Afro-Chinese Cuban social scientist and literary scholar Lourdes Casal (1938–1981) to interrogate prevalent definitions of insular and diasporic Cuban identities in the 1970s and 1980s. Casal's literary discourse circumvents foundational fictions of the white and mulatto creole nationalist imaginaries in the Hispanic Caribbean by using fantasy as an alternative script to reimagine Cuban identity. Her narrative and poetry explore the limits of *mestizaje* and *mulataje* as well as of notions of virility and heteronormativity, as powerful scripts in Latin American, Caribbean and Cuban nationalist and cultural discourses. Casal also takes advantage of history and literature in her narrative and poetic works to reveal the diasporic dimensions of identity that are visible but were still unreadable within official Cuban nationalist discourses of her time. This essay proposes a close-reading of a short story—"Los fundadores: Alfonso"—and her well-known poem "Para Ana Veldford" as examples of Casal's alternative definition of *cubanía.* Taking advantage of her interdisciplinary training as well as her own racialized unreadability, I conclude this essay arguing that Casal used her fiction to fantasize more complex Caribbean and Cuban identities.

RESUMEN

Este ensayo analiza las perspectivas mujeristas y queer en la literatura de Lourdes Casal (1938–1981), una científica social y escritora de ascendencia afro-china y cubana. Esta lectura interroga las definiciones prevalecientes de las identidades insulares y diaspóricas cubanas en las décadas del 1970 y 1980. El discurso literario de Casal desplaza las ficciones fundacionales de los imaginarios blancos y criollos del Caribe hispánico usando la fantasía como un libreto alternativo. Su narrativa y poesía exploran los límites del mestizaje y mulataje, así como las nociones de virilidad y heteronormatividad, metanarrativas muy poderosas en los discursos culturales y nacionalistas en América Latina, el Caribe y Cuba. Casal también utiliza la historia y la literatura para revelar las dimensiones diaspóricas de la identidad que son visibles pero que eran ilegibles para los discursos cubanos nacionalistas oficiales de su época. Este ensayo propone un análisis discursivo de un cuento —"Los fundadores: Alfonso"— y de su famoso poema "Para Ana Veldford" como ejemplos de la definición alternativa de la cubanía propuesta por Casal. Tomando en cuenta su entrenamiento interdisciplinario, así como su propia ilegibilidad racializada, concluyo este ensayo arguyendo que Casal usó su ficción para fantasear identidades caribeñas y cubanas más complejas.

Para Ana Lourdes Hart, la otra "Ana cubana" con quien reencontré a Lourdes Casal en un café de New Jersey.

I still remembered how I listened, wide-eyed and nauseated, to the stories—always whispered, always told as when one is revealing unspeakable secrets—about the horrors committed against my family and other blacks during the racial war of 1912. . . . The stories terrified me, not only because of their violence, but because my history books said nothing about these incidents.

Lourdes Casal, "Race Relations in Contemporary Cuba" (1979b, 12)

Comenzabas muchas conversaciones diciendo, "tengo una fantasía." Y nos contabas desde la ilusa librería que ibas a poner en Broadway y que tendría una imprenta y después una editorial y hasta un edificio entero para convertirlo en comuna de intelectuales . . .

(Diez 1981, 23)

Unsettling Foundations

I begin this essay with two epigraphs that refer to Lourdes Casal's problematic relationship with Cuban history, which is advanced through the tensions between hegemonic historical discourses and the embodied experience of national subjects. In the first epigraph, Casal points to the many silences of Cuban history that are literally at odds with the lived experience of members of black communities. The second epigraph is a reference to Casal's unique way to use her fantasy to create alternative scripts for identity, community formation, and belonging. I want to take these two epigraphs as my point of departure to reflect on the unique profile of Lourdes Casal's explorations of *cubanía* to highlight other dimensions of identity beyond the legacies of the white creole or mulatto Cuban nationalist discourses (Kuzinsky 1993; Fischer 2004) or the "virile nation" invoked by Martí (1968, 130–131) in "Nuestra América." Casal's critical and fictional interventions in the 1970s and 1980s also linked Cuban insular and diasporic imaginaries long before that became the critical consensus in the 1990s (Behar 1995; Ortiz 2007).

Lourdes Casal is known by many for her intense political work to reconnect diasporic Cubans with insular Cubans, by others through her award-winning poetry and perhaps less-known narrative work, and by a more reduced group of people for the important research she conducted to study Cubans in the United States. In her literary work, Casal explored questions that now belong to established fields such as migration and diaspora studies, as well as interdisciplinary debates on the limits between history and fiction (White 1975; Trouillot 1995).[1] I contend that Casal used her literary oeuvre as a pretext to "imagine" another relationship with historical archives,[2] by reflecting on the relationality between gender, race, class, as well as sexuality in the articulation of another narrative about *cubanía*.[3] I argue that her narrative and poetry questioned Cuban foundational fictions to imagine less normative insular and diasporic identities through "fantasy."

Fantasy is a slippery theoretical term. Jean LaPlanche and J. B. Pontalis (1968, 2), in their classical essay "Fantasy and the Origins of Sexuality," reflect on the complex relationship between reality and imagination: "the world of fantasy seems to be located exclusively within the domain of opposition between subjective and objective, between an inner world, where satisfaction is obtained through illusion, and an external world, which gradually, through the medium of perception, asserts the supremacy of the reality principle." This opposition between the imaginary and the real becomes less and less clear, since the world of fantasy not only derives from actual experience but also very easily occupies the place of reality in the articulation of myths of origin: "It is with this in mind that Freud always held the model fantasy to be the reverie, that form of *novelette*, both stereotyped and infinitely variable, which the subject composes and relates to himself in a waking state" (LaPlanche and Pontalis 1968, 13, my emphasis).

Feminist and queer theorists have taken fantasies to their most radical possibilities, specifically when thinking about their role in the articulation of nonnormative sexual, political, racial, and generic subjects. Butler (2004, 29), for example, suggests, "Fantasy is what allows us to imagine ourselves and others otherwise; it establishes the possible in excess of the real; it points elsewhere, and when it is embodied, it brings the elsewhere home." Juana María Rodríguez (2011, 341) pushes this notion even further, when she asserts that "fantasy becomes a way to bring the imagined elsewhere of a radical sexual sociality home. . . . Fantasy, on the other hand, offers a venue of exploration and pleasure that is available to anyone who dares." For Rodríguez, fantasies, especially the perverse and politically incorrect ones, are crucial in the articulation of the self. According to Rodríguez, it is our challenge to explore those fantasies, and to allow them to signify, beyond and below the compulsive normativity of national identity discourses. It is also our challenge to explore the process of identification and subjectivation that takes place through sexuality, the ideal terrain for fantasies to be released, unleashed, and reinvented.

There is a specific space where fantasy operates better than imagination and foundational fictions. In its more common definition, fantasy usually emerges in the individual and private realm, while imagination invokes a collective impulse, especially after Anderson's (1992) classical "imagined communities." Foundational narratives also aspire to create a collective script, and as such, they negotiate minor differences to favor consensus. Therefore, I argue that by reading Casal's literary works beyond the script of the foundational fictions allows us to reveal the less normative aspects of Cuban identity she depicts in her literary works. By revealing identities that are visible but were still unreadable in Cuban nationalist discourses of the 1970s and 1980s, Casal's fictional work proposes another interaction with the historical archive. Taking advantage of her interdisciplinary training as well as her own racialized unreadability, I conclude this essay arguing that Casal used her fiction to *fantasize* a more complex discourse about Caribbean national identities.

Casal's Avatars

Lourdes Casal's complex personal, intellectual, and political trajectories interrogate comfortable disciplinary, ethnic, generic, sexual, and national boundaries. She was born in Havana, Cuba, in 1938, the daughter of a doctor in medicine and an elementary school teacher. She began her college degree in chemical engineering but finished her BA in psychology, and since a very young age, she critically interrogated her privileges as a member of a middle-class professional family. In 1961, after the triumph of the Cuban Revolution, Casal became an exile in the United States, and she traveled to Africa in 1962 under CIA sponsorship. Even though during her first years of exile she was opposed to the Cuban communist regime, by the early 1970s Casal had become one of the central figures in the effort to establish connections between the Cubans living in the United States and in the island.

During the 1970s, Casal's views on Cuba and the revolution were radically transformed (Herrera and de la Cuesta 1982). Casal was one of the cofounders of the Institute for Cuban Studies in 1969, and of two important journals for Cuban and Cuban American studies, *Nueva Generación* (1965) and *Areíto* (1975). In 1971, she authored *El caso Padilla: Literatura y revolución en Cuba*, an important analysis of the public repression of a Cuban writer that attracted international attention, and culminated with Heberto Padilla's release from prison and his eventual emigration to the United States. In 1973, Casal returned to Cuba for the first time, and since then promoted a political effort of reconciliation and dialogue that would mark the rest of her intellectual and professional trajectory. In 1975, she finished her PhD in social psychology at the New School of Social Research with an interdisciplinary dissertation that developed an empirical analysis of cultural representations of women and Afro-Cubans in Cuban novels.[4] She then became a faculty member of the Psychology Department at Rutgers University–Newark.[5] In 1978, she was also a member of the Commission of 75 that promoted dialogues between the Cuban government and Cubans in diaspora with the goal of reunifying families divided after the triumph of the Cuban Revolution in 1959, and the US embargo implemented in 1961. Casal participated in the *diálogo*, as well as the now-legendary Brigada Antonio Maceo, which organized groups of young Cubans in exile who went back to the island to form their own opinions about the revolution and to volunteer in construction work and agriculture.

Lourdes Casal's best-known literary works are her collection of short stories *Los fundadores: Alfonso y otros cuentos* (1973) and her anthology of poems that won a Premio Casa de Las Américas in 1981, *Palabras juntan revolución*. Casal also collaborated as part of the collective Grupo Areíto in the publication of *Contra viento y marea* (1978), a good example of her political activism to reconnect the Cuban diaspora with the island. One of the most compelling features of Casal's nonliterary work is her use of quantitative and qualitative approaches from the social sciences to study cultural productions such as literature (Casal 1975, 1979b, 1979c), cinema, and sports (Casal and Hernández 1976). Perhaps because of her interdisciplinary training, or her deep commitment to link knowledge production with action, Casal has been considered among the few contemporary scholars who could navigate the spaces of political activism with comfort and consistency.[6] Her published works engage the following major topics: studies of the Cuban Revolution (Casal 1971, 1977, 1975, 1979a, 1979b) and its impact on women (1975, 1981b), Afro-Cubans and working-sector Cubans (1979b, 1979c), the image of the Cuban Revolution in the United States and abroad (Casal and Hernández 1976), the emergence and development of a field of Cuban studies (1978), interdisciplinary studies of how cultural representation signals ideological and sociopolitical transformations in Cuba (1975), and studies of the demographic, cultural, and sometimes even psychological profile of Cuban and other Latino immigrants to the United States (Prohías and Casal 1974).

Casal's racial identity posed a rich enigma to Caribbean *mestizaje* and *mulataje*.[7] She identified as a descendant of Spanish, African, and Chinese origins, so her identity could not be easily contained by the prevalent notions of *mestiza* or *mulata*. Her unreadability in many Cuban and Caribbean circles, long before the boom of Asian American studies or Asian migration studies in the Americas, was compounded by her private identification as a lesbian.[8] A racialized subject in Cuban nationalist discourse, and a sexual minority in her *neoyorquina* networks, Casal always conceived her identity from the margins and intersections of otherness (De Costa-Willis 2003). Yet rather than characterizing her identity as invisible or silenced, Casal referred to her own identity as visible yet unreadable for hegemonic discourses of national identity in Cuba and the United States. Her poetic and narrative literary productions focus on two fundamental thematic nuclei: her political commitment with a more complex articulation of the revolutionary project in Cuba, and the careful documentation and study of the diasporic experience of Cubans in the United States.

The reading I propose here explores the following questions: how did Casal use her literary discourse to interrogate foundational fictions and to explore the limits of *mestizaje* and *mulataje* as well as of notions of virility and heteronormativity, powerful scripts in Latin American, Caribbean, and Cuban nationalist and cultural discourses? How did the use of fantasy in her narrative and poetic works allowed Casal to answer the question of identity beyond normative scripts like insular foundational narratives and national imaginaries? I offer some possible answers to these questions by analyzing Casal's representation of race, gender, sexuality, and female homosociality in a less-known short story—"Los fundadores: Alfonso"—and in her famous poem "Para Ana Veldford."[9]

Alfonso: Founding *Cubanía* beyond Mulataje and Mestizaje

I would like to use Casal's anthology of short stories entitled *Los fundadores: Alfonso y otros cuentos* (1973) as a point of departure to reflect about the articulation of a Cuban national narrative that goes beyond the paradigm of *mestizaje* and *mulataje*. The title of the anthology plays with the origin of the nation, and as such Casal narratives proposes itself literally as a "foundational fiction" or narrative that serves as an allegory for projects of national consolidation and formation (Sommer 1991). Yet Casal's narrative actually interrogates and problematizes its own role as a foundational fiction, and proposes instead another sort of engagement with heteronormative, patriarchal, nationalist discourses and historical archives. What would happen if a story focused on the visible but still unreadable Asian, womanist, and queer dimensions of Cuban identity?

The short story that gives the title to the anthology, "Los fundadores: Alfonso" ("Alfonso: The Founders," 1973), is a text that critics have tended to ignore.[10] This short story opens the anthology and proposes an alternative overview of the roots of Cuban national and ethnic identity based on the different populations that were transplanted to the island to originate Cubanness after a process of creolization. Yet this narrative critically interrogates the notion of the origins to propose a process of adaptation and negotiation as central in the unsettling of the foundational narrative analyzed here.

"Los fundadores" revisits the encounter and relationality of Spanish, African, and Chinese populations in Cuba in the nineteenth and twentieth centuries. This is a crucial period, since between 1874 and 1924 Cuba was inventing itself as an independent nation in a context of colonialism under Spain and neocolonialism first under Spain and later on under the United States.[11] As is to be expected, the indigenous substrate is silent in this short story, since with this gap in the narrative Casal signals the early genocide of the Arawak populations in the Caribbean (discussed in Haslip-Viera 2001, 2006, 2008). Casal proposes in this short narrative a national project that is similar to the one explored by Severo Sarduy in his 1967 novel *De dónde son los cantantes*. Both Casal and Sarduy interrogate the inherent opacity of a Cuban identity that is configured from the interaction and relation of populations of Spanish, African, and Chinese descent. The plot of the short story focuses on the life of Alfonso López, a Chinese indentured laborer who arrives to Cuba in 1874, eventually becomes a free laborer, has two daughters and a son, and then marries a mulatto woman (Amalia), with whom he has two more children. "Los fundadores" is narrated by the great-granddaughter of Alfonso, who is sharing with the reader the family stories her grandmother told her. The narrative ends in two separate historical moments: the year 1924, when Alfonso has already turned fifty years old and lives obsessed with keeping his domestic affairs in order, and an undefined present in which the great-granddaughter witnesses the celebration of Chinese New Year in Havana.

We know that this short story was the first narrative in a longer project that Casal could not finish: "'Los fundadores' is the beginning of a narrative series that will link Cuba's History and a *fantastic*, or better yet *imaginary* version, of the story of the author's ancestors (Lourdes summarizes the three races of Cuba: White, Black and Chinese)" (Burunat 1985, 109, my translation and emphasis). Therefore, from its inception, this story fantasizes about alternative definitions of insular *cubanía*, at a moment in which Casal was also coming to terms with her views on the achievements of the Cuban Revolution in its inclusion of people of African descent and women. One could speculate, therefore, that "Los fundadores" questions Cuban identity at a moment in which Casal is interrogating her own *cubanía* as an exile that will soon be able to return to visit her country of origin. It seems that the sort of foundation that Casal proposed for Cuban identity was perhaps as queer, yet not as unreadable, as Sarduy's corresponding novel on the same topic. Yet the uncanny unreadability of both texts signals to an unsettling place of belonging that is evidently visible but not quite manageable under Cuban nationalist musings around transculturation, mestizaje, and mulataje between the 1960s and the 1980s.

Perhaps one of Casal's unreadable aspects was her particular emplotment of Cuban racial and gender relations as informed by her experience with the civil rights movements in the United States. She openly acknowledges her debt with this central historical process (Casal 1984, 115; Burunat 1985, 107), yet in her sociological studies she also criticized US-based studies about Cuba that used the black experience in the United States—like the history of slavery and segregation, as well as the civil rights struggles for desegregation and to secure civil and voting rights—as a model to analyze and understand racial relations in a "truly mulatto culture" (Casal 1979b, 11) like Cuba. Therefore, in her fiction Casal was able to include her Afro and Asiatic background, as well as her gender and sexual identities, to make a critical intervention in the normative white creole Cuban imaginary.[12]

Not surprisingly, "Los fundadores" is a narrative that resists a single history line, or even the use of a single narrative voice or perspective that could unify the different threads of the plot. The narration proposes identity through the *relationality* that the reader establishes through the exercise of reading the different narrative voices and story lines included in the series of vignettes that constitute the short story. "Los fundadores" is organized in a series of vignettes, entitled "The Great Grand-daughter" 1, 2, and 3, "History" 1, 2, 3, and 4, and "Alfonso" 1, 2, 3, 4, 5, and 6. Each one of these series of vignettes explores a different blind spot of the Cuban historical archive at the time in which Casal is writing her short story. The great-granddaughter's vignettes represent what Wynter (1990, 355–356) would describe as a "womanist" (or woman-centered) rather than feminist take on Cuban history, while it also signals the difficult transmission of history and memory between generations.[13] The sections entitled "History" explore the problematic relationship between national memory and the Cuban historical archive. Finally, the vignettes about Alfonso López question his role as a forefather and propose a different script for Cuban identity. In these series of intertwined vignettes, Casal juxtaposes the coexistence of Africans, Spaniards, and Chinese to the history of the ethnic and national formation of Cubanness.

I would like to focus on two details in this narrative that allow me to analyze Casal's intriguing engagement with Cuban history. The first one is the historical overview advanced in the short story. First, the present of the narration is 1924, a year before the beginning of Machado's presidency.[14] However, the narration includes flashbacks to the Taiping Rebellion in China (1851–1864), "an anti-dynastic millenarian movement . . . [that] nearly toppled the Quing dynasty and propelled migration, both internal and overseas" (López 2013, 25).[15] It is in this context that Alfonso's father decides to enlist as an indentured laborer to flee to Manila, but he commits suicide before leaving. Later on, Alfonso decides to follow his father's footsteps, and his journey to Cuba represents the massive immigration of Chinese to the Caribbean.

The vignettes entitled "History" 1, 2, 3, and 4 expose the reader to the Asian dimension of Cuba's national and political history. Here is where the history of Chinese indentured immigration is shared with the reader, using the available archival sources and questioning an official discourse that had excluded Chinese from Cuba's national history. This massive immigration of Chinese to Cuba began in 1847, and they were brought to replace the waning slave trade, regulated and prohibited by British and French governments since the early 1800s.[16] Although Chinese people who were brought to Cuba were not technically considered slaves but indentured laborers, their contracts promoted miserable working conditions that made them barely distinguishable from African slaves. A second wave of immigrants arrived to Cuba via the United States in the 1920s. Casal's historical account of Chinese immigration as indentured laborers to Cuba is quite detailed and is still mostly current according to recent studies on this topic (see López 2013).[17]

The short story includes explicit references to the historical archives and studies about this migration available in the 1970s, but Casal supplements the missing information in the historical records with the fictional account of Alfonso López's life in Cuba, as it is remembered by his great-granddaughter from the stories her grandmother shared with her. According to the narrator, Alfonso enlists to come to Cuba in 1874, so he belongs to the last group of Chinese immigrants to the island as part of the massive migration of coolies in the nineteenth century. In this context, Casal's narrative, a fictional account highly mediated by the stories and memories of different women in the family, is more a fantasy than a fictionalization of the historical narrative.

The irony of the imbrication of Chinese and Cuban histories in "Los fundadores" is that the result of the forced migration of Chinese coolies is not the escape from the civil war taking place in China, but a second slavery in the midst of an ongoing struggle for independence. The short story explicitly establishes a productive and critical dialogue with the *Biografía de un cimarrón* (1966) narrated by Esteban Montejo (Casal 1998, 185), and questions the exclusion of Chinese Cubans from Cuban official history given their evident participation in the war of independence.[18] This reference to Montejo links Alfonso with what is considered by many as the foundational text for Latin American *testimonio*; Raquel Chang Rodríguez (1979, 63) sees this literary gesture as part of a project that allows for the inclusion of those "who do not have a history" (my translation). Yet the Alfonso vignettes are told by a narrator in the second person, *implicating* the reader in the experiences of the Chinese Cuban protagonist of this tale: "And now you can flop into the armchair and feel the wickerwork against your bony spine and you can look aback and see, through the smoke, that you lived through a lot of bad times, but a lot of good times too. You know that it is 1924 and you never expected to get this far" (Casal 1998, 190).

The second important detail that I would like to comment on here is the gender distribution in the plot, which still conceives nationalism as a homosocial construction, but this time from a womanist, instead of a patriarchal, perspective. The three vignettes narrated by the great-granddaughter are key for the whole story, since they open and close the narrative, and in them the narrator advances an Afro-Chinese reading of the script of the national allegory. The womanist narrative and historical perspective of the story are further developed in the vignettes devoted to the life of the male protagonist of the text: Alfonso. If in the vignettes of Alfonso 1–6 the plot moves forward through the protagonist's transformation from Chinese, to Afro-Cuban, and eventually simply Cuban, these same vignettes are transformed by how feminine desire rearticulates simultaneously family events and Cuban history. For example, in the vignettes Alfonso 1–3 we witness a second-person narration based on a masculine desire to control a very limited domestic space in the present (1924), followed by the entrance of the Chinese in the struggle for Cuban independence, culminating with Alfonso's ardent desire for the *mulata* Amalia, who refuses to be with him until he legally marries with her. Vignettes Alfonso 4 and 5 take place after Alfonso has created a nuclear and legally recognized family with Amalia, yet the plot is driven by his daughters' desires: Eugenia, who literally forces Alfonso to accept her relationship with Colonel Isidro, and Leonor's competition with her father and Isidro to prove that she is stronger than the two *patriarcas* of the family. Casal's "Los fundadores" proposes a narrative thread in which women of Afro and Chinese descent concretely and formally mobilize the plot of the short story by becoming highly visible historical, political, and erotic agents.[19] This particular plot is advanced in three key scenes in which the women in Alfonso's family deconstruct, interrogate, and queer the patriarchal institution of marriage, the heteronormative metaphor of national consolidation in Sommer's (1991) "foundational fictions."

Alfonso's life story is simultaneously marginal and representative. He inscribes himself in the long story of *mulataje* taking place in Cuba, while at the same time demonstrating the limits of this paradigm to depict racial relations in Cuba (Lopez 2013, 243; Young 2010, 119). His marriage with the *mulata* Amalia is representative of an alternative script of racial mixing and whitening that is not even contemplated in *Cecilia Valdés* (1839–1882) by Cirilo Villaverde, the novel that eventually became the foundational Cuban narrative (Fischer 2004; Lazo 2002). Alfonso's family story explores the interrelationality of *mulata* women and Chinese men in the articulation of an identity that exceeds white creole and Afro Cuban imaginaries (López 2008). For example, the story represents Amalia as a *mulata* who channels Alfonso's desire through the legal institution of an interracial marriage:

> Amalia was certainly different; she was a mulatta, none too bright, it's true, but fierce as they come, the daughter of a black female slave freed by her white master-father. Amalia, a worker in what was then Cuba's biggest factory (a corner shop by today's standards) in Güira de Melena, spelled it out to you when you tried to lure her up into the hills: "Bit of paper, then talk," she said, mocking you, imitating your pidgin Spanish. And then she explained to you how her mother had taught her that you have to be firm with men, which was why she wasn't going to open her legs just yet. "Not until we're married." You turned on your heel and marched off without saying a word. Who did that little mulatta think she was! . . . You turned around. You threw a stone up at her window. She looked out. "All right, we'll get married." She smiled at you. "When?" she asked. "Whenever you want," you said, smiling back. "Any chance of an advance?" you asked, half-joking, half serious. The window had already closed when you heard her laughter. (Casal 1998, 184–185)

In this scene, Amalia controls Alfonso by regulating his access to her body. Here it is important to consider Alfonso's vulnerable situation within the patriarchal system that he is supposed to represent. On the one hand, he is a free man, but he is not a white man. On the other hand, Amalia is the sister-in-law of the man who offered Alfonso his first job as a free man. Therefore, Amalia is a *mulata* who holds a very particular privileged position, and as such she can successfully resist Alfonso's sexual advances. She even mocks Alfonso by imitating his broken Spanish: "Papelito-jabla-lengua" (Casal 1973, 24). Alfonso is a nonwhite man who can offer Amalia some racial mobility (López 2008). Yet what gives Amalia her final power over Alfonso is her erotic agency: she explicitly states that she is sexually available to Alfonso only through legal marriage.

The story includes a second representation of female erotic agency in the scene in which Eugenia defiantly reveals to her father that she is planning to marry Colonel Isidro:

> She looked at you straight in the eye and you saw yourself reflected in eyes identical to yours. "What exactly is going on?" She held your gaze, as proud as yours. "I am engaged, Papa. My fiancé wanted to come and talk to you and I told Amalia so that she could ask your permission, but she just flew into a rage." . . . You tipped the stool back so that it was leaning against the wall. . . . Your daughter was still holding your gaze. "You are a fool, Eugenia." She said nothing, but kept her eyes fixed on yours. You jumped to your feet and stood a few inches away from her. She looked up, still with her eyes trained on yours. . . . You took her face in your wet hands and kissed her on the mouth. "Tell him to come and see me as soon as he can." (Casal 1998, 187–188)

In this scene we see the reversal of a classical patriarchal moment of the petition of paternal permission for marriage. The daughter dominates the exchange between the parents, and she defies her father's authority and gaze. Alfonso cannot control or dissuade his daughter's intention of marrying Isidro, and his permission is formulaic, since it is clear that Eugenia has already decided her future. Therefore, the announcement of Eugenia's marriage is transformed from a patriarchal scene into an exchange that confirms female erotic agency as the main drive in the constitution and internal operation of the family's dynamics. In these two passages women of color are not only present as a central part of the narrative script; their sexual desires and erotic interests are represented in direct opposition and negotiation with the central paternal figure in the family. Amalia and Eugenia represent two generations of women who question Alfonso's patriarchal embodiment as a husband and a father. Therefore, Casal advances a narrative in which women can effectively follow their erotic desires without disappearing as historical agents. These scenes effectively propose what Wynter (1990, 360) describes as an "alternative sexual-erotic model of desire, as an alternative source of an alternative system of meanings."

Beyond the feminist and Chinese-centric perspectives of these vignettes, Casal incorporates another layer of sexual otherness in "Los fundadores." In this short story we meet the only explicitly masculine woman of Casal's entire literary work, Leonor, who seems to be both a national hero, and a lesbian: "You had quite enough problems with your second daughter—Leonor—the one you had with that woman from the Canary Islands who lived in Colón. Leonor turned out to be a rebellious tomboy, very much like Wu Liau [Alfonso's father] and a little bit like you. She disappeared one night on horseback and nearly rode the poor animal into the ground trying to reach Oriente" (Casal 1998, 186). Not surprisingly, through Leonor, Casal links rebelliousness and political agency to lesbianism in the story. Located beyond the boundaries of marriage (unlike her sisters Carmen and Eugenia), Leonor becomes a revolutionary in the Cuban War of Independence of 1895, effectively fulfilling the heroic life story in which Alfonso and his father failed. She gains a reputation as a military leader who is even recognized as a general by Isidro, the Afro-Cuban colonel who eventually marries Leonor's sister Eugenia. What is interesting about this masculine daughter of Alfonso, is that during her sister Eugenia's wedding, lieutenant Leonor interrupts the patriarchal network. Leonor's character implicitly represents a key intervention in the Cuban foundational fictions since she transforms her sister's wedding into a queer scene in which the daughter outbutches her father and Colonel Isidro:

> Leonor sat down in an armchair beside you and matched you drink for drink—a whole bottle of cheap rum. At that point, Colonel Isidro arrived and said to her "You certainly live up to your rank as general" (that's how they always addressed Leonor after the war, although in fact, she only ever made lieutenant). He joined you and Leonor and you each took a swig of brandy, straight from the bottle. And then Leonor said: "I could drink you both under the table," you and Isidro accepted the challenge and bet a whole roast suckling pig for the whole family, to be paid by the first to pass out, and two gallons of rum, to be paid by the second. When the hour of reckoning came, you and Isidro were both sprawled on the floor and Leonor said: "You see, you don't need balls to drink," but when she went to get up, she keeled right over and they left the three of you out in the courtyard because you all stank to high heaven of brandy. (Casal 1998, 189–190)

This scene allows us to partake in a domestic and public fantasy in which masculine women enter into the homosocial and virile national imaginary. Yet in this gesture of role reversal the masculinity of Cuban national discourse is interrogated (Bejel 2001) while women become visible agents of resistance against patriarchal heteronormativity and Spanish colonialism. The national allegory proposed by Casal in this narrative is beyond normative patriarchalism and feminism, since the narrative incorporates "queer" moments by a narrator who introduces Leonor first as an outsider and later as a peer of the other men in the family.

In this story Casal problematizes the central narratives of *mestizaje* and *mulataje* by redefining Cubanness beyond the foundational ethnic mixture of Indians, Africans, and Spaniards. This story simultaneously questions the heteronormative patriarchal nature of Cuban nationalist discourses (Fowler 1998, 5–6). By revealing so many different elements of otherness and proposing them as integral to Cuban personal and collective histories, "Los fundadores" functions as a fantasy that implodes the foundations of the white creole and the Afro-Cuban imaginaries. In its place, this narrative explores the relationality of gender, race, and sexuality in the articulation of a nonnormative, antifoundational narrative for Cuba and for the Hispanic Caribbean.

Beyond *Cubanía*: "Para Ana Veldford"

In her poetic anthology *Palabras juntan revolución*, the first book written by a Cuban living in the United States recognized by a Casa de Las Américas Prize in 1980, Casal explores identity beyond the confines of national heteronormativity. Continuing with her womanist approach, her poems explore the Cuban Revolution by taking into account diaspora as a significant motive. This anthology of poems is a key example of a poetic that articulates an identity by describing forms of affection and desire that explore the subtle nuances of otherness. Several of her texts address the affective and psychological effects of exile in the articulation of a Cuban American identity in the United States. Here I analyze her best-known poem, a paradigmatic text about migration to the United States (Negrón-Muntaner and Martínez-San Miguel 2007). If "Los fundadores" explores the silences of Cuban national discourses, "Para Ana Veldford" (originally published in 1976) fantasizes about diasporic identity beyond the confines of insular *cubanía*.

I suggest another reading that complicates the nationalist appropriation of this poem that is still prevalent in Caribbean migration and diaspora studies. I propose that this text is a recent and somewhat surprising addition to the canon of Caribbean "sexilic" literature. I am using *sexile* here as the term has been used in Caribbean queer theory to refer to the migration of members of sexual minorities who leave their countries of origin in search of a space that is more accepting of their sexual otherness (Guzmán 1997; LaFountain-Stokes 2009; Martínez-San Miguel 2011). Although neither Casal nor Veltfort left Cuba exclusively because of their sexual identity, the fact is that their exile in the United States allowed them to create a unique queer homosocial bond that would not have been possible in the island (Negrón-Muntaner and Martínez-San Miguel 2007; Guerra 2010).

The interview with Ana Veltfort that I coauthored with Negrón-Muntaner answers two of the basic questions that the poem produces in its readers: Who is Ana Veltfort? And why is this poem dedicated to her? However, the general context provided by this interview adds another layer to the possible interpretations of Casal's poem (Negrón-Muntaner and Martínez-San Miguel 2007). Through Veltfort we discover Casal's homosexuality as a hidden, yet highly visible motive of her text. The poem begins with a brief but negating reference to Provincetown:

Never a summertime in Provincetown
and even on this limpid afternoon
(so out of the ordinary for New York)
it is from the window of a bus that I contemplate
the serenity of the grass up and down Riverside Park
and the easy freedom of vacationers resting on rumpled blankets,
fooling around on bicycles along the paths.
I remain as foreign behind this protective glass
as I was that winter
—that unexpected weekend—
when I first confronted Vermont's snow.
And still New York is my home.
I am ferociously loyal to this acquired *patria chica*. (Behar 1995, 21)

The lyrical voice speaks from a double negation: that of the summer that is never like the one in Provincetown and that of a subject who experiences the fleeting images of the city as they disappear from the view of the passenger in a moving bus. Yet with Veltfort's testimony, the reticent reference to Provincetown is transformed from the *foundational* site of the first landing of the Mayflower in 1620 where the history of the United States as a country of migrants originates into the alternative location of an artists' colony at the beginning of the twentieth century that becomes a gay mecca in the 1970s (Krahulik 2005; Lawless 2011). By invoking Provincetown at the beginning of the poem, Casal proposes bohemian artistic communities and homosexuality as common, yet perhaps not as visible, denominators of an alternative history of diaspora and US Americanness. At the same time, the lyrical voice represents New York as an unfamiliar place that has become a new home, an acquired *patria chica* for this diasporic—and queer—feminine subject. Therefore, through this resignification of spaces, Casal redefines home and motherland to refer to a place in which the subject conceives a new dimension of her identity in an antifoundational poetics.

The poem closes with a powerful invocation of total uprootedness and marginality produced by exile:

But New York wasn't the city of my childhood,
it was not here that I acquired my first convictions,

> not here the spot where I took my first fall,
> nor the piercing whistle that marked the night.
> This is why I will always remain on the margins,
> a stranger among the stones,
> even beneath the friendly sun of this summer's day,
> just as I will remain forever a foreigner,
> even when I return to the city of my childhood
> I carry this marginality, immune to all turning back,
> too *habanera* to be *newyorkina*,
> too *newyorkina* to be
> —even to become again—
> anything else. (Behar 1995, 22)

In this passage the lyrical voice describes her uncanny experience of feeling at home in New York, while living as an intimate stranger in the city. The poem begins with a negative assessment of New York: the summers in this city are never like the summers in Provincetown. The lyrical voice then proceeds to describe the common sceneries of the city, as seen from behind a glass window in a moving bus. This process of double displacement—of a subject that is simultaneously in exile and in transit through New York City—complicates the locus of enunciation and the perspective in the text. The second half of the poem is precisely where we discover that New York is not the place of origin of the lyrical voice, which has become a hybrid (trans)cultural subject that does not belong to New York or Cuba, because she is fiercely *newyorkina* and *habanera* at the same time.

A reticent sexual identity is intertwined in these verses with migration, hinting once more at the contradiction between national identity and homoerotic desire in the configuration of a Cuban and American identity in this poem. Interestingly enough, sexile functions in this poem as a silenced but highly visible motive that has always been there for the *entendido* readers who have known about Casal's lesbian identity.[20] Women's homosocial spaces redefine the networks of identification of the lyrical voice, which is now linked to the multiple diasporas constituting the identity of Ana Veltfort as another diasporic lesbian. Both Casal and Veltfort seem to share a common locus of interrogation of the national as an effective paradigm to define and contain queer diasporic and feminine voices.

Coerced colonial migrations collide in this poem with the myth of the US nation as one founded by pilgrims and immigrants arriving to the Americas from all over the world searching for religious tolerance. However, Casal chooses as her icon of exile a woman who cannot be reduced to the Cuban or even the US American experience of migration. Her poem is dedicated to an adopted Cuban, who was born in Germany in 1945, moved to the United States in the 1950s, and arrived in Cuba when she was sixteen years old. Veltfort spent ten crucial and formative years in Cuba and returned to New York in 1972. As a consequence of this eternally displaced condition, Anna is a subject who is totally queer, since she not only is "esta gringa hablando como cubana" (Negrón-Muntaner and Martínez-San Miguel 2007, 60) but also became the visible lesbian alter ego in Casal's poetic fantasy. With this woman as muse, Casal (1981a, 61) shares the feeling of being "demasiado habanera para ser newyorkina, / demasiado newyorkina para ser, / —aún volver a ser— / cualquier otra cosa." The "cualquier otra cosa" at the end of the poem is an open signifier that contains and goes beyond queerness and *cubanía*, hinting at a sense of otherness that transcends the limits of all national, as well as heteronormative, identity discourses.

It is also important to note that the alternative diasporic community invoked here is located in New York, a central city in the articulation of US identity as one constituted by multiple immigrant communities. Therefore, in her choice of New York, instead of Miami, Casal is signaling to another well-known Cuban American enclave, but also an immigration center for many other Hispanic communities in the United States: "the raucous glory of New York in summer, / Central Park and us, / the poor, / who have / inherited the lake of the north side, and Harlem sails through the slackness of this sluggish afternoon" (Behar 1995, 21).

In the context of the reading, the title of the poem, or the elusive Anna Veltfort in the text, gains a whole new layer of signification. In this poem, Casal constructs her interrogation of personal, national, and collective identities through the *relationality* of Anna Veltfort and Casal as opposite and complementary figures in the articulation of a narrative. The poem fully signifies through the ways in which (s)exile is conceived, redefined, and interrogated by the life stories that are invoked through the title, the autobiographical lyrical voice, and the name of the author, all illustrating different layers of experience of Cuba, New York, and exile. To state it more briefly, the poem establishes a similar strategy to the one invoked by the imbricated vignettes that narrate the story of Alfonso as the unreadable yet visible founder of a Cuban identity.

These two texts share a common gesture: they both illustrate the tensions and silences imposed on feminine sexuality (Bejel 2001, 218–234), which tend to be subsumed into an heteronormative, patriarchal Latin American national and political discourse that has had a very powerful representation in Cuban national discourses (Martí 1968; Fowler 1998; Bejel 2001). Yet in both cases, the texts interrogate and ultimately subvert the notion of foundational discourses to explore the visible yet unreadable traces of otherness that coexist with official identities as well as historical discourses. I return now to Casal's intuitive use of fantasies to propose that the final queer dimension of Casal's narrative and poetry resides in her constant interrogation of foundational Caribbean and US American identity discourses.

Beyond Foundations and Nations: Identity as Fantasy

What are the functions of desire and queerness in the articulation of the antifoundational narratives that Casal is posing in her short story and poem? As I approach the end of my close reading of these two pieces of Casal's literary oeuvre, it becomes evident that notions like national history, foundational fiction, and *cubanía* seem to be problematic for interpreting her fictional projects. Casal's nuanced relationship to Cuban history, as well as the transformation of her views on the revolution, seem to open the door to other possibilities beyond the creation of any normative foundational fiction. Perhaps the key to understand Casal's unsettling location in the Cuban national tradition is that her fictional accounts depict highly visible figures who have remained unreadable in official national discourses. Her project is not to rescue *invisible* or silenced subjects, but to create a space for visible subjects whose actions and bodies have been unintelligible within mainstream cultural discourses and social praxes. Women of color, queer women, and Afro-Asian Cubans are all historical actors in the Cuban wars of independence—and even in the Cuban Revolution, as Casal demonstrated in most of her nonliterary works—but important aspects of their identity were until recently or are still opaque for the foundational discourses of a national tradition. Therefore, her fictional and poetic texts propose plots and narratives that hint at those dimensions of otherness that have remained outside more traditional definitions of a *cubanía*. Her literary work operates in the realm of *fantasy* to provide an alternative script from which to intervene historical archives and Cuban official discourses.

I would like to venture that Lourdes Casal advanced some of her literary works as the explicit "fantasies" she invented to fill the gaps she identified in her empirical research. Her literary fantasies hoped that at some point Cubans would be able to delve into the opaque dimensions of their otherness. In many respects, then, Casal's literary work was doing much more than calling for an expansion of the historical archive. It would seem that the interdisciplinary work that informed most of her writing, be it literary or not, was an exploration of the ways in which new questions become possible, and with them, unintelligible aspects of history and social realities become out of a sudden readable. Simply put, for Casal, when a question becomes possible, the alternative subject emerges as already there; becoming readable or imaginable does not mean the origin of an identity. Thus, what Casal is proposing is not that with time these marginal or invisible subjects enter the national discourse; they have been there from the beginning, in plain sight, but only at some point they become readable. Fantasy makes it possible for their voices, bodies, and desires to make sense and to mean in the realm of the individual or of those in the know, until that instant in which they become collectively readable. After all, that was Casal's own experience as a queer Afro-Chinese Cuban.

In this context, the queer and womanist lenses of Casal's writing were strategies—or scripts, structures—that allowed her to advance more nuanced definitions of *cubanía*, conceived beyond the exclusions of heteronormativity, *mestizaje*, *mulataje*, insularism, and exile. "Los fundadores" is presented from the perspective of several generations of Chinese Cubans who were also mulattoes, *mestizos*, and ultimately Cuban. Her portrayal of women as strong agents of history is another way to fantasize about other dimensions of *cubanía*. Characters like Leonor, who through their masculine femininity question patriarchalism by becoming soldiers in the War of Independence, or who can outbutch the men in their own family, firmly interrupt Martí's myth of Cuba as a traditionally virile nation. Casal's story signals that these masculine and matriarchal women have always already been there, waiting to become readable.

That same queer and feminist persona emerges in the ciphered language used by Casal when she includes references to the gay imaginaries and cartographies in the United States to pose an alternative narrative to the multiple identities of exiles in the Americas. Therefore, Casal's real secret was not her identity as a lesbian, but that she was able to present otherness in a language that promoted a form of dialogue that recognized the constant dimensions of opacity between any interlocutors. Her ultimate fantasy was her participation in the *diálogo*, with the goal of reuniting insular Cubans with their diasporic counterparts, a reunion that did not deny differences but embraced them. Through this fantasy, Casal was able to ignore or displace some of the violent impossibilities of the dialogue. As we know, some of Casal's personal and collective fantasies very soon became realities, while other secret longings would take more time to become possible. Simply put, Casal's dialogue efforts, as well as her work of recovery of Afro-Chinese identities, have gradually become part of the national historical archive and memory, while her implicit inclusion of sexual otherness is still a fantasy in the making.

Yet it seems that even her most stubborn fantasies are reaching their condition of possibility. Her paradigmatic "Para Ana Veltfort" has been quoted in films like *Lejanía* (1985) by Jesus Díaz, compilations like Ruth Behar's *Bridges to Cuba* (1995), and Ena Lucia Portela's explicitly queer appropriation in *Una extraña entre las piedras* (1999). Her "dialogue" also encompassed a crucial reconnection of Cubans from the island and in diaspora that has been gradually taking place. By imbricating Caribbean diasporas, sexualities, politics, and exile, her narrative and poems present a picture of Cuban and Cuban American identities that is increasingly complex, yet uncannily familiar (Ortiz 2007). Her texts contain many layers of ciphered interrogations to Cuban national identity, many of which are becoming gradually more intelligible beyond a small circle of readers in the know. Therefore, even when Lourdes Casal was not interested in being identified publicly as a sexually queer subject, she was more than comfortable depicting the less normative sides of mainstream Cuban identity. Her insular and exilic imaginaries include a series of dissonant elements that openly question Cuban patriarchal, virile, Hispanophile, and heteronormative discourses, transforming her ultimate secret into a broader allegory about the otherness that resides within any identity. In closing, I would like to fantasize that perhaps her most important legacy for Caribbean history, literature, and poetics has been her frontal interrogation of the notion of foundational fictions, and her creation of an alternative space to imagine *cubanía*, and even herself, as "cualquier otra cosa."

NOTES

I would like to thank Asela Rodríguez de Laguna, Ben Sifuentes-Jáuregui, Lawrence La Fountain Stokes, Juana María Rodríguez, Lina Martínez Hernández, Devyn Benson, and Ellin Pérez, as well as other colleagues from the Instituto Tepoztlán for the Transnational History of the Americas for their generous comments of a previous version of this essay. Solangel Troncoso helped me to locate the preliminary bibliography for this project. I follow closely some of the ideas discussed in the introduction and interview to Anna Veltfort (Negrón-Muntaner and Martínez-San Miguel 2007).

1. White's (1975, 7) original definition of emplotment is "the way by which a sequence of events fashioned into a story is gradually revealed to be a story of a particular kind." Trouillot (1995, 26–27), in contrast, focuses on how certain events are silenced from history: "Silences enter the process of historical production at four crucial moments: the moment of fact creation (the making of *sources*); the moment of fact assembly (the making of *archives*); the moment of fact retrieval (the making of *narratives*); and the moment of retrospective significance (the making of *history* in the final instance)."

2. Norma Alarcón (1989, 65, 70–71) and Diana Taylor (2003, 19–20) explore similar questions by referring to the "experienced history" or the "ritualized repetition" of the past or as the "repertoire" or the "embodied memory, performances, gestures, orality, movement, dance, singing-in short, all those acts usually thought of as ephemeral, non-reproducible knowledge."

3. Glissant (1997, 11) defines his poetics of relation as follows: "Rhizomatic thought . . . in which each and every identity is extended through a relationship with the Other." Crenshaw (1991, 1244) defines intersectionality as "various ways in which race and gender interact to shape the multiple dimensions of Black women's employment experience." Relationality is my own adaptation of Glissant's notion of relation as an alternative to Crenshaw's intersectionality, to focus on the concrete intersubjective experience of the different dimensions of identity as an important aspect in Casal's work.

4. Casal's doctoral thesis proposed an empirical (not a literary) study of the changes in the representation of women and black Cubans in a sample of novels written between 1950–1958 and 1959–1967. Her goal was to analyze the changes in social and racial ideologies taking place as a result of the Cuban Revolution. More recently, Morris (2012) has proposed a similar study of the representations of Afro-Cubans in the postrevolutionary period, but in a book that follows a historical and cultural studies approach.

5. For more information about Casal's biography and relationship with Cuba, see Burunat (1985), Herrera in Oboler and Gónzalez (2005), Herrera and de la Cuesta (1982), and Negrón-Muntaner and Martínez-San Miguel (2007).

6. This is further confirmed by the creation of the Lourdes Casal Memorial Award at Rutgers-Newark, in existence at least until 2006 and described as follows: "In honor of the memory of the late Dr. Lourdes Casal, the Department of Psychology awards a prize each year to the graduating

senior selected by the faculty who best combines intellectual excellence with social commitment." See "Catalogs," at http://catalogs.rutgers.edu/generated/nwk-ug_0608/pg23144.html.

7. Buscaglia-Salgado uses *mulataje* as the Caribbean counterpoint to the Latin American paradigm of *mestizaje*, because in the Hispanic Caribbean miscegenation is mostly imagined as taking place between European whites and African blacks, while in Mexico this same process usually refers to the offspring produced from interracial relationships between European whites and indigenous subjects. Buscaglia-Salgado (2003, 79) conceptualizes *mulataje* as a legacy of the Iberian contact zone from before 1492. The first use of *mulataje* that I know of is Gabriela Mistral in her essay "El tipo del indio americano" in 1932 (Fiol-Matta 2002, 18, 25, 24–28), where she uses it to differentiate Mexican and Brazilian racial imaginaries.

8. For a detailed reflection on the complexities of Casal's homosexual identity in the context of the Cuban Revolution, see Negrón-Muntaner and Martínez-San Miguel (2007).

9. Interestingly enough, these two texts are among the six texts chosen by *Areíto* as representative of Casal's work in their "Homenaje a Lourdes Casal" published shortly after her death in 1981 in *Areíto* 7 (26).

10. This silence of the critics is very telling, since in one of the earliest reviews of the book, Chang Rodríguez (1979, 63) affirms that this is the best short story of the anthology, and in "Homenaje to Lourdes Casal" (1981) published by *Areíto* shortly after her death, this is the only short story included in the sample of literary works included in the dossier. The Spanish version of this short story was originally published in 1972 in *Exilio* 6 (1): 109–117.

11. Although technically Cuba became independent in 1898, the United States preserved military and political control of the island through the Platt Amendment, which was in place until 1934.

12. For an analysis of the prevalence of a while creole imaginary that defined Cuban artistic productions in the nineteenth century at the expense of a black and mulatto creole aesthetic projects, see Fisher (2004).

13. Achugar (2002) discusses intergenerational memory for the case of Chile using Pierre Nora's (2002, 192) notion of the *lieux du memoire*. African American and Africana studies scholars have addressed this same question of memory, but in the case of diasporic, postslavery descendants of African populations (Clark 1991; Palmer 2000; Palmié 1995), while scholars in Latin American colonial studies identify this same experience with what they denominate as the "colonial trauma," "la memoria rota," and "la visión de los vencidos" (Wachtel 1971; López Portilla 1959; Díaz Quiñones 1993; Ortega 2008).

14. In 1924 Gerardo Machado was elected president of Cuba. According to Kathleen López, 1924 was also "the height of new Chinese immigration to Cuba in the early twentieth century, the next major wave of labor migrants to come since Alfonso's time (the period of indenture). In 1924 a deluge of articles in the Cuban press decried Chinese immigration, paving the way for the passage in 1926 of a decree designed to eliminate loopholes in existing immigration policy. The year 1924 is also the date of the US Immigration Act, which established the national origins quota" (personal email exchange, September 5, 2013).

15. The Taiping Rebellion (1851–1864) was one of the main reasons behind Chinese internal and overseas migration. The name of the oppositional movement was the "Great Peaceful Kingdom of Heaven," alluded in the story as the "Gran Paz."

16. According to López (2013, 23), a total of 141,515 Chinese departed to Cuba between 1847 and 1874, and a total of 124,793 were sold in Havana.

17. There has been a boom in studies about Chinese in the Caribbean and Latin America such as works by Helly 1979, Baltar Rodríguez 1997, Hu-DeHart (1999), García Triana (2003), Linares Savio (2002), López-Calvo (2008), Yun (2008), López (2013), and Young (2014), among others. Casal writes about Cuban Chinese people before much of the historical information about this community was easily available among Caribbeanists.

18. Esteban Montejo (1966) also marginalizes Chinese men living in Cuba when he describes the lives of slaves in the *barracones*, and even when he refers to the participation of Chinese indentured laborers in the Cuban War of Independence.

19. I am using Mimi Sheller's (2012) understanding of erotic agency, by which women of color and queer subjects in the Caribbean claim an autonomous identity in a context in which sexual domination, hypersexualization, and racialization have defined their bodies as subordinate colonial Caribbean subjects.

20. This was the case, for example, for the lesbian community that was close to Casal in New York city, as described by Veltfort in Negrón-Muntaner and Martínez-San Miguel (2007).

REFERENCES

Achugar, Hugo. 2002. "El lugar de la memoria, a propósito de monumentos (motivos y paréntesis." In *Monumentos, memoriales y marcas territoriales*, edited by E. Jelin and V. Langland, 191–219. Madrid: Siglo XXI.

Alarcón, Norma. 1989. "Traddutora, Traditora: A Paradigmatic Figure of Chicana Feminism." *Cultural Critique* 13: 57–87.

Anderson, Benedict. 1992. *Imagined Communities. Reflections on the Origin and Spread of Nationalism*. London: Verso.

Baltar Rodríguez, José. 1997. *Los chinos en Cuba: Apuntes etnográficos*. Havana: Fundación Fernando Ortiz.

Barnet, Miguel, and Esteban Montejo. 1966. *Biografía de un cimarrón*. Havana: Instituto de Etnología y Folklore.

Behar, Ruth, ed. 1995. *Bridges to Cuba/Puentes a Cuba*. Ann Arbor: University of Michigan Press.

Bejel, Emilio. 2001. *Gay Cuban Nation*. Chicago: University of Chicago Press.

Burunat, Sylvia. 1985. "El arte literario de Lourdes Casal (1938–1981)." *Confluencia: Revista Hispánica de Cultura y Literatura* 1 (1): 107–111.

Buscaglia-Salgado, José F. 2003. *Undoing Empire: Race and Nation in the Mulatto Caribbean*. Minneapolis: University of Minnesota Press.

Butler, Judith. 2004. *Undoing Gender*. New York: Routledge.

Casal, Lourdes. 1971. *El caso Padilla: Literatura y revolución en Cuba*. Miami: Universal.

———. 1972. "Los fundadores: Alfonso." *Exilio* 6 (1): 109–117.

———. 1973. *Los fundadores: Alfonso y otros cuentos*. Miami: Ediciones Universal.

———. 1975. "Images of Cuban Society among Pre- and Post-Revolutionary Novelists." PhD diss., New School for Social Research, New York.

———. 1977. "Reflections on the Conference on Women and Development: II." *Signs* 3 (1): 317–319.

———. 1978. "The Development of Cuban Studies in the U.S." *Latin American Research Review* 13 (1): 248–254.

———. 1979a. "Cuba, on the Political Organization of Socialist Democracy." Paper presented at the panel "Cuba in the 1970s: Evaluating the Institutionalization of the Revolution," at the 8th annual meeting of Latin American Studies Association, Pittsburgh, PA, April 5–7.

———. 1979b. "Race Relations in Contemporary Cuba." In *The Position of Blacks in Brazilian and Cuban Society*, edited by Anani Dzidzienyo and Lourdes Casal, 11–27. London: Minority Rights Group.

———. 1979c. "Revolution and Race: Blacks in Contemporary Cuba." Working Paper No. 39, Latin American Program, Woodrow Wilson International Center for Scholars, Washington, DC.

———. 1981a. *Palabras juntan revolución*. Havana: Casa de las Américas.

———. 1981b. *Revolution and "Conciencia": Women in Cuba*. New York: Women's International Resource Exchange.

———. 1984. "Lo que dice Calibán (relectura)." *Areíto* 9 (36): 115–116.

———. 1995. "Para Ana Veldford." Translated by David Frye. In *Bridges to Cuba*, edited by Ruth Behar, 21–22. Ann Arbor: University of Michigan Press.

———. 1998. "The Founders: Alfonso." In *The Voice of the Turtle: An Anthology of Cuban Stories*, edited by Peter R. Bush, 178–191. New York: Grove Press.

Casal, Lourdes, and Andrés Hernández. 1976. "Image of the Cuban Revolution Abroad: The Role of Cultural and Sport Activities." Paper presented at the conference "The Role of Cuba in World Affairs," Center for Latin American Studies, University of Pittsburgh, PA.

Chang-Rodríguez, Raquel. 1979. "Crítica: Nota sobre *Los Fundadores: Alfonso y otros cuentos*." *Areíto* 5 (19–20): 63–64.

Clark, VêVê A. 1991. "Developing Diaspora Literacy and Marasa Consciousness." In *Comparative American Identities*, edited by Hortense Spillers, 40–61. New York: Routledge.

Crenshaw, Kimberle. 1991. "Mapping the Margins: Intersectionality, Identity Politics, and Violence against Women of Color." *Stanford Law Review* 43 (6): 1241–1299.

De Costa-Willis, Miriam. 2003. "Lourdes Casal: Identity and the Politics of (Dis)location in Lourdes Casal's Narratives of Place." In *Daughters of the Diaspora: Afra Hispanic Writers*, edited by Miriam de Costa Willis, 194–201. Kingston, Jamaica: Ian Randle Publishers.

De la Cuesta, Leonel A. 1973. "A guisa de prólogo." In *Los fundadores: Alfonso y otros cuentos*, by Lourdes Casal, 13–16. Miami: Ediciones Universal.

Díaz, Jesús. 1985. *Lejanía*. Havana: ICAIC.

Díaz Quiñones, Arcadio. 1993. *La memoria rota*. Río Piedras, PR: Huracán.

Diez, Ricardo. 1981. "Homenaje a Lourdes Casal." *Areíto* 7 (26): 23.

Fiol-Matta, Licia. 2002. *Queer Mother for the Nation the State and Gabriela Mistral*. Minneapolis: University of Minnesota Press.

Fischer, Sibylle. 2004. *Modernity Disavowed: Haiti and the Culture of Slaves in the Age of Revolution*. Durham, NC: Duke University Press.

Fowler, Víctor. 1998. "Homoerotismo y construcción de la nación." *La Gaceta de Cuba* 1 (36): 2–6.

García Triana, Mauro. 2003. *Los chinos en Cuba y los nexos entre las dos naciones*. Havana: Sociedad Cubana de Investigaciones Filosóficas.

Glissant, Édouard. 1997. *Poetics of Relation*. Translated by Betsy Wing. Ann Arbor: University of Michigan Press.

Grupo Areíto. 1978. *Contra viento y marea: Jóvenes cubanos hablan desde su exilio en Estados Unidos*. Mexico City: Siglo XXI.

Guerra, Lillian. 2010. "Gender Policing, Homosexuality and the New Patriarchy of the Cuban Revolution, 1965–1970." *Social History* 35 (3): 268–289.

Guzmán, Manolo. 1997. "*Pa la escuelita con mucho cuidao y por la orillita*: A Journey through the Contested Terrains of the Nation and Sexual Orientation." In *Puerto Rican Jam: Rethinking Colonialism and Nationalism*, edited by Frances Negrón-Muntaner and Ramón Grosfoguel, 209–228. Minneapolis: University of Minnesota Press.

Haslip-Viera, Gabriel, ed. 2001. *Taíno Revival. Critical Perspectives on Puerto Rican Identity and Cultural Politics*. Princeton, NJ: Marcus Wiener Publishers.

———. 2006. "The Politics of Taíno Revivalism: The Insignificance of Amerindian mtDNA in the Population History of Puerto Ricans—A Comment on Recent Research." *Centro Journal* 18 (1): 260–275.

———. 2008. "Amerindian mtDNA Does Not Matter: A Reply to Jorge Estevez and the Privileging of Taíno Identity in the Spanish-Speaking Caribbean." *Centro Journal* 20 (2): 228–237.

Helly, Denise. 1979. *Idéologie et ethnicité: Les chinois Macao á Cuba, 1847–1886*. Montreal: Presses de l'Université de Montréal.

Herrera, María Cristina. 2005. "Lourdes Casal." In *The Oxford Encyclopedia of Latinos and Latinas in the United States*, edited by Suzanne Oboler and Deena González, 274–275. Oxford: Oxford University Press.

Herrera, María Cristina, and Leonel Antonio de la Cuesta, eds. 1982. *Itinerario ideológico: Antología*. Miami: Instituto de Estudios Cubanos.

"Homenaje a Lourdes Casal." 1981. *Areíto* 7 (26): 5–26.

Hu-DeHart, Evelyn. 1999. *Across the Pacific: Asian Americans and Globalization*. New York: Asia Society.

Krahulik, Karen Christel. 2005. *Provincetown: From Pilgrim Landing to Gay Resort*. New York: New York University Press.

Kuzinsky, Vera. 1993. *Sugar's Secrets: Race and the Erotics of Cuban Nationalism*. Charlottesville: University of Virginia Press.

LaFountain-Stokes, Larry. 2009. *Queer Ricans: Cultures and Sexualities in the Diaspora*. Minneapolis: University of Minnesota Press.

LaPlanche, Jean, and J. B. Pontalis. 1968. "Fantasy and the Origins of Sexuality." *International Journal of Psycho-Analysis* 49 (1): 1–18.

Lawless, Debra. 2011. *Provincetown: A History of Artists and Renegades in a Fishing Village*. Charleston, SC: History Press.

Lazo, Rodrigo. 2002. "Filibustering Cuba: Cecilia Valdés and Memory of Nation in the Americas." *American Literature* 74 (1): 1–30.

Linares Savio, María Teresa. 2002. "Expresiones de la cultura china en Cuba: El teatro y la música." *La Jiribilla*. http://www.lajiribilla.co.cu/2002/n75_octubre/1753_75.html.

López, Kathleen. 2008. "Afro Asian Alliances: Marriage, Godparentage, and Social Status in Late Nineteenth Century Cuba." *Afro Hispanic Review* 27 (1): 59–72.

———. 2013. *Chinese Cubans: A Transnational History*. Chapel Hill: University of North Carolina Press.

López-Calvo, Ignacio. 2008. *Imaging the Chinese in Cuban Literature and Culture*. Gainesville: University of Florida Press.

López Portilla, Miguel. 1959. *Visión de los vencidos: Relaciones indígenas de la Conquista*. Mexico City: UNAM.

Martí, José. 1968. "Nuestra América." In *Prosa y poesía*, 122–133. Buenos Aires: Kapelusz.

Martínez-San Miguel, Yolanda. 2011. "Female Sexiles? Towards an Archeology of Displacement of Sexual Minorities in the Caribbean" *Signs* 36 (4): 813–836.

Morris, Andrea Easly. 2012. *Afro-Cuban Identity in Postrevolutionary Novel and Film. Inclusion, Loss and Cultural Resistance*. Lewisburg, PA: Bucknell University Press.

Negrón-Muntaner, Frances, and Yolanda Martínez-San Miguel. 2007. "In Search of Lourdes Casal's 'Ana Velford.'" *Social Text* 92: 57–84.

Ortega, Francisco. 2008. "History of a Phantom." In *A Companion to Latin American Literature*, edited by Sara Castro Klaren, 182–196. Malden, MA: Blackwell.

Ortiz, Ricardo L. 2007. *Cultural Erotics in Cuban America*. Minneapolis: University of Minnesota Press.

Palmié, Stephan. 1995. *Slave Cultures and the Cultures of Slavery*. Knoxville: University of Tennessee Press.

Palmer, Colin. 2000. "Defining and Studying the Modern African Diaspora." *Journal of Negro History* 85 (1–2): 27–32.

Portela, Ena Lucía. 1999. *Una extraña entre las piedras*. Havana: Editorial Letras Cubanas.

Prohías, Rafael, and Lourdes Casal. 1974. *The Cuban Minority in the U.S.: Preliminary Report on Need Identification and Program Evaluation*. Boca Raton: Florida Atlantic University.

Rodríguez, Juana María. 2011. "Queer Sociality and Other Sexual Fantasies." *GLQ: A Journal of Lesbian and Gay Studies* 17 (2–3): 331–348.

Sarduy, Severo. 1993. *De dónde son los cantantes*. Madrid: Cátedra.

Sheller, Mimi. 2012. *Citizenship from Below: Erotic Agency and Caribbean Freedom*. Durham, NC: Duke University Press.

Sommer, Doris. 1991. *Foundational Fictions: The National Romances of Latin America*. Berkeley: University of California Press.

Taylor, Diana. 2003. *The Archive and the Repertoire: Performing Cultural Memory in the Americas*. Durham, NC: Duke University Press.

Trouillot, Michel Rolph. 1995. *Silencing the Past: Power and the Production of History*. Boston: Beacon Press.

Villaverde, Cirilo. 1981. *Cecilia Valdés*. Caracas: Biblioteca Ayacucho.

Wachtel, Nathan. 1971. *La vision des vaincus: Les indiennes du Pérou evant la conquete espagnole, 1530–1570*. Paris: Gallimard.

White, Hayden. 1975. *Metahistory: The Historical Imagination of Nineteenth Century Europe*. Baltimore: Johns Hopkins University Press.

Wynter, Sylvia. 1990. "Afterword: 'Beyond Miranda's Meanings: Un/silencing the 'Demonic Ground' of Caliban's 'Woman.'" In *Out of the Kumbla: Caribbean Women and Literature*, edited by Carole Boyce Davies and Elaine Savory Fido, 355–372. Trenton, NJ: Africa World Press.

Young, Elliot. 2010. "Book review: García Triana, Mauro and Eng Herrera, Pedro. (2009) *The Chinese in Cuba*, 1847–Now." *Bulletin of Latin American Research* 30 (1): 118–119.

———. 2014. *Alien Nation: Chinese Migration in the Americas from the Coolie Era through World War II*. Chapel Hill: University of North Carolina Press.

Yun, Lisa. 2008. *The Coolie Speaks: Chinese Indentured Laborers and African Slaves in Cuba*. Philadelphia: Temple University Press.

YVON GRENIER

Jesús Díaz, 1941–2002: The Unintentional Deviationist

ABSTRACT

The Cuban writer and filmmaker Jesús Díaz was a pure product of the Cuban Revolution: he benefited from it, but he was also victimized by the regime he wanted to serve. A fervent (even zealous) supporter of the Castro regime for most of his adult years in Cuba, Díaz is also remembered for his independence of mind and his propensity to test the limits of the permissible in Castro's Cuba. This article argues that Díaz's work and itinerary in Cuba illustrates a calculated desire not so much to test those limits but rather to occupy the space available and to seek recognition by the cultural and political leadership. Recognition means participation, and Díaz's itinerary illustrates how writers can continue to participate from exile in the political and cultural life of their nation.

RESUMEN

El escritor y cineasta cubano Jesús Díaz era un producto de la Revolución cubana: se benefició de ella, pero él también fue víctima del régimen que quería servir. Un ferviente (incluso fanático) partidario del régimen de Castro para la mayoría de sus años adultos en Cuba, Díaz también es recordado por su independencia de espíritu y su propensión a probar los límites de lo permisible en Cuba. En este artículo se sostiene que el trabajo y el itinerario de Díaz en Cuba ilustra no tanto un deseo calculado para poner a prueba estos límites, sino más bien, para ocupar el espacio disponible y buscar el reconocimiento por el liderazgo cultural y político. El reconocimiento significa la participación y el itinerario de Díaz ilustra cómo los escritores pueden seguir participando en la vida política y cultural de su nación desde el exilio.

> La historia de la cultura cubana en la Revolución no puede escribirse sin el compromiso y la obra múltiple y abarcadora de Jesús Díaz. Lo curioso es que sin ella tampoco es posible escribir la historia del exilio cubano.
>
> —Iván de la Nuez (1992, 42)

The Cuban writer and filmmaker Jesús Díaz was a major player on the politico-cultural scene in Havana and Madrid. He was a pure product of the Cuban Revolution: he benefited from it, but he was also victimized by the regime he wanted to serve. He left the island in 1992 and became a prominent dissident, first in Berlin and then in Madrid, at a time when scarcity and despair led many artists and (to a lesser extent) writers to leave the country en masse (Alberto 1997; Pedraza 2007). His work and itinerary are frequently discussed in the scholarship on Cuban culture and politics, though rarely in a comprehensive and systematic way (Collmann 1999b; Rojas 2006, 310–23). Díaz (2000) himself published an article and gave interviews (in Collmann 1999a; Hernández 2013) in which he tells his story. The portrait that emerges from his testimonial and from secondary sources is one of a man who was both a fervent (even zealous) supporter of the Castro regime for most of his adult years in Cuba, but also someone known for his independence of mind and his propensity to test what Lilliam Collmann (1999b), in the only in-depth monograph available on Díaz, calls the "límites de la expresión revolucionaria en Cuba." This portrait ties in neatly with a fairly common perspective in the literature on Cuba—that is, that the cultural field enjoys a precarious but unique measure of autonomy; that for all their loyalty to La Revolución, Cuban artists and writers find ways to be critical of the status quo and to push for more space "within the revolution" (e.g., Miller 2008). The case is made here that Díaz's work and itinerary in Cuba illustrates a desire not so much to test the limits of the permissible but to occupy the space available and to seek recognition by the cultural and political leadership.

Jesús Díaz was only seventeen years old when the Batista dictatorship fell. He took some classes offered by the government's newly organized Escuelas de Instrucción Revolucionaria (EIR), which enabled him to teach Marxism in the Department of Philosophy at the University of Havana. Through purges and emigration, the university had quickly been drained of its politically incorrect elements—about two-thirds of the academic staff (Artaraz 2005, 354)—and was being rebuilt to reflect the new political reality in the country. The Soviet influence was felt at the beginning (Díaz talks about the arrival of a Spanish communist in the department), but this was a time when Cuban intellectuals favored unorthodox European and Latin American Marxism over numbing Soviet "manuals" (Rojas 2009, 72).

In 1966, Díaz won the Casa de las Américas award for a collection of short stories titled *Los años duros*, a vivid rendition of episodes of the civil war following the victory of 1959. Díaz used his early celebrity as a writer to become a successful cultural leader, at a very young age, in the new Cuba. As he remembered years later: "La revolución estaba decidida a empezar de cero, y a principios de los 60 un grupo de jóvenes ignorantes fuimos cooptados para ello" (Díaz 2000, 112).

Until his rupture with the regime in 1992 and his successful reincarnation as a prominent cultural figure of the Cuban democratic opposition in Madrid, Díaz's political itinerary in Cuba can best be characterized as follows: devotion to the regime (in official language: to the Revolution) during the 1960s and ostensibly during the 1970s and 1980s as well; an inquisitorial propensity to judge and pulverize his political opponents within the cultural field, especially during the 1960s and fading afterward; a penchant for occasional dissonance vis-à-vis the most rigid and philistine communist line; and a relatively open conception of artistic freedom and intellectual debate, within the communist paradigm. Díaz was, all the way to his exile, a pure product of his time and place.

At the age of twenty-four and with a few friends and collaborators, Díaz founded and became the first editor of the cultural magazine *El Caimán Barbudo* (1966–1967 under his directorship), the monthly supplement of the communist youth daily *Juventud Rebelde*. Díaz had been in charge of the cultural pages of this newspaper since 1965. After seventeen issues under his directorship (the last in August 1967), he and his collaborators were removed from their positions—according to Díaz, for breach of political orthodoxy. A review of the material published under Díaz's directorship reveals a robust devotion to the regime's master narrative (the never-ending revolution, its identification with Fidel Castro) and a desire to explore what undogmatic Marxism (officially the kind of Marxism embraced by the regime) has to offer to the discussion on the meaning and implications of the Cuban Revolution (Martínez Pérez 2006).

Díaz (2000, 107) talks about a "coyuntura particularmente paradójica" in the island: "No había libertad de prensa en Cuba, pero La Habana era el meridiano cultural de Hispanoamérica." For him "la política no había invadido aún plenamente los terrenos de la creación artística y literaria y no lo haría hasta dos años después, a raíz del premio UNEAC al poemario *Fuera del juego*, de Heberto Padilla, y a la obra teatral *Los siete contra Tebas*, de Antón Arrufat" (Díaz 2000, 106–107). Alejo Carpentier published *El siglo de las luces* (1962) and José Lezama Lima, *Paradiso* (1966), perhaps the two most famous novels published in modern Cuba. Díaz (2000, 107) points out that both were vice presidents of the Unión de Escritores y Artistas de Cuba (UNEAC), "a la sazón presidida por Nicolás Guillén, otro grande de nuestras letras." Apparently, the complete erosion of liberties did not overly concern Díaz, as long as the cultural field was *freer* of interference.

Díaz (2000, 107) remembers that *El Caimán Barbudo* enjoyed a certain "margen, estrechísimo, es cierto, para que se produjeran disfunciones y sorpresas." This was a privilege, according to him, because of his excellent relations with the bosses of the Unión de Jóvenes Comunistas (UJC) his friends Miguel Rodríguez Varela and Jaime Crombet. That narrow room for maneuver was used in issue number 15 (June 1967) to publish Heberto Padilla's mordant criticism of Lisandro Otero's new novel *Pasión de Urbino* (Díaz 1967). That novel was considered for the Spanish Biblioteca Breve award at the time, but another Cuban novel won: *Tres tristes tigres*, by the former editor in chief of *Lunes de Revolución* (terminated in 1961),[1] Guillermo Cabrera Infante. In that short but extraordinary article, Padilla (1967, 12) pours scorn on *Pasión de Urbino* ("un salto a la banalidad") and its "bureaucratic" author (Otero was vice president of the Cultural Council at the time) and praises *Tres tristes tigres* ("una de las novelas más brillantes, más ingeniosas y más profundamente cubanas que hayan sido escritas alguna vez"). There can be no doubt that it was audacious to publish such blistering attack against Otero in a Cuban publication, even if *la redacción* (chiefly Díaz, with Victor Casaus, Luis Rogelio Nogueras, and Guillermo Rodriguez Rivera, who at the time were students in letters and arts at the University of Havana) refuted Padilla on the same page. The debate continued under the *El Caimán Barbudo*'s new administration (issue 18, March 1968), starting with a longer and thoughtful rejoinder by Padilla (1968, 3–5). Díaz and his colleagues "de la redacción saliente" replied again, in a subsequent issue (21, June 1968), under the new editorial team, with a text titled "El yogi y el comisario" (Díaz 1968). In it, Díaz and his coauthors continue to inveigh Padilla and Cabrera Infante: the first is accused of being "dishonest" and the second of living abroad and flirting with the counterrevolution.

Díaz affirms that under his directorship *El Caimán Barbudo* was "autonomous" and for this reason "hostilizados permanentemente por la dirección de la UJC." He insists that his team never accepted censorship (Díaz, 2000: 109). Without the personal support of key individuals in the UJC, he recalls, his administration would have been terminated much earlier (Díaz 2000, 109). He wrote in 2000: "No quiero decir que *El Caimán Barbudo* en su primer período haya sido una publicación disidente. No lo fue en absoluto. Pero sí fue una publicación disonante" (Díaz 2000, 111). How dissonant? Díaz mentions seven examples of dissonance (of seventeen issues): five cases of youthful insouciance in style (Díaz, in his midtwenties, was the oldest member of the team) with two more substantial ones: Padilla's two articles (in fact only one was published under Díaz's directorship) (Díaz 2000, 110–111). The only truly dissonant note in Díaz's *El Caimán Barbudo* was Padilla's very short notice, published (audaciously) but disapproved in a longer rebuttal by Díaz's editorial team.

Pensamiento Crítico

The other major journal in which Díaz was directly involved in a leadership position was *Pensamiento Crítico* (issues 1–53, February 1967–June 1971). *Pensamiento Crítico* (motto: *pensar con cabeza propia*) was produced by a handful of young intellectuals in and around the Department of Philosophy of the University of Habana. It was directed by Fernando Martínez Heredia, also director of that department between 1966 and 1969. Up to fifty-three issues were published in forty-nine volumes (double issues: 2–3, 18–19, 34–35, 49–50). The editorial board comprised social scientists and amateur philosophers.

They were interested chiefly in examining the various trends in the Marxist, Leninist, and national-revolutionary repertoires, all of which "from the point of view of the Third World" (Editorial 1967, 1). Díaz points out that *Pensamiento Crítico* was an "autonomous" journal, in the sense that it was never an official organ of the Communist Party of Cuba, as many observers (especially in communist countries) wrongly assumed. It is also true that it identified with the "new left" and dispensed with wooden "Soviet" interpretations of Marxism.

In the summer of 1971 *Pensamiento Crítico* and the entire Department of Philosophy of the University of Habana were shut down by the politburo of the Communist Party; according to Díaz, for "diversionismo ideológico." Even the building where it had its offices (K and 27th Street in Havana) was destroyed. For Díaz (2000, 111), "La clausura de *Pensamiento Crítico* fue más trascendente y grave que el fin de la primera época de *El Caimán Barbudo*."

Díaz (2000, 113) explains that the "inexplicable impunidad" *Pensamiento Crítico* seemed to enjoy for a while was probably due to the new turn of orthodoxy of *La Revolución* around the time of the "Revolutionary Offensive," veering slightly away from a strict Soviet observance. It was conceivably difficult to determine where was the line not to be crossed since Cuba was not exactly becoming hostile to the Soviet Union. After the failure of the "ten million tons" harvest in 1970, the Soviet accepted to increase its support to Cuba, but according to Díaz, at a price: both *Pensamiento Crítico* and the whole Department of Philosophy of the University of Havana had to go (Díaz 2000, 116–17).

Pensamiento Crítico was a more substantial publication than *El Caimán Barbudo*. It offered to its readers texts signed by Marxist as well as non-Marxist authors discussed by leftists at the time: Claude Lévi-Strauss, Roland Barthes, Oscar Lewis, Gregorio Selser. The most frequent signature was André Gunder Frank. This was a time when the Cuban government was openly courting anti-imperialist and leftist forces worldwide and for Artaraz (2005, 356), "it was mainly through the journal *Pensamiento Crítico* that this objective was pursued after 1967." The Imprenta Nacional released one hundred thousand copies of *Don Quijote*, and much of the classics of national and Western literature (Proust, Kafka, Tolstoy, Dos Passos) (Rojas 2009, 10). In Cuba as in other communist countries, the political leadership needed to fulfill the promise of bringing highbrow culture to the masses (Goldfarb 1978). During relatively "liberal" times, classics were seen (perhaps wrongly) as relatively safe for the established order. If *Pensamiento Crítico* could be considered "heretical" (Artaraz 2005, 355), it was only in comparison to the orthodox Soviet model, against which it was competing within the cultural field. For a few years, it was in sync with the dominant cultural and political trend in Cuba.

Díaz wrote a grand total of one (very long) article in *Pensamiento Crítico*. "El marxismo de Lenin" was presented as a chapter from a forthcoming book. According to a witness who was in and around the University of Havana and

Pensamiento Crítico at the time, Ana Faya (2011), this book, which is not listed in any of the biographical notices on Díaz, was actually published: "its publication coincided with the shut down of the department of philosophy and all the books were burnt (literally). Some of us managed to rescue a few copies and hid them in our homes" (personal communication, April 26, 2013). Díaz talks about Lenin's bold approach in the face of daunting challenges, like the collapse of production in Russia, famines, corruption, and bureaucratic paralysis. For him Lenin was a visionary leader who understood better than anybody the need to properly handle the revolts of "nationalities" and the nature of the anticolonial and anti-imperialist struggle. Lenin also called for an "ofensiva cultural contra la burocracia." Díaz (1970, 13) waxes eloquent about the party's "depuración" between 1921 and 1922. But most important, for Díaz, Lenin responded to the economic crisis with the New Economic Policy (NEP), basically reintroducing some market mechanism in the countryside to release productivity. Lenin understood the importance of material incentives directed at individuals (Díaz 1970, 29). This text could be interpreted as a veiled criticism of several trends at the time in Cuba (the text was written in 1969), like the attempt to eradicate the last vestige of private enterprise and material incentives. It was a counterpoint to the most dogmatic views within the Communist Party and the army's Dirección Política, but it was still well within official parameters (see Collmann 1999a, 1999b; Burgos 2002, 59–60). In sum, if *Pensamiento Crítico* was an intellectually refreshing alternative to some of the other publications available in Cuba at the time, *critical* it was not, or not very much.

Overall, Díaz wrote very few essays either in Cuba or in exile, even in the journals and magazines he edited. In *El Caimán Barbudo* he published an article in June 1967 (issue 15) in which he laments the absence of a "genuine popular theater" in Cuba, and two articles castigating Heberto Padilla and Guillermo Cabrera Infante. In an interview with Mariano Rodríguez Herrera published in *Casa de las Américas* in March 1966, Díaz refuses to support realist socialism or even the idea of a Marxist aesthetic. In his answers to pressing questions on the influence of Marxist philosophy on his literary work, Díaz is ardently supportive of the Cuban Revolution, Fidel, and Che, but he remains evasive on the key issue of the logic of artistic creation and the autonomy of the artist. When he writes fiction, he explains, he tries to "escape from" philosophy, though he also says that everybody has a philosophical position, knowingly or not (in Rodríguez Herrera 1966). In July 1966 the magazine *Bohemia* published the responses of established and rising Cuban writers and intellectuals, including the young Díaz, to a series of questions on literature and politics in the new Cuba. Díaz's answers boiled down to this: artists and writers must embrace La Revolución while preserving high artistic and literary standards. For him, "la propaganda política puede y debe servirse de algunas formas artísticas, esto es lícito y necesario, pero confundir la propaganda con el arte, o reducir la función del arte revolucionario a la de cartel, es inaceptable" (Díaz 1966).

In "Para una cultura militante," Díaz (1966, 35–38) discusses Che's view on the "original sin" of "many intellectuals and artists'" in Cuba, such as the idea that they did not join the armed struggle against Batista (Guevara 1968, 94). Díaz didn't join either, but he does not disagree with Guevara. In a text written with Juan Valdés Paz and first published in *Casa de las Américas* in 1970, he reiterates the view that "la vanguardia cultural cubana . . . no estuvo a la altura de las exigencias en el proceso de lucha contra la tiranía batistiana" (Díaz and Valdés Paz 1971, 67). In fact, his list of "sinners" is longer. For him, "en el proceso insurreccional no fueron sólo los intelectuales quienes no participaron. Que después de la Revolución ha habido entre ellos diferentes muy diferentes actitudes. Y que si está el que se exiló, está también el que peleó en Girón; si está el homosexual pervertido y exhibicionista, está también la persona que cumple con sus obligaciones sociales y revolucionarias; si está el que sigue en su 'limbo' al margen de los acontecimientos, está el que ha adecuado su voz y su obra a la voz y la obra de la Revolución" (Díaz 1966, 37).

Perhaps his best-known polemic during that period took place in the spring and summer of 1966. It concerned the literary group associated with the publishing house and magazine *El Puente* (Mario 2000; Miskulin 2003; Simo 2006). In the April–May issue of *La Gaceta de Cuba* (issue 50, 1966) Díaz attacked the group El Puente as "actitudes liberaloides" and "empollada por la fracción más disoluta y negativa de la generación actuante" (Mario 2000, 95). Díaz led the charge against the group for being insufficiently committed to radical politics.[2] In a rejoinder to a response by *El Puente*'s coeditor (Ana María Simo), Díaz calls (2006) her "disoluta" and uses the word *disoluto* to describe her, the visiting US poet Allen Ginsberg, and the founder of the magazine *El Puente*, José Mario Rodríguez—all three homosexuals. Mario was sent to a labor camp, the Unidades Militares de Ayuda a la Producción (UMAP), in the province of Camagüey; others were arrested (René Ariza, Manuel Ballagas), and Ana María Simo ended up in a psychiatric ward for lesbianism. But two other *parametrados*, or members of the group, Nancy Morejón and Miguel Barnet, were rehabilitated years later and in fact became official cultural spokespersons of the regime (Guerra 2012, 232; Howe 2004, 38–39; Ponte 2006).

In sum, the political leadership liquidated both *El Caimán Barbudo* and *Pensamiento Crítico* because they lost the battle for recognition within the cultural field at that particular time, not because of fundamental political deviation from the master narrative or because its contributors consciously sought to challenge the rules of the game. Like so many writers and artists of his generation (e.g., Antón Arrufat, Miguel Barnet, Eduardo Heras León, César López, Nancy Morejón, among others), Díaz was censured (twice) by the regime but remained loyal to La Revolución, arguably in the hope of being vindicated and rehabilitated in the future.

From Rehabilitation to Exile (1971–1992)

From exile Díaz (1998, 102) wrote that after what he calls "nuestra tentativa de reflexión crítica en la revista *Pensamiento Crítico*," his "generation" (of artists, writers, and intellectuals) "ha sido, por fuerza, una generación de silencio." In 1971 he was sent to the countryside to work in a sugar mill, an unpleasant experience he describes in his novel *Las iniciales de la tierra*. He became ill and depressed. But he recovered when the director of the Instituto Cubano de Arte e Industria Cinematográficos (ICAIC), Alfredo Guevara (who was a close friend of Fidel Castro since before the Revolution), offered him employment and some protection. Significantly, as the country was entering what many observers consider as the most repressive period of cultural policy in Cuba (the so-called Quinquenio Gris or "five gray years," from 1971 to 1976), Díaz joined the Communist Party and assumed a leadership position within the ICAIC. For the second time in his young career as a public intellectual in Cuba, Díaz joined the long cohort of writers and artists in process of rehabilitation.

The history of Cuban cinema since 1959 is a good illustration of what happened in the cultural field more generally. Fidel Castro understood right away the importance of cinema and documentaries for political socialization. The law that created the ICAIC recognized that cinema "constituye, por virtud de sus características, un instrumento de opinión y formación de la conciencia individual y colectiva" ("Acuerdo" 1961). After 1958, the sheer number of films and documentaries produced in Cuba augmented exponentially, but within strict political parameters. Succinctly, La Revolución became the number-one actor in Cuba. For Michael Chanan (2004, 362), a specialist of Cuban cinema and a champion of ICAIC and its mission, the institute "welcomed independent minded artists and intellectuals, . . . figures like the writer Jesús Díaz and gave them the benefit of sharing a collective identity based on the combination of political engagement and artistic freedom." Asked how he explains that he was censured as a writer for fourteen years but was allowed to produce films, Díaz talks about some "fissures" in the system and mentions the influence and protection of two cultural apparatchiks: Haydée Santamaría in Casa de las Américas, and Alfredo Guevara of the ICAIC. The space he was granted was very narrow: "Alfredo me dice claramente que yo estoy 'quemado,' que apenas lo que me ofrecen ahí es un cobijo" (Collmann 1999a, 160). Remarkably, without any training or experience in filmmaking, he became a successful director of films and documentaries in less than a decade after the coup against *Pensamiento Crítico*.

Díaz realized a few short documentaries abroad (in Nigeria, Benin, and

Guyana) and started contributing in various ways to the production of films and documentaries in Cuba. Most significant, he was one of the contributing writers (with Aldo Busto Hernández, Luis Felipe Calvo Bolaños, and Eduardo del Llano) in Daniel Díaz Torres magical-realist masterpiece *Alicia en el pueblo de Maravillas* (1991). He produced the important documentary *55 hermanos* (1978) and two full-length films of his own: *Polvo rojo* (1981) and *Lejanía* (1985). He also contributed occasionally to the ICAIC's magazine *Cine Cubano*.

By the standards of what is considered politically daring in Cuban cinema (think of the works of Daniel Díaz Torres, Humberto Solás, or Tomás Gutiérrez Alea, for instance), Díaz's films are moderately audacious in content, if not in form. Perhaps his most memorable contributions were *55 hermanos* (silver medal at the International Leipzig Festival for Documentary and Animated Film in 1978), as well as *Polvo rojo* and *Lejanía*. As he recalls: "Si logro romper ese celofán dentro del cine fue gracias a *55 hermanos*" (Díaz 1999, 162–163). The documentary, significantly titled *55 hermanos*, covers the first visit to the island of fifty-five US citizens whose Cuban American parents had sought exile in Miami during the 1960s. The camera follows the *hermanos* as they meet family members and former neighbors. The documentary features abundant *teque* by Cuban officials, including Fidel Castro, and the narrative effortlessly espouses the official line. And yet, as film critic Pablo Paranagua (2002, 31) wrote, this was a time when *dialogue* and *reconciliation* were dirty words in both Havana and Miami: "La apuesta de Jesús Díaz . . . fue la de que podía darle caras y vivencias a esta problemática en un documental del ICAIC, cuando ello era imposible en cualquier otro foco audiovisual de la isla."

In *Polvo rojo*, a US-owned nickel plant in the city of Moa is taken over by the people, and American managers are forced to leave. For the first time, Cuban employees need to figure out quickly how to manage the plant by themselves. One engineer, a Cuban, somewhat begrudgingly decides to stay and help, driven by his hatred for his foreign bosses. Against all odds, the plant reopens, and the crowd shouts "¡Viva la Revolución!" and "¡Viva Fidel!" A common theme in Díaz's work, however, finds its way in the plot: one family is divided by the local triumph of La Revolución. The emotionally unstable wife of one of the "good" Cubans abandons her husband and her child to leave Cuba with her pro-American lover. The sorrowful scene with the departing wife, who is clearly upset to leave her child behind, doubtlessly resonated with many Cubans. The departure of the managerial staff and other counterrevolutionaries is greeted by the crowd with shouting of "¡Qué se vayan!," a scene that evokes the fresh memories of the *actos de repudio* during the Mariel exodus. Paranagua (2002) contends that in this movie, Díaz is in fact reproving the impetuosity of the Cuban people and the lack of practical knowledge and preparation of its leaders.

In *Lejanía* Díaz takes another look at the same problem: the relations between Cubans of the island and the diaspora.[3] A Cuban American mother returns to the island to visit the son she abandoned many years ago when she moved to the United States. She is a shallow and racist bourgeois parvenu who always thinks about her own individual interest first and foremost—indeed, to the point of abandoning her own son. She is accompanied by her niece, who also left Cuba but as a child. The son, now a young man, finds her visit disconcerting, but he gets along well with his cousin. The message here is fairly clear: good relations with the exile is possible, preferably if his or her exile was not deliberate. The son remains polite, respectful, and moderately affectionate toward his mother. Unlike his entourage, he affects disinterest for all the glittery consumer goods she brings as gifts from the United States. The message is possibly provocative: some Cubans (though not the main character) are spellbound by American consumerist culture. According to David Craven (2006, 86–87), "A small but powerful sector of the Communist Party sought to prevent the film's release because of the way it admitted venality among some party members, while also casually conceding that consumer goods still unattainable by the average Cuban were readily available to Cuban exiles in the U.S."

While Díaz had some success in the film industry, he was first and foremost a writer. Elizabeth Burgos (2002, 53) wrote about Díaz, "Si se leen como deben leerse tus libros, extrayéndoles lo que ellos 'significan,' en los tres primeros, escritos antes de tu ruptura con el régimen, se encuentran contenidas todas las interrogantes y las dudas que te agobiaban y dejaban presagiar el conflicto y el desenlace de la ruptura." His most ambitious work of fiction published in Cuba is a long novel titled *Las iniciales de la tierra*, translated into English, French, German, Swedish, and Greek. The history of the publication of this book is itself exemplary of how books get published (or not) in Cuba. He wrote a first version (titled "Biografía política") between 1971 and 1973, which was rejected for publication by the Dirección Ideológica of the Communist Party, an act of censorship according to Díaz. A second version was finally published fourteen years later, in 1987. According to Rafael Rojas (2006, 317), who knew Díaz well, intellectuals close to Díaz's *Caimán Barbudo* and to *Pensamiento Crítico* created pressure to allow the publication of the novel. In an interview published in 1999 Díaz explains that he sent the manuscript "al premio literario que convocó ese año el Ministerio de las Fuerzas Armadas, y recuerdo que en el jurado estaba José Antonio Portuondo, que ya murió. Me habló muy bien de la novela. Pero me dijo que los otros dos jurados la habían rechazado de plano, por razones ideológicas" (156). Encouraged by Portuondo, he then sent the manuscript to a competition organized by the Casa de las Américas in 1973. He was asked to withdraw his manuscript from the competition, without explanation. Twelve years later, the minister of culture Armando Hart asked ICAIC's president Alfredo Guevara to read the manuscript to see if it could be published. At the end of that year he was authorized to publish the novel, at which point he decided to do a substantial rewriting. It was first published in 1987 in Spain, by Editorial Alfaguara and soon afterward in Cuba.

Díaz (1999, 162) confirmed that he identifies with the main protagonist in *Las iniciales*, Carlos Pérez Cifredo. Pérez Cifredo's family is torn apart by the Cuban Revolution: his father and brother choose the side of the counter-revolution, while his mother adjusts to the new reality. Similarly, Díaz's father seriously considered accepting a position in the pharmaceutical industry in the United States, but finally decided to stay, unlike many members of his family (personal communication with Díaz's son, Pablo Díaz Espí, January 7, 2013). Pérez Cifredo wants to serve La Revolución, but he doesn't always know how and he struggles to find his true self in the midst of torrential historical events. The novel opens as he fills out a questionnaire for readmission to the Cuban Communist Party and closes with Carlos standing before a panel of party members charged with assessing his merit to be nominated as an "exemplary worker." The all-too-human Carlos goes through life matching the epochal stages of the revolution with his own bouts of dogmatic fervor, "rectifying" his own mistakes as best as he can along the way. The novel is open ended (the panel's final decision is left to the reader's imagination) and can be read as a critique of some aspects of political development in Cuba. For the French literary critic Françoise Barthélémy (1987, 34), it was the first time that a Cuban writer was allowed to be critical of the Revolution in Cuba.

Las iniciales never challenges the regime's master narrative, but one can see how the novel was "dissonant." It is dotted with illustrations of how ideological fervor and government impetuosity can lead to *individual* mistakes. In an interview realized in 1988 but published only recently, Díaz says: "Yo solo pretendía salvar ciertas memorias, ciertas angustias, ciertas tensiones. Luego de escrita la novela, me he dado cuenta de que ella es una reflexión sobre la intolerancia, sobre ese hábito permanente de juzgar a los demás que se nos fue pegando, esa paranoia quizás necesaria producida por cierto estado de la lucha de clases" (in Hernández 2013, 23).

Díaz was never told why the novel was censured for fourteen years. When he asked he was told: "If you want your novel to be published, never repeat that question" (Maspéro 1998b). More than a decade later, when Díaz was in exile, the very orthodox Cuban cultural magazine *La Jiribilla* sarcastically pointed out that "su presentación en 1987 fue un sonado éxito. J.D. se prodigó en entrevistas. Sólo entre 1987 y 1989 los asientos documentales de la Biblioteca Nacional registran 28 notas, artículos, reseñas y comentarios sobre la novela en 20 publicaciones del país. Claro, estas verdades no convienen a la leyenda de un escritor 'marginado' y 'obligado al silencio.' Con un expediente de colaboración y de éxitos en la Cuba de Castro, nadie puede presentarse como el Kundera o el Solzhenitsin cubano" (De la Hoz 2001).

Exile Malgré *Lui*: The Reinvention of Jesús Díaz (1992–2002)

Díaz left for Berlin in February 1991, on a one-year grant as "artist in residence," offered by the German Academic Exchange Service. He never saw Cuba again. In December, the Soviet Union collapsed without much resistance, an event for which the government of Cuba was curiously ill prepared. The country had already entered the so-called Special Period in Time of Peace, officially announced in *Granma* on August 29, 1989. The 1990s were a period of great hardship and scarcity for most Cubans, including writers and artists (Howe 2004). Many prominent writers and intellectuals left the island at that time; for instance, Manuel Moreno Fraginals, Manuel Díaz Martínez, Eliseo Alberto, Iván de la Nuez, and Zoé Valdés (Rojas 2006, 30), although Díaz left with the intention of returning to Cuba.

There can be no doubt that the decision to leave one's country, perhaps forever, is a difficult one to make. According to Rosenberg Weinreb (2009, 132), it is typically the culmination of a long and complex process of what she calls "progressive revelation." Díaz's "revelation" was indeed progressive. In retrospect and from exile, Díaz identified moments going back to the late 1960s when his political faith was put to the test: for example, the death of Che, Fidel's support of the Soviet intervention in Czechoslovakia, the disastrous ten-million-ton campaign of 1970, the closure of *Pensamiento Crítico*, and the Ochoa trial in 1989. At the end of the 1980s and then in exile, he confessed to friends that he could not contemplate leaving his family behind and doubted his capability of adaptation to a foreign country and culture at the autumn of his life (Díaz 1998; Burgos 2002, 56–57). For all his artistic and sometimes political acts of dissonance, Díaz was an official intellectual in Cuba and "living in truth," to use Václav Havel's expression, was a hard and costly option.

Díaz's rupture with the *fidelista* state came as a result of a public speech he gave in Switzerland on February 2, 1992. He was participating in a roundtable organized by a left-leaning Swiss publication (*Woken Zeitung*). Somewhat unexpectedly the event turned into a debate on Cuba between Díaz and Uruguayan essayist Eduardo Galeano (Simmen 2002, 67). The organizers may have seen it coming: months before Díaz had given an interview to *Der Spiegel* (issue 41 of 1991), in which he presented as "tragic" the alternative "Castro or Washington." Several weeks later, his text *Los anillos de la serpiente* (The snake's rings) was printed in the Spanish daily *El País* (March 12) and reproduced in several newspapers in other countries as well. It was even published in the UNEAC's *La Gaceta de Cuba*, followed by a blistering rebuttal by one of Díaz's old collaborators (in *El Caimán Barbudo* and *Pensamiento Crítico*), Fernando Martínez Heredia. Then came an "unofficial" letter of condemnation by Minister of Culture Armando Hart, in which Díaz was called a traitor who deserves nothing less than the death penalty. The letter, which circulated in

Cuba, was never formally sent to Díaz. For his "treason" Díaz was expulsed from the communist party and the UNEAC. That letter made Díaz a Cuban exile. As Díaz put it: "No me quedé. Me dejaron, detalle no mínimo, creo yo" (in Collmann 1999a, 164).

In his text Díaz condemns the "criminal" US "blockade," but he also condemns tourism "apartheid" on the island and calls "criminal" the official slogan "Socialism or Death." Last but not least, he calls for an end to the "blockade" *in exchange* for the convocation of a plebiscite in the island on the political future of the country. This was (and still is) taboo in Cuba, and it squarely put him *fuera del juego*. A few years later, during a conference on Cuba organized by the Olof Palme International Center in Sweden, he dropped the demand for an end to the "blockade" as a condition to trigger a process of democratization in the island (Díaz 1994). Díaz said he knew that the Cuban government wouldn't like his talk, "pero yo no creía que la respuesta iba a ser la carta de Armando Hart. Eso no me lo imaginaba" (in Collmann 1999a, 151–152). Again, in retrospect, he said, "En esa época, 1991, 1992, yo creía que había un margen mayor dentro de la isla que el que realmente existía." In a letter to Miguel Rivero, he wrote: "No vine decidido a quedarme. Es más, si hubiera una mínima posibilidad de debate en Cuba habría regresado. Intenté abrir ese espacio con 'Los anillos de la serpiente,' que conoces. Sin embargo, Galeano, Hart y en última instancia el gobierno cubano se interpusieron en mi camino. Después de la carta del Ministro quedé colgado, volver era hacerlo a la cárcel y te confieso que no tuve valor. Muchas veces me reprocho el no estar preso en Cuba y me deprimo" (Díaz 2002a).

In 1992 Díaz moved to Madrid, where he invested his extraordinary talent and energy in a new cause: democratization in Cuba and reconciliation of the Cuban nation.[4] From a "consenter" he became a "dissenter," to use Silvia Pedraza's (2007, 16–18) terminology. In other words, the former *fidelista* firebrand continued to be fully engaged but in the other camp, where he was sometimes met with rancor.[5]

In 1992 Díaz moved to Madrid where he founded, in 1996, probably the most important Cuban émigré journal: *Encuentro de la Cultura Cubana* (1996–2009). The journal (and the digital version *Encuentro en la Red* created in 2000) features a cultural and political focus and the dominant perspectives are liberal and social democrat. Though it was conceived as an independent organization, with link to "ningún partido u organización política de Cuba o del exilio," the journal was financed primarily by the Ford Foundation, the National Endowment for Democracy, and foundations of the Spanish government.[6] The goal of the *Encuentro* project was to provide an "open space" for debate, dialogue, and perhaps reconciliation between Cubans of the diaspora and Cubans from the island, though not the Cuban government ("Presentación" 1996, 3). In an interview, Cuban writer and director of *Encuentro* for years, Antonio José Ponte (now codirector, with Jesús Díaz's son, of the digital publication *Diario de Cuba*), characterized the relations between exile and islanders as "diálogo sin fraternidad" (personal communication, June 26, 2009). Without fraternity, constructive dialogue has proved elusive. But as literary critic Roberto González Echevarría (2002, 107), a frequent contributor to *Encuentro*, wrote: "Estoy convencido de que Jesús quería que *Encuentro* fuera lo más amplia posible en sus inclusiones. Los escritores residentes en Cuba que no publicaron en ella no lo hicieron por decisión propia. Cuando le propuse a mi querido amigo Miguel Barnet que fuera él quien me hiciera las preguntas para una entrevista mía que Jesús iba a publicar, se negó. Jesús no tenía la más mínima objeción a publicar a Barnet en Encuentro, y yo quería instigar el diálogo y la contaminación. Pero no fue posible."

Díaz and his team tried to connect with Cubans in the island, where the journal could be distributed only clandestinely (Alcides 2002). According to Annabelle Rodríguez García, a Cuban-born resident of Madrid who was de facto executive director of *Encuentro* for years, the copies were passed on between a fairly large network of individuals, through friendly embassies and church networks (personal communication, July 11, 2012; see also Alcides 2002). Anecdotal evidence suggests that the journal was fairly well known in Cuba and probably contributed to stimulating discussions about sensitive public issues in the island. *Encuentro*'s distinctive goal to unite the Cuban nation in a sort of transnational cultural and political republic spoke to Díaz's patriotism and idealism. It also illustrates how writers can continue to participate, if clandestinely, in the political and cultural life of their nation, as Díaz (and José Martí, to name the most illustrious) did from exile.

Conclusion

It is hardly surprising that for more than three decades a Cuban intellectual such as Díaz tried to fit in and refrain from questioning the regime's master narrative. The mission of the intellectual in Cuba is to support the socialist project, not (as in the rest of Latin America) to criticize the government (Fernández Retamar 1969). And yet, it seems that Díaz's itinerary can be seen as a measure of what could be said and couldn't be said for three decades in Cuba. What is fascinating is how a savvy cultural figure like Díaz could unwittingly cross the line of the permissible again and again. This is indicative of three interlocked features of cultural policy in Cuba, which would deserve further investigation: the elusiveness of the parameters within which expression is allowed or tolerated, the capacity of the politico-cultural field to rehabilitate some of its lost sheep, and the writers and artists' enduring quest for recognition by the cultural and political leadership in the island.[7]

NOTES

I would like to thank the anonymous *CS* reviewers, as well as the following colleagues for their help and comments: Elizabeth Burgos, Jean Daudelin, Ana Faya, Ted Henken, Silvia Pedraza, Annabelle Rodríguez García, Rafael Rojas, and Maarten Van Delden. I am grateful to Rosa María Ortiz of the Cuban Heritage Collection (University of Miami), and to the University Council for Research of St. Francis Xavier University for its support.

1. *Lunes de Revolución* was the literary supplement of the daily *Revolución* (1959–1965), the official newspaper of the 26th of July Movement, directed by Carlos Franqui. The "*Lunes* affair" is well known and is not immediately relevant for this particular article (Díaz never wrote in its pages), except to say that the end of *Lunes* (and the heterodox radical socialist tendency it represented) meant that by the time Díaz became a significant player, the cultural institutions were firmly in the hands of orthodox communists.

2. Many years later, Díaz (2000, 108) wrote: "Era en cierto sentido lógico que chocáramos por motivos de autoafirmación y celos literarios. No obstante, recuerdo con desagrado mi participación en aquella polémica, que tuvo lugar en *La Gaceta* de la UNEAC. No porque haya sido más o menos agresivo con otros escritores, sino porque en mi requisitoria mezclé política y literatura e hice mal en ello; lo reconozco y pido excusas a Ana María Simo y a los otros autores que pudieron haberse sentido agraviados por mí en aquel entonces."

3. Díaz evokes his experience as director of *Lejanía* in the first novel he wrote in exile, *La piel y la máscara*.

4. Díaz published five novels in exile: *Las palabras perdidas* (1992) *La piel y la máscara* (1996), *Dime algo sobre Cuba* (1998), *Siberiana* (2000), and *Las cuatro fugas de Manuel* (2002), the latter of which was published for the first time in Madrid in 2002 but was written in Cuba. The first was written in Cuba. All these novels are somewhat biographical and literally "say something" about Cuba.

5. See, for instance, the criticism of Díaz by exiled Cuban writer Zoé Valdés (2012) and the response by Díaz's son, Pablo Díaz Espí (2012). Valdés was arguably returning Jesús Díaz's favor, for he (some would say gratuitously) savaged Valdés in writing while in exile.

6. It was too tempting for some observers to compare *Encuentro* to *Encounter* (1953–1991), the Anglo-American cultural magazine of center-left persuasion covertly sponsored by the CIA (see, e.g., Mudrovcic 2009).

7. For a useful conceptual distinction between primary and secondary parameters, see Grenier (2013). Geoffray (2015, 14, 26) also talks about "discursive boundaries" (the limits of what is tolerated) in the context of "emergence of a more plural and connected public arena."

REFERENCES

"Acuerdo del ICAIC sobre la prohibición del film P.M., 31 May 1961" (blog), http://manuelzayas.wordpress.com/actas-de-censura-de-pm/.

Alberto, Eliseo. 1997. *Informe contra mi mismo*. Madrid: Alfaguara.

Alcides, Rafael. 2002. "Trueques en La Habana." *Encuentro en la Red*, February 15.

Artaraz, Kepa. 2005. "*El ejercicio de pensar*: The Rise and Fall of *Pensamiento Crítico*." *Bulletin of Latin American Research* 24 (3): 348–366.

Barthélémy, Françoise. 1987. "Rêver d'être un héros." *Le Monde Diplomatique*, no. 404, 34.

Burgos, Elizabeth. 2002. "La carta que nunca te envié." *Encuentro de la Cultura Cubana* 25 (Summer): 51–61.

Chanan, Michael. 2004. *Cuban Cinema*. Minneapolis: University of Minnesota Press.

Collmann, Lilliam Oliva. 1999a. "Entrevista con Jesús Díaz." *Cuban Studies* 1 (29): 155–175.

———. 1999b. *Jesús Díaz, el ejercicio de los límites de la expresión revolucionaria en Cuba*. New York: Peter Lang.

Craven, David. 2006. *Art and Revolution in Latin America, 1910–1990*. New Haven, CT: Yale University Press.

De la Hoz, Pedro. 2001. *La Saga/Fuga de J.D.* (I). *La Jiribilla* (La Havana, Cuba). http://www.lajiribilla.cubaweb.cu/paraimprimir/nro1/019_imp.html.

De la Nuez, Iván. 1992. "El intelectual, el corazón y la piel." *Encuentro de la Cultura Cubana* 25 (Summer): 39–41.

Díaz, Jesús. 1966. "Para una cultura militante." *Bohemia* 37 (September 16): 35–38.

———. 1967. "Sobre *Pasión de Urbino*: Tres generaciones opinan." *El Caimán Barbudo* 15 (June): 12–14.

———. 1968. ¿El yogi y el comisario?" *El Caimán Barbudo* 21 (June): 1–5.

———. 1970. "El marxismo de Lenin." *Pensamiento Crítico* 38: 6–59.

———. 1992. "Cuba, los anillos de la serpiente." *El País*, March 12.

———. 1994. "Dieciséis notas sobre el desequilibrio cubano." In *Bipolaridad de la cultura cubana*, 76–84. Stockholm: Centro International Olof Palme, 1994.

———. 1998. Interview with Jesús Díaz with François Maspéro. *Le Monde*, May 29. Reproduced in *Encuentro de la Cultura Cubana*, 10 (Fall).

———. 2000. "El fin de otra ilusión: A propósito de la quiebra de *El Caimán Barbudo* y la clausura de *Pensamiento Crítico*." *Encuentro de la Cultura Cubana* 16–17 (Spring–Summer): 106–119.

———. 2002a. "Correspondencia especial" [with Miguel Rivero]. *Encuentro de la Cultura Cubana* 25 (Summer).

———. 2002b. *Les initiales de la terre*. Translated from Spanish by Jean-Marie Saint-Lu. Paris: Métailié.

———. 2006. "Respuesta a Ana María Simo." Originally published in *La Gaceta de Cuba* 52 (August–September 1966). Reproduced in *Polémicas culturales de los 60*, edited and with an introduction by Graziella Pogolotti, 383–390. Havana: Editoriales Cubanas.

Díaz, Jesús, and Juan Valdés-Paz. 1971. "Vanguardia, tradición y subdesarrollo." In *Literatura y arte nuevo en Cuba*, edited by Mario Benedetti et al., 65–89. Barcelona: Editorial Estela.

Díaz Espí, Pablo. 2012. "Tres pasados, un presente." *Diario de Cuba*, January 13. http://www.diariodecuba.com/opinion/9076-tres-pasados-un-presente.

Faya, Ana Julia. 2011. "Un testimonio de acosos y demonizaciones." In *El otro paredón: Asesinatos de la reputación en Cuba*, edited by Rafael Rojas, Uva de Aragón, Juan Antonio Blanco, Ana Julia Faya, and Carlos Alberto Montaner. Miami: Eriginal Books.

Fernández Retamar, Roberto. 1969. "Diez años de Revolución: El intelectual y la sociedad." *Casa de las Américas* 10 (56): 7–52.

Geoffray, Marie Laure. 2015. "Transnational Dynamics of Contention in Contemporary Cuba." *Journal of Latin American Studies* (February): 1–27.

Goldfarb, Jeffrey C. 1978. "Social Bases of Independent Public Expression in Communist Societies." *American Journal of Sociology* 83 (4): 920–939.

González Echevarría, Roberto. 2002. "Los días de Jesús." *Encuentro de la Cultura Cubana* 25 (Summer).

Grenier, Yvon. 2013. "The Politics of Culture in Cuba." In *Handbook of Contemporary Cuba: Economy, Politics, Civil Society and Globalization*, edited by Mauricio Font and Carlos Riobó, 1:173–190. Boulder, CO: Paradigm Press.

Guerra, Lillian. 2012. *Visions of Power in Cuba, Revolution, Redemption, and Resistance, 1959–1971*. Chapel Hill: University of North Carolina Press.

Guevara, Ernesto. 1968. "El socialismo y el hombre en Cuba." *Pensamiento Crítico* 14 (March).

Hernández, Jorge Luis. 2013. "Jesús Díaz o la memoria salvada" [interview with Jesús Díaz (1988)]. Reproduced in *La Gaceta de Cuba* 20 (November–December 2013): 22–23.

Howe, Linda S. 2004. *Cuban Writers and Artists after the Revolution*. Madison: University of Wisconsin Press.

Mario, José. 2000. "La verídica historia de ediciones *El Puente* La Habana 1961–1965." *Revista Hispano Cubana* 6.

Martínez Pérez, Liliana. 2006. *Los hijos de Saturno: Intelectuales y revolución en Cuba (1959–1971)*. Flacso, Perrua.

Maspéro, François. 1998a. "Encuentro, entre la isla y el exilio" [interview with Jesús Díaz]. *Encuentro de la Cultura Cubana* 10.

———. 1998b. Review of "*Parle-moi un peu de Cuba*." *Le Monde*, May 29.

Miller, Nicola. 2008. "A Revolutionary Modernity: The Cultural Policy of the Cuban Revolution." *Journal of Latin American Studies* 40: 675–696.

Miskulin, Silvia Cezar. 2003. *Cultura ilhada: Imprensa e Revolução cubana*. São Paulo: Xamã and Fapesp.

Mudrovcic, María Eugenia. 2009. "Estrategias de intervención y pensiones políticas en la cultura latinoamericana de la pos Guerra Fría." *Revista de Crítica Literaria Latinoamericana* 35 (69): 241–261.

Padilla, Heberto. 1967. "Sobre *Pasión de Urbino*." *El Caimán Barbudo* 15 (June): 12.

———. 1968. "Respuesta a la redacción saliente." *El Caimán Barbudo* 18 (March).

———. 1990. *Self-Portrait of the Other: A Memoir*. New York: Farrar, Straus, & Giroux.

Paranagua, Paulo Antonio. 2002. "Diálogo y contemporaneidad en el cine de Jesús Díaz." *Encuentro de la Cultura Cubana* 25 (Summer): 28–33.

Pedraza, Silvia. 2007. *Political Disaffection in Cuba's Revolution and Exodus*. New York: Cambridge University Press.

Ponte, José Antonio. 2006. "Un puente de silencio." *Cubaencuentro* (March 21).

"Presentación." 1996. *Encuentro de la Cultura Cubana* 1 (Summer): 3.

Rodríguez Herrera, Mariano. 1966. "Premio Casa de las Américas 1966. Diálogo con Jesús Díaz." *Bohemia* 11 (March 18): 20–21.

Rojas, Rafael. 2006. *Tumbas sin sosiego: Revolución, disidencia y exilio del intelectual cubano*. Barcelona: Anagrama.

———. 2009. *El estante vacío, literatura y política en Cuba*. Barcelona: Anagrama, Colección Argumentos.

Rosenberg Weinreb, Amelia. 2009. *Cuba in the Shadow of Change: Daily Life in the Twilight of the Revolution*. Miami: University Press of Florida.

Simmen, Andrés. 2002, "Tras la muerte de Jesús Díaz." *Encuentro de la Cultura Cubana* 25 (Summer).

Simo, Ana María. 2006. "Respuesta a Jesús Díaz." Originally published in *La Gaceta de Cuba*. 51 (June–July 1966). Reproduced in *Polémicas culturales de los 60*, edited and with an introduction by Graziella Pogolotti, 369–382. Havana: Editoriales Cubanas.

Valdés, Zoé. 2012. "Dormir de un solo lado y bajo techo de vidrio" (blog), January 5, http://zoevaldes.net/2012/01/05/dormir-de-un-solo-lado-y-bajo-techo-de-vidrio/.

DANAY QUINTANA NEDELCU

La política de educación superior en el mapa de las reformas actuales: Cambios de política y la Política sin cambios

RESUMEN

En el escenario de las reformas que impulsa el gobierno de Cuba, la actual política de educación superior está llamada a contribuir en la carrera por la eficiencia nacional, pero sobre todo a fortalecer el trabajo político-ideológico en el terreno de las universidades. Si se le compara con la atención que han recibido otras medidas, esta política estatal ha quedado un tanto rezagada en el debate y análisis público. Incluso, se aprecia una gran dificultad para identificar la existencia de una nueva política educativa. Sin embargo, detrás de una aparente "no novedad," este artículo demuestra que la actual política universitaria está cambiando, y que las modificaciones son profundas y de gran alcance. Desde un enfoque analítico de *politics of public policy* o la política de las políticas, se plantea que si bien los cambios de policy son relevantes, la lógica de lo político que le subyace a este proceso no parece estarse transformando en igual medida. Así es que nos encontramos ante la tensión del cambio–no cambio de profundas implicaciones en el largo plazo. Si el objetivo final de las reformas es hacer sostenible el socialismo cubano, la preocupación de este trabajo es comprender en qué medida la actual política educativa contribuye a tal propósito.

ABSTRACT

In the framework of the recent reforms promoted by the government of Cuba, current higher education policy is called to contribute to the race for national efficiency, but moreover to strengthen the political and ideological work of the universities. Compared with other measures, this state policy has been somewhat behind in debates and public scrutiny. Furthermore, it is considered a great difficulty to identify a new education policy. However, despite the apparent "nonnovelty," this article shows that the current university policy is changing and that those changes are deep and powerful. From an analytical approach to the politics of public policy, the article suggests that while policy changes are relevant, the logic of politics that underlies this process does not seem to be transforming in equal measure. And so we are faced with the tension between change and no change, which has profound implications in the long term. If the ultimate goal of reform is to make Cuban socialism sustainable, then the concern of this article is to understand how current educational policy contributes to that purpose.

Uno de los capítulos del paquete de reformas que impulsa actualmente el gobierno de Cuba corresponde a cambios en su política educativa, específicamente en el ámbito universitario. En su conjunto, las reformas se diseñan en los *Lineamientos de la Política Económica y Social del Partido y la Revolución* aprobados en 2011, con el objetivo de hacer más eficiente la economía nacional en aras del "perfeccionamiento" del sistema socialista cubano, próspero y sostenible. Se aclara desde el gobierno que estamos frente a una actualización del modelo económico pero sin cambios políticos, restricción que ha generado cuestionamientos desde la investigación y otros sectores. Como consecuencia de la postura estatal ante el cambio (económico) y la continuidad (del sistema político), se han derivado los dos grandes ejes de trabajo del gobierno: por un lado, implementar variadas medidas que buscan mejorar la eficiencia económica nacional ("actualización del modelo"), y por otro, afianzar y fortalecer los preceptos ideológicos históricos de la Revolución cubana, y muy enfáticamente a través de la educación ("perfeccionamiento del trabajo político-ideológico").

El papel estratégico de la educación en la política socialista cubana se hizo manifiesto desde el inicio mismo de la Revolución con el trazado de dos rutas de política, vigentes hasta hoy: la intención de convertir el conocimiento en el principal recurso económico bajo un modelo de desarrollo con base en el capital científico; el papel explícito de la institución escolar en la reproducción de la ideología oficial. Estos dos elementos han prevalecido en el paradigma dominante de la política educativa socialista cubana, posibles de rastrear en su trayectoria en las últimas cinco décadas.

Hoy se reconoce en el marco de las reformas que desde un punto de vista de la eficiencia económica, el gasto educativo se tornó insostenible para la depauperada economía cubana, por lo que el gobierno ha decidido reducirlo. En paralelo, se ha reforzado la importancia del trabajo político en las universidades y la intensificación de las prácticas que tienen en su base el modelo pedagógico de formación en valores, ante el reconocimiento oficial de "problemas políticos" en las nuevas generaciones, para lo que más educación política se plantea como un antídoto, semejante a la lógica de corte incrementalista del cambio y como efecto de acumulación gradual. Sobre esto, Rodolfo Alarcón, Ministro de Educación Superior, ha expresado:

> Un balance general de la formación integral arroja resultados, en general satisfactorios en el desempeño profesional de nuestros egresados pero insuficientes en la educación en los valores de la Revolución cubana; instruimos mejor de lo que educamos, razón por la cual aseguramos que la eficacia de nuestro trabajo en esta labor de importancia estratégica para el futuro de nuestra Revolución es insuficiente.[1]

Cuando se observa en el mapa de las reformas la política de educación superior (PES), ésta casi "no se nota" y parece diluirse entre el resto de las medidas adoptadas: una nueva Ley Migratoria, una polémica Ley de Inversión Extranjera, un debatido Código del Trabajo, por sólo citar algunos ejemplos. Estas decisiones de políticas pueden rastrearse en sus textos normativos fundamentales, lo que ha facilitado su debate y posicionamiento en el imaginario colectivo.

Sin embargo, no ocurre lo mismo para la PES, la cual parece no ser una novedad sin articularse como ley, ni código, ni en otro texto sustantivo que explicite modificaciones claras de su trayectoria. Existe no obstante una suma de resoluciones ministeriales poco conocidas por la población, donde se diseñan algunos de los más recientes cambios implementados, con poco eco más allá de la cadena burocrática. Por ello, es común y hasta consistente con lo anterior, que la nueva PES no esté presente en la agenda social salvo a manera de informaciones aisladas, eslóganes históricos, o preocupaciones particulares, que son muchas por cierto.

Si se acepta lo anterior como una situación problema, toda investigación que se plantee explicitar y reconstruir la política universitaria en el marco de las reformas del gobierno, ayudará a la comprensión de los cambios actuales, su contenido, rutas y alcances. Tal es el propósito de este artículo, que sintetiza de manera apretada los hallazgos de mi investigación doctoral concluida en septiembre de 2015, y que examinó la política de la política[2] de educación superior en las reformas actuales.[3]

Con el objetivo de clarificar el enfoque y algunos conceptos usados, se precisa que la investigación fue diseñada según los estudios políticos de política pública.[4] Dicho en breve, el proceso de elaboración de las políticas públicas se entiende como un fenómeno inherentemente político, donde la política educativa no es la excepción. Se define el Estado como la arena-institución-actor principal en la hechura de las políticas, por lo que el sentido específico que toma *lo público* de las políticas es su carácter *estatal* de estructura centralizada. Bajo condiciones de relativa estabilidad política como son las que cumple el "caso cubano," se asume que el sistema sociopolítico que da forma al Estado cubano ha sido y es una variable crucial en la hechura de sus políticas, entendidas como instrumentos de gobierno.

Política estatal se entiende entonces como una toma de postura del Estado ante los problemas públicos.[5] La teoría del Estado que suscribimos no diferencia el ámbito de la política asociado al Estado con el de la administración: poder y burocracia son elementos indisolubles en tanto la burocracia es definida como el ejercicio ritualizado del poder; no se remonta tampoco a la división de poderes para comprender la dinámica estatal. Los trabajos de política pública con foco en el Estado o estadocéntrica como el presente, comparten la tesis de fondo de comprender los procesos implicados en la hechura de las políticas públicas en relación a los contextos político-institucionales de los que surgen.

Si aceptamos que la cubana es una *educación del Estado*, entonces, un análisis de la política educativa "nos habla" sobre la política de fondo. Este planteamiento tiene al menos dos consecuencias analíticas: (1) dar cuenta de los cambios de política (*policy*) en relación al proceso político que le subyace permite trascender un examen fenomenológico del cambio;[6] (2) la conexión entre Estado y educación que se asume tiene su base estructural en lo que desde la teoría de las políticas públicas se conoce por monopolio de políticas,[7] toda vez que el sistema de políticas públicas en Cuba responde a una organización nuclear desde la arena estatal, centralizada y planificada.

La educación del Estado es un proceso de implicaciones muy profundas. Ellas trascienden una visión estructuralista para abarcar también la cuestión de la dominación en el terreno de lo simbólico. Esto es, el problema de "la construcción estatal de las mentalidades,"[8] que hace referencia a lo que se considera la principal función del poder político institucionalizado: el ejercicio de la eficacia simbólica a partir de hacer circular determinados contenidos cognitivos (para lo que el sistema escolar es crucial) que conforman las categorías perceptivas sobre el mundo a manera de creencias que guían la conducta, consciente o inconscientemente. Por ello, cuando hablamos de un monopolio de políticas públicas/educativas, no se piensa exclusivamente en una organización estructural de las políticas, sino que este monopolio se refiere a una elevada concentración de capital simbólico, y es la escuela cubana un campo por excelencia para analizarse desde esta perspectiva. Habría que agregar que la existencia de un monopolio en la hechura de la política educativa no se refiere a un proceso impermeable ni monolítico. Las dinámicas surgidas entre Estado y sociedad sobre todo posteriores a la crisis de los años 90 en Cuba, han propiciado emergencias de actores no estatales en la cuestión educativa: la Iglesia Católica y los "repasadores" por sólo citar los ejemplos recientes más relevantes.

Una última acotación se refiere a la definición de política pública como intervenciones textuales en la práctica:[9] las políticas son decisiones situadas que se manifiestan en forma de textos. Dicho texto-política no puede entenderse si no es en referencia al curso de acción deliberadamente diseñado y al curso de acción efectivamente seguido.[10]

La decisión de política: "Formar profesionales competentes comprometidos con la Revolución"

Como uno de los capítulos de las reformas del gobierno y producto del "compromiso con los *Lineamientos*," en septiembre de 2011 se hicieron públicas en los medios de comunicación nacionales las principales directrices de la nueva política, en voz del entonces titular del Ministerio de Educación Superior (MES), Díaz-Canel."[11] Las líneas estratégicas de la reforma al sistema universitario conocidas como el "proceso de perfeccionamiento de la educación superior," se enfocaban en alcanzar *la excelencia*: "formar profesionales competentes y comprometidos con la Revolución y crear un claustro de excelencia y revolucionario." Para ello, el propósito que se planteó fue el incremento de la calidad de la educación superior (ES) con una mayor racionalidad económica. La calidad educativa se definió como "el trabajo educativo con énfasis en lo político ideológico porque engloba la educación basada en el sistema de valores de la Revolución cubana, la cual propende a la formación de profesionales que combinen una elevada competencia profesional con las más altruistas convicciones revolucionarias."[12] En otras palabras, el anuncio puso sobre la mesa la necesidad de intensificar la formación política (tanto para estudiantes como docentes) y la importancia de reducir el gasto educativo en consonancia con el corte pragmático de las reformas.

Los argumentos

El discurso sobre el cambio educativo actual contiene dos ejes temáticos alineados a su vez con los problemas definidos como estratégicos: elevar la eficiencia económica del sector educativo, para lo que se ha implementado una clara política de reducción de gastos así como de captación de divisas por exportación de servicios profesionales; intensificar la labor integral educativa a través de la formación en valores con el objetivo de recuperar eficacia política en el terreno de las universidades.

Los propósitos anteriores se articulan alrededor del argumento histórico de que la educación es "principio básico de la Revolución," y desde esta perspectiva el planteamiento actual de "priorizar la formación política"[13] no es novedoso. No obstante, surge la pregunta sobre cómo se relacionan en la práctica una "actualización" del modelo económico con un "perfeccionamiento" del sistema educativo, para conseguir la perdurabilidad del socialismo en Cuba. Siguiendo la terminología anterior: ¿Qué significa perfeccionar la educación? ¿Está (des)actualizada su política? ¿Cómo se relacionan texto y acción de la política educativa?

Cabe resaltar que si bien en septiembre de 2011 el gobierno hizo pública su nueva estrategia universitaria, importantes decisiones en materia educativa se habían tomado con anterioridad. Destacan la aprobación en 2010 de la Resolución 120/10 sobre un nuevo Reglamento de Organización Docente de la ES, y la Resolución 236/10 decretada ese mismo año que modificaba el mecanismo y requisitos de acceso a la universidad:

> Como parte del perfeccionamiento general del sistema educacional cubano que se lleva a cabo en nuestro país, y acorde con la necesidad de elevar la calidad de la educación del nivel superior, de todas las fuentes y tipos de curso, se requiere aplicar y ratificar transformaciones en el proceso de ingreso a la educación superior a partir del próximo curso 2011–2012 [. . .] el plan de ingreso a la educación superior debe ajustarse a las

necesidades socio-económicas del país, y a las posibilidades de los centros universitarios de ofrecer carreras con garantía de calidad.[14]

Los problemas y las medidas: Cambio y continuidad

El anuncio sobre la actual decisión en materia educativa como parte de las reformas no emergió de un proceso público de debate (al menos que se haya conocido). Ello puede asociarse al interés estatal por preservar el reconocimiento público tanto nacional como internacional de los "logros educativos" y al "éxito" educativo de la Revolución, devenidos en verdades ampliamente aceptadas, apoyadas por las diversas mediciones internacionales sobre acceso y calidad de la enseñanza que destacan a la isla entre los primeros lugares del mundo.[15] Ello ha reforzado el reconocimiento por parte del gobierno de la educación (junto a la salud) como "baluarte de la Revolución," demostrando que sus resultados son consecuencia de una estrategia estatal sostenida por más de cincuenta años, en un contexto internacional que propende de manera creciente a la opción desregularizada y privatizada del servicio educativo y sobre todo el universitario. En cambio, el interés del Estado cubano en desarrollar la educación en todos sus niveles se ha demostrado históricamente por la elevada inversión en la política educativa respecto al producto interno bruto (PIB, demostrado por el Banco Mundial, BM),[16] y por su papel central en la reproducción de la ideología de la Revolución.

Dicha representación ha permitido que desde el gobierno se enfoque la actual política como un avance en el camino a su perfeccionamiento más que como una estrategia disruptiva. Esto propicia la idea de que la educación cubana no requiere cambios radicales porque como se ha reconocido, es un caso exitoso, sino que más bien necesita algunas correcciones que rectifiquen el rumbo históricamente trazado, atemperado al propósito de los *Lineamientos* como nuevo *arreglo de gobierno*.[17]

Sin embargo, junto con su valoración positiva la educación del Estado cubano no ha escapado de sus propias tensiones, y sobre ella pesan varias críticas, entre las que destaca el elevado gasto que ha conllevado y su escasa incidencia en la economía nacional. Por ejemplo, según cifras del BM del informe antes citado, Cuba fue el país del mundo que más invirtió en educación entre 2009 y 2013 con 12,9 por ciento de su PIB, sin otro que se le iguale, seguido por Timor Oriental y Dinamarca con un 11,3 y 8,7 por ciento, respectivamente. Incluso Estados Unidos y Canadá invierten la mitad. Esto conduce a pensar que potencialmente la isla cuenta con una alta dotación de capital humano; sin embargo, se ha demostrado que existe una relación desfavorable entre fuerza de trabajo calificada y crecimiento o desarrollo económico. Incluso con sus elevados índices de escolarización, superior a la media regional, lo que se registra es una contribución a la baja del capital humano en el crecimiento económico, interpretado como poca eficiencia del gasto educativo a cuenta de un menor retorno de la inversión en formación general y especializada.[18] Estas anomalías entre formación profesional y ocupaciones necesarias para la economía nacional ha ocasionado entre varias, la paradójica situación de ser un país con más de un millón de graduados universitarios y a la vez tener un déficit de 111.000 profesionales de disciplinas tecnológicas y ciencias básicas.[19]

Adicional a la cuestión económica, un segundo problema preocupaba al gobierno, y se planteó en la política universitaria como la necesidad de reforzar la formación política tanto de los estudiantes como de los profesores en las instituciones de educación superior, como espacio estratégico de disputa ideológica sobre las nuevas generaciones. Esto no resulta un planteamiento nuevo si se tiene en cuenta que el uso político de la educación ha sido una práctica histórica de la revolución con el fin de crear sistemáticamente parte importante de su capital político.

En su versión más reciente, el reforzamiento del trabajo político-ideológico en el terreno de las instituciones escolares quedó plasmado en los objetivos de trabajo del Partido Comunista de Cuba (PCC), aprobados en la Primera Conferencia Nacional en enero de 2012, donde se planteó la necesidad de intensificar la atención a las instituciones educativas como centro de formación en valores, de respeto a la institucionalidad y las leyes, a través de la preparación integral.[20]

Llegados a este punto, cabe destacar que ni la demanda de eficientar el servicio estatal educativo ni la de volver las universidades un lugar de socialización política eficaz, son pedidos totalmente nuevos. Una revisión histórica de las políticas educativas de las últimas cinco décadas permite apreciar que, tanto la necesidad de vinculación con la economía nacional como lo estratégico del trabajo político en las universidades han sido esfuerzos constantes. Sin embargo, el análisis de la política educativa en el contexto de la actualización del modelo económico socialista y "perfeccionamiento político" ofrece no sólo elementos de continuidad, sino también de cambios, como se demostrará más adelante.

A partir de lo anterior, las principales autoridades del MES adoptaron dos rutas de cambio-continuidad del sistema educativo, una relacionada con la actualización económica de la política educativa, y otra en base a su (des)actualización política.

En cuanto a los problemas económicos, expresados en la baja tasa de retorno de la inversión educativa (desajuste entre índices de escolaridad y crecimiento económico) y la creciente ineficiencia terminal universitaria (del 50 por ciento) se tomaron medidas tales como (1) discurso por la pertinencia social y económica de la universidad y las "necesidades de la sociedad"; (2) fusión institucional; (3) reestructuración de la oferta de las carreras en correspondencia con las necesidades económicas; (4) incentivos al ingreso de la educación técnico media y obreros calificados para compensar la disminución en la oferta de nivel terciario; (5) regulación del ingreso en nombre de la "calidad" y nuevas resoluciones que norman los cambios; (6) reducción del presupuesto educativo, de becarios nacionales, escuelas, estudiantes y docentes. Estos "cambios en el sistema educativo cubano son reformas de gran calado y con enormes repercusiones a largo plazo."[21]

Desde una perspectiva económica y en consonancia con el espíritu pragmático de las reformas generales, la actual política educativa universitaria prioriza reducir el peso de su gasto. En consecuencia, una de las características principales de "las reformas de Raúl" en cuanto a lo educativo, diametralmente opuesto a la última etapa del gobierno de su hermano Fidel Castro, es racionalizar el gasto de acuerdo a la nueva coyuntura nacional. Como botón de muestra de lo anterior se resalta que en el 2012, según la Oficina Nacional de Estadísticas e Información (ONEI), la educación fue en la estructura del PIB el rubro que tuvo la más baja tasa de crecimiento con un –3,8 por ciento; en 2007 la tasa había superado el 9 por ciento. La tendencia sostenida a la baja se ilustra mejor cuando se comparan las tasas de crecimiento entre los distintos rubros de la economía nacional; en el 2011 la educación ocupó el tercer lugar más negativo, en el 2012 fue el rubro que menos creció entre todos y en el 2013 se ubicó en el segundo peor lugar (tabla 9.1).

Como tendencia, el comportamiento por rubro debería ajustar con la dinámica general del PIB. Sin embargo, un análisis puntual del sector educativo revela índices negativos de manera sostenida en los últimos tres años, incluso frente a una recuperación moderada de la tasa general a partir del 2010: es plausible hipotetizar que lo anterior significa que su reducción reciente obedece más a una (lógica) política de eficientar el servicio que a un ajuste al PIB general. Esto constituye una decisión totalmente novedosa respecto a etapas anteriores, expresada en el hecho de que, ante una tasa general (discreta) positiva del crecimiento (a partir del 2010 en ascenso y en 2013 un leve descenso), la tasa del sector educativo registra índices negativos de crecimiento, siendo la peor caída la del 2011 (casi diez unidades menos respecto a sí misma), y mereciendo el peor lugar de todos los rubros en el 2012.

La significativa contracción de este indicador estuvo fuertemente ligada a una reducción histórica de la matrícula escolar, sobre todo en el nivel superior, donde de más de 700.000 jóvenes matriculados en 2007, en el 2013 rondaba los 200.000. Ante tamaño contraste surgen varias preguntas: ¿Qué está pasando con la educación cubana en tiempos de reformas? ¿Qué paradigma de la educación subyace a estas medidas? ¿Cuál es la estrategia de política pública más allá del ahorro del gasto? ¿Cuáles son sus implicaciones?

Si bien se han planteado importantes cambios a la política educativa en su funcionamiento económico tal y como antes se dejó ver, desde lo político las medidas han apuntado a reforzar el sentido histórico del uso político de la

TABLA 9.1. Tasas del PIB por clase de actividad económica a precios de mercado

	2007	*2008*	*2009*	*2010*	*2011*	*2012*	*2013*
Producto interno bruto	**7,3**	**4,1**	**1,4**	**2,4**	**2,8**	**3,0**	**2,7**
Agricultura, ganadería y silvicultura	19,6	0,6	3,3	−5,1	5,0	0,5	4,7
Pesca	1,7	1,4	−44,0	−24,7	−12,1	4,6	6,0
Explotación de minas y canteras	4,0	3,2	−3,3	7,4	1,4	1,9	−2,3
Industria azucarera	−3,4	15,8	−1,4	−13,1	5,0	7,7	7,7
Industrias manufactureras (excepto industria azucarera)	10,1	4,9	1,0	1,6	3,9	2,0	1,9
Construcción	−8,6	2,4	0,6	−7,5	−7,3	11,2	8,0
Suministro de electricidad, gas y agua	7,9	0,6	0,8	−1,7	2,7	4,4	3,7
Transportes, almacenamiento y comunicaciones	6,4	6,6	2,5	2,6	3,6	6,2	3,2
Comercio; reparación de efectos personales	−0,3	−3,4	0,1	2,0	5,5	5,3	3,7
Hoteles y restaurantes	4,9	10,2	10,0	7,3	9,1	5,1	2,3
Intermediación financiera	9,2	5,3	1,3	0,5	1,2	0,5	1,2
Servicios empresariales, actividades inmobiliarias y de alquiler	7,2	1,9	0,5	6,1	3,4	14,4	2,5
Administración pública, defensa; seguridad social	5,8	3,3	6,5	1,7	1,5	−0,1	1,2
Ciencia e innovación tecnológica	10,0	24,4	10,7	7,8	7,8	7,0	4,1
Educación	9,1	3,1	1,5	4,5	−5,3	−3,8	−2,2
Salud pública y asistencia social	21,0	12,7	3,4	5,6	3,4	0,4	1,8
Cultura y deporte	13,8	1,2	0,6	7,8	−1,8	−0,2	4,7
Otras actividades de servicios comunales, de asociaciones y personales	12,1	1,2	5,4	−0,1	1,6	−0,7	4,3
Derechos de importación	−0,8	7,1	−36,5	4,4	31,7	−2,2	8,3

Fuente: ONEI 2014.

enseñanza. Esta segunda ruta de política viene a representar el elemento de continuidad de la estrategia general. Sobre los "problemas políticos" (en los que se profundizará más adelante) expresados por el gobierno y el partido en afirmaciones tales como "instruimos mejor de lo que educamos," "insuficiente educación en valores," "incomprensión de los pilares ideológicos, la apatía de los jóvenes," sumado al reconocimiento de una disminución de la relevancia de las aspiraciones de los jóvenes hacia el área sociopolítica,[22] se han tomado medidas como (1) aumentar la "calidad" definida como reforzamiento del trabajo político en las universidades con estudiantes y profesores dirigido desde el PCC; (2) control ministerial e institucional de la Estrategia Maestra Educativa; (3) modificación al reglamento docente metodológico para incluir una nueva figura docente con liderazgo político para institucionalizar la formación integral. Para comprender la politización de la educación como estrategia de continuidad, véase el siguiente apartado.

La educación general integral y la pedagogía basada en valores: Continuidad de la política educativa

El actual propósito de la PES no puede comprenderse sin la referencia al contexto que dio origen a la educación general integral y a la pedagogía basada en valores como conceptos claves. Su recuento no es solo un antecedente cronológico, sino la reconstrucción de una concepción y práctica de lo educativo que se mantiene vigente y que las reformas actuales refuerzan. El modelo pedagógico cubano, que descansa en la concepción integral de la educación y la formación basada en valores, es heredero directo del giro que tomó la educación nacional a partir del Período Especial en los años 90, así como de las tendencias pedagógicas internacionales que se inauguraron a finales del siglo XX.

En el ámbito doméstico, como en tantas otras esferas de la vida nacional, la década del 90 trajo consigo un replanteamiento conceptual del modelo del profesional cubano, y con ello surgió un punto de inflexión de la trayectoria de política educativa que por razones de espacio aquí no se abordará en su totalidad. En esta nueva coyuntura, la expectativa del gobierno cubano sobre el rol de la educación se concentró en la función política y su papel en la legitimación del régimen se hizo clave. El problema de la eficacia política bajo este escenario crítico resultaba vital para el gobierno, teniendo que diferir sus pretensiones desarrollistas —expresadas desde los mismos inicios de la revolución junto a la idea del "progreso"— y volcarse de a lleno a reforzar el trabajo político en los jóvenes universitarios; específicamente impactó en la redefinición del perfil del graduado universitario (dando paso a la tercera generación de planes de estudio; C, antesala del actual D) y rejerarquizó su contenido integral en un sentido explícitamente político.

En medio de la coyuntura nacional de crisis económica y la acentuación de todas las prácticas políticas, el sector educativo tuvo un papel central. La educación llegaba a esta situación con sus propias tensiones que debían ser corregidas entre aquella adversidad. Un problema aparentemente resuelto como la lógica de la reproducción social vía institución escolar había reaparecido. La clase obrera, preponderante y en ascenso hasta mediados de los años 70 empezó a mostrar una desaceleración en sus tasas de crecimiento, mientras que se elevaba la intensidad del crecimiento de la clase de los intelectuales.[23] La universidad, antes instancia efectiva para la integración y la movilidad social,[24] se convirtió de manera creciente en institución reproductora de las desigualdades sociales. En la década del 80, el desbalance en el ingreso a la universidad ya era notorio sobre todo en el incremento sostenido del acceso de hijos de profesionales, en detrimento de los de clase obrera y campesina, lo que implicó un retroceso en relación al mejor equilibrio de los años previos. Junto a la procedencia social, rasgos como la feminización de la educación y el acceso mayoritario de la población blanca, comenzaron a mostrar un comportamiento que indicaba una vuelta a la dinámica desigualitaria de acceso a la ES. Una de las razones que favoreció este ciclo se ha relacionado con el establecimiento a finales de los años 80 de los mecanismos de selección con base meritocrática a la ES, con el fin de disminuir los ritmos de reproducción de la intelectualidad y para contrarrestar la creciente inadecuación entre formación profesional, investigación, y aporte a la producción.

Además del establecimiento de las pruebas de ingreso, se modificó la relación de la estructura de la oferta de carreras con las demandas laborales; se replantearon las especialidades a priorizar por su vínculo con la producción, a la vez que se rejerarquizó la enseñanza técnico-media y de obreros calificados (todas estas medidas reaparecen en el actual ciclo de políticas estatales). Los cambios en la política educativa de ingreso, formación y ubicación laboral, condujeron a un reacomodo de los propios mecanismos de selección social, redimensionando el peso del capital cultural transmitido desde el grupo familiar como elemento clave, a la vez que dieron un enfático valor a la lógica meritocrática como mecanismo esencial de ascenso en las carreras estudiantiles, laborales y también políticas. De este modo, el lugar social definido sobre todo a partir de la herencia cultural a través del núcleo familiar comenzó a recobrar notoriedad. La efectividad de este recurso se fundamentó en el crecimiento gradual del desbalance de la procedencia social de aquellos que ingresaban a estudios superiores. A inicios del nuevo milenio, un 80 por ciento de los jóvenes universitarios tenían al menos un padre profesional, duplicándose la proporción en relación a los años 80. Así, vemos como los requerimientos "técnicos" para regular el ingreso a la universidad se volvieron instrumentos que favorecieron la desigualdad educativa y social (la reproducción social a través de los mecanismos educativos).[25] A la par, los jóvenes también acomodaron sus percepciones sociales sobre la educación, como consecuencia de su decreciente ineficacia como mecanismo de movilidad social.[26]

Este escenario propició una reconsideración de la formación en valores como columna vertebral de la concepción pedagógica. La insatisfacción con el desarrollo integral y cultural de los estudiantes universitarios se había expresado abiertamente en el Informe Central del III Congreso del PCC (1986), a partir de donde se abrió de manera crítica el debate sobre el significado de una *educación integral* definida esencialmente como labor político-ideológica.[27]

Con la discusión abierta sobre la reformulación de los procesos educativos, se definieron tres dimensiones para agrupar el amplio diapasón de las acciones educativas y que funcionan hasta el día de hoy: la curricular, marcando el paso de los contenidos y procesos de la vida académica; la extracurricular, al principio denominada de extensión universitaria y haciendo énfasis en la interacción del estudiante con los procesos colaterales a su formación docente, vinculados al desarrollo cultural, deportivo e investigativo esencialmente; y la dimensión sociopolítica, asociada al conjunto de actividades sustantivas relacionadas con "la participación estudiantil en las movilizaciones políticas, las tareas de choque . . . la vida en la beca, así como las diferentes acciones que emanan de la dinámica universitaria, se inscriben en la vida socio-política de nuestros estudiantes, además de ser tributarias de sólidas convicciones y acciones que demanda la sociedad de nuestros futuros profesionales."[28]

La inclusión de lo político-ideológico dictado desde el partido como dimensión explícita de la educación es una peculiaridad (aunque no exclusiva) del caso cubano y expresa una marcada diferencia respecto a la estructuración de la formación universitaria internacional.[29] Si bien históricamente la dimensión política se asoció con la extensión universitaria, sobre todo en América Latina a partir de la reforma de Córdoba y existe un reconocimiento de la relevancia entre la universidad y la política, no es usual la explicitación de la formación político-ideológico en el diseño institucional universitario.

Esta dimensión ocupa un lugar central y tiene un peso decisivo en todos los procesos sustantivos de la ES: tanto para el ingreso a las instituciones universitarias a partir de la inclusión de principios de selección político-ideológicos; los procesos de formación en valores así como en la ubicación laboral de los egresados a partir de la evaluación integral que responda a considerar los méritos de los estudiantes.[30]

La "Batalla de Ideas": Expansión del modelo pedagógico basado en valores

Con el siglo XXI aparecieron nuevas dinámicas en lo referido a la política educativa cubana. El marco político-económico de esta etapa corresponde a lo que Mesa-Lago[31] identifica con un nuevo giro ideológico de la política revolucionaria en el contexto de la "Batalla de Ideas." El estudio de este período y su impronta en la trayectoria de la política educativa resulta de especial interés en tanto es la antesala directa de la actual política universitaria.

A inicios del presente siglo se desencadenó la llamada tercera revolución en el sistema educativo superior cubano, que tuvo como objetivo esencial recuperar los ideales de equidad y justicia —fisurados por la crisis económica— a través de la ejecución de numerosos programas sociales y muy enfáticamente los de educación. Su objetivo era saldar la deuda de injusticia social con los jóvenes que habían quedado fuera del sistema universitario como consecuencia de la crisis y las propias dinámicas universitarias de inclusión/exclusión a través de los mecanismos institucionales de selección.

Para este momento se había hecho evidente la nítida demarcación social entre los jóvenes que accedían a la ES y los excluidos, mostrando a la universidad como una institución que reforzaba las diferencias sociales de origen. Rasgos como procedencia familiar, nivel educativo de los padres y raza[32] incidieron de manera significativa en este comportamiento, revelando la no resolución total de las diferencias clasistas históricas reactivadas con la crisis.

Para resolver el acceso equitativo al nivel superior, se trazó la política de universalización de la universidad, que pretendió ampliar el acceso a este nivel de enseñanza y dar oportunidad a grupos en desventaja social y otros de interés gubernamental (militares y cuadros políticos). El diapasón de ingreso a la enseñanza superior se ensanchó, flexibilizando y relajando los mecanismos selectivos creados anteriormente en aras de recuperar la función de integración social a través de las vías educativas, y para ello se concibieron nuevas modalidades de estudio que permitían la ampliación del acceso, y con ello alcanzar la mayor cifra de cobertura terciaria de América Latina.[33]

Lo anterior se tradujo en una política de crecimiento de las inversiones en el rubro educativo, disminuido anteriormente como efecto de la contracción económica y su impacto negativo en las asignaciones de fondos públicos para gastos corrientes durante poco más del primer lustro de los años 90: si hasta 1997 las asignaciones para la ES habían disminuido en un 17,1 por ciento, a partir del siguiente año se registraron crecimientos sostenidos, llegándose a duplicar las asignaciones de 1989 en el año 2002, mostrando un crecimiento promedio anual superior al 24 por ciento entre el 2000 y 2004.[34] La tabla 9.2 muestra el comportamiento del presupuesto en ES en esos años de crecimiento.[35]

En consecuencia, la tasa bruta de escolarización terciaria (proporción de la matrícula universitaria respecto a la población entre dieciocho y veinticuatro años) creció vertiginosamente en apenas cuatro años (2002–2006) de un 16,3 por ciento a más del 60 por ciento, alcanzándose el mayor registro histórico de la matrícula universitaria en el curso 2007–2008, siendo que alrededor del 80 por ciento de ella estudiaba en las sedes municipales mayoritariamente carreras de humanidades. En esos años de la "Batalla de Ideas" no sólo se alcanzaría la cifra récord en la matrícula universitaria (más de 700.000 estudiantes), sino también en la contratación de personal docente (a tiempo parcial) para cubrir

TABLA 9.2. Presupuesto asignado a la educación superior, 2002–2010

2002	*2003*	*2004*	*2005*	*2006*	*2007*	*2008*	*2009*	*2010*
173,2	212,9	243,1	303,1	349,4	512,7	589,6	575,9	594,1

Fuente: Prontuario Curso 2010–2011, Oficina de Estadísticas del Ministerio de Educación Superior.

las necesidades en las sedes municipales; el pico fue el curso 2008–2009 con 33.000 profesores que significaron 329,6 millones de pesos. Si ponemos estos datos en perspectiva comparada, Cuba destaca por sus buenas prácticas en cuanto a inversión educativa:, el gobierno nacional reconoció en 2015 que gasta en educación el 12,9 por ciento respecto al PIB, y la ES el 4 por ciento.[36]

Este movimiento nacional llamado también la Nueva Universidad,[37] intentó sumarse adicionalmente al viejo esfuerzo de la Revolución por articular de manera creciente la enseñanza profesional con la vida económica y social del país. Sin embargo, esta experiencia si bien logró sumar al campo universitario grupos juveniles vulnerables siguiendo los principios de igualdad y equidad, no consiguió contribuir de manera efectiva al desarrollo económico y productivo. Una explicación sobre la desconexión entre educación y producción en Cuba la ofrece Nerey,[38] quien plantea que el aumento del potencial humano —sobre todo referida a la creación de sistemas educativos universalistas— no se incorporó de manera efectiva en las relaciones de producción debido a la socialización asincrónica de la producción, el conocimiento y la capacidad decisional.

Para los efectos del presente trabajo lo que se rescata de esta etapa es la oportunidad que significó de incorporar de manera masiva a gran cantidad de jóvenes al proceso de socialización política universitaria. En el reglamento docente metodológico aprobado en el 2007 se aclaraba que "la formación de los profesionales de nivel superior es el proceso que, de modo consciente y sobre bases científicas, se desarrolla en las instituciones de educación superior para garantizar la preparación integral de los estudiantes universitarios, que se concreta en una sólida formación científico técnica, humanística y de altos valores ideológicos, políticos, éticos y estéticos, con el fin de lograr profesionales revolucionarios."[39]

El enfoque pedagógico que se desplegó en esa etapa y que rige hasta el día de hoy se remite al esquema internacional conocido como formación basada en valores, modelo educativo en boga de inicios de milenio que ocupó el centro del debate de educadores, investigadores, políticos y organismos internacionales. Con este se intentaba recuperar por parte de la pedagogía internacional, el sentido cultural y democrático de la educación luego de varios lustros de énfasis en la enseñanza para la economía. Con esta definición, asociada a la prioridad en la agenda educativa de la democracia y los derechos humanos, la función socializadora de la institución escolar recuperaba un sentido primordial en los procesos de formación ciudadana.

La inserción y adecuación en Cuba de este modelo ocurre en medio de una discusión internacional que reunió tanto a decisores como especialistas en educación, en torno a las críticas sobre la formación en ES y las insuficiencias de las reformas universitarias. Estas inconformidades se hicieron explícitas en distintos fórums internacionales de finales de los años 90, entre los que se destacó la Declaración de La Habana (Conferencia Regional sobre Educación Superior 1996). En ella se reconoció el papel de la ES como instrumento esencial para formar ciudadanos capaces de construir una sociedad más justa y abierta, y sirvió de antesala al encuentro mundial que dos años después marcaría un nuevo camino en el concepto y diseño de una nueva universidad con compromiso social. En la declaración de la Conferencia Mundial sobre Educación Superior en París 1998, se reafirmó la misión de las universidades de contribuir con el desarrollo sostenible y el mejoramiento de la sociedad, pero sobre todo su función ética, entre otros temas.

(Des)actualización del discurso de la formación en valores en la política universitaria actual

Como se ha mostrado, la política educativa y particularmente la universitaria y su modelo de formación en valores surgidas con el nuevo milenio, tiene un lugar prioritario en la política del gobierno actual. Respecto a su propia historia, el discurso político sobre la educación muestra más elementos de continuidad que de cambios. De hecho, la actual es una etapa en donde se reitera el tema de la formación política y se mantiene la prioridad político-ideológica de las universidades cubanas: en este sentido la actual política universitaria en su análisis político es una muestra de "no cambio" del rumbo que inició desde inicios de la Revolución. Esta aspiración consta en las principales metas formativas con las que deben cumplir las instituciones educativas: "Formar profesionales revolucionarios altamente capacitados, comprometidos con la Patria y el Socialismo y formar patriotas con fuerte sentimiento anti-imperialista y profundo conocimiento de los principios y valores del socialismo cubano."[40]

Según un documento interno del MES de 2009 sobre el trabajo político-ideológico en las universidades, otros "problemas" políticos son: "afán de un grupo importante de estudiantes y profesores por obtener beneficios personales por encima de la colectividad; confusión e incomprensión de los pilares que sustentan la ideología de la revolución; apatía en estudiantes hacia actividades de la Revolución; tendencia al academicismo en los jóvenes de años superiores y poca disposición para aceptar responsabilidades. Una parte de los profesores no se desempeñan plenamente como educadores, otros no tienen la preparación necesaria y algunos llevan al aula criterios que no se corresponden con la política de la Revolución."[41]

El instrumento metodológico donde se diseñan los puntos nodales del trabajo educativo del MES se conoce como Estrategia Maestra Educativa, que a su vez se despliega con adecuaciones en cada centro universitario. Por ejemplo, en el sitio web de la facultad de Economía de la Universidad de La Habana,[42] se explicita su versión de dicha labor y los valores que descansan en la base de formación de un economista: Compromiso con la Patria, la Revolución, el Socialismo y las tradiciones de la universidad y la educación cubana. O la facultad de química, quien en su documento maestro se propone dos objetivos: formar profesionales revolucionarios altamente capacitados, comprometidos con la patria y el socialismo; y formar patriotas con fuerte sentimiento antiimperialista y profundo conocimiento de los principios y valores del socialismo cubano.[43]

En el reglamento docente metodológico para la ES aprobado en 2007, se definió al menos un profesor por año conocido como "tutor," cuya misión esencial era la formación integral del estudiante. Esta figura junto con el colectivo de año eran los actores encargados de realizar de manera organizada el trabajo político como conjunto de actividades extracurriculares en la formación universitaria.[44]

Según el Ministro del ramo en intervención en el espacio televisivo Mesa Redonda a inicios del curso 2013–2014, en las prioridades de la planeación estratégica destacan dos áreas organizativas de cara al trabajo político en las universidades: "profesional competente comprometido con la Revolución" (dirigido a los estudiantes) y "claustro revolucionario de excelencia" (con foco en los docentes). En ese sentido, una de las modificaciones al reglamento consistió en la creación de un nuevo cargo docente denominado Profesor Principal de Año Académico, "que tiene la responsabilidad de liderar a la comunidad universitaria hacia el cumplimiento de una estrategia educativa concertada entre todos."[45]

Adicionalmente se plantearon en ese espacio otras acciones para "perfeccionar" la planificación y acompañarla de control, rigor y exigencia; involucrar a más actores en la identificación y solución de problemas; darle más responsabilidades a los profesores con más experiencia; ampliación del contenido del trabajo del departamento en su funcionamiento integral y cotidiano, a cargo de la preparación de los profesores en los valores, realizaciones y proyecciones de la política económica y social de la Revolución cubana, estimulando y controlando el deber de autosuperarse en estos temas y mediante el diálogo y el debate colectivos que los preparen para el trabajo con los estudiantes. Asimismo se planteó ampliar los cursos formalizados (relacionados con Historia de Cuba y otros de formación política).

El énfasis político-ideológico en las acciones anteriormente enunciadas se deja entrever con claridad. La nueva estrategia educativa del gobierno cubano no esconde su propósito: intensificar y acentuar a través de toda su potencialidad institucional universitaria las prácticas "educativas" con fines políticos.

Más allá del discurso por la "eficiencia educativa": La política en acción

Con la asunción de Raúl Castro como principal mandatario bajo el nuevo arreglo de gobierno trazado en los *Lineamentos*, se modificaron sustancialmente

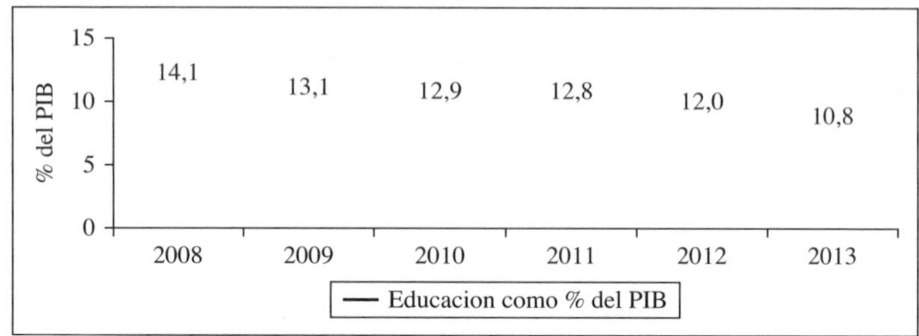

FIGURA 9.1. Reducción del gasto educativo, 2008–2013 (como porcentaje del PIB).
Nota: La caída del gasto educativo que se observa en la figura 1 estuvo aparejada a la notable disminución de la matrícula universitaria, como se muestra en la figura 2. Gráfica referenciada por Mesa-Lago en entrevista con la autora, *Cubaposible* 2015, http://bit.ly/1LI4g0v.
Fuente: ONEI.

decisiones históricas sobre algunos temas de la política social; quizá la más trascendental fue el fin de la política de pleno empleo que garantizó el Estado por varias décadas. El pragmatismo de las reformas actuales ha influido de forma medular en la política social cubana, que ha tenido que reducir su gasto bajo el principio de "racionalidad" económica.

En el rubro educativo se ha considerado que las modificaciones al ingreso de la ES aprobadas en el 2010, son la causa esencial de la disminución de la matrícula total universitaria (ONEI).[46] En su conjunto, todo abona a una significativa reducción de gastos como se muestra a continuación.

La figura 9.2 muestra de manera muy nítida el efecto de los cambios en materia educativa y su trascendental impacto en el ingreso a las universidades: en cinco años la matrícula universitaria se redujo 3,5 veces. Esta tendencia contrasta de manera radical con el comportamiento de la primera década del presente siglo, cuando la UNESCO reconoció que Cuba había casi quintuplicado entre 2000 y 2010 la proporción de estudiantes universitarios, crecimiento superior al de la media latinoamericana estimado en un 40 por ciento para el mismo período. Si el comportamiento a la baja continúa de esa manera, se espera que en el mediano plazo Cuba deje de ser el referente que es ahora.

La matrícula universitaria actual, con 173.298 estudiantes (de ellos el 11,8 por ciento en sedes municipales y filiales universitarias), expresa una disminución de 33.939 respecto al curso pasado, y comparte la tendencia a la baja de la matrícula escolar general en Cuba de los últimos años. Según la ONEI (2015), el curso escolar 2014–2015 comenzó con una matrícula total de 1.901.559 alumnos en todo el país, desde el círculo infantil hasta educación superior, representando una disminución de 64.526 respecto al curso anterior, por lo que se deduce que alrededor de la mitad de la reducción general se debe a la disminución en el nivel terciario. Si bien es un fenómeno complejo con diver-

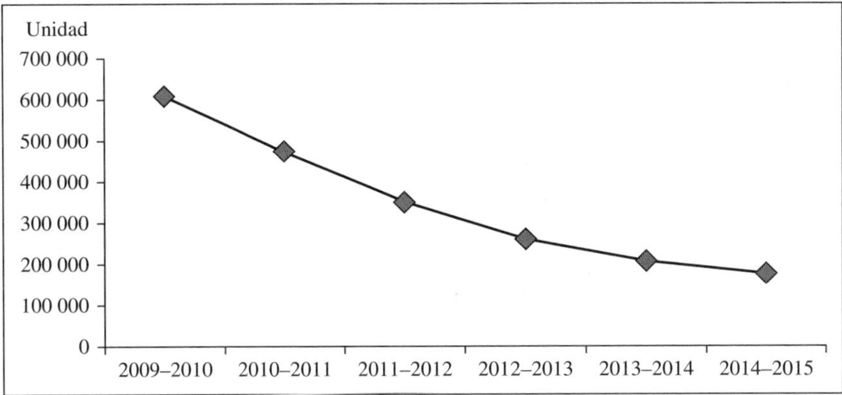

FIGURA 9.2. Matrícula inicial educación superior.
Fuente: ONEI, resumen escolar, 2015.

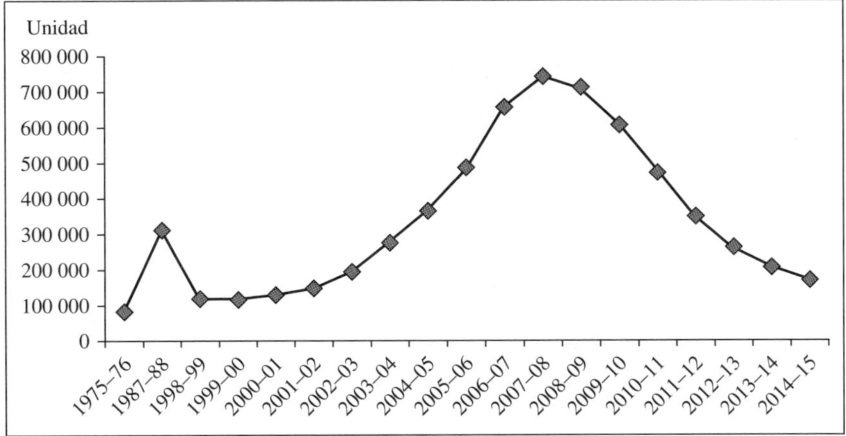

FIGURA 9.3. Serie histórica de matrícula inicial en educación superior.
Fuente: ONEI, resumen escolar, 2015.

sas causas de fondo, este comportamiento expresa coherencia con la tendencia demográfica de no crecimiento. Al graficar de manera histórica los datos de la matrícula universitaria, se visualiza mejor la disminución en el ingreso a este nivel (ver figura 9.3).

En la figura 9.3, los dos picos coinciden con las decisiones principales de regular el ingreso a la enseñanza terciaria en la trayectoria educativa. El primero corresponde al establecimiento a finales de los años 80 de las pruebas de ingreso seguido de la contracción económica de los años 90, conjugándose

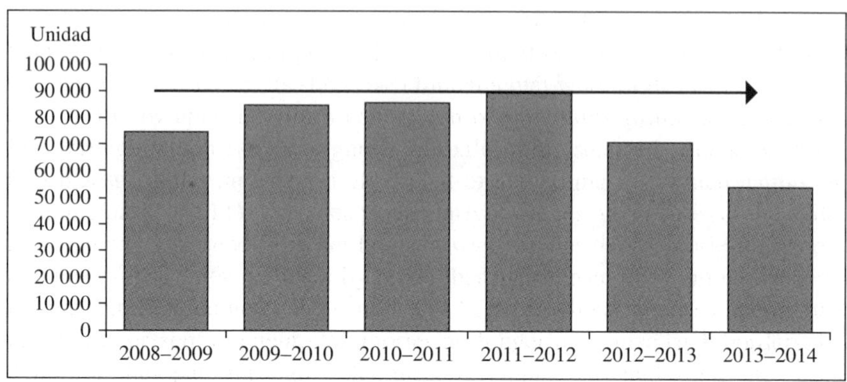

FIGURA 9.4. Graduados en la educación superior por cursos.
Fuente: ONEI, resumen escolar, 2015.

el factor interno (la decisión de política para regular el ingreso) y el externo (la desaparición de la comunidad socialista internacional este-europea y sus consecuencias) en detrimento del acceso a la universidad. El segundo concierne a la sustitución de Fidel por Raúl Castro en los principales cargos del gobierno y el partido. Las nuevas medidas, además de estar movidas por el esfuerzo de sanear los voluminosos gastos estatales, han inaugurado una nueva etapa en la política cubana, poniendo en primer lugar la economía del país sobre los programas de acceso masivo que tuvieron lugar bajo el arreglo de gobierno anterior.

Como era de esperar, esta política de reducción de gastos a través de la disminución de la matrícula condujo a un descenso de los graduados universitarios, lo que se muestra en la figura 9.4.

De manera desagregada y con una serie de datos de todo el período revolucionario, los graduados por tipos de ciencia se distribuyen de la siguiente manera (figura 9.5):

Como se dijo antes, la prioridad estratégica histórica del Estado cubano respecto al sector de la salud y la educación, se ha traducido en su enorme inversión sostenida que se visualiza en los datos anteriores sobre formación de profesionales de ambos sectores. Sus graduados constituyen potencialmente un importante capital (humano) a disposición del desarrollo económico. Es por ello que al menos teóricamente tiene sentido que Cuba base su modelo de desarrollo en los servicios profesionales, con el objetivo de hacer de su exportación su fuente principal de divisas.

Decimos teóricamente, porque entre la formación profesional y la creación de valor (a partir de comercializar servicios profesionales) no existe una relación lineal sino compleja y altamente mediada, donde participan tanto

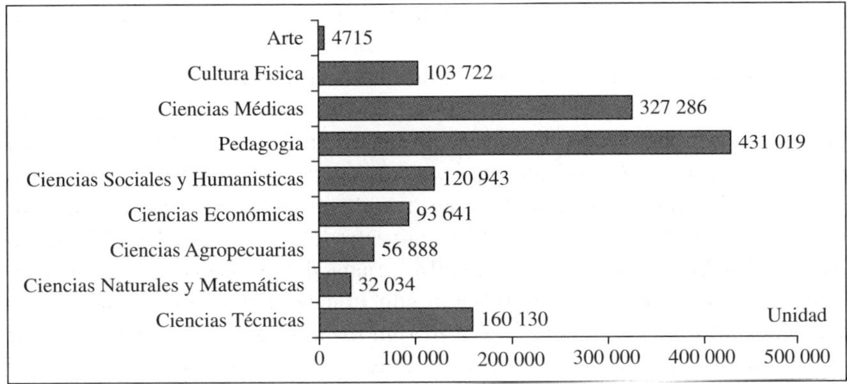

FIGURA 9.5. Graduados universitarios desde 1959 hasta el curso 2013–2014.
Fuente: ONEI, resumen escolar, 2015.

múltiples decisiones de distintas políticas sectoriales como condiciones "externas." Por ejemplo, resulta sintomático que sea Pedagogía la rama científica que más ha egresado profesionales históricamente (casi medio millón) sin embargo, nuevamente en el curso escolar 2014–2015 comenzó con problemas de cobertura en la planta docente, con un 93,1 por ciento cubierto del total. Aunque no existen evidencias de que la falta de profesores se debe a la "exportación" de maestros ni el gobierno reconoce completamente el impacto de los bajos salarios en este fenómeno, el Ministerio de Educación (MINED) decidió compensar la falta de cobertura con medidas internas que flexibilizan el horario docente, estimular la recontratación de jubilados, entre otras.

Con el objetivo de establecer relaciones más consistentes entre la política de formación y la estructura económica de manera que tributen con vigor en la captación de divisas nacionales, bajo la impronta de los *Lineamentos* se ha trazado una estrategia selectiva de ingreso. La tabla 3 muestra cómo, si bien toda la matrícula se ha visto afectada por buscar el ahorro del gasto educativo, la reducción ocurre de manera diferenciada.

Los datos que se muestran en la tabla 9.3 generan muchas interrogantes cuando se le quiere encontrar algún sentido al comportamiento general: ¿Por qué todas las carreras —excepto una— decrecen el último año, en vez de aumentar las matrículas de las carreras estratégicas para la economía? Lo que se observa es, sin embargo, que el "mejor comportamiento" es el menos malo. ¿Cuál es la política estratégica que se manifiesta en un aumento de las artes, una casi estabilidad de las ciencias matemáticas y naturales, y una reducción de aproximadamente 7.000 de medicina, la rama más estratégica hoy de cara a la exportación de servicios profesionales? ¿Es una decisión de política? ¿Refleja

TABLA 9.3. Matrícula universitaria según ramas de la ciencia

	Unidad					
Ramas de la ciencia	*2009/10*	*2010/11*	*2011/12*	*2012/13*	*2013/14*	*2014/15*
Total	**606.863**	**473.309**	**351.116**	**261.468**	**207.237**	**173.298**
Ciencias técnicas	42.773	39.871	36.100	34.820	32.723	30.204
Ciencias naturales y matemáticas	4.441	4.550	4.500	4.511	4.442	4.399
Ciencias agropecuarias	14.394	11.661	9.378	7.187	6.509	5.481
Ciencias económicas	57.836	47.056	36.121	25.618	17.807	13.059
Ciencias sociales y humanísticas	150.326	113.284	77.243	51.465	33.995	22.254
Pedagogía	94.649	67.935	43.700	30.383	22.338	19.656
Ciencias médicas	189.069	148.483	118.914	93.135	76.933	69.760
Cultura física	52.148	39.099	23.792	12.949	11.044	7.018
Arte	1.227	1.370	1.368	1.400	1.446	1.467

Fuente: ONEI, anuario, 2015.

TABLA 9.4. Exportaciones de bienes y servicios

	Millones de pesos					
Concepto	*2008*	*2009*	*2010*	*2011*	*2012*	*2013*
Exportaciones de bienes y servicios	12.506	10.839	14.519	17.319	18.659	18.593

Fuente: ONEI 2015.

desinterés de los jóvenes por esas profesiones? ¿Fallan los procesos de orientación vocacional? Así planteados los datos no transmiten con claridad cuál es la estrategia de ingreso a la educación, a no ser la firme decisión de contraer el servicio educativo.

La política de exportación profesional es pieza clave en la concepción de desarrollo y crecimiento económico, y se "actualizó" y aprobó en la Estrategia Integral de Exportación de Servicios por el gobierno en 2011. La misma tiene como fundamento considerar el nivel profesional de la fuerza laboral como principal activo nacional. Sin ser objetivo del trabajo evaluar su impacto económico, lo interesante a efectos de esta investigación es considerar en la actualidad la creciente correspondencia entre matrícula universitaria por carreras y servicios especializados exportables, sobre todo visible en cuanto a salud y en segundo lugar en pedagogía. No obstante la voluntad política de reforzar el modelo económico con énfasis en la exportación de servicios, datos recientes (ver tabla 9.4) muestran un discreto decrecimiento de las ganancias por ese concepto, de lo que se interpreta que todavía la exportación de servicios no se ha consolidado como estrategia económica, lo que explicaría en parte cierto comportamiento errático que antes analizamos sobre la ¿estrategia? diferenciadora en el ingreso a la universidad por tipos de ciencia.

La "invisibilidad" de lo público y la manipulación del discurso

Pareciera que muchos de los datos anteriores puestos a disposición por la ONEI han pasado desapercibidos ante la opinión pública y numerosas investigaciones. De lo contrario, se esperaría que el conocimiento generalizado de las cifras anteriores y la reducción profunda de todos los indicadores educativos que ellos muestran, hubiese generado reacciones críticas masivas, ante el hecho de observar cómo las más recientes decisiones educativas afectan directamente la posibilidad de muchos jóvenes en tan corto tiempo de ingresar a la universidad, derecho consagrado en la Constitución y garantizado por el Estado.

Siguiendo este razonamiento, podríamos suponer que poco se sabe sobre la profundidad de los cambios en materia educativa. Más bien, lo que parece ser que está ocurriendo es un conocimiento parcial y fragmentado, basado en experiencias concretas individuales y en informaciones que se ofrecen de manera aislada, que obstaculizan una comprensión amplia del sentido de la política educativa actual y sus alcances.

Pero el problema que representa la poca y desconectada información sobre los alcances de la reforma educativa, y que conlleva reducir la vulnerabilidad del gobierno a recibir críticas y descontento masivo, se complica aún más si se piensa que en el lugar del debate público (que traería un alto costo político que ningún gobierno desea), se ha desplegado una campaña oficial, con el objetivo de sensibilizar la opinión pública sobre la necesidad económica de las reformas, creando ambientes subjetivos favorables a las nuevas medidas. El propósito de dicha campaña, informativa y persuasiva, busca desarrollar una "conciencia económica" en la población, dirigida esencialmente a los trabajadores y usuarios de los dos sectores estratégicos del país: salud y educación. Las campañas de comunicación, y esta no es la excepción, tienen como objetivo posicionar problemas específicos en forma de temas, afines a determinados intereses, en el imaginario social a partir de la inducción de creencias. En este caso el "problema" es la economía, ¿y qué tal que no fuera tan así?

"La educación es gratis [para la población], pero cuesta [al Estado]," recuerdan desde el gobierno en forma de eslogan, y se apoya con datos de impacto el costo por estudiante universitario, calculado entre 5.000 y 8.000 pesos por año. Como parte de esta campaña, hasta se pueden encontrar artículos que fundamentan científicamente "la educación y la conciencia económica como un proceso pedagógico organizado, que conscientemente dirigido, propicia una educación de los sujetos implicados para alcanzar la cultura económica en el proceso de los *Lineamientos*."[47] Bajo esta óptica, los medios de comunicación afirman con optimismo que se han reducido gastos "irracionales" en los servicios sociales sin que ello afecte la calidad de los mismos,[48] y se exponen como alentadores la reducción presupuestal de ambos servicios.[49]

Lo que está ocurriendo es que en nombre de la "calidad educativa" se están justificando los recortes, pero sin mostrarse y menos debatirse sus efectos prácticos. Y lo que se encuentra es que, medidas como la Resolución 236/10 habla en su letra textual sobre una modificación al ingreso del nivel terciario para asegurar la calidad educativa, sin embargo, no se explicita la lógica pragmática de su trasfondo, por lo que termina siendo funcional al objetivo de la eficiencia económica pero en nombre de un bien mayor y estructurado discursivamente desde razones técnico-pedagógicas: la calidad educativa y su pertinencia social por ejemplo.

En el orden de las consecuencias prácticas de la política de reducción de gastos justificada por la calidad educativa, algunos investigadores analizan la disminución que esta medida ha ocasionado en la tasa de escolarización,[50] lo que sumado a la orientación meritocrática del acceso, condicionan la aparición de nuevos factores de vulnerabilidad, por ejemplo, el diferencial en acumulación de capital cultural. Esto propicia un proceso de reproducción social a través de las escuelas, donde los más vulnerables serían aquellos jóvenes con menor acumulación de capital cultural, factor que podría afectar no sólo sus trayectorias académicas sino también sus proyectos de vida.

Lo que ocurre entonces es que la estrategia argumentativa sobre la reforma universitaria actual, despliega dos ejes discursivos y prácticas que a su vez se relacionan con los principales componentes del paradigma educativo, heredera en su función política por una parte, así como con elementos de novedad y de "actualización" por otra. "La batalla por la eficiencia económica" del servicio educativo simboliza la actualización de su política a tono con el espíritu general de las reformas. Tal y como se evidenció, su alto contenido antipopular tiene como efectos no deseados primero, un elevado costo político (sobre todo en cuanto a legitimidad del sistema político y por un "darse cuenta" de que los gastos que el Estado se ahorra realmente se transfieren a las familias); segundo, consecuencias negativas sociales de gran envergadura como efectos de la reducción del gasto educativo. Lo anterior se intenta evitar a través de dos estrategias discursivas: una *minimización* de la comunicación de la decisión sobre la eficiencia y sobre todo de sus consecuencias; la otra consiste en un *reemplazo* argumental, donde la retórica sobre la formación en valores (el eje histórico de la política educativa) sustituye la posibilidad de debatir públicamente sobre los efectos sociales y políticos de la reducción del gasto educativo, de manera que el tema de los valores se despliega sobre dicho vacío argumentativo para justificar la maximización de las prácticas políticas en el terreno de las universidades.

Para finalizar se sintetizan los principales hallazgos de este trabajo:

- Como parte de las reformas actuales en Cuba se ha desplegado una *nueva* PES, que se presenta en el discurso oficial con elementos de cambio y continuidad, de modo que dificulta crearse una imagen global de sus propósitos, medidas y alcances.
- ¿Qué cambia? Bajo la impronta del nuevo arreglo de gobierno, emerge un cambio sustancial del contenido de las decisiones de la PES, que en la práctica prioriza la eficiencia económica de la educación y en el discurso su dimensión política. Los drásticos descensos en los indicadores educativos permiten inferir que a escala de la política gubernamental se está configurando un nuevo paradigma de la educación, subordinada, como nunca antes, al problema de la "eficiencia económica."
- Los elementos de cambio y continuidad de la actual PE hacen referencia a un paradigma que por una parte hereda la condición política de la educación, a la vez que emerge una nueva visión pragmatista de la educación. Ambos ejes del paradigma se complementan y articulan en una compleja estrategia "a la medida," posible (entre otras razones) por la condición de no normatividad a manera de ley o código o incluso decreto-ley de las nuevas disposiciones en educación. Esta ausencia textual y la manipulación del discurso sobre los cambios educativos hacen difícil la identificación clara en el imaginario colectivo sobre las reformas actuales, de los cambios profundos en educación que representan un punto de inflexión de su trayectoria.
- Además de un paradigma educativo que está reconfigurándose, la existencia de nuevos actores privados en los servicios educativos son importantes indicios de novedad: la oferta educativa de la Iglesia Católica, los cuentapropistas que ofrecen clases privadas (repasadores), las escuelas internacionales que acogen cada vez más niños de nacionalidad mixta, sumado a un nada despreciable número de servicios ilegales educativos alternativos en todos sus niveles que complementan lo que muchos consideran una educación estatal que ha perdido calidad.
- Si bien la actual PES muestra una rejerarquización de sus prioridades históricas expresadas en nuevos contenidos de sus decisiones, hay que decir a la vez, que estos cambios, aunque profundos como quizá nunca antes, no llegan a evidenciar transformaciones en la lógica decisional, ni en las reglas operativas de la política educativa estatal cubana, ni en su función de aparato ideológico.
- Un análisis desde la sociología política educativa sugeriría que un probable efecto a largo plazo de reducir el ingreso a las universidades, sería el aumento de la concentración de poder en los poseedores de capital político, lo que podría dar forma a nuevas reorganizaciones del campo de lo político y sus actores. Como se dijo, el monopolio de las políticas no tiene sólo consecuencias en el orden "objetivo" sino y sobre todo, da forma a determinadas relaciones simbólicas entre los sujetos y con el mundo representado.

La reflexión fundamental que se extrae de esta investigación de cara al proceso de las reformas gubernamentales, en medio de coyunturas extraordinarias para el país dadas fundamentalmente por la renovación de su élite en el poder y el pacto de esa nueva coalición con el gobierno de Estados Unidos es, si acaso esta nueva política educativa tal y como se ha diseñado y se está implementando, contribuye a hacer perdurable el socialismo cubano. El problema que tiene tal afirmación que se hace desde el gobierno —las reformas de los *Lineamientos* como camino a más ("perdurable") y mejor ("perfeccionamiento del") socialismo— de acuerdo a lo que hemos demostrado, es que al menos la nueva política en educación superior no parece que vaya a traer como consecuencia, ni tampoco abonar, en *más* socialismo en su sentido marxista, porque sus decisiones más relevantes están construidas desde un proceso patrimonializado por el Estado, que es desde la visión del marxismo clásico, una lógica inversa al socialismo. Hasta ahora, ni la hechura de la política educativa ni sus efectos han dado indicios de estar construyendo más procesos de colectivización: al contrario. Al menos la reforma educativa en nombre de la calidad, lo que está consiguiendo es una profunda reducción de todos sus indicadores, además está estimulando la tendencia a la reproducción social del sistema escolarizado, a la vez que mantiene su postura altamente politizada y monolítica sobre la educación, mientras tantos cambios acontecen en la Cuba de hoy: una política educativa así va en contra de los propósitos socialistas.

NOTAS

1. "Educación cubana superior: En el centro del caleidoscopio," *Mesa Redonda*, *Cubadebate*, http://mesaredonda.cubadebate.cu/mesa-redonda/2013/09/11/educacion-superior-cubana-en-el-centro-del-caleidoscopio/.

2. El concepto surge en inglés como *politics of policy*.

3. Danay Quintana, "Cuba entre revolución y reformas: La política de la política educativa en los cambios actuales" (tesis para obtener el grado de doctor en ciencias sociales, FLACSO-México, 2015).

4. Pedro A. Flores-Crespo, *Análisis de política pública en investigación: Línea de investigación* (México, DF: Universidad Iberoamericana, 2008).

5. Oscar Oszlak, "Políticas públicas y regímenes políticos" (Documentos de Estudios CEDES 3, no. 2, 1980).

6. Paul Sabatier y Daniel Mazmaninan, "La implementación de la política pública: Un marco de análisis," en *La implementación de las políticas*, ed. Luis Aguilar (México, DF: Porrúa, 1993), 323–372.

7. Capacidad decisional altamente concentrada por parte del gobierno en materia de políticas públicas.

8. Pierre Bourdieu, *Razones prácticas: Sobre la teoría de la acción* (Barcelona: Editorial Anagrama, 1997).

9. Stephen Ball, *Education Reform: A Critical and Post-Structural Approach* (Philadelphia: Open University Press, 1994).

10. Luis Aguilar, *La hechura de las políticas* (México, DF: Miguel Ángel Porrúa Grupo, 1992).

11. Miguel Díaz-Canel, "Los retos de la educación superior," *Mesa Redonda*, 22 de septiem-

bre 2011, acceso en enero de 2014, http://mesaredonda.cubadebate.cu/mesa-redonda/2011/09/22/cuba-por-una-mayor-calidad-en-educacion-superior/.

12. Rodolfo Alarcón, "La educación superior en Cuba" (primera parte), *Mesa Redonda*, 12 de septiembre de 2013, https://www.youtube.com/watch?v=ZepIekcBJ58.

13. "Díaz-Canel: Cuba abre un nuevo capítulo en la educación," *Trabajadores*, 2 de septiembre 2013, http://bit.ly/1eYc40R.

14. MES, Resolución No. 236/10, *Cubaeduca*, http://bit.ly/1JvvV1x.

15. La Unesco señala a Cuba como el único país de América Latina y el Caribe que logró cumplimentar la totalidad de los objetivos globales de la Educación para Todos en el periodo 2000–2015. Yudy Castro Morales, "Destaca la Unesco resultados de Cuba en materia de educación," *Granma*, 10 de abril de 2015, http://bit.ly/1OxxX1g.

16. Salim Lamramin, "Según un informe de este año del Banco Mundial, Cuba es el país del mundo que más invierte en educación," *Cubadebate*, 15 de marzo de 2015, http://bit.ly/1GZDzjD.

17. Arreglos de gobierno: acuerdos político-institucionales que expresan decisiones estratégicas de naturaleza política. P. J. May y A. E. Jochim, "Policy Regime Perspectives: Policies and Governing" (texto presentado en la conferencia anual de la Association for Public Policy Analysis and Management, Baltimore, MD, 8–10 de noviembre de 2012).

18. Ricardo Torres, "Algunas contradicciones del desarrollo económico cubano contemporáneo," en *Miradas a la economía cubana*: *Entre la eficiencia económica y la equidad social*, comp. Omar E. Vilannueva y Ricardo Torres (La Habana: Editorial Caminos, 2013), 8.

19. Fernando Ravsberg, "Cuba quiere revolucionar su sistema educativo," BBC, 21 de marzo de 2011, http://bbc.in/1JvDEfX.

20. PCC, *Primera Conferencia Nacional*, *Cubadebate*, 2012, http://bit.ly/1Krylj9.

21. Fernando Ravsberg, "Cuba reforma su sistema educativo," *Cartas desde Cuba*, 23 de noviembre de 2011, http://bit.ly/1KS3eM3.

22. "La diferencia más notable es la pérdida de magnitud de la esfera sociopolítica, [la] que, ha reducido notablemente el peso que alcanza entre las satisfacciones juveniles." María I. Domínguez, "La juventud cubana: Aspiraciones, percepciones sociales e identidad," en *Cambios en la sociedad cubana desde los noventa*, ed. Joseph S. Tulchin, Lilian Bobea, Mayra P. Espina y Rafael Hernández (Washington, DC: Woodrow Wilson International Center, 2005), 169–186.

23. Juan Valdés y Mayra Espina, *La transición socialista en Cuba: Estudio sociopolítico* (La Habana: Editorial Ciencias Sociales, 1994).

24. María I. Domínguez, "La educación en la dinámica generacional cubana," *Marx Ahora* 27 (2009): 65–75.

25. Pierre Bourdieu, *Capital cultural, escuela y espacio social* (México, DF: Siglo XXI Editores, 1998).

26. Domínguez, "La juventud cubana," 169–186.

27. PCC, *Informe central al III Congreso del PCC*, año del XXX aniversario del desembarco del *Granma* (La Habana: Empresa Poligráfica del CC del PCC, 1986).

28. MES, *Labor educativa y político-ideológica con los estudiantes* (La Habana: Editorial Félix Varela, 1997), 9.

29. Danay Quintana, "La investigación, ¿dimensión invisible de la educación universitaria en Cuba?" en *Cuadernos del CIPS: Experiencias de investigación social en Cuba* (La Habana: Publicaciones Acuario, 2014), 190–203.

30. PCC, Segundo Congreso, Resoluciones, http://bit.ly/1Jx2wqq.

31. Carmelo Mesa-Lago, *Cuba en la era de Raúl Castro: Reformas económico-sociales y sus efectos* (Madrid: Editorial Colibrí, 2012).

32. "En los niveles de instrucción de la población cubana, resultado de la política educacional de la Revolución Cubana, no existen significativos desequilibrios entre negros, blancos y

mulatos en términos educativos, aunque durante la década de los noventa se registró una sobre representatividad de los jóvenes blancos en la educación superior, posiblemente relacionada con la contracción de la matrícula universitaria durante la crisis económica y la consiguiente elevación de la competitividad para el acceso." María del Carmen Zabala Argüelles, *Análisis de la dimensión racial en los procesos de reproducción de la pobreza*, disponible en CLACSO–Red de Bibliotecas Virtuales de Ciencias Sociales de América Latina y el Caribe, http://bit.ly/1LI3PmJ.

33. Danay Quintana, "Las reformas en Cuba: Racionales pero con efectos sociales adversos. La educación en el mapa de la política social actual," entrevista con Carmelo Mesa-Lago, *Cubaposible* 2015, http://bit.ly/1LI4g0v.

34. Miriam Alpízar, "La educación superior cubana y su financiamiento: Situación actual y perspectivas de desarrollo futuro," *Pedagogía Universitaria* 17, no. 5 (2012): 142–155.

35. Boris Tristá Pérez, Amelia Gort Almeida y Enrique Iñigo Bajas, "Equidad en la educación superior cubana: Logros y desafíos," *Revista Lusófona de Educação* 24 (2013): 117–133.

36. MES, "Graduados universitarios superan el 10% de la población," 8 de abril de 2015, http://bit.ly/1GNzdZJ.

37. Juan Vela, "Políticas universitarias: Demandas sociales y ofertas de formación académica," *Educación Superior y Sociedad*, nueva época, 13, no. 1 (2008): 87–102.

38. Boris Nerey, "Los comunismos del siglo XXI ante la herencia del socialismo real," *Pacarina del Sur: Revista de Pensamento Crítico Latinoamericano* (2014), http://bit.ly/1KrFCiQ.

39. MES, Resolución No. 210/07, Gaceta Oficial, http://bit.ly/1LV3ASh.

40. UH, Facultad de Psicología, Plan de Estudios D, 2009.

41. MES, Documento de trabajo, Documento interno del Ministerio de Educación Superior de Cuba sobre el trabajo político ideológico en las universidades, Reordenamiento del trabajo político-ideológico en las universidades, archivo digital.

42. Sitio web de la Facultad de Economía, Universidad de la Habana, http://fec.uh.cu/ (consultado en septiembre de 2015).

43. Universidad de la Habana, Facultad de Química, Estrategia Maestra Principal para el trabajo educativo y político ideológico, Curso 2009–2010, http://bit.ly/1T6mzNX, consultado en septiembre de 2015.

44. MES, Resolución No. 210/07, Gaceta Oficial, http://bit.ly/1LV3Ash.

45. Rodolfo Alarcón, "Educación superior en Cuba" (primera parte), *Mesa Redonda*, 12 de septiembre de 2013, https://www.youtube.com/watch?v=ZepIekcBJ58.

46. ONEI, *Boletín educativo*, 2015.

47. Lisandro Carralero, Miguel Ángel Tamayo y Luis Aníbal, "La cultura económica en el sistema educativo cubano: Educación y conciencia económica," *Ciencias Holguín* 19, núm. 1 (2013): 1–10, http://www.redalyc.org/articulo.oa?id=181525741007.

48. "Cuba comienza a reducir gastos irracionales en el sistema de salud," *Cubadebate*, 5 de octubre de 2010, http://bit.ly/1T6r778.

49. En una noticia se dio a conocer que durante 2010–2013 en el sector salud se redujeron 109.000 plazas y alrededor de 2 mil millones de pesos de gastos del presupuesto. Yailin Orta Rivera, "Transformaciones en el sistema de salud cubano," *Mesa Redonda*, 26 de marzo de 2014, http://bit.ly/1pc8Ia9.

50. Tristá Pérez, Gort Almeida y Iñigo Bajas, "Equidad en la educación superior cubana."

LORNA V. WILLIAMS

Writing the Music of the City in the Early 1930s: Two Poems by Nicolás Guillén

ABSTRACT

Ever since the publication of *Motivos de son* in 1930, numerous scholars have analyzed the musical effects in Nicolás Guillén's poetry. Unlike most prior studies, this essay focuses on how Cuba's national poet reinterprets two popular songs from the 1920s. By comparing the creative process in these works, I show how Guillén's aesthetic project in "Velorio de Papá Montero" provides a deeper understanding of aspects of the human condition that Eliseo Grenet overlooked in the lyrics of the danceable tunes that he composed for the local stage shows of that era. In contrast, in addressing Guillén's rewriting of Miguel Matamoros's work in "Secuestro de la mujer de Antonio," I discuss how Guillén suppresses the political references that Matamoros included in the catchy lyrics of his son. I also examine the rhetorical strategies the poet employs to provide a more complex and nuanced portrayal of genre differences on both the formal and ideological levels.

RESUMEN

Existen varios estudios sobre los efectos musicales en la poesía de Nicolás Guillén desde la publicación de *Motivos de son* en 1930. A diferencia de la mayoría de los trabajos anteriores, este ensayo se enfoca en la reinterpretación por el poeta nacional de Cuba de dos canciones populares durante la segunda década del siglo XX. A partir del análisis comparado de los procesos creativos de estas obras, demuestro que la propuesta estética de Guillén en "Velorio de Papá Montero" profundiza en aspectos de la existencia humana escamoteados en las letras de los ritmos bailables que Eliseo Grenet compuso para el teatro vernáculo de aquella época. Por otra parte, al reconfigurar un tema de Miguel Matamoros en "Secuestro de la mujer de Antonio," Guillén elimina las referencias políticas que integran las letras de la melodía pegadiza del son de Matamoros. Examino las estrategias retóricas que el poeta pone en juego para plasmar una representación más compleja y matizada de las diferencias de género tanto a nivel formal así como en el plano ideológico.

In his analysis of the revised edition (1963) of C. L .R. James's classic study of the Haitian Revolution (1791–1803), *The Black Jacobins* (1938), David Scott argues that James's portrayal of the Haitian slaves' defiant assertion of their quest for autonomy as a modernizing gesture rests on a Hegelian concept of tragedy. In Scott's view, by casting the insurgent slaves as the embodiment of the idea of political modernity, James's reading of historical events illustrates the irreconcilability of a conflict between two intransigent modes of behavior. Because European enslavers had forcibly installed people of African descent into a modern regime of power that reshaped the existential choices available to them, the Caribbean slave yearning for self-mastery in the late eighteenth century was placed in a position where "he must seek his freedom in the very technologies, conceptual languages, and institutional formations in which modernity's rationality has sought his enslavement." In other words, "*The Black Jacobins* is not only about the profound connection between tragedy and modernity . . . ; it is about the ways in which . . . the modern is confronted *as* a tragic condition, a condition in which there are, as James puts it, *only* tragic alternatives" (Scott 168, 164).

According to Carlos Alonso, the discourse of modernity that most Spanish American writers and intellectuals have formulated since the nineteenth century is marked by ambiguity and ambivalence. Alonso asserts that in both Cuban antislavery writing during the 1830s and 1840s and twentieth-century texts, such as Mario Vargas Llosa's *La tía Julia y el escribidor* (1977), the modernizing project is presented as a social value that is alternately embraced and disavowed (66–83, 128–51).

In this light, it is hardly surprising that, about four years before the initial appearance of James's book, his Afro-Cuban contemporary Nicolás Guillén (1902–1989) offers an analogous version of the dissatisfying resolution of the life-and-death struggle between masters and slaves being lived by residents of the early twentieth-century Caribbean. If the West Indians inhabiting the colonial plantation that James examines exhibited what Gerard Aching calls "degrees of troubled awareness of the imposed and self-generating limits on the subject's ability to act" (915), for the West Indian characters featured in the title poem of Guillén's third published volume, *West Indies, Ltd.* (1934), it is both the historical and the recent control by Europeans and North Americans of the dominant institutions of the political and socioeconomic order that constrains their affirmation of a sovereign subjectivity.

Three years earlier, with the publication of his second book of poems, *Sóngoro cosongo* (1931), Guillén seemed less concerned with voicing his uneasiness about the insufficiencies of Caribbean political power.[1] Instead, the poet appeared eager to continue his explorations of the possibility of clearing a space for the expression of a distinctive cultural idiom, which he began the year before with the publication of his first book, *Motivos de son* (1930). Augier's annotation highlights the salient aspects of that poetic enterprise: "Eran miniaturas de la vida popular habanera, concebidas en la forma rítmica del son, composición musical bailable surgida del folklore cubano, con todos los elementos afroespañoles de la población insular. Esos primeros *Motivos de son* eran ocho, con personajes y costumbres del solar, y su vocabulario y prosodia característicos" (Guillén, *Obra* 370). The new collection signals its continuity with the premises on which the previous collection was founded by taking its title from the *estribillo* of one of the poems included in *Motivos de son*. However, the fifteen new poems also mark their structural dissimilarity from those in *Motivos de son*.

In addressing the central components of Guillén's poetic practice, Keith Ellis discerns their proleptic announcement in the poet's juvenilia: "Desde el poema 'Alma-música' de *Cerebro y corazón* había indicado que la música iba a tener un papel central en su poesía. [. . .] Si en Darío la música funcionó como parte de su ambición pitagórica de ver alcanzada la armonía en el mundo, en Guillén es una manifestación de su deseo de ver realizada la integración social. Por eso, en *Motivos de son* la música funciona en contrapunto con la difícil realidad presentada y como si fuera un modelo de la armonía total, esperada en poemas como 'Son número 6'" ("Nicolás Guillén" 235–36).

Ever since the publication of *Motivos de son*, numerous scholars have analyzed the musical effects in Guillén's poetry.[2] Unlike most earlier studies, this essay explores how Cuba's national poet reinterprets two popular songs in circulation during the late 1920s. In discussing the rhetorical strategies the poet employs to transpose songs into verse, I show how Guillén invokes the formal properties of sounds, rhythms, and words to produce innovative readings of genre and gender.

The contrapuntal model of composition that, for Ellis, characterizes *Motivos de son* also finds expression in "Velorio de Papá Montero," one of the two poems in *Sóngoro cosongo* that I propose to examine. Augier explains, "Esta composición es la glosa poética de un son muy popular de la época, 'Papá Montero,' obra del compositor Eliseo Grenet para cierta pieza del teatro vernáculo, especie de burla fúnebre a propósito de la muerte de un personaje imaginario del ambiente rumbero, cuyo duelo despedíase en su propia salsa jacarandosa" (Guillén, *Obra* 382). By drawing on a preexisting text that was written to function as part of a larger whole, the poem must respond to the challenge of finding a literary equivalent for the array of expressive practices that would enable Grenet's song to create an effect of varying complexity when it was staged.

Perhaps what inspired Guillén's adaptation of Grenet's song was his belief that the melodic and rhythmic modulation from the dirge-like opening measures to the festive chorus in Grenet's composition was consonant with the poet's concept of Cubanness. In fact, in his remarks written on the occasion of Grenet's death in November 1950, Guillén invests the danceable tunes Grenet created with a nationalist logic: "Con él se nos ha ido un pedazo del folklore musical de Cuba, un compositor fresco y fácil, cuyo sentido 'bachatero' del ritmo expresa una manera que siendo mulata [. . .] es profundamente criolla y nacional" ("Eliseo Grenet" 83).

In the prologue to *Sóngoro cosongo*, Guillén characterizes the volume's contents as "unos versos mulatos" (*Obra* 92), the identical term he uses to describe the music of Eliseo Grenet (1893–1950). In both instances, through a metonymical operation, what is conventionally understood to be a socio-racial category is posited as the ground on which a claim to national representativeness is advanced: "Participan acaso de los mismos elementos que entran en la composición étnica de Cuba, donde todos somos un poco níspero" (*Obra* 92).

The musicologist Argeliers León bolsters Guillén's aesthetic position when he refers to "the Afro-Cuban movement as the *color* of the Cuban vanguard" during the 1930s. This view stems from the fact that, according to León, "in place of the *variations* of Western European music, black people used *phrasing* that allowed them to change a rhythmic figure successively until they hit upon a new one; . . . the closed phrases of European music were transformed in these musics into a more loosely structured expressive form whose segments could conclude simply with the exhaustion of an idea, without the dominant-tonic relationships or the voice-leadings being of any importance" ("Of the Axle" 280).

Antonio Benítez-Rojo has summarized the reasons why Afro-Cuban musics achieved acceptance from a broader Cuban audience in general, and from writers in particular, at the beginning of the twentieth century. In addition to the widely recognized fact that Cuban interest in the aesthetic principles of black music coincided with a moment when "African culture became interesting to great European intellectuals," Benítez-Rojo highlights other contingent elements: "New technologies also contributed: radio, the Victrola, records, and a developing recording industry. Scouts from RCA Victor and other U.S. labels traveled to Cuba in search of musicians and singers to perform the rhythms of people of color. This made the marginalized *son*, a musical form that had existed since the 19th century in eastern Cuba, fashionable in Havana, despite the protests of those who saw it as music fit only for blacks and the uneducated. Thanks to radios and record players, the *son* triumphed in Cuba and entered the mainstream of national culture. The polyrhythmic *son*, the rustic instruments used to play it, dancing to the *son*, and listening to its lyrics—sung in Havana's street Spanish—inspired Nicolás Guillén to write the poems he included in *Motivos de son*" ("Cuba" 18).

As Odilio Urfé indicates, the term *son* is a generic label applied to a musical complex comprising many variants (187). Nonetheless, in Emilio Grenet's view, its most salient feature is its bipartite structure: "Due to the simplicity of its form, which is merely a repetition of an original refrain of not more than four measures called *montuno* and which is sung in chorus, and a contrasting motive for a solo voice which does not go beyond eight measures, the *son* seems bound by a close relationship to the *rumba*" (xxxvi). However, Zoila Lapique Becali underscores how the migration process radically altered its form, notably the instrumentation:

En Oriente los *sones montunos* [. . .] eran tocados por tres, guitarra, marímbula, a veces botija, claves y maracas, a los que se unían un par de bongoes. [. . .]

Al hacerse el son un fenómeno musical urbano y capitalino se hizo más compleja su instrumentación: el contrabajo sustituyó a la botija y a la marímbula, e hizo su entrada, primero el cornetín y luego, la sonora trompeta.

Podemos decir que en La Habana el rústico son oriental se perfeccionó y diversificó en manos de músicos más experimentados o profesionales. (201–2)

In other words, the music from which Nicolás Guillén drew inspiration was constantly being refashioned.[3]

In the chapter of *La música en Cuba* he dedicates to the island's *teatro bufo*, Alejo Carpentier provides a transcription of the lyrics of "Papá Montero," which he includes among the classics of the genre, without naming Eliseo Grenet as the composer of the score:

Además, el *son*, en su presencia madura, nos venía con una forma definida: *largo* y *montuno*. El *largo*, era el recitavo [*sic*] inicial, la exposición de romance, de muy viejas raigambres santiagueras, llevada en tiempo pausado, por una sola voz:

Señores,
Señores,
los familiares del difunto
me han confiado,
para que despida el duelo,
del que en vida fué
Papá Montero.

Nerviosa reacción de la batería. Y las voces que entraban, todas juntas, estableciendo en el *montuno* la vieja forma responsorial primitiva [. . .]:

CORO: *A llorar a Papá Montero,*
¡zumba!
canalla rumbero.
SOLO: *Lo llevaron al agujero.*
CORO: *¡Zumba!*
Canalla rumbero.
SOLO: *Nunca más se pondrá sombrero.*
CORO: *¡Zumba!*
canalla rumbero.
etc., etc., etc.

Con una insensible aceleración del *tempo*, las variaciones podían improvisarse, dentro de un encuadre rítmico general, durante el tiempo que se quisiera. Los instrumentos bordaban, hacían "filigranas," subdividían los valores fundamentales, colaborando con la creciente excitación de los bailadores, que, a su vez, complicaban los pasos. Los juegos coreográficos del Africa estaban presentes en ese *allegro con variaciones* rudimentario que los músicos y cantadores sostenían a brazo tendido, hasta que una pausa se hiciera necesidad física. *Los hombres no lloran*, *Maldita timidez*, *Esas si son cubanas*, *Papá Montero*, *Mujeres, no se duerman*, *Las cuatro palomas*, constituyen los trozos antológicos, representativos de ese gran momento del *son* que fué la década 1920–1930. (Carpentier 192–93).

Carpentier's version of the song exhibits the Afro-Cubanist compositional features that León has identified. By ending the *montuno* section with the words, "etc., etc., etc.," Carpentier shows that in performance, the exchange between lead vocalist and chorus could be extended indefinitely. A textual theme of finality—Papá Montero's death—thereby produces an effect of indeterminacy, because narrative succession is based on the recurrence of short vocal phrases that do not culminate in a climactic moment of closure.

At the same time, the site in which Carpentier locates the song lyrics suggests that by 1930, Papá Montero functioned as a synecdoche for the shantytown-dwelling black man, a postemancipation equivalent of the *negro curro*, the ostentatious, hedonistic, free urban black, whose aspirations for social equality were ridiculed ever since he made his inaugural appearance on the stage as a stock character in the ensemble of Havana's burlesque theater around the same moment when Cubans launched their first anticolonial war, the Ten Years' War of Independence (1868–1878), against Spain in 1868.[4] Jill Lane observes that in nineteenth-century Cuba, the *teatro bufo* was a "revue-style genre of theater and music that elaborated a range of blackface characters and ostensibly 'African' rhythm and sound," in which "whites occupy the space of blackness to imagine their nation as mestizo" (1730). In other words, the performance of blackness was considered essential to the production and maintenance of Cubanness.

In his assessment of Eliseo Grenet's cultural significance, in 1950, Guillén the journalist deplored the reductive notion of Cubanness on which the stage shows were premised:

En 1920 Grenet trabajaba junto a Arquímides Pous, en el apogeo del teatro "cubano," ese convencional tablado que no es cubano ni teatro, pero que desde la Colonia es lo único "vernáculo," lo único "criollo" que podemos ofrecer a los extranjeros, no sólo en lo que hizo Pous (el mejor de todos, en realidad), sino en lo que hicieron y hacen todavía quienes creen que la vida cubana gira exclusivamente alrededor del gallego, la mulata y el negrito, en un enredo estúpido y falso, tan falso y estúpido como los mismos personajes. ("Eliseo Grenet" 82)

In Guillén's reading, the insistent reenactment of scenarios featuring social images that came into being during the pre-independence era made the repertoire of early twentieth-century sainetes and zarzuelas unsatisfying as a mode of representing the complexity of contemporary urban life. More recent studies confirm Guillén's view that, in their reliance on archetypal figures, the theatrical productions during the early republican period were continuous with the artistic projects of the *teatro bufo* during the late nineteenth century.[5]

To counter the dominant aesthetic paradigms, in 1931, Guillén the poet reimagines the circumstances surrounding Papá Montero's death. Instead of treating the persona's death as an accomplished event, a presupposition inscribed in the song text, the poem begins by presenting the character in his everyday social environment:

Quemaste la madrugada
con fuego de tu guitarra:
zumo de caña en la jícara
de tu carne prieta y viva,
bajo luna muerta y blanca

El son te salió redondo
y mulato, como un níspero

Bebedor de trago largo,
garguero de hoja de lata,
en mar de ron barco suelto,
jinete de la cumbancha:
¿qué vas a hacer con la noche,
si ya no podrás tomártela,
ni qué vena te dará
la sangre que te hace falta,
si se te fue por el caño
negro de la puñalada?

¡Ahora sí que te rompieron,
Papá Montero! (*Obra* 101–2)

Here, Papá Montero is cast as a passionate working-class musician, given to heavy drinking and excessive partying. In sum, he is a character whose behavior is marked by indiscipline.

In its formal structure, the poem bears a resemblance to the song in that the equivalent of the *motivo*, the exposition, is presented in the first two strophes. Spacing sets each strophe apart visually. As Carpentier's study demonstrates, when the song is performed, the interlude between strophic sections is punctuated with instrumental improvisations. Here, the distich serves an analogous function.

The third strophe, placed at the poem's approximate midpoint, corresponds to the *montuno*:

En el solar te esperaban,
pero te trajeron muerto;
fue bronca de jaladera,
pero te trajeron muerto;
dicen que él era tu ecobio,
pero te trajeron muerto;
el hierro no apareció,
pero te trajeron muerto. (102)

The *estribillo*, "pero te trajeron muerto," is reminiscent of the song's choral response, which alternates with the improvisatory vocal solos. This verbal interchange is followed by the only octosyllabic rhymed couplet in the poem:

Ya se acabó Baldomero:
¡zumba, canalla y rumbero! (102)

This is the only moment when Guillén's work explicitly quotes from its model. The vocal phrases assigned to the chorus, "¡zumba! / canalla rumbero," which are repeated three times in Carpentier's text, and recur more often in recorded versions of the song, appear just once in the poem, as if to signal that poems operate according to a different compositional logic than song lyrics. The song's chorus identifies the legendary Papá Montero as a *rumbero*. However, Guillén's poem associates him with another type of music, the son, a genre that, as Carpentier's study documents, was in its heyday, both nationally and internationally, when Guillén composed *Sóngoro cosongo*.

Emilio Grenet claims that "the typical Cuban *rumba* is not known abroad where the music known as *rumba* is in reality a *son* with a faster tempo than required by the eastern dance." He goes on to define the rumba: "The music consists of a refrain of eight measures which are repeated indefinitely and in which the melody is almost always a pretext for the rhythm which is everything in this popular genre. Thus, the greatest number of *rumbas* are written with absurd text which generally is a result of the rhythmical impulse." Unlike his definition of the *son*, which he presents in strictly musicological terms, in this instance, he concludes his discussion of the genre by remarking, "The *rumba* always expresses the joy of the lower classes," a social group metonymically represented by "*Papá Montero*, who even after death did not abandon the atmosphere of the *rumba*." Furthermore, Emilio Grenet adds, "The *Papá Montero* type, which incarnates the popular negro who is preoccupied only with satisfying a most avid sensuality, has been a motive of inspiration for our poets and our musicians" (xlvii–xlix). Consequently, when a transitional section of Guillén's poem names *rumbero* as one of Papá Montero's attributes, for the poet's intended audience, the term no doubt signifies not merely a dancer of traditional rumba, but someone dedicated to the unrestrained pursuit of sensual pleasure.

Paradoxically, the citation of the song's refrain signals a radical departure from the format of the *son*. At this juncture, instead of adhering to the bipartite structure, in which verses alternate with chorus sections, the poem diverges from the cyclical pattern to register what Xon de Ros, in a different context, calls "the irreversible effect of death" (122):

> Sólo dos velas están
> quemando un poco de sombra;
> para tu pequeña muerte
> con esas dos velas sobra.
> Y aun te alumbran, más que velas,
> la camisa colorada
> que iluminó tus canciones,
> la prieta sal de tus sones
> y tu melena planchada. (102)

Through the temporal frame surrounding the textual echo from Eliseo Grenet, "Ya se acabó," a note of finiteness enters the poem to clear the way for the expression of a restrained lament for the low social value assigned to the musician's passing: "para tu pequeña muerte / con esas dos velas sobra." This rhetorical gesture serves to approximate Guillén's poem to the conventions of an elegy.[6] As Marcellus Blount reminds us, "the traditional functions of elegy are to lament, praise, and console" (243). Thus, when the poetic voice goes on to offer what corresponds to a eulogy for the deceased, which highlights both the quality of his music and his personal stylishness—exemplified by "la camisa colorada" and "tu melena planchada"—it proposes to distance Papá Montero's memory from "the brutal randomness of his untimely death" (de Ros 121).

Thereafter, textual repetition returns in the form of the couplet separating the fourth strophe from the fifth, which is identical to the one separating the second strophe from the third:

> ¡Ahora sí que te rompieron,
> Papá Montero! (102)

Metrically and thematically, this transitional section, with its assonant rhyme scheme in *e-o*, recapitulates what is stated four times in the *estribillo*—"pero te trajeron muerto"—an emphasis on the irreversibility of death that is at variance with the focus on the character's hedonism, which the melodic and rhythmic patterns of the song's chorus relentlessly reaffirm.

The poem concludes with a consolatory vision:

> Hoy amaneció la luna
> en el patio de mi casa;
> de filo cayó en la tierra
> y allí se quedó clavada.
> Los muchachos la cogieron
> para lavarle la cara,
> y yo la traje esta noche
> y te la puse de almohada. (102)

The transformative powers of poetry allow Guillén's speaker to enact the comforting gesture of providing the moon as a "pillow" for the deceased in order to signal the insertion of his passing into the processes of the natural world, of which death is an inescapable part. The moon's anthropomorphized presence also seems to enable "los muchachos," presumably the dead man's former drinking companions, to keep the signs of their own grief at bay by displacing them onto the moon's "face." Their washing the moon's face, perhaps with their tears, presupposes that their action has redeemed it from the initial phase of "luna muerta y blanca" conferred upon it in the opening stanza (101), and that this restorative act now makes the full moonlight available to function as a compensatory symbol to illuminate Papá Montero's body by negating the dimness of the "dos velas" invoked in the previous strophe. By the poem's figurative logic, this suggests the possibility that the dead musician proves worthy of memory not so much for the violent manner in which his existence was cut short, but for the enduring excellence of his sones.

Like "Velorio de Papá Montero," "Secuestro de la mujer de Antonio" was inspired by a preexisting text. Augier remarks, "Publicado en la página 'Ideales de una Raza,' *Diario de la Marina*, 28 de septiembre de 1930. Como el 'Velorio de Papá Montero,' este poema se inspiró en un son de la época, 'La mujer de Antonio,' obra del compositor popular Miguel Matamoros" (Guillén, *Obra* 383).

In his autobiography, *Páginas vueltas* (1982), in recounting his relocation from his hometown of Camagüey to Havana in 1926, Guillén recalls his fascination with the sounds of the new music being played on radio programs in Havana during the late 1920s: "nunca he vacilado en reconocer que la poesía 'mulata,' 'mestiza,' o como quiera decirse, se inspiró más de una vez en la música popular, especialmente la del trío Matamoros, y que en ésta hay poemas que anuncian poemas míos" (93). Regarding the band Guillén privileges, Robin Moore writes, "Miguel Matamoros, the leader and author of a majority of the ensemble's original compositions, experimented early on with musical fusion and first popularized such hybrid genres as the *bolero-son*" (107). Not unexpectedly, in adapting Matamoros's song to his aesthetic purposes, Guillén employs a mixture of poetic registers.

The initial strophic section of Matamoros's song follows the classic son format by serving an explanatory function. As León tells us, the subject matter of son lyrics is diverse: "Los textos han comprendido una amplia temática popular, haciéndose sentenciosos, satíricos o descriptivos, y aplicado a las más diversas circunstancias personales" (*Del canto* 127). He goes on to argue that the *montuno*'s antiphonal structure allows audiences in Cuba to signal their endorsement of the propositions encoded in the improvisatory solos by singing along with the choral responses (*Del canto* 131). However, León continues, this compositional process often produces an effect of discordance between strophes and refrain. In León's words: "muchos estribillos llegan a hacerse incongruentes con lo relatado en las coplas" (*Del canto* 144).

That incongruous causal logic permeates the structure of Matamoros's song text:

La vecinita de enfrente,
buenamente se ha fijado
como camina la gente,
cuando sale del mercado.

La mujer de Antonio camina así,
cuando viene de la plaza camina así,
cuando trae la jaba camina así
cuando trae tomates camina así
La mujer de Antonio camina así.

Mala lengua tú no sigas
hablando mal de Machado,
que te ha puesto allí un mercado
Que te llena la barriga.

La mujer de Antonio camina así.

Si no tiene combustible
Lindbergh en su monoplano,
que venga con los cubanos
que tienen mercado libre.

La mujer de Antonio camina así,
la mujer de Antonio, camina así. (Rodríguez Domínguez 136)

By León's terms, the successive strophes following the *montuno* address topical issues that bear no narrative relationship to the *estribillo*'s content. According to Rodríguez Domínguez, they refer to aspects of the economic policies of the Gerardo Machado regime (1925–1933): "La creación de los llamados mercados libres, en la época del machadato, llevada a cabo con la intención de ofrecer una imagen de prosperidad económica que no era, por supuesto, la situación por la que atravesaba el país, permitió a Miguel Matamoros lograr una sutil ironía sobre la crisis económica, política y social que sufrió Cuba en aquella etapa de su historia" (190). In registering an equivocal position toward the dictatorship, perhaps Matamoros sought to signify his recognition that the administration had created a more favorable environment for the reception of his music in Cuba, even as he was aware of the human rights abuses unleashed by its repressive apparatus. For instance, in October 1925, Machado's Secretario de Gobernación announced the permissibility of son music and dancing in public venues from which they were once excluded, such as hotels and restaurants. Earlier, in May of that year, the first national son competition was held in Havana, signaling that the music was officially recognized as a legitimate expression of Cubanness (Moore 104; Blanco 33, 34).

Matamoros's lyrics foreground an economic motive. Any pleasure the narrator derives from his ostensible relationship with Antonio's woman is vicarious, mediated through another woman's gaze: that of "la vecinita de enfrente." By contrast, from its opening strophe, Guillén's poem self-consciously revises the premise of Matamoros's song, in a rhetorical move designed to display the speaker's virility:

> Te voy a beber de un trago,
> como una copa de ron;
> te voy a echar en la copa
> de un son,
> prieta, quemada en ti misma,
> cintura de mi canción. (104)

Through anaphora and parallelism, an analogy is established between "una copa de ron" and "la copa de un son," between (masculine) erotic prowess and artistic prowess. The poem thus constitutes an oblique challenge to its model, based on a radically different understanding of Antonio's identity.

In his analysis of the poem, Miguel Arnedo-Gómez calls attention to its ambiguities: "Guillén's poem requires a reader who can figure out the poet's metafictional and humorous references to his appropriation of Matamoros's song. The most obvious of these is found in the title of the poem, as the word 'secuestro' points to the fact that Guillén the poet has 'kidnapped' the song" (570). However, one may also read Guillén's project as an effort to represent more faithfully the theme of sexual rivalry toward which Matamoros's song text gestures. For the poet, accomplishing this goal entails taking the son-poem in the direction of the traditional rumba, a musical genre in which, as practiced in Havana and Matanzas at the beginning of the twentieth century, it was not uncommon for lead vocalists to engage in "controversias," or improvisatory verbal duels, as a means of heightening audience interest in their performance (Moliner 41, 44).

According to historical evidence, the *tumba-Antonio* was the name of a subgenre predicated on the execution of mimetic movements in the mode of other variants of traditional rumba (León, "Notes" 13). However, in early twentieth-century Havana, it was no longer possible for Guillén's speaker to literalize his dance steps, because the subgenre in question had long before ceased to be performed. The only rumba variant available to him for representing his enactment of sexual conquest was the *guaguancó*.

Israel Moliner and Gladys Gutiérrez have identified its three-part structure as a basic component of the *guaguancó*: "La estructura de esta rumba está compuesta por la diana o llamada, la temática, que puede abarcar dos o más estrofas, y el montuno, que es la parte que se baila y tiene un carácter responsorial" (46). And Yvonne Daniel delineates the accompanying dance movements in the following terms: "In guaguancó, the slightly faster rumba, the vacunao, or vaccination, is the goal. The objective is for the man to pursue the woman and to execute a vacunao or vacuna by gesturing with his hand, foot, or, most often, a pelvic thrust toward the woman. This stylized vaccination derives from the unabashed love of both dance and double meanings in Cuba. The choreography involves opportunism and depicts a man quite similar in behavior to a rooster chasing a hen: preening himself, puffing his chest out, strutting about, and relentlessly pursuing his potential mate. The woman, like a hen at times, is uninterested, tries to evade and avoid him, but is eventually attracted to him and allows him to dance nearby. In her choreography, she shows off her skill, ability, and attractiveness; she competes, blocking the man's attempts. She dances with grace and seductiveness but always tries to avoid the vacunao. She escapes the vacunao by protecting her pelvic area with a covering gesture while sustaining the rhythm and maintaining a seductive attitude" (69).

In the poem, the following two strophes correspond to the introductory section of the *guaguancó*:

> Záfate tu chal de espumas
> para que torees la rumba;
> y si Antonio se disgusta
> que se corra por ahí:
> ¡la mujer de Antonio tiene
> que bailar aquí!
>
> Desamárrate, Gabriela.
> Muerde

la cáscara verde,
pero no apagues la vela;
tranca
la pájara blanca,
y vengan de dos en dos,
que el bongó
se calentó . . . (104–5)

The directives the speaker issues to Gabriela serve to establish the guidelines for the performance. By removing her scarf, she would signal her readiness to begin executing her dance steps. Similarly, the statement, "que el bongó / se calentó," marks the transitional passage to the section in which the lead singer delivers the "temática" or narrative *canto*:

De aquí no te irás, mulata,
ni al mercado ni a tu casa;
aquí molerán tus ancas
la zafra de tu sudor;
repique, pique, repique,
repique, repique, pique,
pique, repique, repique,
¡po! (105)

Unlike the son, which features stringed instruments, such as the guitar and the guitarlike *tres*, as the reference to Papá Montero's "guitarra" illustrates, in Cuba, traditional rumba music is performed by voice and percussion instruments, unaccompanied by melodic instruments (León, *Del canto* 151–65). Guillén's text evokes the percussiveness and repetitive rhythmic patterns at the heart of traditional rumba music through its alliterative and onomatopoeic plays with the word *repique*. The shifting position of the repeated explosive consonant *p* creates the sound effect of the syncopated rhythmic pattern played by the *palitos* on the side of a drum in rumba music.

The speaker's insistence on the specificity of his location, through the demonstrative adverb *aquí*, repeated four times in the poem, serves to situate the dancing couple in the center of a small, confined space, reminiscent of the setting in which traditional rumba is usually performed. By anchoring the female body in a fixed place, Guillén's text explicitly thematizes its rejection of the options Matamoros imagined for Antonio's woman: traveling between the marketplace and her home. Perhaps this stems from the poet's belief that the contingent personal details the song text provides about the female character—"cuando trae tomates," for instance—may be read not so much as erotic signs but as signifiers of domesticity.

Moreover, Guillén's text not only confers a name on the character who remains unnamed, recognized just through her ties to Antonio, in Matamoros's song. Guillén also assigns her a racial identity. When the speaker calls Gabriela a *mulata*, the same interlocutor he addressed as a *prieta* in the opening stanza, instead of regarding this act as an instance of misnaming, perhaps one should interpret it as an example of the playfulness that Gordana Yovanovich discerns in Guillén's portrayal of the Afro-Cuban woman in his early poetry. In Yovanovich's words, "If the black woman in Guillén's poetry does not play, she is only a servant, or a slave. But through play she partially re-shapes her frame . . . and thereby seizes as much control as circumstances allow. In ontological terms, she finds her dignity and realizes her humanity by playfully engaging the very circumstances that threaten her" (15–16). Given the *mulata*'s lengthy history of sexualization in Cuban literature, perhaps it is no accident that, in a scene of seduction on a fictive dance floor, the stability of Gabriela's ethnicity becomes unsettled, and signs of sexual allure are inscribed in the only kind of female body in which they have been textually legible in Cuban literary discourse ever since the early nineteenth century.[7]

The choreographer Ramiro Guerra would say that the choreography of the *guaguancó* grants the speaker greater leeway to stage the racialized play of sexual differences. As Guerra writes, "Las rumbas, ya nacidas en nuestro suelo, hicieron del baile de parejas un juego erótico de bella contención sin escatimar las claras y directas intenciones sexuales de la pareja. Cuando el hombre trata de tocar el sexo femenino con la acción llamada 'vacunao' y ella se protege con las manos el área genital, lo hace sin subterfugios, más bien como un toque de mayor provocación que por pudor hipócrita" (142). In this instance, the speaker draws attention to Gabriela's gyrating hips. Intriguingly, through a creative act of synecdochic displacement, her pelvic movements are likened to other movements in the socioeconomic domain—"aquí molerán tus ancas / la zafra de tu sudor"—as if to substantiate Benítez-Rojo's assertions about the nature of Caribbean expressiveness: "The phenomena unleashed by the plantation economy are so deep, so complex, and so tenacious—and even more so in the case of sugarcane—that they ordinarily survive the most drastic political changes, the greatest natural and economic catastrophes, and processes of recognized social violence such as wars, foreign occupations, dictatorships, and revolutions. The machinery of the sugar mill, once installed and set in motion, soon becomes almost indestructible, since even when it is partially dismantled, its transformative impact will survive it for many years, and its track will be inscribed within Nature itself, in the climate, in the demographic, political, social, economic, and cultural structures of the society to which it once was joined" ("Nicolás Guillén" 131–32).

Gabriela's unstated parrying of the speaker's moves evidently compels him to adjust his mode of pursuit. For in the following strophe, he redirects his gaze to her upper body:

Semillas las de tus ojos
darán sus frutos espesos;
y si viene Antonio luego
que ni en jarana pregunte
cómo es que tú estás aquí . . . (105)

For the speaker, shifting the site in which meaning is inscribed in the woman's dancing body entails renegotiating his position as a claimant for her attention. Looking into her eyes leads to an awareness that his repudiation of Antonio's existence cannot be sustained indefinitely: "si viene Antonio luego."

Formally, the break in the continuity of the speaker's improvisatory address, signaled typographically by the ellipsis, parallels the moment when the lead vocalist cues the other singers to proceed to the *montuno* section of the rumba:

Mulata, mora, morena,
que ni el más toro se mueva,
porque el que más toro sea
saldrá caminando así;
el mismo Antonio, si llega,
saldrá caminando así;
todo el que no esté conforme,
saldrá caminando así . . . (105)

The poem's call-and-response structure differs from the song's chorus by being cast in the grammatical mode of conjecture. The activity that the *estribillo* in Matamoros's song presents in its immediacy ("camina así") becomes an anticipated event in the poem ("saldrá caminando así") to convey the shift in emphasis from a description of how Antonio's woman walks to representing the speaker's assumption of the *controversista*'s combative stance. Although the choreography of the *guaguancó* permits the male dancer to yield his position by allowing himself to be replaced by a *compañero* or another audience member among the circle of spectators, here, the speaker forecloses that possibility, thereby signaling his redoubled efforts to elide defiantly the social barriers standing between him and the fulfillment of his desire.

Traditional rumbas usually end with a percussive *cierre*. And indeed, that conventional practice finds its parallel in the poem's reprise of a prior motive:

Repique, repique, pique,
repique, repique, po;
¡prieta, quemada en ti misma,
cintura de mi canción! (105)

The recurrence of the onomatopoeic drumbeat follows a pattern common in traditional rumba music. While the exclamation points may be read as an indicator that the speaker has successfully executed a *vacunao*, to signify the male dancer's attainment of his objective of sexual conquest, the words they enclose abandon the climactic framework of the rumba to return to the circularity of the son. Although in the previous section, eroticism was playfully inscribed in a female body of undecidable ethnicity—"mulata, mora, morena"—the speaker ultimately circles back to address Gabriela just as he did at the outset: *prieta*. Thus, at the formal level, the poem reconciles its version of a *tumba-Antonio* rumba with the compositional features of Matamoros's son, which it rewrites.

In mapping the music scene in prerevolutionary Cuba, the composer Argeliers León credits Guillén's poetry with providing a viable model for incorporating the symbolic idiom of modernity into the island's art music compositions: "Guillén had found the synthesis of a Cuban language in the *son*, and he had given it back to the people in a vigorous oevre [*sic*] subsequently reflected in Caturla's *La Rumba* (1933–34) and *Berceuse campesina* (1939), and in Roldán's *Tres toques* (1931–32) and in *Motivos de son* (1931). . . . What had happened was that a musical development which took its own dynamic and vigorous Cuban roots for granted was consolidated through the work of a poet" ("Of the Axle" 279). Guillén's reinterpretation of Grenet's "Papá Montero" and Matamoros's "La mujer de Antonio" exemplifies that indissociability of poetic and musical sounds.

NOTES

1. Augier (46–49) attributes the formal shift from the experimental, free-verse mode of Guillén's avant-garde poetry and the kinds of son-poems that characterized his previous literary practice to the poet's attentiveness to the issues at stake during a period of social upheaval in the early 1930s. In Augier's words, "Al examinar los cambios en los procesos ideológico y estético del poeta, se tiene la impresión de que uno y otro se corresponden, como si al despertar Guillén a la plena realidad del drama histórico de Cuba y de las Antillas, sintiera la necesidad de expresarlo en forma más accesible a las mayorías, pero sin ceder en preocupación artística, sino por el contrario, ensayando fórmulas de mayor eficacia para la expresión poética" (49). Significant events include the collapse in October 1920 of Cuban sugar prices on the international market because of overproduction around the world and the onset of a crisis in the Cuban sugar industry in 1925 that was exacerbated by the worldwide depression in 1929; beginning in 1928, the mobilization, under middle-class Cuban leadership, against the dictatorship of Gerardo Machado (1925–1933), which led to Machado's overthrow, in August 1933, accompanied by official US maneuvering to ensure the installation of a government capable of maintaining a stable environment, one favorable to safeguarding US economic interests in Cuba. For an analysis of the international and Cuban contexts, whose materiality resonates throughout *West Indies, Ltd.*, see Ayala; de la Fuente (1–222); Domínguez; Guridy; Ibarra; McLeod; Pérez; Schwartz; and Whitney.

2. See, e.g., Hidalgo; Kubayanda; and Smart, "Nicolás Guillén's *Son* Poem."

3. In its turn, Guillén's work has inspired adaptations by numerous composers, ranging from the Grenet brothers, who set some of the early poems to music during the 1930s, to several groups of rap musicians living in 1990s Havana, who have sampled and reworked fragments of poems from different periods in their song lyrics. For analysis of these disparate aesthetic responses, see Manabe; Redruello; and West-Durán.

4. Civantos; Martiatu; and Mendieta Costa discuss the salient features of the *teatro bufo*.

5. Consult Leal; López; Robreño (23–69); and Thomas.

6. In 1958, Guillén published a collection of six poems entitled *Elegías*, three of which were dedicated to black men who died under tragic circumstances: the assassinated Cuban labor leader, Jesús Menéndez (1911–1948); the Haitian writer Jacques Roumain (1907–1944); and Emmett Till (1941–1955), the fourteen-year-old North American from Chicago who was lynched in Mississippi. Ellis (*Cuba's Nicolás Guillén* 118–34) provides an overview of the defining characteristics of Guillén's elegiac poetry.

7. See, e.g., Cámara Betancourt; González; and Guevara. For a fuller treatment of racial discourse in Guillén's work, consult my *Self and Society* (15–60); Barrera; Morejón; and Smart, *Nicolás Guillén*.

WORKS CITED

Aching, Gerard. "The Slave's Work: Reading Slavery through Hegel's Master-Slave Dialectic." *PMLA* 127.4 (2012): 912–17.

Alonso, Carlos J. *The Burden of Modernity: The Rhetoric of Cultural Discourse in Spanish America*. New York: Oxford UP, 1998.

Arnedo-Gómez, Miguel. "Afro-Cuban Literature and the *Afrocubanista* Poetry of Nicolás Guillén." *Bulletin of Hispanic Studies* 85.4 (2008): 561–74.

Augier, Ángel. "Nicolás Guillén: Esquema de la evolución estético-ideológica de su poesía." *Lo que teníamos que tener: Raza y revolución en Nicolás Guillén*. Ed. Jerome Branche. Pittsburgh: Instituto Internacional de Literatura Iberoamericana, 2003. 43–57.

Ayala, César J. *American Sugar Kingdom: The Plantation Economy of the Spanish Caribbean, 1898–1934*. Chapel Hill: U of North Carolina P, 1999.

Barrera, Trinidad. "Nicolás Guillén y su concepción de la poesía mulata." *Cuadernos Hispanoamericanos* 637–638 (July–August 2003): 95–103.

Benítez-Rojo, Antonio. "Cuba in Three Keys: Rhythm, Music, and Literature." Trans. James Maraniss. *Review: Latin American Literature and Arts* 63 (2001): 17–22.

———. "Nicolás Guillén: Sugar Mill and Poetry." *The Repeating Island: The Caribbean and the Postmodern Perspective*. Trans. James Maraniss. 2nd ed. Durham: Duke UP, 1996. 112–49, 325–28.

Blanco Aguilar, Jesús. *Ochenta años del son y los soneros en el Caribe, 1909–1989*. Caracas: Fondo Editorial Tropykos, 1992.

Blount, Marcellus. "Paul Laurence Dunbar and the African American Elegy." *African American Review* 41.2 (2007): 239–46.

Cámara Betancourt, Madeline. "Between Myth and Stereotype: The Image of the Mulatta in Cuban Culture in the Nineteenth Century, a Truncated Symbol of Nationality." *Cuba, the Elusive Nation: Interpretations of National Identity*. Ed. Damián J. Fernández and Cámara Betancourt. Gainesville: UP of Florida, 2000. 100–15.

Carpentier, Alejo. *La música en Cuba*. Mexico City: Fondo de Cultura Económica, 1946.

Civantos, Christina. "Race/Class/Language: 'El Negro' Speaks Cuban Whiteness in the *Teatro Bufo*." *Latin American Theatre Review* 39.1 (2005): 46–69.

Daniel, Yvonne. *Rumba: Dance and Social Change in Contemporary Cuba*. Bloomington: Indiana UP, 1995.

De la Fuente, Alejandro. *A Nation for All: Race, Inequality, and Politics in Twentieth-Century Cuba*. Chapel Hill: U of North Carolina P, 2001.

De Ros, Xon. "Science and Myth in *Llanto por Ignacio Sánchez Mejías*." *Modern Language Review* 95.1 (2000): 114–26.

Domínguez, Jorge I. "Seeking Permission to Build a Nation: Cuban Nationalism and U.S. Response under the First Machado Presidency." *Cuban Studies/Estudios Cubanos* 16 (1986): 33–48.

Ellis, Keith. *Cuba's Nicolás Guillén: Poetry and Ideology*. Toronto: U of Toronto P, 1983.

———. "Nicolás Guillén y el modernismo hispanoamericano: Hacia la superación de obstáculos." *Lo que teníamos que tener: Raza y revolución en Nicolás Guillén*. Ed. Jerome Branche. Pittsburgh: Instituto Internacional de Literatura Iberoamericana, 2003. 229–43.

González, Flora M. "De lo invisible a lo espectacular en la creación de la mulata en la cultura cubana: *Cecilia Valdés* y *María Antonia*." *Revista Iberoamericana* 64.184–85 (1998): 543–57.

Grenet, Emilio. *Popular Cuban Music: 80 Revised and Corrected Compositions*. Trans. R. Phillips. Havana: Carasa & Co., 1939.

Guerra, Ramiro. *Eros baila: Danza y sexualidad*. Havana: Editorial Letras Cubanas, 2000.

Guevara, Gema R. "Inexacting Whiteness: *Blanqueamiento* as a Gender-Specific Trope in the Nineteenth Century." *Cuban Studies* 36 (2005): 105–28.

Guillén, Nicolás. "Eliseo Grenet." *Prosa de prisa, 1929–1972*. Ed. Ángel Augier. Vol. 2. Havana: Editorial Arte y Literatura, 1975. 81–83.

———. *Obra poética, 1922–1958*. Ed. Ángel Augier. Vol. 1. Havana: Editorial Letras Cubanas, 2004.

———. *Páginas vueltas: Memorias*. Ed. Nancy Morejón. Havana: Ediciones Unión, 1982.

Guridy, Frank Andre. "'War on the Negro': Race and the Revolution of 1933." *Cuban Studies* 40 (2009): 49–73.

Hidalgo, Narciso J. "Arquitectura rítmica y *son* en *Los motivos de son*." *Monographic Review* 15 (1999): 145–60.

Ibarra, Jorge. *Prologue to Revolution: Cuba, 1898–1958*. Trans. Marjorie Moore. Boulder, CO: Lynne Rienner, 1998.

Kubayanda, Josaphat B. "The Drum Poetics of Nicolás Guillén and Aimé Césaire." *Prismal/Cabral: Revista de Literatura Hispánica* 7–8 (Spring 1982): 37–55.

Lane, Jill. "ImpersoNation: Toward a Theory of Black-, Red-, and Yellowface in the Americas." *PMLA* 123.5 (2008): 1728–31.

Lapique Becali, Zoila. "'En Manzanillo se baila el son.'" *Revista de la Biblioteca Nacional José Martí* 15.2 (1973): 200–202.

Leal, Rine. *La selva oscura: De los bufos a la neocolonia (Historia del teatro cubano de 1868 a 1902)*. Havana: Editorial Arte y Literatura, 1982.

León, Argeliers. *Del canto y el tiempo*. Ed. Radamés Giro. 2nd ed. Havana: Editorial Letras Cubanas, 1984.

———. "Notes toward a Panorama of Popular and Folk Musics." *Essays on Cuban Music: North American and Cuban Perspectives*. Ed. Peter Manuel. Lanham, MD: UP of America, 1991. 1–23.

———. "Of the Axle and the Hinge: Nationalism, Afro-Cubanism, and Music in Pre-Revolutionary Cuba." *Essays on Cuban Music: North American and Cuban Perspectives*. Ed. Peter Manuel. Lanham, MD: UP of America, 1991. 267–82.

López, Álvaro. "Estudio complementario: Los teatros de variedades en La Habana durante los primeros años de la república neocolonial." *Teatro Alhambra: Antología*. Ed. Eduardo Robreño. Havana: Editorial Letras Cubanas, 1979. 651–701.

Manabe, Noriko. "Reinterpretations of the *Son*: Versions of Guillén's *Motivos de son* by Grenet, García Caturla, and Roldán." *Latin American Music Review* 30.2 (2009): 115–58.

Martiatu, Inés María, ed. *Bufo y nación: Interpelaciones desde el presente*. Havana: Editorial Letras Cubanas, 2008.

McLeod, Marc C. "Undesirable Aliens: Race, Ethnicity, and Nationalism in the Comparison of

Haitian and British West Indian Immigrant Workers in Cuba, 1912–1939." *Journal of Social History* 31.3 (1998): 599–623.

Mendieta Costa, Raquel. "Del catedraticismo o la desarticulación del discurso negro." *Revista Iberoamericana* 67.196 (2001): 509–26.

Moliner Castañeda, Israel, and Gladys Gutiérrez Rodríguez. "La rumba." *Del Caribe* 4.9 (1987): 40–47.

Moore, Robin. *Nationalizing Blackness: "Afrocubanismo" and Artistic Revolution in Havana, 1920–1940*. Pittsburgh: U of Pittsburgh P, 1997.

Morejón, Nancy. *Nación y mestizaje en Nicolás Guillén*. Havana: Ediciones Unión, 1982.

Pérez, Louis A., Jr. *Cuba under the Platt Amendment, 1902–1934*. Pittsburgh: U of Pittsburgh P, 1986.

Redruello, Laura. "La intertextualidad como transgresión: El tratamiento de la obra de Nicolás Guillén en el rap cubano." *Caribe: Revista de Cultura y Literatura* 7.1 (2004): 59–80.

Robreño, Eduardo. *Historia del teatro popular cubano*. Havana: Oficina del Historiador de la Ciudad, 1961.

Rodríguez Domínguez, Ezequiel. *Trío Matamoros: Treinta y cinco años de música popular cubana*. Havana: Editorial Arte y Literatura, 1978.

Schwartz, Rosalie. "Cuba's Roaring Twenties: Race Consciousness and the Column 'Ideales de una Raza.'" *Between Race and Empire: African-Americans and Cubans before the Cuban Revolution*. Ed. Lisa Brock and Digna Castañeda Fuertes. Philadelphia: Temple UP, 1998. 104–19.

Scott, David. *Conscripts of Modernity: The Tragedy of Colonial Enlightenment*. Durham: Duke UP, 2005.

Smart, Ian I. *Nicolás Guillén: Popular Poet of the Caribbean*. Columbia: U of Missouri P, 1990.

———. "Nicolás Guillén's *Son* Poem: An African Contribution to Contemporary Caribbean Poetics." *CLA Journal* 23.3 (1980): 352–63.

Thomas, Susan. *Cuban Zarzuela: Performing Race and Gender on Havana's Lyric Stage*. Urbana: U of Illinois P, 2009.

Urfé, Odilio. "Music and Dance in Cuba." *Africa in Latin America: Essays on History, Culture, and Socialization*. Ed. Manuel Moreno Fraginals. Trans. Leonor Blum. New York: Holmes & Meier, 1984. 170–88.

West-Durán, Alan. "Rap's Diasporic Dialogues: Cuba's Redefinition of Blackness." *Journal of Popular Music Studies* 16.1 (2004): 4–39.

Whitney, Robert. *State and Revolution in Cuba: Mass Mobilization and Political Change, 1920–1940*. Chapel Hill: U of North Carolina P, 2001.

Williams, Lorna V. *Self and Society in the Poetry of Nicolás Guillén*. Baltimore: Johns Hopkins UP, 1982.

Yovanovich, Gordana. "Play as a Mode of Empowerment for Women and as a Model for Poetics in the Early Poetry of Nicolás Guillén." *Hispanic Review* 68.1 (2001): 15–31.

LAUREN REYNOLDS

Haunting Pasts: Ghosts of Exile in the Poetry of Nancy Morejón, Nilda Cepero, and Andrea O'Reilly Herrera

ABSTRACT

In this article, I examine how the appearance of ghosts and the spectral language in the works of three generations of Cuban poets represent a changing relationship with exile and Cuban identity. In Nancy Morejón's "Ante un espejo" (1999), the poetic voice warns that choosing exile will mean an empty, unfulfilling, and haunted life. "Tropical Flavor" (1997) and "Burialground" (1998) by Nilda Cepero illuminate an exile's relationship with a home country that she remembers vaguely and that importantly influences her identity, but that she has not been able to experience firsthand since childhood. Andrea O'Reilly Herrera describes a woman's body as haunted by the ghosts of her ancestors in "Inhabited Woman" (1999). Through a spectral lens, I explore how these Cuban and Cuban American writers engage with ghostly elements to tell stories of exile and shift the trope of haunting from one of eerie, melancholic longing to that of spirits embodied and recognized with pride.

RESUMEN

En este artículo investigo cómo la presencia de lo fantasmal y el lenguaje espectral en los textos de tres generaciones de poetas cubanas representan una relación con el exilio y la identidad cubana que va cambiando. En "Ante un espejo" (1999) de Nancy Morejón, la voz poética advierte que la decisión de vivir en el exilio llevará a una vida vacía, sin sentido y llena de fantasmas. "Tropical Flavor" (1997) and "Burialground" (1998) de Nilda Cepero iluminan la relación que tiene una mujer inmigrante con su país natal, un lugar que recuerda vagamente, y que influye su identidad fuertemente, pero que ella no ha podido visitar desde su niñez. Andrea O'Reilly Herrera describe el cuerpo de una mujer que ha sido habitado por los espíritus de sus ancestros en el poema "Inhabited Woman" (1999). Desde un enfoque en lo espectral, examino cómo estas escritoras cubanas y cubano-americanas conversan con los elementos para contar las historias de exilio y cambiar el tropo de lo fantasmal de algo escalofriante y melancólico a espíritus encarnados y reconocidos con orgullo.

> Behind every woman writer flutters the ghost of her mother.
>
> Nancy Morejón, quoting Virginia Woolf, in Ruth Behar's *Bridges to Cuba* (133–34)

Phantoms of What Is Left Behind: Spectrality Theory and Cuban Exile

A phantomlike city stalking you wherever you go, a stranger whose face resembles your own staring from a photograph, spirits of the past pushing and pressing from within your body—ghostly elements and reappearing specters haunt Nancy Morejón's "Ante un espejo," Nilda Cepero's "Burialground" and "Tropical Flavor," and Andrea O'Reilly Herrera's "Inhabited Woman." These poems speak to the Cuban exile experience; although separated from her home, the exile's past is not erased but is conserved and present in memories. Through traces and resonances of the past, Cuban culture stays with her. In their poems, Morejón, Cepero, and O'Reilly Herrera write of women who represent three different generations of Cuba affected by exile during the twentieth century, and I explore how each represents a relationship with Cuban identity. Nancy Morejón's life on the island was greatly affected when those close to her left for the United States. She shares her intimate experience and understanding of exile from the other side of the Caribbean Sea in "Ante un espejo." Nilda Cepero immigrated to the United States as a child. In "Burialground" and "Tropical Flavor," she expresses a longing to better know her past and the pride she takes in her heritage. Born and raised in Philadelphia, Pennsylvania, O'Reilly Herrera celebrates her Cuban roots in "Inhabited Woman." In the works selected for this essay, I investigate how spectral traces of the past shape the cultural identities of Cubans and Cuban Americans, exiles, and their descendants.

Exploring spectral elements in these poems, I strive to accomplish three goals. First, this essay is an exercise in close reading. By focusing on ghostly elements, I work toward my second aim of investigating how, in these works, the past of an exile weaves through the present to "haunt" and how this presence contributes to the construction of Cuban identity in works by women with three different generations of exile experience. In this way, I fulfill my third intention of adding Cuban exile literature to the body of work currently stemming from spectral culture theory. While exile and Latino/a writing has been investigated through the ideas of apparitions and hauntings, to my knowledge no work examining these themes has been specifically published on Cuban and Cuban American poetry.[1]

The histories of Latino/a communities and their relationships with mainstream US culture vary significantly and although often grouped together, the literatures produced differ in important ways. While nostalgia, loss, and a negotiation of various cultures in contact are significant themes in literature by immigrants and their descendants, an exile's inability to return to his or her homeland is a history that permeates a community, creating issues that can be unlike those other immigrant communities confront.[2] Scholars note this difference: Héctor Romero underscores a distinction in his discussion of Latino/a literatures, emphasizing the overall trend of Cuban American writers to respond to exile, and Gustavo Pérez Firmat concludes that Cuban American literature (unlike Chicano/a writing, for example) conceives of culture as appositional instead of oppositional (Romero 7, Pérez Firmat 6).[3] Reading through poems by various US Latino/a writers, we can note a striking pattern in the work of Cuban poets that merits further exploration of Cuban identity and the exile through spectrality—the poetic voices, it seems, are haunted by the past.[4] Therefore, while the past lingers in the works of many immigrant writers, this emphasis on grappling with the implications of displacement, exile, and a homeland that was left behind frequently weighs more heavily in the work of Cubans and Cuban exiles. Cuban exiles write the memories of a place to which they are unable to return, and many Cuban Americans tell of a home they know only through the stories of others. The experience of exile and the role it plays in living between cultures uniquely forms part of this refugee community's identity, setting Cuban Americans, in some ways, apart from other Latino populations who have immigrated and established communities within the United States.[5] The distinctive elements of this past lead me to spectrality.

"What is a ghost?" Jacques Derrida ponders in *Specters of Marx* (10).[6] Published in 1993, this work exploring the spirit of Marxist philosophy sparked what some have deemed a "spectral turn" in contemporary cultural theory (Blanco and Peeren 2; Weinstock 61).[7] Certainly the vast application and amplitude of spectral studies that have appeared in the past two decades speak to the cross-cultural presences and cross-disciplinary possibilities of ghosts. As María del Pilar Blanco and Esther Peeren write in their introduction to the critical anthology, *The Spectralities Reader*, "Ghosts, spirits, and specters have played vital roles in oral and written narratives throughout history" (1).[8] Despite their abundance, specters are somewhat undefined and indeterminate by nature, an aspect adding to their theoretical versatility:

> Haunting is a compelling metaphor for those engaged in studies of the emergent and immaterial, for those interested in identifying unnamed influences in contemporary thought, for studies into the textures of place and memory, and for general references to a present constituted by the non-linear enfolding of multiple, conflicting pasts. (Cameron 384)

As Emilie Cameron underscores that, ghosts and hauntings intertwine the present and the past, the living and the dead, "us" and the undefined "other," yielding a particularly insightful approach to colonial and postcolonial studies.[9] Thus, presently spectrality studies and hauntology are exerting a strong presence in social sciences and the humanities and can be found in the areas of media, cinema, psychoanalysis, gender, sexuality, race, indigenous studies, trauma studies, and art history, among others.[10] Specters, it would seem, are haunting the academic world.[11]

Although one culture's ghosts differ from those of the next, Derrida works from a Western European point of view to identify various characteristics of the spectral. Because of its status as a fundamental work of this theoretical approach, I draw upon Derrida's conception of spectrality to focus the spectral lens through which I explore ghosts of exile in the selected poems. A ghost, he suggests, is the incarnation of a spirit of something lost which haunts by "coming back" (4, 11). This idea particularly intrigues me in cases of the exile, as she, when separated from her home, always carries the memories of people and places lost. They reappear by remembering, repeatedly "coming back" to the present. Derrida notes the similarities between ghosts and recollecting the past in the present moment, "Memories no longer recognize such borders; by definition they pass through walls, these *revenants*, day and night, they trick consciousness and skip generations" (36). In all of the discussed poems, we see traces and repeated reflections of Cuba. The spirit of what is lost is present through reminders of home, as this kind of haunting provokes memories, reminding the exile of a time and place left behind.

Considering the specter as the spirit incarnated is especially telling in the context of exile identity within the four poems analyzed. In the following essay, I investigate how specters find presence within the physical body of the poetic voice. A ghost is neither dead nor alive, yet in these poems we see a common thread of the haunter and the haunted viewing each other, the transient apparition of the past a reflection of the present. Furthermore, these ghosts haunt the exiles from within—they are possessed by a history that constructs their own identity.

Next, a ghost freely moves through space and time (Derrida 20–21, 36). A figure of the past, they exist beyond the constraints of time as they appear in the present and will, if left unexorcised, haunt the future. Specters pass through walls and may materialize anywhere they desire, completely uninhibited by space. In this sense, ghosts are "disjointed." These liminal aspects of time and space mix and blur in each of these poems as the poetic voice envisions a past from the perspective of exile.

Envisioning the past often provokes feelings of loss. Yet mourning is different for the descendants of exiles, as they may long for a country they have never seen. Thus, if mourning is an attempt to give presence to the remains of something gone, the melancholic can be tied to the exile experience as it involves the loss of an object unidentified by the mourner (Socolovsky 263, footnote). As Blanco and Peeren remind us:

> The danger in marking all remembering with the affective registers of melancholia is that we may come to understand memory as working solely on the basis of repetition and negativity, rather than on its progressive (future) productivity. (13)

In these poems, the blurring of time and the shift toward an absence of melancholy reminds us that ghosts are not contained to just the past and the present but are able to reside within the future. Although I do not wish to make a broad generalization drawn from a small sampling of cross-generational poetry, I do note the significant change in tone between the poems of Morejón and O'Reilly Herrera. Morejón immerses the lines of "Ante un espejo" with melancholy for a would-be lost home, warning against an empty life of wandering; O'Reilly Herrera celebrates the ability to rekindle feelings of a culture of which she feels very much a part.[12] Melancholy is replaced with pride as the descendants of exile understand Cuba in a different way. We can see in these poems that ghosts haunt more strongly as a *revenant* presence for the exile, but they seem to transform into a presence leaning more toward the *arrivant* aspect of the ghost for the daughters and future generations of the exiled.[13] As the children and grandchildren of exiles become further removed from the event of the painful split with the homeland, the mourning converts into a longing or pride, exhibiting a change in the processing of exile with time and generations. Taken together, the two works by Cepero that I select form a sort of bridge between the relationships with exile described in the other two poems.

Before turning to the texts, I would like to mention Freud's theory of the uncanny, as feelings of fright and horror toward the unknown are often connected to ghosts and hauntings.[14] Intriguing in regard to exiles and their separation from the homeland, Freud roots his analysis in the German word *unheimlich*—literally "unhomely" (256–9). As John Wylie notes:

> Lack of roots, displacement is un-homely, unheimlich or uncanny in the literal sense. If the spectral is of the essence of place, insofar as place happens (is *dis-placed*) in haunting, then the uncanny, a compound of strangeness and familiarity, might be conceived as a particular form of displacement from which devolves the figure of the *exile* (doubly spectral: a ghost *out of place*). (177)

Morejón's poem exudes an uncanny type of haunting. What haunts the exile, however, is not the unknown but her home city, her lost past. The phantoms remind her of what she left behind and can never recuperate—a part of herself. Cepero and O'Reilly Herrera's poems engage elements of haunting in a way that is quite the opposite of the uncanny. For the women in these poems, the specters of home provoke feelings of inspiration, longing, pride, a sense of place or loss, but never, it seems, of fear.

Nancy Morejón and a Ghostly Warning

Nancy Morejón (b. 1944 in Havana, Cuba) is an internationally renowned Cuban poet in addition to being a distinguished essayist, critic, editor, journalist, and translator whose work is available in more than ten languages. Writing from within Castro's Cuba, her work plunges into post-Revolution Cuban society and includes twelve volumes of poetry. Her writing transgresses geographical, cultural, and ideological borders, and her ability to understand exile from multiple perspectives is especially evident in "Ante un espejo."[15]

Morejón is not a Cuban living in the United States. However, the overwhelming understanding of loss and separation that she illustrates in her poem "Ante un espejo" reminds us that exile is not one sided. Cubans resettling in the United States are geographically isolated from their home, while those remaining on the other half of the divide must also confront the loss and fracturing of their community. Longing for family members and friends exists on both sides of the ocean. As Cordones-Cook writes in the introduction to *Looking Within/Mirar adentro*, a bilingual, encompassing collection of her poetry, "Morejón . . . opted to remain, an option that did not mean alienation from those who left. Indeed, the problem of the separation of Cuban families, although it never directly affected her, did become her personal preoccupation" (43). Cordones-Cook goes on to describe the poet's friendships with many Cuban émigrés and the profound impact these relationships had upon her work, which "poeticizes" the displacement of identity resulting from the postcolonial experience (45). In this way, Morejón's writing connects the island and the United States, providing another element of understanding as to how exile haunts.

"Ante un espejo"

The haunting of exile pervades Nancy Morejon's poem "Ante un espejo," first published by the editorial *Letras cubanas* in 1999.[16] The title alone indicates an individual contemplation and loneliness. Staring into a mirror provides a solitary moment of self-reflection, an instance of pause to look at oneself. As we will see, the poet addresses *tú*, her words both a warning and a melancholy reminder that a left home will never be forgotten nor replaced.[17] Dedicating this poem to her friend Sonia Rivera Valdés, a Cuban writer and academic living in New York City at the time, Morejón underscores her relationship with the exile community, her perception of their struggles, and the intimacy of a personal relationship behind her words.

Composed of forty-nine verses in free form, the poem's first ghost appears at the end of the introductory statement. A consequence, the poetic voice warns, of deciding to leave your city in search of new horizons and fortune, is that the city itself will become your ghost:

> la ciudad, esta ciudad,
> aún inconsciente de sus ruinas,
> emprenderá tu acecho
> siguiéndote los pasos. (6–9)

In this way, you will never be able to leave behind where you come from. The presence of the city-ghost is not one that passively appears every now and then, rather it actively—emphasized by the use of the gerund—follows you. As part of this haunting, those left behind linger on the streets of your new home:

> Si los parques florecen
> cundidos de tulipanes firmes,
> entonces el bulevar trae los olores
> de tus seres queridos
> y, sobre todo, de tus muertos. (19–23)

The scent of the foreign flowers (tulips do not grow in Cuba) cannot overpower or replace the aroma that reminds you of those far away, especially those who have died and, like the city, are part of your past that lingers in your present. As Morejón's exile, memories fill the surrounding space, precluding you from creating a new home in this foreign land.

The city's spectral nature permits an unfixing of space. Just as ghosts appear whenever and wherever they wish, the personification of this cityscape yields movement to a fixed location. We can recognize the home city as Cuban as the vapors of "los Jardines de la Reina" that will follow the exile identifies a particular archipelago of the island. Despite this detail and the mention of ports and bays, the poet chooses to never specifically name Cuba. This purposeful ambiguity enables a universal identification by exiles with the described city—all who are distanced from home will carry a void within them, haunted by what has been lost. While a city does not literally move from place to place, memories will follow *tú* like a specter, ever present in her longing. The poet frees a geographically pinpointed place so that her friend's figurative roots become unearthed to haunt her.

Similarly, the poet collapses time in a way that reminds us that the appearance of a ghost is a trespassing of the past into the present. Written as a warning for what may come, the poem draws the grim future close by painting a picture of what will be. As Cordones-Cook writes, "Through her poetry, Morejón seeks to resist the passage of time and the inevitability of oblivion, constructing memory in order to retain, concretize, and perpetuate the transitory and the ephemeral of her world and her personal experience" (*Looking* 31). Here she imagines an exile's ghostly existence, mixing and overlapping time as we read a warning issued in the present of a feasible future haunted by a would-be past. Her words create an almost tangible impending future, giving substance and animation to the place that haunts: The city "buries" time:

> nuestra ciudad sepultará,
> bajo un aroma extraño,

los años transcurridos
antes y después de Cristo. (13–15)

The choice of *sepultará* adds to an eerie, mournful mood as this verb immediately offers the association with *sepultura* and *sepulcro*, or "burial" and "tomb." Notably, here the city becomes "nuestra," revealing that it is a shared home of both the poetic voice and *tú*. Time again rejects conventional linearity as a sort of suspended state is described, "Cuando haya amanecer, no habrá crepúsculo" (18). A haunted time exists without a conclusion, much like this unfruitful journey.

Melancholy pervades the hypothetical exile of *tú*, as she emptily wanders toward nowhere. In this way, *tú* is presented as the second ghost of this poem.[18] Set apart in that it consists of merely one verse, the poetic voice proclaims that there is no other country, no other possible city (17). Telling *tú* that she has left behind a part of herself that she will never find, *tú* is condemned to a relentless haunting by what is lost. These phantoms follow her until she too becomes ghostlike. Life will be numbing as *tú* will be restricted to passing through the same neighborhoods and streets "y hasta los mismos cuartos de tu casa sellada / te cercarán con la angustiosa cadencia del engaño" (32–33). Closed in and living aimlessly, *tú* has been deceived, her melancholy and the void within her regulating her presence to spectral. She, we read, will hear the same *pregón* every morning, will take the same boat along the same route no matter where she goes—she will become one of the "perennes emigrantes" (34–37). A loss of her home will create an emptiness that will reside inside of her, the absence of which will never be far behind her, "Nada podrá despositarte en ningún sitio" (38). Culminating with this idea of displacement and the roaming, exiled soul, the poem reads:

Aunque hayas monteado el mundo entero,
de castillo en castillo,
de mercado en mercado,
ésta será la ciudad de todos tus fantasmas (39–42)

Again, the distanced past and those contained within it are forever present and near through its relentless haunting, its refusal to be forgotten.

The poem concludes with a moment of self-reflection in which the ghosts converge. The poetic voice claims that the unsettled, unfulfilled, exiled soul will reach old age only to realize that she has wasted her life somewhat in vain. The mirror into which she peers is like Cinderella's, alluding to a rags-to-riches story of a woman who was magically aided to appear as someone else in order to leave her past behind. However in her mirror, *tú* will smile sadly and see in her dry pupils two "rocas fieles / y una esquina sonora de tu ciudad" (48–49). Seeing the city in her image, she not only carries her home within her but also sees everything through it, through *rocas*, which are solid and faithful. Thus, the haunting presence that follows her is within, part of her. Furthermore, in her memory the city becomes idealized, and therefore an irrecoverable impossibility that will thus forever haunt the exile (Cordones-Cook *Mar*).

Nilda Cepero and Spectral Reflections

Born in Havana, Cuba, in 1953, Nilda Cepero immigrated to Boston, Massachusetts, eight years later. Her work includes *Sugar Cane Blues* (1997) and *Lil' Havana Blues* (1998), both part of "The Blue Series," and which contain the poems "Tropical Flavor" and "Burialground," respectively. I have chosen these two shorter works because each presents a distinct relationship between the poetic voice and the home country and together form a link between the dominant themes in Morejón and O'Reilly Herrera's texts.

"Burialground"

The epigraph of "Burialground" reads, "Backward, turn backward, O time in your flight, / make me a child again, just for to-night." These words are taken from Elizabeth Akers Allen's poem "Rock Me to Sleep," in which the poetic voice longs for her mother to "come back from the echoless shore" and hold her as she once did in the past. Introducing the poem in this way immediately presents the text's feeling of nostalgic longing for something lost.[19] In Cepero's seventeen lines written in free verse, the poetic voice contemplates her identity. Although ghosts do not make as pronounced an appearance in this poem as in "Ante un espejo," we will see how the poetic voice employs certain elements of spectrality to represent a past that exists within her, that appears in her reflection. She bears a strong likeness to her grandmother, she tells us and in her features there are resonances of the ancestor who lies within her: she carries her grandmother's ghost, "They say I look / like my grandmother on my father's side" (1–2). These traces or incarnated remains direct us to the title of the poem, "Burialground," which provides a beginning for reading this poem as one filled with specters—here, the poetic voice longs not only for a Cuba left behind but also for a part of her identity buried within her that she laments not being able to know better. In the first verse, "They say" introduces the likeness through an impersonal "they," which acknowledges a distance from this past. The poetic voice can know only that she looks like her grandmother from other, unnamed people because they have told her of it, yet she is reminded of her heritage whenever she sees her own reflection. Her ghosts do not materialize from her physical separation from a homeland, but instead from within her and her attempt to understand an inheritance from a faraway place that, through her grandmother, influences who she is.

Looking at a photograph, the poetic voice tells us there is a remarkable likeness and that this is "The only reminder, the last remains" (5). The poet purposefully leaves ambiguous what these last remains are—is the photograph the last treasure kept from the homeland? Or does she mean that the physical features of her heritage that she carries with her body are the last traces of the past? When looking at the photograph, she feels the past within her and ponders this ancestry when looking at the photograph. Thus, the photograph provokes a mixing of time as past, present, and future collide in these five stanzas. Maya Socolovsky beautifully describes the transcendence of time that viewing a photo invokes in Oscar Hijuelos's novel *Fourteen Sisters of Emilio Montez O'Brien*,

> When photographs . . . invoke a past and future absence (loss), they do so by their presentation of the past as representation. Even though they apparently bridge past and present, they also show the displacement from one time and place into another and retain the past as a trace in the present moment. For the immigrant characters and their children, the past, lost in the passing of time and in migrations of place, seems authentically available in the present through photographs. (253)

Repeated enjambment, in addition to a lack of punctuation or full phrases, emphasizes the feeling of unregulated time. We begin in the present, with the poetic voice contemplating her appearance. She has been told she looks like her grandmother, her facial features revealing her ancestral roots. Her similarity perhaps haunts others as her face provokes the memories of someone else (1–2). She confirms the shared likeness with her grandmother in the second stanza, when she remembers the photograph from Cuba, pulling the frozen moment of the past into the present: "I saw a photograph they sent from Cuba / the likeness is remarkable" (3–5). She then describes a more recent past, in which the photograph goes with her from place to place (6–11). "Now" indicates a return to the present in the fourth stanza (12–16), while the last, consisting of only one final phrase contemplating her "unavoidable destiny," takes us into the future. In this way, the poem spectrally weaves through layers of time (17).

If a photograph is the image of a captured moment, the spectral aspect of existing out of the constraints of time goes hand in hand with moving between spaces. A snapshot makes permanent a fleeting instance, recording a place as it is at one glimpse of time. The space pictured in the photograph will inevitably change as years pass, yet within the printed image, it remains the same. Like a ghost, it exists as a remnant of a lost past, staying exactly as it once was as it is carried into the present. This photo becomes a link to the past and the family takes it with them as they travel between places until settling in Miami. By holding on to the photo, the family willfully creates this haunting as a means of maintaining connection to their roots. These verses highlight the exile's feeling of displacement with repeated enjambment that emphasizes the movement without pause:

It traveled from place to place
and like all good Cubans
on their constant Diaspora
it settled in Miami. (7–10)

Upon settling in Miami, the photograph is lost to humidity, leaving the poetic voice with only her reflection as a reminder of her grandmother.

Although written with a tone lighter than that of "Ante un espejo," a melancholic note is notable in the fourth stanza, "The stranger I learned to love / through a photograph / vanished into foreign soil" (14–16). Intriguingly, the poetic voice has learned to love someone she has never known. She creates an apparition to fulfill a void in her life, loving a presence she knows through the words of others. A very different kind of ghost is constructed as she forms this relationship with a woman from nothing but a photograph, her own reflection, and memories that are not her own.[20] The poem concludes with a lamenting parallel drawn between the experiences of the grandmother and the poetic voice: both are destined to vanish into foreign soil. Without the photographic evidence of her life, the grandmother begins to fade, lost on an island foreign to her granddaughter. The granddaughter declares this as her destiny too. Not only will she disappear, but her grandmother's presence within her will vanish into the soil again. With this statement, the poetic voice acknowledges the brevity of existence, and more importantly reveals a certain part of her that feels as if she also exists on foreign soil. Descended from exiles and unable to fully understand her past, the poetic voice struggles with her ghosts to find herself, her displacement reminding us of Morejón's warning.

"Tropical Flavor"

Unlike "Burial Ground," the relationship between Cuba and the poetic voice of "Tropical Flavor" is not entirely clear—she may be a Cuban who was exiled as an adult or she may be a child or the daughter of Cuban immigrants. The poem also differs in its tone—instead of longing, the poetic voice celebrates the "other soul inside," as she recognizes reflections of her identity in the aromas of the food she smells and the sounds of the Spanish and the music she hears in a Cuban restaurant (19). Though not a ghost in the traditional sense, referring to her Cubanness as her "other soul" undoubtedly emphasizes her relationship with this heritage as spiritual. Reading this poem through a spectral lens offers another perspective of exile as the poetic voice rekindles a heritage she carries within. The "ghost" haunting these nineteen verses is not one of melancholy and longing, but one of nostalgia and pride, a warm reminder of home evoked by food, language, and music.

"I've developed a taste for escargot . . . / but sometimes I go to Cuban restaurants / to sense aromas from my past" (1–3). The poem's opening verses announce the central theme: the poetic voice is a woman who enjoys worldly foods such as escargot, revealing a certain embracing of non-Cuban cultures, yet who still maintains a closeness to her Cuban roots. The escargot is separated from the rest of the poem by an ellipsis. After this pause, we follow the poetic voice as she paints a scene within a Cuban restaurant. She is an observer as she takes in the atmosphere surrounding her, "Sometimes I go to Cuban restaurants / and sit quietly in the back" (6–7). We smell black beans and fried plantains; we listen to Olga Guillot, the famed queen of bolero; we taste caramel and lemon peel. We sense the past with her, feeling its presence within this space. This place offers the comfort of home, making the poetic voice feel "cheerful and safe" (5). In the Cuban restaurant, her memories intermingle with familiar sights and sounds to briefly breathe life into her past—she feels Cuba around her, momentarily nourishing her Cuban roots.

The Cuban restaurant provokes memories and in turn, the memories fill the space, temporarily blurring the present with the past, the restaurant with places she can no longer go. She repeats the verse, "Sometimes I go to Cuban restaurants" four times, weaving it in and out of her memories and the present moment (2, 6, 13, 18). This place reunites her with something that has passed but has not been lost because it lives inside of her:

> Sometimes I go to Cuban restaurants
> and caramel and lemon peels
> wake my senses, stir me inside
> fragrances that reach my heart
> bearing reflections of who I am. (15–17)

In spectral terms, these verses reveal a presence inside of her that certain scents and sounds "stir." This identity is part of who she is, another soul that she nourishes with resonances of her heritage, a soul that endures, even in a multicultural world. It fulfills a part of her and is a lingering presence that can be viewed as a type of welcome haunting. As in "Ante un espejo" and "Burialground," this spirit haunts from within.

Andrea O'Reilly Herrera and the Embodiment of the Past

The daughter of a Cuban mother and a second-generation Irish American father, Andrea O'Reilly Herrera was born in 1959 in Philadelphia, Pennsylvania. The work of O'Reilly Herrera, an academic and a creative writer, frequently discusses her Cuban American identity as she invites the reader into her life and intimately describes how her Cuban roots contribute to the woman she is. I have chosen to include "Inhabited Woman," which first appeared in the spring 1999 edition of *Masthead*, because it discusses a woman born in the United

States who inherits her Cuban identity from her mother. In the same vein as "Tropical Flavor," O'Reilly Herrera's verses exhibit the pride the poetic voice takes in her Cuban ancestry.

"Inhabited Woman"

O'Reilly Herrera's "Inhabited Woman" shares many spectral characteristics with the previous three poems. First, the title directs us toward the theme: the poetic voice presents the idea of a woman who is "inhabited." Habitation invokes elements of place, the people who live there, and home. Yet here these aspects of place are ascribed to a woman's body. The verses develop this concept as O'Reilly Herrera describes how her mother, grandmother, and great-grandmother live within her. They, as we will see, inhabit the space of her body, constructing who she is. Similarly to the family resemblance in "Burialground," she embodies part of her past, this physicality visually revealing an interior identity to others. Her ancestors leave traces of themselves upon her body, resonances of their past beings finding form in the present.

The poem begins with two verses aligned to the right of the page: "three women reside within me / grandmot*her*greatgrandmot*her*mot*her*." Set apart, these lines are two separate stanzas, clearly marking the thesis of the poem. Purposefully, the poet italicizes *her* within the verse thrice, emphasizing their shared female identity and linking four generations of women. This line contains no spaces between words, thus eliminating distance between the women to textually represent the forming of one entity. Moreover, these women are not named in chronological order, which emphasizes that the women all exist together in this one moment. Further playing into this construction of continuity is the poet's lack of capital letters (there are none) and use of verbs conjugated in only present and gerund tenses. She speaks of the past, but all of her ancestors are brought into the present within her.

The next twenty-one verses form a stanza aligned to the left, creating a textual corpus representative of the body she decorates—her own: "spooning and nesting / pushing and pressing / vying for my attention"—her ancestors' presences within her are not dead and immobile, but living, active, and demanding of her acknowledgment (3–5). As they push and prod, spoon and nest within, the narrator feels their connection to her in a physical way. The verbs O'Reilly Herrera chooses emphasize the insistent (pushing, prodding) and the intimate nature of the spirits (spooning, nesting) who make the woman's body their home. The last line of the stanza suggests division and unity between the women—the poetic voice feels them separately but they all make up who she is. The women come together to peer from a single pair of almond eyes, presumably her eyes, perhaps reminding us of the embodied spirits in "Ante un espejo" and "Burialground." In this way, these ghosts within influence how she views the world.

The maternal ancestors dress the poetic voice in different ways, leaving physical traces upon her body. The third, who I read as her mother, "raises our brows in Pyrenees arches, / as she transforms us into a garden of powder and cologne" (9–10).[21] The poetic voice now speaks with a plural *we*, uniting herself with the women inside of her. The mother, the woman from who she is most closely descended, affects a part of the body readily seen—her face and her mannerisms. The first, her great-grandmother, appears in profile and pulls with small, childlike hands at the nylons around "our ankles and knees" (14). The image of a great-grandmother with such youthful hands is startling as I immediately associate a grandmother with wrinkles and age spots. Again, the poet blurs the past and present, reminding us that the great-grandmother was once young and now exists out of the constraints of age and regular time. As the oldest member of the family, she symbolically dresses the shared body from the bottom up, beginning from the roots, the foundation. She "impatiently discards the modern, choosing instead / a circle of scarabs on linen, / a single cameo and pearls" (15–17). The great-grandmother adorns their body with tradition. Last, the second (the grandmother) appears,

> all the while, I sense the second,
> present among the shadows
> between two shores, riding
> the dark waves of my hair,
> across these endless seas
> that unite us and divide us. (18–23)

As in "Tropical Flavor," the poetic voice senses the presence of this woman who seems more ephemeral than the others as she stays in shadows. Yet the poet links her to the body's dark waves of hair, connecting the grandmother physically to herself. We are told that this woman exists between shores, and therefore may be the woman who immigrated from one side of the Caribbean to the other. Her presence is embodied in waves, which reminds us of the waters separating Cuba and the United States, and I therefore see her the link between the two cultures. Playing with enjambment to connect verses and pauses with commas for separation within them, O'Reilly's writing emphasizes the duality of oneness and division. The connecting waves of hair juxtaposed to the endless seas that physically divide the lives of the women create a beautiful vision of both the unity and separation expressed in the final verse of this stanza.

The poem concludes by acknowledging once more the spirits that exist within this woman. The first verse is repeated, but divided into two final stanzas. In this way, it plays with the themes of unity and division through the poem's structure. Setting apart "three women," she reminds us that all three now exist as one. Then, "reside / within / me" the final three lines, each increasingly indented from the left, form the last stanza of the poem. Emphasizing each word, she ends the poem with *me*, stressing that she is the product of this ancestry, that she embodies the living resonances of these women.

Conclusions

"[Exile] is the unhealable rift forced between a human being and a native place, between the self and its true home," Edward Said states. Yet these poems suggest that in the generations descended from exiles, a sort of healing begins. Engaging the spectral elements of liminal time and space and the reappearance of traces of the past through close reading aids in exploring how three generations represent and process exile. In Morejón's "Ante un espejo," we see the devastating and self-compromising void that exile and the loss home would create, this emptiness taking the form of a ghostly city and a haunting from within. However, traces of the past in Cepero's work materialize to stir both a longing for further understanding of and a joy in her Cuban roots. Time and distance from the country of her heritage yield a different experience of exile. O'Reilly Herrera describes a woman decorated from the inside out by her maternal ancestors, the spirits of her past embodied within her present. Her work reveals a continued negotiation of Cuban identity and exile as an inheritance. Further removed from the event of separation and the home left behind, her poem exposes a woman whose exile is not one of melancholy and void, but a literal embodiment of heritage and pride. Equally haunting, the ghosts of exile transform their presence through time.

In these poems, a phantom city does not terrify, but reminds you of what is lost. Looking at a photo of someone and seeing yourself is not eerie and unsettling, but a process of self-reflection. The spirits of women moving inside your body is not disturbing, but representative of a history within. Instead of the frightening unknown, these ghosts offer reminders of cultural inheritance, and perhaps, as generations progress, a response, a certain re-placing. As the traces of their past remind them of their identities, the specters of these poems lend a spiritual means of remembering what is lost, a way of keeping home within oneself.

NOTES

1. Although my investigation focuses on spectrality in twentieth-century Cuban exile literature, theories of the ghostly as a means of investigating departure, memory, and separation can be a very insightful tool for other literatures dealing with trauma and displacement. In considering Puerto Rican immigration, for example, see Arnaldo Manuel Cruz-Malavé on exile and spectrality in the work of Giannina Braschi, and Betsy A. Sandlin on the haunted and the haunting in Rane Arroyo's poetry.

2. These themes are frequent concerns in US Latino/a writing and, considering canonical Caribbean and Caribbean American works, are prevalent in novels such as Julia Álvarez's *How*

the García Girls Lost Their Accents (1991) and Esmeralda Santiago's autobiography *When I Was Puerto Rican* (1993).

3. Pérez Firmat uses this term to discuss what he identifies as the Cuban American community's focus on tradition, translation, and accommodation.

4. Latino/a writers often engage in dialogue with the past and tradition. But while Cuban writers predominantly respond to the experience of being exiled, Chicano/a writers, for instance, often seem to express identity in terms of creating something new and hybrid (take Gloria Anzaldúa and the "new mestiza" identity, or Michele Serros and her self-proclaimed identity as a *chicana falsa*).

5. While geographic proximity and economic relations established immigration patterns from Cuba to the United States centuries ago, four distinctive waves (1959–1962, 1965–1966, 1980, and 1980s–present day) of immigrants came from the island as political exiles after Fidel Castro's assent to power (García 146, 149–55, 158–66).

6. In this essay, I employ *specter*, *ghost*, and *phantom* as synonyms and use them interchangeably.

7. I highlight Derrida's *Specters of Marx* as a seminal work of hauntology and spectrality, yet as Blanco and Peeren note, these ideas stem from the 1970s (if not earlier) and are built upon the work of others. They describe how the role of specters within critical thinking has changed through the twentieth century, leading them to assert that what has been deemed a "turn" is an actually "extended cultural moment" (3–10).

8. The section "Spectropolitics: Ghosts of the Global Contemporary" of *The Spectralities Reader* reminds us that although ghosts appear cross-culturally, they work from within very different epistemological frameworks and each type of ghost or specter is culturally specific. My engagement of spectral phenomena originates in a Western understanding of the ghostly.

9. Cameron cites G. Spivak, A. Gordon, D. Clayton, I. Baucom, and A. Gupta, among others.

10. See *The Spectralities Reader*.

11. As Jeffrey Andrew Weinstock writes, "Indeed, the figure of the specter in literary and cultural criticism has become so common that one may refer to contemporary academic discourse as, in some respects, 'haunted'" (62). He goes on to explore the question of why this is so.

12. Although it would be erroneous to assume the poems as autobiographical, it is valuable to understand the poet's personal relationship with exile and how this might affect the form Cuba and Cuban heritage take in each poem. For this reason, I include a brief introduction to the life and work of each poet.

13. Blanco and Peeren note that Derrida's specter is "always both *revenant* (invoking what was) and *arrivant* (announcing what will come)" (13).

14. For an in-depth discussion, see David Meagher's "The Uncanniness of Spectrality."

15. Cordones-Cook notes, "Her fame has crossed national, cultural, and ideological boundaries, reaching all the Americas, Europe, and Africa. Without a doubt Nancy Morejón is one of the Latin American women poets who has been receiving increasing academic attention in this country in recent years" (*Looking* 21).

16. This poem may be read in some ways as a rewriting of Nicolás Guillén's poem, "Responde tú."

17. I refer to this *tú* as a female for this analysis, although as Cordones-Cook points out, the identity of *tú* has many logical possibilities, including Sonia Rivera Valdés, her fellow Cubans who remain on the island, or her own reflection in the mirror (*Umbrales*). For the remainder of the essay, I refer to all of the poetic voices as feminine to avoid complicating the analysis, although it should be noted that none of the poems indicate any gender.

18. Cordones-Cook identifies this feeling of placelessness with Kristeva's *Strangers to Our-*

selves, in which those who are within societies that are not their own also may come to feel a sense of being an outsider to their own self (*Umbrales*).

19. Akers Allen's poem can be found in *She Wields a Pen: American Women Poets of the Nineteenth Century* (Iowa City: University of Iowa Press, 1997).

20. The poem does not explicitly state that other people tell her of her grandmother. However, the poetic voice does make clear that "they say" she resembles her grandmother, indicating that she has spoken with people who once knew this relative.

21. The women are referred to as "the first," "the second," and "the third." Following chronological order, I assume them to be the great-grandmother, the grandmother, and the mother based on the emphasis of tradition discussed in regards to the great-grandmother. However, because the women are listed in a different order in the second verse of the poem, the possibility of the second and the third being the grandmother and the great-grandmother should not be discounted. As we are not provided with details of these women's lives, we do not know who remained in Cuba or immigrated to the United States, details that would give us clues to determining beyond doubt to which woman the poet is referring to in both instances. Despite all of this, the question of who is who decidedly does not change the reading of the poem, as the poetic voice emphasizes the combined importance of all three women.

WORKS CITED

Anzaldúa, Gloria. *Borderlands/La frontera: The New Mestiza*. San Francisco: Aunt Lute, 1987.

Blanco, María del Pilar, and Esther Peeren. "Introduction: Conceptualizing Spectralities." *The Spectralities Reader: Ghosts and Haunting in Contemporary Cultural Theory*. New York: Bloomsbury Academic, 2013. 1–27.

Cameron, Emilie. "Indigenous Spectrality and the Politics of Postcolonial Ghost Stories." *Cultural Geographies* 15 (2008): 383–93.

Cepero, Nilda. "Burialground." *ReMembering Cuba: Legacy of a Diaspora*. Austin: U of Texas P, 2001. 152.

———. "Tropical Flavor." *ReMembering Cuba: Legacy of a Diaspora*. Austin: U of Texas P, 2001. 195.

Cordones-Cook, Juanamaría. "Introduction." *Looking Within/Mirar adentro: Bilingual Edition*. Detroit: Wayne State UP, 2003. 19–63.

———. "Umbrales de exilio en la obra de Nancy Morejón." *Mar Afuera* 14 (April 2009).

Cruz-Malavé, Arnaldo Manuel. "'Under the Skirt of Liberty': Giannina Braschi Rewrites Empire." *American Quarterly* 66.3 (2014): 801–18.

Derrida, Jacques. *Specters of Marx: The State of the Debt, the Work of Mourning and the New International*. Trans. Peggy Kamuf. New York: Routledge, 1994.

Freud, Sigmund. "The 'Uncanny.'" *Global Literary Theory: An Anthology*. New York: Routledge, 2013. 254–67.

García, María Cristina. "Exiles, Immigrants, and Transnationals: The Cuban Communities of the United States." *The Columbia History of Latinos in the United States since 1960*. New York: Columbia UP, 2004. 146–86.

Meagher, David. "The Uncanniness of Spectrality." *Mosaic (Winnipeg)* 44.4 (December 2011): 177–93.

Morejón, Nancy. "Ante un espejo." *Looking Within/Mirar adentro: Bilingual Edition*. Detroit: Wayne State UP, 2003. 108–10.

O'Reilly Herrera, Andrea. "Inhabited Woman." *ReMembering Cuba: Legacy of a Diaspora*. Ed. Andrea O'Reilly Herrera. Austin: U of Texas P, 2001. 151.

———. "Introduction." *ReMembering Cuba: Legacy of a Diaspora*. Austin: U of Texas P, 2001. xvii–xxiii.

Pérez-Firmat, Gustavo. *Life on the Hyphen: The Cuban-American Way*. Austin: U of Texas P, 1994.

Romero, Héctor. "A Comparative Study of the Latino Discourse in the United States." *Hipertexto* 1 (Winter 2005): 3–10.

Said, Edward. "Reflections on Exile." *Reflections on Exile and Other Essays*. Cambridge: Harvard UP, 2000. 173–86.

Sandlin, Betsy A. "'Poetry always demands all my ghosts': The Haunted and Haunting Poetry of Rane Arroyo." *Centro Journal* 19.1 (Spring 2007): 163–77.

Serros, Michele. *Chicana falsa and Other Stories of Death, Identity, and Oxnard*. New York: Riverhead Books, 1993.

Socolovsky, Maya. "The Homelessness of Immigrant American Ghosts: Hauntings and Photographic Narrative in Oscar Hijuelos's The Fourteen Sisters of Emilio Montez O'Brien." *PMLA* 117.2 (March 2002): 252–64.

Weinstock, Jeffrey Andrew. "From Introduction: The Spectral Turn." *The Spectralities Reader: Ghosts and Haunting in Contemporary Cultural Theory*. New York: Bloomsbury Academic, 2013. 61–68.

Wylie, John. "The Spectral Geographies of W. G. Sebald." *Cultural Geographies* 14.2 (April 2007): 171–88.

HISTORY

PILAR EGÜEZ GUEVARA

Sabor colonial*: Crafting Savory Bodies through Cuban Music and Dance*

ABSTRACT

Using discursive analysis of selected historical sources, this article historicizes the construction of the category of *sabor* in the Cuban nineteenth and early twentieth century. White creole elites started using the word in the second half of the nineteenth century to describe their new experiences with Afro-Cuban popular rhythms, the *contradanza*, *danza*, and *danzón*. I read these processes against the backdrop of racial conflict in the early nineteenth century, specifically the efforts by white creole elites to distance themselves culturally from working free blacks in the field of painting. As white creoles appropriated elements of black taste into their systems of difference on the verge of Cuban independence, they introduced a kind of eroticized (white bourgeois) dancing body into the national imaginary. I propose an understanding of *sabor* as a racialized construct rooted in the experiences of nineteenth-century white Cubans in the world of Afro-cultural expressions. I also situate *sabor* as an aesthetic and moral category within changing systems of difference in colonial society, and as an important element in white imaginations of Cuban nationality. As such, this discussion adds critical new dimensions to the racialization of Cuban nation building from the less examined framework of affect studies.

RESUMEN

En este artículo se estudia la construcción de la categoría del *sabor* en el siglo XIX y el temprano siglo XX cubano. Las élites blancas criollas empezaron a usar esta palabra en la segunda mitad del siglo diecinueve para describir sus nuevas experiencias con los ritmos populares afro-cubanos, la *contradanza*, la *danza* y el *danzón*. Se analizan estos procesos en el contexto de los conflictos raciales del temprano siglo diecinueve, especialmente, los esfuerzos de las élites blancas criollas por distanciarse culturalmente de las clases negras trabajadoras libres. En la medida en que los blancos criollos se apropiaron de elementos del gusto negro insertándolos en sus sistemas de diferencia, introdujeron un tipo de cuerpo danzante (blanco y burgués) erotizado en el imaginario nacional. Propongo entender el *sabor* como una construcción racializada, enraizada en las experiencias de los cubanos blancos en el mundo de las expresiones culturales negras. El *sabor* fue una categoría moral y estética inserta en sistemas cambiantes de diferencia en la sociedad colonial y un elemento importante en las maneras de los blancos de imaginar la nacionalidad cubana. Este artículo aporta nuevas aristas desde los estudios del afecto, para entender la construcción racializada de la nación cubana.

Fernando Ortiz's analogy of Cuban identity as *ajiaco* (stew) resonates with the cultural historian Pablo Riaño San Marful's description of the nineteenth century in Cuba as "somewhat of a stock or medium of cultivation of what later, and always forever will be Cuba."[1] After nearly four centuries of Spanish colonialism, wars of independence were fought in Cuba starting in 1868, which led to a period of neocolonial republicanism under US intervention in 1898. During this century of cultivation, distinctively Cuban music and dance genres emerged with roots in European and African traditions. The introduction of the printing press early in the century made available detailed historical records that offer a window into the changing attitudes and ways of feeling of white dominant classes toward long-loathed African-influenced cultural expressions. While outspoken white creole detractors of the Cuban *contradanza* set a tone of moral panic during the opening decades, the century closes with radically different feelings of embracement and appropriation of the Cuban *danzón*, a relative of the *contradanza*, by a group of more decidedly nationalist white creoles.

This article offers a critical reading of selected narratives by white creole elites between 1801 and 1912, describing their experiences of feeling, listening, and moving to the beat new popular mixed genres, the *contradanza*, *danza*, and *danzón*. White creole elites' developed characteristically affective languages to gloss unusual and novel "experiences of bodily intensity" that resulted from their historical experimentation with and orientation toward African-influenced Cuban dance and music (Gould 2010; Ahmed 2004; Turino 1999). In particular, I historicize the construction and discursive uses of *sabor* as a qualifying category of Cuban music and dance. White creole writers and journalists started using the term around midcentury and into the second half of the century. As they described it, *sabor* indexed an affective state of "irresistibility," a certain uncontrollable bodily "drive" to dance prompted by musical stimuli.

I argue that the coding of *sabor* as a positive qualifier of white experiences with Afro-Cuban rhythms indicates a critical shift in the dominant systems of difference and distinction organizing social hierarchies in Cuban colonial society. In particular, music and dance had been traditionally coded according to colonial dichotomies of European and African, decent and indecent, high and low. The gradual popularization among white elites of mixed rhythms combining two antithetic traditions, brought about aesthetic and moral reconfigurations of the music in the dominant discourse, shifting from repudiation (*indecente*) to agreeability (*música sabrosa*), with further requirements of moral cleansing (*adecentar*). As such, *sabor* was an index of historical changes in dominant standards of respectability and taste, signaling deep transformative processes in Cuba's collective habitus and structures of feeling—those shared systems organizing perceptions, emotions and sensibilities in different realms of everyday life (Elias [1939] 2000; Bourdieu 1989; Williams 1977). In particular, the incorporation of *sabor* into dominant white affective habitus in the context of late nineteenth-century discourses of raceless national identity espoused by (white and black) Cuban revolutionary leaders created the conditions to imagine a darker, kinesthetically more active, and significantly more sensitive national body.

I place the discussion about *sabor* in the second half of the nineteenth century in perspective with the racial cleansing projects propelled by the white creole planter and the intellectual elite in the first half of the century. These projects represented efforts of the emergent Cuban bourgeoisie to craft a Cuban ideal centered on white bourgeois cultural models. In the first section, I discuss the backdrop of racial and political conflict, in particular, the efforts by the colonial state and white elites to draw racial and cultural boundaries vis-à-vis an emerging and—to them—menacing class of working free people of color in the cities. These efforts crystalized in the creation of the strictly segregated San Alejandro Academy of Painting and Drawing in 1818. I discuss the significance of the academy in changing prevailing aesthetic classifications, whereby "art" emerged as novel aesthetic category in which the "artist" was constructed as a Europeanized creole bourgeois white male and as the prospective model of a national subject.

The seemingly successful efforts of racial and aesthetic upgrading of the arts in the first half of the century stood in contrast with the seemingly unstoppable transcultural processes of music and dance during the second half of the century. I then discuss how newly created mixed local music and dance genres pushed forth a transracial and/or cross-class circulation and transformation of systems of taste playing out in the unequal power fields of white (creole) cultural hegemony. This discussion allows to interpret *sabor* as a historical construct conveying white creoles' shifting orientations toward, and appropriations of, African influenced Cuban culture and "taste." The apprehension of elements of black taste as *sabor* into white mainstream culture and discourse informed late nineteenth-century constructions of an eroticized (white and bourgeois) dancing body through *bufo* theater performances and the early writings of Fernando Ortiz.

In recognizing the historical specificity of *sabor* as a white bourgeois construct, this article expands the discussion about the specifically affective ways in which Cuban national imaginaries were constructed. In the tradition of anthropology and affect studies, I read selected historical sources as cultural texts and as valuable repositories of feelings and emotions (Lock and Farquhar 2007; Ahmed 2004; Cvetkovich 2003). Using this framework, discursive analysis entails examining how "words for feeling and objects of feeling circulate and generate effects" (Ahmed 2004, 14). In this case, I approach music and dance as an object of feeling and emotion. Following Ahmed, Cuban music may be understood as an object saturated with a kind of affect that came to be articulated as *sabor* through its movement between bodies and through time. In the process, Cuban music endowed the surface of (white) national bodies with racially complex sensuous capacities and a different (sexual) ethics surrounding them. I also draw from Tom Turino (1999) and Deborah Gould's (2010) theorizations of affect and emotion as lens to examine understandings of *sabor* with respect to Cuban music and dance in the colonial context. For Turino (1999, 221), "emotion" is "our inadequate gloss for that mammoth realm of human experience that falls outside language-based thinking and communication." Words are not sufficient to express the embodied experience of music and its potential to trigger powerful and often involuntary visceral and affective reactions in the perceiver. In turn, Gould (2010, 26) sees affect as those unconscious and unnamed but registered experiences of bodily intensity in response to stimuli exerted upon the body. Gestures, language, and other conventional or coded bodily expressions are the limited, culturally constrained, and constructed means of materialization or transformation of affective states into structured and knowable manifestations. As such, *sabor* and its narratives may be understood as the discursively constrained means by which affective states, triggered by the stimuli of Cuban popular music upon the body, materialized and were, as such, recorded in nineteenth-century historical documents.

From Artisan to Artist: The Cultural Cleansing of Havana's Visual Arts

During the first half of the nineteenth century, Cuba rose as the leader in world sugar production after the demise of the French colony of Saint-Domingue following the Haitian Revolution (1791–1804). New money from sugar sales and the related slave trade concentrated in the hands of a rising class of white creole (i.e., Cuban born) planters and intellectuals, as well as Spanish slave dealers. However, increasingly modernized, dynamic, and service-oriented cities provided opportunities for lower classes to benefit from the economic prosperity of the sugar industry. In major cities like Havana and Matanzas, a growing class of free urban blacks and *mulatos* were recognized for their work in highly valued crafts and trades. The so-called artisans of color excelled in the fields of classical music, painting, tailoring, militia service, midwifery, dentistry, and education, making up an elite within the colored class. For the most part, they were free, lighter skinned, educated, and well connected to both colored and white elites in Havana and beyond. Many of them owned slaves, real estate, and successful businesses in the cities, for which they gained social distinction (Barcia 2009; Mena 2001; Paquette 1988; Chapeaux 1971).

However, the involvement of several members of the urban black working class in anticolonial political actions stirred white elites' anxieties and motivated massive repressions in a context of drastic demographic changes. An unprecedented number of African slaves had entered Cuba during the early nineteenth century to work on sugar plantations. Eventually blacks outnumbered white residents, feeding the white imaginary of Cuba as an Africanized colony taken over by black rebels, as had happened in the neighboring Haiti. In this context the largest state-led repression of the century known as La Escalera between 1843 and 1844, whereby thousands of free and enslaved blacks accused of conspiring against the white race and colonial rule were executed, imprisoned, or banished from the island (Paquette 1988).

Black working classes appeared menacing to white elites in terms of politics, but also socially and culturally. Working-class people of color in the cities had become increasingly unclassifiable by the standards of slave society (Stolcke 1989). Clear-cut classifications based on skin color and phenotype had become ineffective given the wide range of skin color shades among a growing number of *mulatos* and *pardos* born from racially mixed couples. Light-skinned individuals were sometimes undistinguishable from white, Westernized manners, and their lifestyle and good economic standing characterized a racially ambiguous and cultural middle class that came to be perceived as a menace to white hegemony (Stolcke 1989; Chapeaux 1971).

For example, a nationalist leader from the first half of the nineteenth century, José Antonio Saco, warned against the dangers of what he saw as the inevitable contamination with African influences of the prospective national white creole culture that his generation was trying to build. For Saco, slavery and the resulting negative values of stealing, vagrancy, and hatred were the cause of "moral diseases" that infected Cuban society culturally as a result of the cohabitation of blacks and whites (Mena 2001; Saco 1974). Speaking of music and dance, Saco's contemporary, the novelist Félix Tanco y Bosmeniel illustrated the prevalent anxieties around cultural contamination among white creoles during the first half of the century:

> While watching our boys and girls at their waltzes and contradances [*sic*], who can fail to be struck by how closely their movements mimic those of the blacks at their gatherings? Who can fail to see that the dancers' steps echo the drums of the Tangos? It is all purely African, and the poor and innocent blacks, without intending to, and with no other power than that born of the life they lead in relation to us, are taking revenge for the cruel treatment we have inflicted upon them by infecting[2] us with customs and manners that are appropriate to the savages of Africa. (Qtd. in Opatrny 1994, 45)

In the first half of the century, Saco proposed some major social reforms along with a group of white creole intellectuals and planters influenced by Enlightenment ideals who were gathered at the Sociedad Económica de Amigos del País. Saco was particularly outspoken about the need to cleanse culturally and racially specific occupational fields in which free blacks historically had an overwhelming presence. He proposed to "take back" from black working classes professions like teaching, midwifery, painting, dentistry, and European music by recruiting and training white professionals as well as refining the criteria of admission into these professions (Saco 1974; Chapeaux 1971).

Saco's ideas materialized in the Sociedad's project to formalize technical training through the creation of academies with strict admission criteria. These criteria went beyond the applicants' race to include cultural features like "good manners," "good conduct," honor, "known decency," and being of "known parents."[3] The Academy of Midwifery (1828) and the Academy of Painting and Drawing (1818) exemplify these efforts. A central tenet of their founders was to attract white individuals and thus upgrade and cleanse or "whiten" professions that had been "degraded" and dishonored by the presence of black midwives and painters (Mena 2001; Chapeaux 1971).

In particular, in the guidelines of the San Alejandro Academy of Painting and Drawing, the Sociedad established in 1817 that "students should be always white, of known parents, of good education and customs" in order to "abate and contain to their limits a class that is aspiring to place themselves on equal footing [*nivelarse*] with ours, with great risk to the tranquility of the country" (Peramo Cabrera 2009).[4] The academy's guidelines were clear about their intentions of racial cleansing: We should encourage "whites to engage in the arts and crafts/trades, convincing them that by doing so they will not be confused with the coloreds; rather they will achieve a more effective superiority" (Peramo Cabrera 2009). Under these strict racist premises, the academy set the terms of a new model of art imagined as a separate sphere of representation and practice. Academic painting would be a "safe" symbolic and social space, one not "stained" by the presence and practice of poor black and *mulato* painters, but rather informed by the "higher" and trendier cultural models of Europe (Peramo Cabrera 2009; Pérez Cisneros 2000).

For this purpose, in contrast to the popular, realistic, and "primitive" tendencies of the eighteenth century, the academy's founders introduced neoclassicism under the direction of French, Italian, and North American painters. The overwhelming presence of Europeans, and especially French, painters in the leadership of the academy and in Cuba's artistic landscape throughout the century evidenced the successful efforts of the members of the Sociedad to whiten the visual arts (Pérez Cisneros 2000).

The creation of the academy as an actualized, whitened, and aesthetically elevated formal academic sphere was part of the century-long cultural project of the creole elites to craft and imagine the Cuban nation. For the creole intellectual and planter class, the entire century was a moment of searching for, constructing, and negotiating a shared identity as Cuban-born self-ascribed whites of Hispanic descent. They crafted their own selves as models of a still ambiguous ideal of *cubanidad* by drawing a series of boundaries to establish distances with the ruling white Spanish (colonizer) and the lower black (colonized) classes. For that effect, they developed and reconfigured systems of difference based on values of bourgeois respectability using a range of disciplining instruments. The printing press, literature, and educational textbooks such as manuals of etiquette and "good manners" were designed to mold respectable subjects who behaved properly, according to norms acceptable for one's gender, race, class, and/or sexuality in specific times, places, and situations.

However, the Sociedad's pedagogical project to establish matching moral, social, and symbolic hierarchies and standards was also a project to mold sensibilities and discernment capacities for what is considered simultaneously proper, superior, pleasurable, and beautiful. Thus, at midcentury white creole elites constructed themselves as the models of good-mannered, racially and culturally proper subjects. With that moral and racial authority, they set the tone of Havana's fashion and cultural and artistic preferences. A moral habitus was developing concurrently with an aesthetic and affective habitus, all working together to organize the ways in which bodies, subjects, practices, and the material world were classified, appreciated, and felt (Elias [1939] 2000; Bourdieu 1989).

The discourses and policies in the field of painting in the first half of the nineteenth century are an example of this epochal shift. New categories of classification and evaluation such as "art" and "taste" were being created and reconfigured. In this context, the academy played an important role in the aesthetic validation and endowing of art with prestige and as a category denoting the creole elites' related aspirations for modernization and *blanqueamiento*.

For instance, up until the early eighteenth century, painting was grouped alongside other devalued manual activities performed primarily by free people of color, including midwifery, tailoring, and carpentry. More specifically, painting in the eighteenth century was considered a professional, profitable activity of mostly working-class and largely self-taught *mulatos* (artoffer 2012). These anonymous working-class painters whom the academy excluded were considered "popular painters" and remembered for their work "decorating" with frescoes both interior and exterior murals and walls in Havana (Pérez Cisneros 2000).[5] However, by the 1830s Saco used "arts" as the general label under which painting and music were regarded as higher forms of work, which had previously been deemed merely as "crafts and trades." By the same logic, the academy's policy of racial and cultural cleansing contributed to construct a new enlightened "subject of art" by transforming the old black popular artisan—regarded merely as a craftsman—into a new white (Europeanized) academized artist.

These ongoing racial, institutional, and ideological-aesthetic negotiations can be read in the life of one of Cuba's most prominent painters of the late eighteenth and early nineteenth centuries. Vicente Escobar y Flores was a famous *mulato* painter who received formal training at the Royal Academy in

Madrid. As such, he was an exception among the mostly self-taught painters of color of his time. He was best known for his portraits of aristocratic families and for his series of portraits of Cuba's captain generals. The quality of his work earned him the position of court painter to Spanish monarch Fernando VII, which helped paved his way to noble status after he obtained a certificate of whiteness through the special Spanish provisions known as *gracias al sacar* (Echevarría 2010).[6]

Escobar is considered by some to have influenced the tradition of *costumbrismo* in the latter half of the nineteenth century. *Costumbrismo* represented a shift from the academy's early century neoclassical and Italo-French tide. Major exponents of *costumbrismo* such as the French lithographer Frederic Mialhe and the Spanish painter Victor Patricio de Landaluze focused their attention on everyday subjects and scenes, with a marked preference for marginalized urban subjects such as slaves and the predominantly black working classes.

In this context, the profound shifts in art history of the Cuban nineteenth century materialized in the body and the life of Escobar himself. His legal and cultural metamorphosis, from a *mulato* of low caste to a legally white nobleman and academic painter, epitomized Cuban elites' concurrent project to whiten and upscale the visual arts with academically trained white artists and new and refined tendencies of neoclassicism, realism, and romanticism.

This process of *blanqueamiento* in the fine arts during the first half of the nineteenth century anticipated a kind of racial inversion in the established arrangements of gaze and spectatorship under *costumbrismo* in the second half of the century. While earlier in the century, black popular artisans gazed at white bourgeois bodies—as in Escobar's portraits of the captain generals and the distinguished bourgeois *señoras*—by midcentury, white painters had repositioned themselves as representers of blacks and *mulatos*. *Costumbristas* like Mialhe and Landaluze inaugurated the exercise of observing and depicting the working classes and people of color by making them the protagonists of positivistic representations or "pictures of customs." In transforming black "Others" into the objects of white spectacle and visual consumption, *costumbrista* painters created the conditions for a particular kind of aesthetic, a developing visual "taste" or "way of seeing" the (black) Other (Lane 2010, 19). Interestingly, Escobar's portraits of the white bourgeoisie during the early nineteenth century may have served as a discursive preamble to Landaluze's scornful and folklorized depictions of blacks and *mulatos* from the mid-nineteenth century.

The progressive reframing of white bourgeois bodies and black bodies in Havana's visual arts manifested in radically different forms in the arena of music and dance. While Cuban elites succeeded in creating a "clean" aesthetic space—free of African influences—in mainstream painting, music and dance proved more difficult to "whiten." Seemingly inexorable transcultural processes of exchange gave birth to "infectious rhythms" (Brownings 1998) that were impossible to separate into disembodied cultural parts and difficult to reify as objects of white spectacle. Most important, it seems that these rhythms were too affectively appealing for Cuban elites to "resist." In the next section, I discuss the evolving connotations of the notion of *sabor*, reflecting the changing attitudes of white elites toward African-influenced Cuban popular music and dance over the course of the nineteenth century.

Sabor: The Manner of Cuban Music and Dance

> As a dance form, the contradanza seemed as a transitional genre—as a bridge not only between social classes and races, but also between historical eras—in which the socioeconomic transformations of the age were literally danced.
>
> —Peter Manuel, *Creolizing Contradance in the Caribbean*

Since the early nineteenth century, dancing to music with African and European influences made in Cuba—the *contradanza*, *danza*, and *danzón*—fueled frenzy across all sectors of society. Among white creoles, Cuban music and dance produced passionate adherents as well as ardent detractors, and among the latter, particularly outspoken radical moralists like Buenaventura Pascual Ferrer (1772–1851). Ferrer's editorials in the newspaper *El Regañón* (*The Scolder*) contain some of the first attacks to mixed forms of dance and music, which during his time was the Cuban *contradanza*. The *contradanza* was a product of the blending or creolization of the European contradance with Afro-Caribbean rhythmic elements, such as the *habanera* rhythm (or *ritmo de tango*), the *tresillo*, the *cinquillo*, and the *clave* (Carpentier 2001; Madrid and Moore 2013, 25).[7] For his sharp moralist critiques, Ferrer was known as "the scolder of customs." A sort of guardian of respectability and the author of the first Cuban textbook of manners, Ferrer provided detailed reports of elite dance gatherings to which he attended.[8]

As opposed to other professions (e.g., teaching, dentistry, midwifery), Cuban forms of dance and music were especially difficult to regulate and categorize, given the multiple transgressions that characterized their practice. As historian Francisco Moran has noted, "If there is any cultural manifestation par excellence where everything is subject to flux and hybridity it is music, dance [and food]" (Morán 2008). These practices pose a challenge to binary categorizations such as "black" or "white," "African" or "European," and "rhythm" or "melody," which are assumed to be predetermined, essential, and pure or unmixed. For this reason, Moran has noted, dance is always that place where "dangerous cultural interventions" are revealed.

The mobility of people, and especially men, across multiple hierarchically ordered sites in colonial cities played a role in the rapid transculturation of "low" African and "high" European styles into local mixed genres of music and dance (Sublette 2004; González 1992; Ortiz 1987). In particular black and *mulato* musicians mastered the popular and "higher" forms of the upper classes (opera and concert music), as well as the mixed genres enjoyed by lower class free people of color (dance orchestras). They also participated, if often only as distanced observers, in the musical world of African slaves (Villaverde 2010; González 1992). As contracted musicians, free blacks and *mulatos* had access to classy theaters and bourgeois saloons, whereas white bourgeois men enjoyed similar mobility as dance amateurs and romantic partners of especially light-skinned *mulatas*.

More important, black musicians transformed the ways in which European and mixed local popular genres were interpreted. According to Carpentier (2001, 158), this manner of performing music was less literal and more embodied:

> Blacks and whites performed the same popular songs. But blacks added an accent, a vitality, something unwritten that "perked things up." . . . The black musician was elusive, inventing between the written notes. White musicians stuck to the notation. Thanks to blacks, there was a growing hint in the bass lines . . . in the accompaniment of the French *contradanza*, of a series of displaced accents, of ingenious and graceful intricacies, of "ways of doing" that created a habit, and originated a tradition.

For its part, the creative transformation of local mixed dance forms took place at dance academies, *cuna* balls (hosted by elite families of color, and at which white men regularly attended and danced with *mulata* women), and aristocratic mansions. At the dance *escuelitas* or academies, black and *mulata* women were hired to work as practice partners of a majority of white (male) amateurs learning to dance under the direction of a black or *mulato* dance teacher. Since the 1850s, dance academies were strictly regulated by colonial laws to prevent interracial mixing between white males and women of color, who were accused of morally and sexually corrupting white men through dancing (Egüez Guevara 2008; Mena 2005). Dance academies were charged with being prostitution fronts by Spanish authorities and white middle and upper classes. White pupils also practiced their skills at the *cuna* balls of people of color, which they attended secretly, often behind closed windows or concealed back rooms (Villaverde 2010; González 1992). For their part, black slaves served as dance teachers and models to white *señoritos* in their own residential mansions, where black male musicians played the tidied-up *contradanzas*, *danzas*, and *danzones* (González 1992).

In particular, black dance teachers mastered both "white" and European dance forms like the waltz and the minuet as well as African influenced local dance genres like the increasingly popular *danza* and *danzón* (González 1992).

As such, black and *mulato* male and female dance teachers defined and controlled the etiquette of their white pupils, as scholar Reynaldo González (1992, 137) put it, "so that they don't embarrass themselves in aristocratic balls" (*para que no tuvieran mala actuación en los bailes aristocráticos*). One imagines how, then, black and *mulato* dance teachers created and adjusted a body movement repertoire according to the class and race of their student audience while slowly transforming the forms of dance. An active selection and codification of body movements would have been necessary, encouraging or silencing certain movements (less pelvic, more distanced) according to the status of the ball and its attendees.

There were multiple efforts by white creole elites to whiten the field of classical European music. Because black and *mulato* musicians made up the majority of performers and composers of "high" academic and concert music, white elites promoted the creation of music academies to train white classical musicians. These efforts were unsuccessful, given that wealthy white youth who could afford them scorned music as a profession in favor of others such as the priesthood, law, and medicine. However, efforts to culturally whiten music were channeled, perhaps more than in any other field, through violent state repression. The colonial state physically eliminated notable classical interpreters and composers of color along with some of the most respected dentists, teachers, tailors, and poets during the repression of La Escalera in 1844 (Morán 2012; González 1992; Chapeaux 1971). The impact of the repression was such that it temporarily erased musicians of color from Cuba's urban musical scene. According to some historians, it became impossible to staff a dance orchestra in Cuba during the years after the repression because of the large number of imprisoned musicians of color (Sublette 2004; Lapique 1979).

In the film *Roble de olor* (2002), Rigoberto López provided a fictional representation of the brutality of white repression toward black cultural transgressions in the sphere of music during the first half of nineteenth century. The film re-creates historical accounts of an orchestra of about forty black slaves funded by the German Cornelio Souchay, owner of the Angerona coffee plantation in western Cuba. Toward the end of the film, the foremen of the plantation execute the musicians of Souchay's orchestra en masse. According to the lines of the film's argument, the scene emphasizes white attitudes of "astonishment" and disapproval at black slave musicians' masterful performances of European classical music. The combination of blackness and Europeanness in the bodies of black classical musicians was beyond white creoles' racial imaginary.

The repression of black musicians epitomized the broader movement by white elites to "purge" local music of its African influences. However, these efforts were fruitless, given the growing popularity among middle and upper classes of the *contradanza* and subsequently the *danza* and, by the end of the century, the *danzón*. The earliest ancestor of the *danzón* was the Cuban *contra-*

danza, most popular during the early nineteenth century. By the 1830s the *contradanza* had evolved into a slower-paced and more creolized *danza* (Sublette 2004, 135). Cuban music scholars have noted that *danza* was simply another name used in the 1920s to describe a *contradanza*-like repertoire. However, the *danza* exhibited music and choreographic innovations with respect to the *contradanza*, notably, independent couple dancing (Madrid and Moore 2013, 26; Manuel 2009).

Around the 1930s, according to the music historian Ned Sublette, a *contradanza* dance figure emerged that allowed couples to dance embracing (as opposed to couples facing each other in rows). Thresholds of dance and music respectability were starting to shift. While in 1801 conservatives like Ferrer condemned the *contradanza* as indecent, by 1829 the signature creole bourgeois newspaper *La Moda o el Recreo Semanal del Bello Sexo* (*Fashion or Weekly Recreation of the Fair Sex*) covered *contradanzas* and songs, the only two types of music considered acceptable for its middle- and upper-class white female readers (Carpentier 2001). However, the fiercest attacks to local dance forms came during the 1870s and 1880s, and these were particularly directed against the *danzón*, the successor of the Cuban *contradanza* and *danza*. (Carpentier 2001, 159).

Mirroring the complex dance and music politics, and against the grain of the white bourgeois and colonial logic of violently drawing racial boundaries, processes of molding and experimentation of feeling and "taste" informed new categories. At one end, the white creole bourgeoisie was learning to savor the taste of black influences in emergent mixed popular genres. Alejo Carpentier (2001, 158) offers an eloquent description of this process:

> It seems that the young bourgeois who rode in carriages and wore top hats and watch chains, who gathered at the dance halls, found an élan in the way black orchestras played, an intensity, a rhythmic force that was unpretentious. . . . [There was] a growing preference for "orchestras of color" when speaking of dances. . . . Certain *contradanzas* "had greater appeal" when played by blacks.

In contrast, members of the bourgeoisie of color in Havana, sandwiched between the world of the masters and that of the slaves, were learning to conceal their taste and feelings for the "lower" African traditions of their ancestors (Paquette 1988). In the following quote, Carpentier describes the ambivalent attitudes of middle-class blacks and *mulatos* toward the expressions of Africans in Cuba. On the annual January 6 Día de los Reyes parade, Africans performed their traditional dances publicly for residents and Spanish colonial authorities. Alongside whites, Havana's artisans of color acted as spectators of what they saw as an Africanized, "low" show. In this instance, Havana's artisans of color demonstrated their mastery of whiteness, not only through their dress and comportment but also through the control of their emotions:

When the *comparsas* are let loose on the streets on January 6th, with their *diablitos* [little devils], kings, and *culonas* [big-bottomed women,] . . . [Havana's artisan of color—"the political man"] draws back, letting pass the carnival, just like whites. *If the drum made the innermost fibers of his heart resonate in sympathy, he did not admit it.* It is possible that at times blacks would attend the ritual drum beating of the [African] Carraguao neighborhood. But in the [aristocratic] dances where he performed his professional duties, he played the country minuet. (Carpentier 2001, 163, emphasis added)

Following W. E. B. DuBois ([1903] 2008), Carpentier describes in this passage a kind of affective double consciousness among black middle classes.[9] It became crucial for free middle-class blacks to effectively manage their feelings and emotions in order to maintain an acceptable public image that was aligned with their white bourgeois aspirations. In his classic work *The Civilizing Process*, Norbert Elias ([1939] 2000) uses a framework of performativity to understand the affective dimensions of bourgeois respectability at play in Carpentier's description: "It will be seen again and again how the characteristic of the whole process that we call civilization is this movement of segregation, this hiding 'behind the scenes' of what has become distasteful" (103). Elias theorized the civilizing process as the historical framing of highly inhibited and stylized modern bourgeois personas through the progressive shift of moral and affective boundaries over time, what he deemed "structures of feeling."[10] Thus, framing the bourgeois body entailed a moral regulation of bodily performances, values, and attitudes, as well as a regulation of "drives and affects." Following this framework, a performance of emotion was at play among urban black middle classes in colonial Cuba, whereby certain emotions were "covered up" and brought "behind" the scenes of public life, where "public" represents what was visible or otherwise perceptible to the moralizing gaze of bourgeois society (Elias [1939] 2000).

The idea that middle-class blacks repressed their drives to "publicly" enjoy music of the African heritage resonates with the reiterated expressions about the inevitable "drives" of the white bourgeoisie toward the African-influenced Cuban genres of the *contradanza*, *danza*, and *danzón*. Throughout the century, these mixed genres were subject to attacks from creole moralists, which often accompanied descriptions about the inexplicable and incontrollable "force" that drove white middle and upper classes to take part in them. For instance, a Spanish observer at midcentury described the local reactions to the Cuban *danza* from a white man's perspective: "It is very animated and cheerful, and it is not played right, except for the local musicians, who are the ones who know how to give it the *chic* that this kind requires. The man who is not accustomed to hear these dances may figure he is listening to an infernal rejoicing, because it seems that each instrument *takes its own way*" (*es muy animada y alegre, y no se toca bien, más que por los músicos de aquí, que son los que saben darle el* chic *que reclama su índole. Al que no está acostumbrado a oír las danzas, se le figura escuchar una algarabía infernal, pues parece que cada instrumento* va por su lado) (De las Barras y Prado 1926, 89, original emphasis).

De las Barras y Prado is aware of the unique charm (i.e., *chic*) of the music, which requires a specialized skill and a distinctive taste. Those who do not have the taste (as perhaps he already does?) will find this music "infernal" and disorderly. He goes on to say that he has never heard a music so "enthusiastic and delicious" and a dance more "lively and inciting," seeing the "oglers . . . carry the beat with the feet or with the body, as if they were swept/dragged along by a superior force. The beat is the same that the blacks play in their drums and instruments for their grotesque and voluptuous dances" (*es común ver a los mirones . . . llevar involuntariamente el compás con los pies o con el cuerpo, como arrastrados por una fuerza superior. El compás es el mismo que tocan los negros en sus tambores e instrumentos para sus bailes grotescos y voluptuosos*) (De las Barras y Prado 1926, 89).

The historian Zoila Lapique observed similar sentiments in articles of Havana's print periodicals in the 1840s authored by white creoles:

> Havana's youth, which moved in the bourgeois social frame, began to call the most liked contradanzas "irresistible," which were preferred by the dancers for their rhythm and savoriness. This word stuck among us because in the coming years it was also used to express that a danceable musical piece was beautiful and its tunes [*sones*] so "irresistible" that it was impossible to avoid, while listening, the drive to dance. (*la juventud habanera que se movía en un marco social aburguesado comenzó a llamar "irresistibles" a las contradanzas más gustadas, las preferidas por los bailadores por su ritmo y sabrosura. Esta palabra prendió entre nosotros, pues los años posteriores se utilizó también para expresar que una pieza musical bailable era bella y sus sones tan "irresistibles" que no se podía evitar, al escucharlos, los deseos de bailar*). (Lapique 1979, 37)

Carpentier (2001, 157) graphically captured how "irresistible" were African-infused rhythms to the Cuban creole bourgeoisie at midcentury in the following example: "It is significant that, in 1856, during a great formal dance in Santiago in Honor of General Concha, the most aristocratic elements of society furiously surrendered themselves, at one point, to the rhythms of a *contradanza* titled 'Tu madre es conga' [Your Mother Is Conga]." Furthermore, the expressions *bufomanía* and *bailemanía* reiterated in public opinion since the 1870s captured the idea of the inertial drive of mixed local genres in theater and dance, which seemed to follow an unstoppable course because of their popularity among all social classes, despite social censorship by white creole moralists (Leal 1975).

This idea of "irresistible" music and rhythm informed the developing notion of *sabor*, understood as an aesthetic system organizing the perception, performance, and experience of Cuban-made music and dance. *Sabor* was more than a descriptor; rather, it referred to a capacity of discernment embodied in certain qualified performers and dancers who possessed this specific aesthetic and/or affective code. While some people possessed and performed *sabor*, others simply didn't or couldn't: an aesthetic boundary was created.

For instance, at midcentury, white creole authors already referred to *sabor* as an embodied, experienced, and *felt* feature of Cuban-made dance and music. Such was the case of one of the contributors of Gertrudis Gomez de Avellaneda's short-lived literary magazine *Album cubano de lo bueno y lo bello* (*Cuban Album of Things Good and Beautiful*). Under the pseudonym "Felicia," the author of the article "El baile" described flavorful dancing (*bailar sabroso*) as the fashionable manner and required skill to properly dance the Cuban *contradanza*, "It even became a fashion to dance flavorfully" (*Llegó a hacerse moda bailar sabroso*) (Gómez de Avellaneda 1860, 372). In the 1840s, *sabor* was still part of the white bourgeois moralist rhetoric. In reference to this moment, Felicia condemns the fashion of *sabor* in dancing the Cuban *contradanza* for corrupting the "honest and permitted pleasure" of dancing: "To dance with modesty, with reserve, with prudent restraint meant to dance the old fashioned way. To abandon themselves to the immorality and the obscene ideas meant to dance well" (Gómez de Avellaneda 1860, 372). The author illustrates the ill consequences of dancing *sabroso* through the tragic story of a young virgin who shooed her boyfriend away, becoming a hopeless spinster for her reckless and loose dancing of a *contradanza* described as *sabrosona* (having a lot of *sabor*) by the men observing and desiring her at a public ball.

The author then takes a sharp turn of stances as she refers to the *contradanza* in her present day, the year 1860. The morally damaging dance fashion of the old days is long gone, she notes, because "today [the *contradanza*] is danced with graciousness and ease without damaging decorum or making you, modest and restrained virgins, ashamed of another's sins" (Gómez de Avellaneda 1860, 373). New positive adjectives are used to describe the Cuban *contradanza*, the "kind friend who distracts us without ever tiring us, she reigns over the polka and all the other foreign dances. Its delicate voluptuousness, poetic cadences, and calm appeal, make it pleasurable even in the harshness of summer" (Gómez de Avellaneda 1860, 373).

Felicia's account exemplifies the processes of formation and negotiation of the moral and aesthetic qualities of dancing to Cuban music by the white creole bourgeoisie. Although these qualities were far from defined at midcentury, there was an ongoing alteration and reconfiguration in the standards of respectability and taste. An unrepressed and somewhat sexually liberated sensual dancing body began to be framed as a model for an actualized and distinctively Cuban dance fashion. Nonetheless, the driving forces of disinhibited dancing to Cuban-made music and dance in Felicia's account struggled against the heavy social and legal constraints endured particularly by white middle- and upper-class women.

In particular, the ill-fated dancing lady of Felicia's account illustrates the policing of white women—and to a lesser extent, white men—at midcentury, particularly in situations of interracial and gender interaction.[11] For instance, the 1857 *Manual of Good Manners, Urbanity and Etiquette* by José María de la Torre (3) included a specific rule prescribing white ladies' appropriate conduct in public dance balls:

142. And in a public dance, how should a lady comport herself?
With the greatest possible decorum, not straying off the side of her mother or of the person in charge of accompanying her unless with permission. Do not give out-of-step jumps, or do contortions or figures that offend modesty; do not dance except with those of her own class, even if it is oneself, and lastly, go off course or even [procure to] exit the ball when she sees that the decorum that must reign in every gathering is not observed.
142. ¿Y en un baile público, cómo debe portarse una joven?
Con el mayor decoro posible, no desviándose nunca del lado de su madre ó de la persona encargada de acompañarle a menos de obtener permiso. No dar saltos descompasados, ni hacer contorsiones ni figuras en que se falte a la modestia; no bailar sino con los de su clase, aunque sea uno mismo, y por último, desviarse, y aun salir del baile cuando vea que no se observa el decoro que debe reinar en toda reunión.

De la Torre's image of kinesthetically constrained white women's bodies and sexuality in public dance balls contrasts with the liberated and sensual white female bodies dancing to the rhythm of the *contradanza* in Felicia's account. These conflicting imaginaries illustrate the ongoing aesthetic, ethical, and moral transitions under way. Throughout the century, narratives of dancing white creoles exemplify these transitions through recurrent depictions of white bodies and their contours adjusting to unknown, racialized molds of movement, feeling, and experience. For example, the following fragment by the Cuban writer Teodoro Guerrero describes the creole bourgeoisie's effusive dancing to the Cuban *danza* at a ball in the outskirts of Havana around the 1870s:

During the seasonal dances . . . butterflies flutter around to the beat of the savory music . . . [which is] typical of the country; men wear white drill suits and straw hats, and dance without rest, sweating profusely, without letting the high temperatures stop them in the exercise of the *danza*, a passion that verges on delirium in the Antilles.
En los bailes de temporada . . . al compás de la música sabrosa, característica del país, revolotean las leves mariposas; los hombres llevan traje blanco de dril y sombrero de jipijapa, y bailan sin descanso, sudando copiosamente, sin que lo elevado de la temperatura les detenga en el ejercicio de la danza, pasión que en las Antillas raya en delirio. (Qtd. in Guijarro 1876, 14)

The imagery of uncomfortable white bodies performing racialized movements is a recurrent theme in nineteenth-century narratives about the *contradanza*, *danza*, and *danzón*. Consider this early nineteenth-century fragment from Buenaventura Pascual Ferrer in *El Regañón*:

> The *contradanza* started while all dancers had left aside the judgement and sanity. . . . [T]he *contradanza* was danced in the worst possible form and after twenty minutes of not so decent frolic, because that's what that was, all dancers retired full of sweat and extremely suffocated to take some breath only to come back after a while to the same chore all over again.
> *Se principió la contradanza, habiendo dejado a un lado todos los bailarines el juicio y la cordura . . . bailóse la contradanza todo lo peor que fue posible y después de veinte minutos de retozo no muy decente porque aquello no fue otra cosa, se retiraron todos los danzantes llenos de sudor y sofocadísimos a tomar un poco de aliento para volver de allí a un rato a la misma fajina otra vez.* (Ferrer [1801] 1965, 104).

Sweating, exhaustion, and heat expressed the level of (dis)comfort related to the clothes that did not quite "suit" the kind of dance, the specific weather, and—implicitly—the (white) dancer's body. Much like the common representations of uncomfortable slaves in the elegant "suits" of whites, white dancing bodies seem to be in a battle with their constrictive body molds—their fluids and their bodies seem to literally overflow their limits (Ahmed 2006). An implication is made: either the dresses are not "suitable" or the bodies are not made to tolerate such movements.

On the contrary, black bodies were often "kinesthetically hailed" or interpellated as dancing bodies (Lane 2007; Althusser 1971). The ability to dance was naturalized in black, and particularly female, bodies. For example, no one suggested that whites work as dance teachers, or least so proposed to expropriate blacks from the art of dancing (as in the arts of painting or music). By contrast, white creole writers began to imagine the specific forms of the white dancing body at midcentury. The following excerpt by the Countess of Merlín of Havana exemplifies the metamorphosis of this newly imagined white dancing body oscillating between a dry, listless, passive body and a *sabroso*, warm agentive body with uncontrollable affective drives (for dancing):

> The Cuban from Havana, although under the influence of a scorching climate, is passionately fond of the *danza*, and it is a contrast worth noting to see him after having spent all day lying down weakly in the armchair, with the eyes half closed and immobile, with a young black man beside him fanning and performing some light service that requires some movement; it is a singular contrast, I repeat, to see him get out of that state of voluptuous apathy, to surrender with ardor to the animated exercise of dance. This contrast [is evident] especially . . . among women . . . who always carry the stamp of these two distinctive characters, and that mixture of liveliness and languidness, gives them an irresistible charm.

El habanero, aunque bajo la influencia de un clima abrasador, gusta de la danza con pasión, y es un contraste digno de notarse, verle después de haber pasado todo el día blandamente recostado en la butaca, con los ojos medio cerrados e inmóvil, con un negro joven a su lado para abanicarle y hacerle cualquier servicio ligero, que exija algún movimiento; es un contraste muy singular, repito, verle salir de ese estado de voluptuosa apatía, para entregarse con ardor al ejercicio animado del baile. Este contraste se reproduce . . . principalmente . . . en las mujeres . . . que llevan siempre el sello de estos dos caracteres tan diversos, y esta mezcla de viveza y de languidez les da un encanto irresistible. (Montalvo [1831] 2013, 25)

The irresistibility in the emotionally ambivalent bodies that the Countess of Merlin described would eventually resolve itself, reaching full expression decades later with the popularization and gradual integration of *danzón* into the narrative of Cuban nationality. The popularity of *danzón* represented a transgression of class, gender, and racial lines, creating a moral panic that mirrored the escalating political tensions after Cuba's liberation wars between 1868 and 1880.

Between 1878 and 1890 the elites of Havana and Matanzas (Cuban and Spanish) filled the columns of newspapers with numerous articles showing their indignation over the intrusion of *danzón* into white elite settings (Chasteen 2004, 75; Lane 2005; Madrid and Moore 2013, 16). Particularly during the latter part of the war, Spanish officials' propaganda against black insurgents fighting Spanish troops in eastern Cuba informed the moralistic tone of newspaper articles protesting *danzón* (Madrid and Moore 2013, 76). Spanish authorities spread rumors about the independence movement as a race war, and they created threatening images of black insurgents as savages and wild animals, exhibiting immoral behavior (e.g., dancing, drinking, having white women as concubines) (Madrid and Moore 2013, 78–79). Thus, along with prostitution, *danzón* became an avenue for Cuban and Spanish elites to channel their own racial fears and nationalist anxieties in the conflicted political moment during and after independence wars in the latter part of the nineteenth century.

Danzón was considered an indecent dance because of its association with black dancers and lower-body movements, as compared to the Afro-Cuban *cinquillo* rhythm. There was something in the *danzón* rhythm that, according to indignant journalists, "forced people into obscene movements" (Chasteen 2004, 80). Apparently there was a cross-regional trend in the orientation of "dance contagion" as the fashion for dancing *danzón* came from Matanzas, the province immediately east of Havana. There, the *mulato* Miguel Faílde (1852–1921) is said to have composed one of the first and most famously known *danzones*, "Las alturas de Simpson," in reference to a colored neighborhood in Matanzas (Chasteen 2004, 77–80).[12]

As the white middle class embraced *danzón* fully during the 1880s and 1890s, dancing served as a vehicle for developing processes of Cubanness.

Vernacular blackface (*bufo*) theater provided this space. Cultural critic Jill Lane studied the refashioning of *danzón* in *bufo* discourse and performance in the second half of the nineteenth century. In several plays, *bufo* playwrights covered up the undesirable "African" and "indecent" elements of *danzón* with the unifying coat of national identity infused with the affective power of the irresistible forces of *sabor*. Against creole moralists assaults of the late 1870s, *bufo* playwrights rose as defenders of Cuban genres like the *guaracha* and the eroticized *danzón*, making them into signatures of their repertoire and political project aligned with Cuban independence. Predominantly white audiences witnessed *bufo* theater performances that became vital sites for the articulation of an emergent national sentiment, where black bodies and African influenced dances for the first time began to be imagined and legitimated as symbols of *cubanness* (Lane 2007).

Tidying Up (Sensual) Cuban Bodies

The developing notion of *sabor* in the nineteenth century was not simply a measure of aesthetic evaluation of new, local music and dance genres. As the examples here have illustrated, aesthetic systems were structured by and projected on moral systems of evaluation, working to limit the field of action and the place that subjects occupied in interlocking gender, racial, and class hierarchies. As a newspaper commentator noted in reference to the *danzón*, "Certain dances do not make people decent, instead decent people make decent all dances" (in Lane 2007, 148).

Contrary to the case of painting, the popularization and deep intermixture of European and African elements in Cuban music and dance made creole elite's attempts to commit cultural cleansing simply unfeasible. As the creole bourgeoisie progressively incorporated dancing into their everyday life repertoires of class identity, the idea of cultural sublimation (if not cleansing) of Cuban dance and music emerged. The nineteenth-century ideology of *adecentamiento* provided the means.[13]

In the early twentieth century, anthropologist Fernando Ortiz described *adecentamiento* as the process "to make decent" or "to tidy up." According to Ortiz, all mixed dance forms in Cuba "experienced the same phenomenon of metastasis: they are rejected for some time as indecorous . . . but they are gradually tidied up [or made to be decent] . . . to achieve an advantageous social adjustment. . . . [T]he people gradually transgress another bit to taste the savoriness of the forbidden fruit." According to Ortiz, starting with the early nineteenth-century *contradanza*, Cuban music was "creolized in the morbid Cuban sensuality," that is, simultaneously tidied up, sensualized, and Cubanized (*acriollada en la mórbida sensualidad cubana*) (Ortiz, qtd. in González 1992, 202, 203).

Danzón experienced similar joint processes of *adecentamiento* and sensualization in Havana's theatrical stages during the height of *bufo* performances in last decades of the century. *Bufo* scripts and performances recoded the "indecency" that characterized its earlier moralistic discourses as the "sensuality" that gave birth and shape to an eroticized and sexualized Cuban body. For example, *bufo* authors in the 1880s parodied classical drama and opera for being Europeanized and snobbish, and for lacking rhythm, sensuality, and cheerfulness. White creole playwrights claimed the latter as qualities "inherent" of the developing Cuban identity through the performance of vernacular theater, and local dance and music (Combarro 2008, 95). The "indecency" of the music, lyrics, and body movements with which mixed forms were once charged was recoded as *sabor*, *sabrosura*, and sensuality, the aesthetically pleasing, desirable and pleasurable *qualities* of a (sexually) liberated national body (Lane 2007).

Thus, the eroticized imaginary of Cuban dancing bodies that the Countess of Merlín described at the middle of the nineteenth century was eventually claimed as a feature of nationhood during the height of *danzón* and nationalism's fervor in the late nineteenth century. After centuries of being denigrated and repressed, dancing to Cuban music was normalized in nationally hailed bodies. The creole writer José Fornaris illustrated this with frustration in 1882: "Today the man who doesn't dance is considered a ridiculous being to be pitied" (qtd. in Chasteen 2004, 78).

Moving into the early twentieth century, Ortiz would claim dancing to be an essential characteristic of Cubans as a nation in his posthumously published work *El pueblo cubano* (*The Cuban People*, written between 1908 and 1912): "If every people develops its life with a special rhythm, take dancing away from Cuba and its spirit will have died" (*Si cada pueblo desarrolla su vida con especial ritmo, quitad el baile a Cuba y habrá muerto su espíritu*) (Ortiz 1997, 76). With his characteristic metaphoric and poetic style, Ortiz (1997, 76–77) further insinuated the sexualized "nature" of Cuban identity or "Cuban character" with expressions such as "our exaggerated sexualism" (*nuestro exagerado sexualismo*), "explosive impulsions" (*impulsiones explosivas*), "strong and overwhelming impulsion" (*impulsión [fuerte y] arrolladora*), and "our psychic ambiance of childish lack of foresight and sexualism of fire" (*nuestro ambiente psíquico de imprevisión infantil y de sexualismo de fuego*). For Ortiz (1997, 76), dancing is an expression of Cuba's spirit that derives, paradoxically, not from the African tradition, but from the (white) Spanish heritage: "dancing is a symptom or a result of its . . . satirical sensualism, which . . . is . . . characteristic of all inter-tropical peoples of Spanish origin" (*el baile es síntoma o una resultante de su . . . sensualismo satiríaco, el cual . . . casi puede decirse característico en nuestros días de todos los pueblos intertropicales de origen español*). For Ortiz (1997, 76) the "Cuban people" show a tendency to be sexually precocious: "We are born early into a sex life. Our precociousness is integral . . . the sun filters through our veins [and] overexcites our voluptuousness" (*Nacemos a la vida del sexo demasiado pronto. Nuestra precocidad es integral . . . el sol se filtra a nuestras venas . . . sobrexcita nuestra voluptuosidad*). The idea of a (hyper)sexually liberated Cuban body and identity prevails to this day in Cuban popular imagination.

Conclusion

The 1800s were the last century of Spanish colonialism in Cuba. They were also the century of the rise of a Cuban-born white bourgeois class parallel to the emergence and consolidation of agro-industrial capitalism and Enlightenment thought. It is no coincidence, then, that the idea of *sabor* as a new measure of difference and of taste took shape during this century. Their growing clashes with the Spanish ruling class and their desire to mark a distance with lower classes of slave and free blacks compelled the early founders of the Cuban nation, the white creole political intellectual elite at the Sociedad, to come up with a reformed system of distinction centered not exclusively on visible racial markers but also on more subtle capacities of discernment or taste.

Discourses of "good manners" and taste proliferated in the nineteenth century as an expression of the persistent quest for distinction by white creole and free black urban elites. Given the masterful ways in which black elites performed white creole distinction, especially through dress, language, and manners, white creole elites saw the need to disembody or displace valued practices from African-like bodies and influences. During the first half of the nineteenth century, the creation of the San Alejandro Academy of Painting and Drawing was only one among many efforts by white creole cultural reformers to produce, or at least imagine, a "clean" aesthetic and cultural space, free of black influences and with well-defined and secured boundaries.

The rising popularity of the *danzón* in white creole circles during the second half of the nineteenth century challenged these efforts. People and their embodied musical tastes, feelings, and performances cut across highly policed boundaries and unequal fields of force of colonial society. There was an exchange of "tastes of the other" between white creole elites and free urban blacks in the sphere of music and dance. However, the transcultural swap described by Fernando Ortiz (1987) as a "toma y daca" (give or take) of cultural elements, did not occur under equal bargaining conditions. As quintessential colonial mimics, elite blacks were driven toward European music by the current civilizing forces of white hegemony demanding their assimilation (Bhabha 1994). By this token, they were often compelled to conceal their affects for the music of their own African heritage as part of their everyday public performances of respectability. By contrast, white creole elites' play of cultural appropriating the taste of the colonized was a product of their privilege. One day they despised the *contradanza* and the next they made *danzón* a discursive and affective space of national pride. Nonetheless, white appropriations of *sabor* required a labor of moral cleansing to *adecentar*, or tidy up the movements, the forms, the lyrics, and the places where Afro-Cuban rhythms penetrated.

After a great deal of negotiations, by the end of the nineteenth century the process of the aesthetic and moral cleansing of the music of the lower classes was complete and ready for inclusion into the hegemonic aesthetic domain of the dominant classes (Stallybrass and White 1986; Sublette 2004). Narratives of white creole authors describing the process of crafting a taste for African-infused Cuban music resembled the energies that drive an oscillating pendulum. Qualifications of Cuban music shifted from negative (infernal, fast paced, agitated, African) to positive affects and appreciations (voluptuous, cadential, sensual, savory, irresistible, "Cuban"). Moral evaluations shifted from Cuban music being deemed indecent and obscene to its being fashionable, respectable, and even patriotic.[14] Accordingly, imaginaries of white dancing bodies oscillated between passive, inhibited, closed, policed, and white, to active, liberated, sexual and dark(er). Vernacular theater *bufo* performances in the 1880s and into the twentieth century provided a space for preliminary resolution of the racialized value of Cuban music.

Bufo playwrights and audiences were pro-independence in their political stance. They also had sharp reactionary stances against the moralism of their fellow white creoles at the Sociedad. As such, *bufo* performances served as channels to incorporate the African components of local cultural expressions, including language, dance, and music into a nationalist narrative. From this perspective, the embracement of *danzón*, and more specifically of *sabor* as a positive qualifier of Cuban music with devalued African elements, may be understood historically, as a discursive avenue for developing affective mechanisms, which served as unifying forces in the political process of Cuban independence and national subject making (Hope 2009; Iglesias 2003; Madrid and Moore 2013; Ferrer 1998).

Sabor understood as a cultural code and a distinctive skill of appreciation, performance, and experience has remained alive in postcolonial times in Cuba and beyond, where it holds continued relevance for popular culture and identity in Latin America and the Latino diaspora in the United States. The term *sabor* has continued to be used in lyrics and popular narratives tied to twentieth-century musics derived from the colonial *danzón*, including son, salsa, mambo, rumba, and cha-cha, among many other rhythms they have influenced subsequently. For example, the 2015 Smithsonian Institution traveling exhibit *American Sabor* represents the influence of Latino musicians such as Tito Puente, Ritchie Valens, Celia Cruz, Carlos Santana, and Selena in post–World War II major centers of Latino music production in the United States, including New York, San Antonio, San Francisco, Miami, and Los Angeles. The contemporary relevance of *sabor* and its narratives are an expression of the historical continuities of the concept of *sabor* in its characteristic mode of dispersal, following innumerable routes or "vectors" of transmission from its cradle in the colonial Caribbean (Brownings 1998).

In the academic literature, few authors have examined the discourse of *sabor* in relation to salsa music in the latter twentieth century and to Cuban son in early twentieth century (Quintero 1998; Fernández 2006; Hope 2009). This article situates *sabor* in an earlier, Spanish colonial historical frame of analysis. As such, it expands previous studies' more recent perspectives by localizing *sabor* historically and discursively in the process of search and definition of a distinctive white *criollista* sensibility and identity unfolding in the Cuban nineteenth century.[15] Using this framework, this discussion invites an understanding of *sabor* as an essentially racialized construct rooted in the historically specific experiences of nineteenth century white middle and upper classes in the colonized, forbidden, and fetishized terrains of African cultural expression.

Examining *sabor*—a quality of taste, of feeling, and of experience—as a measure of social difference, recognizes the entangled aesthetic, affective, and moral dimensions at play in the negotiation of racial, class, gender, colonial, and national subject formations (Gray 2013; Ramos-Zayas 2012; Gould 2010; Hope 2009; Stallybrass and White 1986). In particular, Ortiz's postcolonial construction of an eroticized national body stands in sharp contrast to the sexually constrained and morally bounded bourgeois ideal of early Cuban nationalists like Saco early in the nineteenth century. Placed in perspective, Ortiz's writings and the subsequent elaborations of stereotypical sexualized Cuban and Latin(o) American bodies, reflect the major shifts in moral, ethical, and aesthetic standards surrounding the body, gender, and sexuality in the period of Cuba's transition from the Spanish colonial regime. Ortiz's national body is at once more decidedly Cuban, sensual, *and* proper. Thus, this discussion highlights the cultural and moral components of citizenship by drawing attention to manners, affects, and the body as critical categories of sociohistorical analysis (Rosaldo 2013; Queeley 2010). Conceptualizing *sabor* as a measure of difference exposes the generative relationships between structures of feeling and affect, and moral systems of respectability informing gender, class, racial, and sexual hierarchies (Elias 2000; Bourdieu 1989; Williams 2010). Going beyond the important contributions of the past two decades to understand the racialization of Cuban nation building (Helg 1995; Ferrer 1999; De la Fuente 2001, 2000; Pérez 1999), this study opens up new avenues to examine the performative and affective dimensions of national formation as they are informed by race, gender, and other embodied measures of social difference (Iglesias 2003; Hope 2009; Moore 1997; Madrid and Moore 2013).

NOTES

1. "El caldo donde se cultiva lo que después, ya siempre, será Cuba" (personal communication, April 3, 2012).

2. In her book *Infectious Rhythm*, Barbara Brownings (1998) points to the lengthy history of the metaphor of African contagion as invoked in Western accounts to describe African diasporic cultural practices (including music, dance, oral narrative, and sculpture) and, more recently, the AIDS pandemic. The notion of infectious rhythm captures the simultaneously viral, cultural, and transnational aspects of figures of transmission, circulation, and exchange, which serve as thermometers of white Western anxieties with respect to the perceived threat of "Africanness." Her account brings out the deep interconnections between processes of economic exploitation, human mobility, cultural exchange, and disease as the backdrop in which metaphors of contagion flourish. Music and dance narratives of contagion in colonial Havana's slave society definitely fit these characteristics.

3. The regulations for admission to the Midwifery Academy established the following: "Every woman aspiring to be a student of the referred school has to prove that she is over 30 years old and of good customs, bringing to the effect a certification of her parish priest or district judge" (Chapeaux 1971, 169). In the field of education, *decency*, *honor*, and *good conduct*, often used interchangeably, were prerequisites for official approval for licenses to open elementary schools and by individual families requesting the private services of teachers (Chapeaux 1971, 126).

4. The specification "of known parents" had implicit racial connotations; children of unknown parents were often racially mixed children left by their parents in orphanages to hide their racial ancestry and often adopted the surname Valdés (González 1992; Mena 2001).

5. The murals presented historical themes such as commercial ads, liberal political ideas, and other themes considered by contemporary critics as "ornamental," and lacking an aesthetic or artistic value (Pérez Cisneros 2000).

6. In Cuba and other American colonies of Spain like Venezuela, nonwhites could access the privileges of whites through the provisions of Spanish crown certificates known as *gracias al sacar* authorized by Charles IV in 1795. These provisions allowed persons of racially mixed ancestry to purchase "white" legal status. One of its articles "accorded the applicant the quality of the *pardo*, *cuarterón* [quadroon] or *quinterón* for a sum of money. If a Spanish parent wanted to grant a privilege to his son with a black, *mulata* or an Indian, and give him the quality of white, he could purchase the papers and legally was white" (Marta Rojas, qtd. in Pérez Sarduy 1998, 6). The certificate of whiteness, or *papeles de blanco*, gave an individual of color access to the privileges of whites, such as university education or to (dignified and honorable) liberal professions, marriage with whites, and entrance to the clergy (Stolcke 1989).

7. The sources of influence by Afro-Caribbean rhythmic elements that resulted in creolized forms of the European *contradanza* in Cuba are subject to continued debate in the literature. For instance, Peter Manuel (2009, 54–59) has challenged Carpentier's thesis that the defining element of the *cinquillo* in the creolized Cuban contradanza came by way of French-Haitian immigrants fleeing Saint-Domingue in the late eighteenth century, who introduced the French *contredanse* in the eastern part of Cuba. Manuel points to documented sources on the presence of the *cinquillo* in music performances in Havana, which was likely to have been introduced from Spain prior to the Franco-Haitian influences in eastern Cuba.

8. According to cultural critic Ángel Quintero Rivera (2008), as opposed to Europe, where debates about manners centered on the table, moralizing discourses in Latin America focused on popular dancing. Quintero Rivera studied the consolidation of creole ball dances (*bailes de salón*) alongside the emergence and popularization of books of etiquette in nineteenth-century Latin America and the Caribbean. For him, these parallel developments are a sign of the importance given to social behaviors associated with the body in societies marked by slavery.

9. W. E. B. DuBois ([1903] 2008, 12) defined double consciousness in the context of African

American racial constructs in the early twentieth-century United States as a "sensation . . . of always looking at one's self through the eyes of others, of measuring one's soul by the tape of a world that looks on in amused contempt and pity . . . [producing] two warring ideals in one dark body."

10. Elias conceptualized the notion of structures of feeling extensively in his book *History of Manners*, the first of two volumes of his influential work *The Civilizing Process*. Elias's work was published in 1939, several decades before the more widely known theorization of the term by Raymond Williams (1977) in *Marxism and Literature*.

11. Prohibitions of interracial marriage and seclusion measures were especially designed to control the access to white women's sexuality in order to ensure class and racial privileges of white middle and upper classes (Stolcke 1989). Although milder, the policing of white male respectability was enforced through legislation that prohibited dancing between males and females of different classes and races. This measure was enforced at dance academies, where white middle class men had gone to dance with women of color since the 1840s and into the late nineteenth century (Egüez Guevara 2008).

12. In their book *Danzón*, Alejandro Madrid and Robin Moore (2013, 37–41) discuss the controversy over the claims of Faílde's "Las alturas de Simpson" as the first *danzón*. They note that there were at least two known versions of the piece, the earliest of which did not use the *cinquillo*, the distinctive element in *danzón* as a musical form. Further, they acknowledge the existence of pre-Faíldean *danzones* in Havana, notably by the prominent bandleader Raimundo Valenzuela.

13. In the nineteenth century *adecentamiento* was understood as a coordinated exercise to perform respectability, which manifested in a range of layers of social, cultural, and political life in Havana. From living rooms to dinner tables, ballrooms, and promenades, urbanity and the ornate were the ideological governance frames whereby subjects, the spaces they occupied, and the city that represented them in the global scenario were compelled to be decent and respectable. Manuals of etiquette, urban planning programs, "good government" edicts, and *costumbrista* narratives were some of the instruments used for this aim by Cuban and Spanish elites (Kingman 2006; Egüez Guevara 2013).

14. In her study of nationalism and popular celebrations during the US intervention in Cuba (1898–1902), Marial Iglesias notes that *danzón* was regarded in popular opinion as the "patriotic dance," as it became a symbol of protest against the US authorities and Cuban elite's "civilizing" pretentions to whiten and Americanize Cuban customs. *Danzón* was the preferred repertoire at patriotic and popular celebrations, and it was often described as an expression of authentic *cubanidad* and resistance to North American cultural imperialism. The famous musical play by *bufo* playwright Ignacio Sarachaga *¡Arriba con el himno!* exemplifies the sentiment in reference to the American two-step: "That flighty dance—as everyone knows—is more worthy of a wake than of a worldly hall. Why, it's not just a horror, it offends our patriotism: so dance it, interventionists, if that's what you want! Because the Cuban who manages to see our future, need not only choose our Cuban dance! As long as the danzón exists and our orchestras wail, not a sole will saddle us with the weight of annexation! Out with the American dance, and long live our danzón!" (Sarachaga, qtd. in Iglesias 2011, 56–58).

15. Dara Goldman, associate professor at the University of Illinois at Urbana–Champaign and author of *Out of Bounds: Islands and the Demarcation of Identity in the Hispanic Caribbean* (Lewisburg, PA: Bucknell University Press, 2008), personal communication, October 24, 2013.

REFERENCES

Ahmed, Sara. 2004. *The Cultural Politics of Emotion*. New York: Routledge.

———. 2006. *Queer Phenomenology: Orientations, Objects, Others*. Durham, NC: Duke University Press.

Althusser, Louis. 1971. "Ideology and Ideological State Apparatus (Notes towards an Investigation)." In *Lenin and Philosophy, and Other Essays*, edited by Louis Althusser, 127–186. New York: Monthly Review Press.

artoffer. "Cuba Magazine, Art & Culture, Art History, the Colonial Period." http://en.artoffer.com/Cuba-Magazine/?page=arthistory&content=2.

Barcia, María del Carmen. 2009. *Los ilustres apellidos: Negros en la Habana colonial*. Havana: Editorial de Ciencias Sociales.

Bhabha, Homi. 1994. *The Location of Culture*. New York: Routledge.

Bourdieu, Pierre. 1989. "Social Space and Symbolic Power." *Sociological Theory* 7 (1): 14–25.

Brownings, Barbara. 1998. *Infectious Rhythm: Metaphors of Contagion and the Spread of African Culture*. New York: Routledge.

Carpentier, Alejo. 2001. *Music in Cuba*. Edited by Timothy Brennan. Vol. 5. Minneapolis: University of Minnesota Press.

Chapeaux, Pedro Deschamps. 1971. *El negro en la economia habanera del siglo XIX*. Havana: Unión de Escritores y Artistas de Cuba.

Chasteen, John Charles. 2004. *National Rhythms, African Roots: The Deep History of Latin American Popular Dance*. Albuquerque: University of New Mexico Press.

Combarro, Beatriz. 2008. "El espacio público teatral como propuesta de identidad nacional." *Espacio Laical* (2): 92–95.

Cvetkovich, Ann. 2003. *An Archive of Feelings*. Durham, NC: Duke University Press.

De la Fuente, Alejandro. 2000. "Race, Ideology, and Culture in Cuba: Recent Scholarship." *Latin American Research Review* 35 (3): 199–210. http://www.jstor.org/stable/2692048.

De la Fuente, Alejandro. 2001. *A Nation for All: Race, Inequality, and Politics in Twentieth-Century Cuba*. Chapel Hill: University of North Carolina Press.

De la Torre, José María. 1857. *Reglas de urbanidad, buenas maneras y etiqueta con aplicación a los usos y costumbres de la isla de Cuba*. Havana: La Habanera.

De las Barras y Prado, Antonio. 1926. *La Habana a mediados del siglo XIX: Memorias de Antonio de las Barras y Prado*. Madrid: Imprenta de la Ciudad Lineal.

DuBois, W. E. B. 2008. *The Souls of Black Folk*. Rockville, MD: Arc Manor.

Echevarría, Roberto. 2010. *Cuban Fiestas*. New Haven, CT: Yale University Press.

Egüez Guevara, Pilar. 2008. "Colonial Anxieties over Sex and Race: Regulating 'Public' Spaces and the *Escuelitas de Baile* in 19th Century Havana." Unpublished manuscript, Center for Latin American and Caribbean Studies, University of Illinois at Urbana Champaign.

———. 2013. "Manners of Distinction: Nineteenth Century Urban Imaginings, Performances and Bodies of Affect in Havana, Cuba." PhD diss., University of Illinois at Urbana Champaign.

Elias, Norbert. (1939) 2000. *The Civilizing Process*. New York: Urizen Books.

Fernández, Raul A. 2006. *From Afro-Cuban Rhythms to Latin Jazz*. Berkeley: University of California Press.

Ferrer, Ada. 1998. "Rustic Men, Civilized Nation: Race, Culture, and Contention on the Eve of Cuban Independence." *Hispanic American Historical Review* 78 (4): 663–686.

———. 1999. *Insurgent Cuba: Race, Nation, and Revolution, 1868–1898*. Chapel Hill: University of North Carolina Press.

Ferrer, Buenaventura Pascual. 1965. *El Regañón y el Nuevo Regañón*. Edited by Comisión Nacional Cubana de la Unesco. Havana: Empresa Consolidada de Artes Gráficas.

Gómez de Avellaneda, Gertrudis. 1860. *Album cubano de lo bueno y lo bello*. Havana: Imp. del Gobierno y Capitania General.

González, Reinaldo. 1992. *Contradanzas y latigazos*. 2nd ed. Havana: Editorial Letras Cubanas.

Gould, Deborah. 2010. "On Affect and Protest." In *Political Emotions*, edited by Janet Staiger, Ann Cvetkovich and Ann Reynolds, 18–44. New York: Routledge.

Gray, Lila Ellen. 2013. *Fado Resounding: Affective Politics and Urban Life*. Durham, NC: Duke University Press.

Guijarro, Miguel. 1876. *Las mujeres españolas portuguesas y americanas*. Vol. 1. Madrid: Miguel Guijarro. http://scholarship.rice.edu/handle/1911/9251.

Helg, Aline. 1995. *Our Rightful Share: The Afro-Cuban Struggle for Equality, 1886–1912*. Chapel Hill: University of North Carolina Press.

Hope, William M. 2009. "*Donde nace lo cubano*: Aesthetics, Nationalist Sentiment, and Cuban Music Making." PhD diss., University of Illinois at Urbana Champaign.

Iglesias, Marial. 2003. *Las metáforas del cambio en la vida cotidiana: Cuba 1898–1902*. Havana: Ediciones Unión.

———. 2011. *A Cultural History of Cuba during the U.S. Occupation, 1898–1902*. Chapel Hill: University of North Carolina Press.

Kingman, Eduardo. 2006. *La ciudad y los otros, Quito 1860–1940: Higienismo, ornato y policía*. Quito: FLACSO Ecuador.

Lane, Jill. 2010. "Smoking Habaneras; or, A Cuban Struggle with Racial Demons." *Social Text* 28 (3): 11–37.

Lane, Jill. 2005. *Blackface Cuba, 1840–1895*. Philadelphia: University of Pennsylvania Press.

———. 2007. "Black/Face Publics: The Social Bodies of *Fraternidad*." In *Critical Theory and Performance*, rev. ed., edited by Janelle Reinelt and Joseph Roach, 141–155. Ann Arbor: University of Michigan Press.

Lapique Becali, Zoila. 1979. *Música colonial cubana en las publicaciones periódicas (1812–1902)*. Havana: Editorial Letras Cubanas.

Leal, Rine. 1975. *La selva oscura*. Havana: Arte y Literatura.

Lock, Margaret, and Judith Farquhar. 2007. *Beyond the Body Proper: Reading the Anthropology of Material Life*. Durham, NC: Duke University Press Books.

Madrid, Alejandro L., and Robin D. Moore. 2013. *Danzón: Circum-Caribbean Dialogues in Music and Dance*. New York: Oxford University Press.

Manuel, Peter. 2009. *Creolizing Contradance in the Caribbean*. Philadelphia: Temple University Press.

Mena, Luz. 2001 "'No Common Folk': Free Blacks and Race Relations in the Early Modernization of Havana (1830s–1840s)." PhD diss., University of California, Berkeley.

———. 2005. "The Spaces and Faces of Music and Dance in Early Modern Havana." In *Music, Writing and Cultural Unity in the Caribbean*, edited by Timothy Riess, 129–148. Trenton, NJ: Africa World Press.

Montalvo, Mercedes Santa Cruz y. 2013. *Mis doce primeros años*. Barcelona: Red Ediciones.

Moore, Robin. 1997. *Nationalizing Blackness: Afrocubanismo and Artistic Revolution in Havana, 1920–1940*. Pittsburgh, PA: University of Pittsburgh Press.

Morán, Francisco. 2008. "Plácido 'en sí menor': Apuntes sobre un poeta de coloratura." *La Habana Elegante* (44). http://www.academia.edu/3289561/Plácido_en_s%C3%AD_menor_apuntes_sobre_un_poeta_de_coloratura.

Opatrny, Josef. 1994. "José Antonio Saco's Path toward the Idea of *Cubanidad*." *Cuban Studies* 24: 39–56.

Ortiz, Fernando. 1987. *Contrapunteo cubano del tabaco y el azúcar*. Vol. 42. Caracas: Ex Libris.

———. 1997. *El pueblo cubano*. Havana: Editorial de Ciencias Sociales.

Paquette, Robert. 1988. *Sugar Is Made with Blood: The Conspiracy of La Escalera and the Conflict between Empires over Slavery in Cuba*. Middletown, CT: Wesleyan University Press.

Peramo Cabrera, Hortencia. 2009. "Un derecho conquistado: Aprender a pintar." http://www.opushabana.cu/index.php?option=com_content&view=article&id=1542&Itemid=43.

Pérez, Louis A. 1999. *On Becoming Cuban: Identity, Nationality and Culture*. Chapel Hill: University of North Carolina Press.

Pérez Cisneros, Guy. 2000. *Características de la evolución de la pintura en Cuba*. La Habana: Pueblo y Educación.

Pérez Sarduy, Pedro. 1998 "¿Qué tienen los negros en Cuba?" *América Negra* 15: 217–228.

Queeley, Andrea. 2010. "*Somos negros finos*: Anglophone Caribbean Cultural Citizenship in Revolutionary Cuba." In *Global Circuits of Blackness*, edited by Jean Muteba Rahier, Percy Hintzen, and Felipe Smith, 201–222. Champaign: University of Illinois Press.

Quintero Rivera, A. G. 1998. *Salsa, sabor y control! Sociología de la música "tropical."* Havana: Casa de las Américas.

———. 2008. *Cuerpo y cultura: Las músicas mulatas y la subversión del baile*. Madrid: Iberoamericana Editorial.

Ramos-Zayas, Ana Y. 2012. *Street Therapists: Race, Affect, and Neoliberal Personhood in Latino Newark*. Chicago: University of Chicago Press.

Rosaldo, Renato. "Cultural Citizenship." http://hemi.nyu.edu/hemi/en/academic-texts/item/681-cultural-citizenship.

Saco, José Antonio. 1974. *Memoria sobre la vagancia en la isla de Cuba*. 6th ed. Santiago de Cuba: Instituto Cubano del Libro.

Smithsonian Institution. 2015. "American Sabor: Latinos in U.S. Popular Music." http://americansabor.org.

Stallybrass, Peter, and Allon White. 1986. *The Politics and Poetics of Transgression*. London: Methuen.

Stolcke, Verena. 1989. *Marriage, Class, and Colour in Nineteenth-Century Cuba: A Study of Racial Attitudes and Sexual Values in a Slave Society*. Ann Arbor: University of Michigan Press.

Sublette, Ned. 2004. *Cuba and Its Music: From the First Drums to the Mambo*. Chicago: Chicago Review Press.

Turino, Thomas. 1999. "Signs of Imagination, Identity, and Experience: A Peircian Semiotic Theory for Music." *Ethnomusicology* 43 (2): 221–255.

Villaverde, Cirilo. 2010. *Cecilia Valdés*. Barcelona: Linkgua Ediciones.

Williams, Raymond. 1977. *Marxism and Literature*. Oxford: Oxford University Press.

———. 2010. *Culture Is Ordinary: Cultural Theory: An Anthology*. Hoboken, NJ: Wiley-Blackwell.

ILAN EHRLICH

Old and New Politics in Cuba: Revisiting Young Eddy Chibás, 1927–1940

ABSTRACT

Eduardo "Eddy" Chibás is mainly known for his anticorruption zeal during the late 1940s and early 1950s. His early political ideas, devised when he was a member of the Student Directorate during the late 1920s and early 1930s, have garnered scant notice despite being widely influential. After the revolution of 1933, Chibás believed that traditional politics had become toxic and could be remedied only by figures shorn of self-interest or greed who prized Cuba's well-being above all. Chibás lived these ideals by shunning political affiliation, eschewing public office (including an offer to serve as Havana's mayor), and cultivating influence through the radio and journalism. In 1938, he dropped his objection to party membership and joined the Auténticos. However, Chibás insisted that the party represent a new brand of politics, and he sought to expel unprincipled members. During the 1940 presidential campaign, Chibás convinced Ramón Grau San Martín to eschew his considerable fortune in favor of radio appeals and the enthusiasm of Auténtico supporters. Chibás won a congressional seat that year without spending a *centavo*, thereby proving his new politics could triumph. Cuban revolutionaries from the 1950s were especially attuned to Chibás's disgust with shady deals or *politiquería*. Revolutionary Cuba's emphasis on ethics and probity in public life remains a testament to Chibás.

RESUMEN

Eduardo "Eddy" Chibás es conocido principalmente por su entusiasmo para la anticorrupción durante los últimos años de los 40 y los primeros años de los 50. Sus primeras ideas políticas, concebidos como miembro del Directorio Estudiantil Universitario durante los últimos años de los 20 y los primos años de los 30, ha llamado poca atención a pesar de ser muy influyentes. Después de la Revolución de 1933, Chibás creía que la política tradicional se había hecho tóxico y que solo podía ser remediado por figuras sin interés propio o avaricia y quienes valoraron el bienestar de Cuba sobre todo. Chibás vivió esos ideales por evitar afiliación política, renunciar puestos públicos (incluyendo una oferta de servir como alcalde de La Habana) y cultivar influencia por la radio y el periodismo. En 1938, dejó de oponerse la membresía política y se unió con los Auténticos. De todos modos insistió que el partido tuviera que representar un tipo nuevo de la política y pidió la expulsión de miembros del partido sin principios. Durante la campaña presidencial de 1940, convenció a Ramón Grau San Martín de contar en discursos radiales y la afición de los Auténticos en vez de su fortuna personal. El propio Chibás ganó un puesto en la cámara de representantes sin gastar un centavo y así demonstró que su política nueva podía triunfar. Revolucionarios cubanos de los años 50 estaban particularmente sensibilizados a la indignación de Chibás sobre la politiquería. El énfasis en la ética y probidad en Cuba revolucionaria sigue siendo un testimonio a Chibás.

When seventeen-year-old Eduardo Chibás set off on a European tour with his family, he was determined to enjoy himself but he also guarded a secret. During that summer of 1925, he took dancing lessons, ogled the Swiss Alps, beheld Florentine masterpieces, and wooed Parisian beauties. His most gratifying moments occurred before reaching the Old World, however. As a passenger on the steamship *Lafayette*, Eddy, as he was commonly known, mingled with several of Cuba's political luminaries. These included Miguel Arango y Mantilla, an erstwhile vice presidential candidate, and Miguel Mariano Gómez, the son of Cuba's second president. An ambitious and politically minded physiologist named Ramón Grau San Martín was also on board. Eddy conversed with them all, especially Grau, whose views seemed closest to his own. Shortly thereafter, Eddy let slip to his cousin Raúl Primelles that he intended to join the University of Havana's radical student movement upon returning to Cuba. He praised its leading figure, the communist firebrand Julio Antonio Mella, but ordered Primelles to stay mum. After all, Eddy had just spent a year at the Storm King School in Cornwall, New York, precisely because his father meant to keep him out of trouble.

The University of Havana had been a hotbed of unrest since 1923, when leftist students, led by Mella, occupied the campus to demand free tuition, independence from government control, and the dismissal of corrupt or incompetent professors.[1] While these grievances were local, Cuban students had been inspired by a similar revolt at Argentina's University of Córdoba in 1918. The gains achieved by University of Córdoba students, including abolition of school fees, freedom from political interference, selection of professors by competitive exams, and student involvement in national politics became rallying cries throughout Latin America. Cuban undergraduates received additional encouragement in 1922, when they invited Dr. José Arce, the liberal University of Buenos Aires rector, to address them. As in Argentina, the Cuban student rebellion succeeded in winning self-government.[2] Subsequently, the island's youths increasingly looked outward. In 1924, they brought the Peruvian politician Víctor Raúl Haya de la Torre to campus. His vision of a democratic Latin America free of US domination or communist influence won many plaudits—albeit not from the pro-Soviet Mella. A year later, the Mexican political philosopher José Vasconcelos counseled University of Havana students to resist foreign and domestic tyrants.

In November 1925, Mella himself was invited to harangue his former classmates. By this time, he had been expelled for allegedly planting a bomb in Havana's Payret Cinema. Mella's denunciation of President Gerardo Machado, whom he had previously deemed a "tropical Mussolini," earned him a jail sentence three days after Chibás returned from his voyage.[3] Mella's subsequent declaration of a hunger strike incited mass protests. Chibás joined a demonstration in Havana's Parque Central. However, the police raided the area and demanded that everyone leave. Most complied, but Eddy and some friends ignored the authorities. A police lieutenant soon engaged Chibás in a shouting match over his right to remain in the park. Finally, Eddy reached into his back pocket. The officer braced for an act of violence and warned him to be careful. "Don't be afraid," said Chibás, who had devised the first of what would be many ingenious political stunts; "it's the constitution of the republic."[4] Chibás explained that the document guaranteed freedom of movement and permitted him to stay. Nevertheless, they were banished, as rallies had been provisionally banned. Unbowed, he and two other students returned and sat in silent dissent until they were arrested.

Mella's plight had also moved a pharmacy student named Tony Guiteras to cut short a visit to his parents in Pinar del Río and rush back to the capital, where he organized a protest at the University of Havana. Guiteras had first become involved with radical university politics in August 1925, after government agents murdered Armando André, director of the Havana daily *El Día*. Guiteras and other outraged undergraduates stopped traffic, hurled furniture and bottles into the street, and chanted antigovernment slogans until they were detained.[5] Machado's penchant for murdering critics was an early hallmark of his presidency and would eventually earn him infamy as "the king of Latin American assassins."[6]

Cuba's radical students rued more than Machado's violence and heavy-handed treatment of Mella. They railed against corrupt politicians, greedy utilities, high-interest loans from foreign banks, shoddy schools, rural poverty, and —worst of all—the Platt Amendment, which sanctioned US intervention in Cuban affairs. However, they disagreed on the best remedy. Mella, who helped establish Cuba's Communist Party on August 15, 1925, looked to the Soviet Union for inspiration. Guiteras and Chibás were among thirty-two University of Havana undergraduates who founded the Student Directorate in 1927. Both supported violence at first, but Chibás eventually renounced bloodshed in favor of an austere political philosophy that relied on his genius for public relations. In February 1933, Chibás wrong-footed U.S. embassy officials in Havana after he accused Ambassador Harry Guggenheim of condoning the torture and murder of revolutionary students. This was followed by an open letter to Secretary of State Henry Stimson, published in the *Washington Herald*, which repeated the charges for a wider audience and roiled State Department authorities.

After Machado fled Cuba in August 1933 and Carlos Manuel de Céspedes was toppled the next month, Cuba finally boasted a revolutionary president in Ramón Grau San Martín. Twenty-six-year-old Tony Guiteras was named interior minister, but Chibás eschewed public office, even a chance to serve as mayor of Havana. For Eddy, politics had become too tainted by money and self-interest. Chibás thus avoided joining a political party until 1938. Instead, he organized students, cultivated a radio following, wrote diatribes in the press, became a world-class muckraker, and encouraged streetcar operators to leave their posts in 1935 as part of a massive antigovernment strike. Above all, Chibás stressed his lack of political affiliation and personal aspirations.

Robert Whitney argues that after 1933 most Cubans desired a "modern state" featuring "democracy" and "mass participation" but disagreed on the particulars.[7] Up to that point, these had been manipulated by what anti-Machado students called "traditional" or "old" politicians and parties. The Student Directorate was initially organized to oppose President Machado's two-year extension of his term under the guise of banning reelection. Chibás cast about for a new brand of politics and mass engagement through the radio. Although he was often dismissed as a demagogue or populist, Gillian McGillivray notes that such figures often left "comparatively positive" legacies in Cuba.[8] For Chibás, this meant debating opponents in the pages of Cuban dailies and magazines. He thus took up the Republican cause in the Spanish Civil War against Pepín Rivero in *Diario de la Marina* and urged violent revolutionaries to abandon their arms in *Bohemia*. In this way, Chibás nudged Cuban politics toward the democratic norms of the 1940 Constitution—which he helped craft as a delegate to the constituent assembly.

Chibás remains most influential in Cuba today for loathing *politiquería* or petty politicking. Even after joining the Auténticos, he insisted the party must be different. In January 1941, he informed Carlos Prío that two sleazy Auténtico city councilmen from Havana had "betrayed the party's standards of behavior."[9] He advised Prío, "In cases like this, I believe we should be absolutely clear and must act for the party's well-being without any leniency. When a tumor is diagnosed, one must not waste any time extirpating it before it infects the entire body.[10] After Chibás founded the Ortodoxos in 1947, frustrated pragmatists variously referred to its fanatics as "a Jacobin sect," "a conclave of cherubs" and "a sect of monks."[11] Samuel Farber observes that "intransigent rejection of *politiquería* . . . constituted the political starting point for many of Cuba's revolutionaries of the 1950s" and remains "a militant impulse."[12] This attitude dates back to Eddy's hard line during the early 1930s.

Radical Students

In early 1927, radical University of Havana students founded the Student Directorate to resist a constitutional amendment that would extend President Gerardo Machado's tenure by two years.[13] This so-called extension of powers was actually part of a design to prohibit the practice of reelection. As a candidate, Machado had campaigned on an anti-reelection platform and disparaged it as "the source of all evils."[14] After two years in office, however, he began searching for a way to keep his position. Rather than breaking his promise, Machado opted to alter the rules. The Student Directorate chivvied Machado via a series of pungently phrased pamphlets and manifestos, often cowritten by Chibás, who had enrolled in the law faculty. They censured the proposed change as "illegal," "illogical," "criminal," and "absurd."[15] Machado's extension of powers, they argued, represented a "disastrous precedent that would threaten the stability of democratic institutions" and render the constitution "a useless piece of paper."[16] Further, the Student Directorate criticized Machado's recent visit to the United States, where he "sang the praises" of a nation that "destroys our sovereignty and offends our dignity as an independent people."[17] In fact, Machado had just submitted a law before Cuba's Congress that would vastly expand the rights of US-owned electricity and transport companies on the island while simultaneously reducing their taxes. Partly for this reason, the Student Directorate suspected Machado's attempt to stay on was being engineered by the White House.

When Machado initiated reforms to Cuba's constitution that would extend his term, he was backed by the American expatriate community in Cuba, the US Chamber of Commerce in Havana, and President Calvin Coolidge. All agreed that Machado had guarded US property in exemplary fashion. While some Cuban politicians, notably Carlos Mendieta, objected and even formed an anti-Machado outfit, they could not topple their rival or convince the United States to oust a trusted ally.[18] The most vociferous voices belonged to Cuba's university students, whose opposition was dismissed by a Machado ally as "the shouting of some groups of *muchachos*."[19] Chibás, who had returned to Cuba in November 1927 after another family junket in Europe, was chief among them. He promptly composed a letter to the University of Havana administration protesting its expulsion of several Student Directorate members, including his friend José Chelala Aguilera. This bit of shouting ensured he would share their fate.[20]

Others suffered graver consequences. On January 10, 1929, Julio Antonio Mella was murdered in Mexico City, where he had lived as a refugee since 1927. Many students believed a Machado gunsel was responsible.[21] Speaking at the funeral, Mella's friend Teodosio Montalván deemed Machado "an apocalyptic beast which feeds itself with the blood of workers and students."[22] On the other hand, Machado had more trouble managing falling sugar prices. In 1928, Cuba's principal export sold for 2.18 cents per pound. The next year, after the US stock market crashed, it fell to 1.72 cents. By 1930, the price was 1.23 cents. Machado negotiated a new loan of $20 million from Chase National Bank, but this offered only temporary relief. As a consequence, he cut the salaries of public employees. Paychecks were also commonly delayed for months.[23] Of course, such travails seemed trivial to the 25 percent of Cubans without jobs. This ensured that Machado would face the wrath not only of students but also of a wide swath of Cuban society.

In October, the 1930 Student Directorate printed its "Minimum Program," which pledged to "fight for a deep social transformation," and insisted that expelled Student Directorate members from 1927, including Chibás, be reinstated.[24] Finding his way back to the classroom was the least of Eddy's problems, as he spent most of 1931 and 1932 behind bars. During a brief spell at liberty, Chibás signed a Student Directorate manifesto whose principles would guide him for the rest of his life. They included opposition to reelection, prosecution for embezzlers of public funds or election fixers, freedom of speech for the press and political parties, creation of a national bank, an end to public loans from overseas lenders, bans against large estates and land sales to foreigners, distribution of vacant plots to peasants and nationalization of public utilities.[25] In August 1932, Chibás and the student leader Carlos Prío were jointly tried on terrorism charges by a military tribunal, which alleged the pair had bombed a Havana streetcar. This was one of many pending accusations against Eddy. Among other things, he had utilized his family's fourteen-thousand-foot Italianate mansion as a Student Directorate hideout. Chibás had also parked a Ford with forged license plates in the courtyard which contained 245 packets of dynamite and nine grenades.

By late 1931, Machado was facing a new threat. Combining elements of a political party, terrorist group and secret society, the ABC announced its presence in a series of manifestos but garnered more attention for assassinating pro-Machado figures. Unlike Student Directorate leaders, who were easily recognized, the ABC was organized around covert seven member cells. As a consequence, policemen, soldiers, and politicians were forced to tread nervously and with great care. In July 1932, the ABC killed Captain Miguel Calvo, the hated chief of Machado's *expertos*, a special police unit. Two months later, the ABC shot to death senate president Clemente Vázquez Bello. In November, the ABC addressed US ambassador Harry Guggenheim in a letter that was by turns sarcastic and menacing. He was informed that America was shirking its treaty obligation, as outlined in the Platt Amendment, to guarantee life, property, and individual liberty in Cuba. After all, the United States refused to intervene even as President Machado stole public funds while his security forces murdered and jailed protesters. Thus:

> The government of your nation, forgetting the obligations it agreed to in the Platt Amendment, forgetting also the humanitarian sentiments of the American people, has indifferently permitted so many crimes . . . and turned a deaf ear to the clamor of so

many mothers without sons and children without fathers who were mysteriously assassinated by the Cuban authorities.[26]

As a result, the only solution was to slaughter Cuba's rulers one by one. The letter raised the prospect of killing Guggenheim himself but doubted this would precipitate intervention because "your life does not matter to American banks, so long as Machado pays."[27] Thus, the ABC had decided to slay diplomats from Britain and Germany—nations that properly looked after their citizens, with the expectation that one of them would intervene. This was pure conceit, but the ABC would undeniably carry out more assassinations, leading to ghastly reprisals. This horrendous cycle of violence would, of course, increase the United States' likelihood of interceding.

While the ABC's spectacular successes and furtive nature aroused trepidation in Machado administration officials, they also inspired jealousy among Student Directorate members. Chibás, for one, grumbled that the ABC was often credited for terrorist deeds that had been perpetrated by his university friends.[28] Although security forces constantly arrested student leaders such as Chibás, Carlos Prío, and Rubén de León, the Student Directorate continued its violent campaign unabated. In May 1932, Eddy's pal Ignacio Mendoza killed the police chief of Artemisa by means of an exploding parcel. Both the ABC and Student Directorate tried to blow up Machado himself, but their plans were foiled. In what was perhaps the most promising scheme, ABC terrorists rigged Clemente Vázquez Bello's burial plot with dynamite—hoping to destroy not only Machado but his cabinet as well. Only a prefuneral inspection of the cemetery thwarted this plot.[29] Precautions of this type demonstrated just how fraught life had become for Machado's cronies and supporters.

In December 1932, many student revolutionaries, Eddy included, accepted an offer of freedom on the condition that they leave Cuba. The nation they were abandoning was in desperate shape. A US State Department memo observed that the political situation was "growing continually worse," in part because constitutional guarantees had been suspended and martial law reigned.[30] Cuba's press endured "strict censorship," with wayward editors and reporters facing prison for negative coverage.[31] Any materials that could possibly be used in bombs, especially batteries, were banned from stores. Many inland cities lacked electricity, evidently because "city officials have used the funds for other purposes, and are not now able to meet the demands of the Electric Company for payment."[32] Worst of all was the fact that "women with children and babies, filthy and hungry looking, sit in the doorways of Havana and beg."[33]

Eddy eventually settled with his father, Eduardo Justo Chibás, in Washington, DC. A distinguished US-educated engineer, Eduardo Justo was experimenting with political activism for the first time. After discussions with several eminent refugees, including the anthropologist Fernando Ortiz and the historian

Herminio Portell Vilá, he founded the Cuban American Friendship Council. Reflecting Eduardo Justo's benign view of the United States, the council accepted that "the vital system of Cuba's wealth is controlled by American citizens" but exhorted "these gigantic interests" to "accept their corresponding responsibilities and obligations."[34] This meant refusing to aid Machado's brutal regime and ceasing to lobby the US government on its behalf. The council thus declared:

> It is hoped that American diplomacy will promptly withdraw its support from the despotic administration of General Machado. It is also hoped that certain American business men who have given their support for General Machado in the past will realize the lack of wisdom and propriety in their course, and henceforth will contribute to the revival of the legal, permanent, and democratic institutions of Cuba as the best policy for them to follow.[35]

Alas, most American entrepreneurs still favored Machado and showed no signs of wavering—particularly as they profited under his leadership. For this reason, Frank Mahoney, president of the Cuban Electric Company, told a US State Department official that "he hoped nothing would be done to oust Machado," while emphasizing that "his Company had always gotten along very well with the President."[36]

If Eduardo Justo's organization was unlikely to sway American businessmen, it nevertheless served the purposes of his radical son. In keeping with its goal of providing "accurate and unbiased information" for public consumption, the Cuban American Friendship Council disseminated Eddy's fiery letter to Ambassador Harry Guggenheim.[37] Distraught over the deaths of two close friends, Eddy accused Guggenheim of "being one of those most responsible for the reign of terror that now exists in Cuba."[38] Never one to mince words, Eddy reproached Guggenheim for tacitly consenting to "the assassination in large scale of men, women and children who were only demanding freedom and justice."[39] Eddy noted that after the arrest of seventeen-year-old Juan Mariano González Rubiera, whom he deemed "the most patriotic and noble young man that I have known," his mother appealed to the US ambassador for help. She was shooed away and Rubiera's corpse subsequently appeared on a Havana street bearing eleven bullet wounds along with "signs of having been savagely tortured."[40] Five days later, Ángel Álvarez, whom Eddy called "my best companion in the fight against tyranny," was detained. This time, Guggenheim agreed to intervene after receiving entreaties from "two prominent Cubans."[41] Despite assurances from Cuba's secretary of state, Álvarez was murdered and Guggenheim declined to file a protest.

While these deaths stung, Eddy knew that Guggenheim's indifference was not his greatest failing. During his stints in exile, Eddy had begun to appreciate the importance of radio on American public opinion. Lately, he noticed that the popular commentator Edwin C. Hill had been spouting pro-Machado rhetoric. Among other things, Hill declared that Machado's opponents were chiefly communists or opportunists. This broadcast, carried by CBS, counted a vast audience and could prove devastating. Chibás wrote to Hill, offered a contrasting viewpoint, and inquired about his sources. Hill replied that his information had been supplied by none other than the US ambassador in Havana. Eddy thus ended his letter to Guggenheim by stating, "You very well know that the Cuban communist [*sic*] are numbered" and that "Machado is maliciously endeavoring to magnify their importance in order to deceive the more conservative elements by making them believe that his bloody tyranny is necessary for the maintenance of order."[42] As for the rest of Machado's opponents, whom Hill had dismissed as "politicians and grafters," Eddy declared:

> You very well know that [the Cuban opposition] . . . is not composed of politicians and grafters. That the students of 15 to 25 years of age who daily are being victimized with bullets in defense of freedom and justice in their country are not politicians and grafters. . . . Grafters are the assassins who, by the abuse of power, are exploiting and betraying their country with the cooperation of a certain group of unscrupulous foreing [*sic*] businessmen.[43]

The following week, Eddy sent a slightly revised version of this missive to Secretary of State Henry Stimson. To even greater effect, excerpts were also published in the *Washington Herald* on February 16, 1933.

Guggenheim, in fact, confirmed one of its main charges in a confidential memorandum. In "Corruptive Effects of the Cuban Lottery on Constitutional Government," Guggenheim admitted that Cuba's grafters were not opposition figures but rather Machado and his allies, who earned $1.5 million annually though lottery *colecturías*. As economic troubles rendered Machado's assets in real estate and industry unprofitable, this remained his lone source of wealth. Guggenheim opined, "In spite of a distinctly distasteful mode of life which present political conditions have imposed upon President Machado, this undoubtedly in a great measure accounts for his reluctance to effect a political compromise that would not assure his direct or indirect control of the *colecturías* during the economic crisis."[44] Two subsequent enclosures by the US embassy in Havana defended Guggenheim against accusations that he failed to assist opposition figures whose lives were in danger. The first protested that Guggenheim had "time and again requested humane consideration for Cubans threatened with death by the Government."[45] Unfortunately, the Álvarez case represented "the only one where such interposition failed and was the only one to receive publicity."[46] The second enclosure referred specifically to Eddy's letter, citing its claim that Guggenheim had "guaranteed" Álvarez's life "and then . . . failed to fulfill the guarantees."[47] This was unfair since "the Ambassador could, of course, give no such guarantee," adding that he had "done all that was within his power."[48]

By mid-March, changes were afoot as Franklin Delano Roosevelt assumed the US presidency. Eddy's favorite punching bag, Harry Guggenheim, resigned and his superior, Henry Stimson, was replaced. Sensing an opportunity to sway their successors, Fernando Ortiz asked his friend Charles Chapman, a Cuba specialist at the University of California, to contact the new administration. Chapman obliged, urging Secretary of State Cordell Hull to meet Ortiz, Eduardo Justo, and Herminio Portell Vilá—all of whom possessed the "highest intellectual attainments" and a "record of unselfish service to their country."[49] He concluded by requesting a "New Deal" for Cuba as well, since the island was "suffering very largely as a result of the action of the United States Government."[50] The new US ambassador, Sumner Welles, certainly cut a different figure from his predecessor. Welles met with Machado's adversaries, including the ABC, hoping it would serve as part of any eventual solution. In fact, Machado was overthrown on August 12, 1933, by Cuba's military but only after Sumner Welles demanded that he resign.

The Revolution of 1933

Welles negotiated Machado's ouster with a cadre of colonels and pressed them to name Carlos Manuel de Céspedes as Cuba's next president. Besides being the son and namesake of Cuba's founding father, Céspedes seemed a sound choice because he had spent the first fourteen years of his life in New York City. He had also served as Cuba's ambassador to the United States. Céspedes aimed to please Welles, with whom he enjoyed an "intimate personal friendship," by filling his cabinet with men of similar profiles.[51] Perhaps no one fit the bill better than Eduardo Justo Chibás, who was a naturalized American citizen and graduate of Rensselaer Polytechnic Institute. In addition, Eduardo Justo may have met with Secretary of State Hull during the spring of 1933, which could have bolstered his candidacy. Céspedes also tapped the West Point graduate Demetrio Castillo Pokorny as military chief and Guillermo Belt, who counted a Baltimore-born grandfather, to run Cuba's education ministry. Welles predictably expressed satisfaction with the "ability, integrity and patriotism" of the new president's choices.[52] He especially welcomed the presence of two appointees from the ABC, an organization boasting "a definite program and a definite purpose," namely "social reconstruction" and "honesty in administration with punishment by law of those guilty of malfeasance in office."[53]

Eduardo Justo did not share the US ambassador's optimism. He had accepted the public post reluctantly and solely "as a duty" after being importuned by Cuba's Society of Engineers.[54] The elder Chibás immediately repented his decision as Cuba's new government proved indecisive and dependent on

Welles. When Chief of Staff Castillo Pokorny noted that both the public and young army officers were irate because most Machado-era officials remained in their positions, he first approached Welles rather than Céspedes. After consulting with the US ambassador, Céspedes agreed that "the immediate restoration of peace and normality" trumped all other considerations.[55] However, the constant strikes, revenge killings, and fire bombings of pro-Machado newspapers such as *Heraldo de Cuba* were provoked in part because so little had changed. In fact, Cuba's legislature and supreme court remained intact. Welles preferred to blame the revolutionary ex-students, considering them "the most pernicious element in Cuban public life" and "utterly lawless."[56] He was further annoyed by their habit of "constantly issuing inflammatory proclamations."[57] Eddy, who was nearing his twenty-sixth birthday, represented a prime culprit. Along with some former classmates, he signed an open letter to President Céspedes demanding that the remnants of Machado's regime be "definitively annihilated."[58] Afterward, they urged Céspedes to convoke a constituent assembly as the only way to bring about "a new order of things, totally disassociated with the past."[59]

Nothing reminded Cubans of their vile recent history more than the military. Unlike lawmakers or judges who had merely collaborated with Machado, soldiers had directed the grisly campaign that rendered his regime infamous. When mobs took gruesome vengeance on police and security agents soon after Machado's departure, Cuba's army declined to intervene in part because it too was tainted. There was disagreement as to who had been ultimately responsible for Machado's grim rule, but sergeants and enlisted men pointed their finger at junior and senior officers.[60] This was one of many grievances exploited by a young sergeant stenographer named Fulgencio Batista to seize control of the army on September 4, 1933. By that evening, the journalist Sergio Carbó and various Student Directorate members had convinced Batista to topple President Céspedes. The students had issued a detailed program on August 24 that proposed to purge Machado era officials, limit foreign ownership of Cuban land, and extend voting rights to women. Batista's soldiers afforded them an opportunity to rule the island and implement these reforms. Likewise, the Student Directorate offered Batista and his sergeant coconspirators the chance to officially be installed as Cuba's new officer corps.

Sumner Welles could not believe his handiwork had been undone by people he found so contemptible. Moreover, he scoffed at vows by the new regime to respect "the debts and obligations" of prior governments.[61] Expecting the worst, Welles requested two destroyers and a battleship, adding:

> It appears hardly likely that a so-called revolutionary government composed of enlisted men of the Army and radical students who have occupied themselves almost exclusively during the last 10 days with the assassination of members of the Machado

Government can form a government "adequate for the protection of life, property and individual liberty."[62]

Welles conveniently neglected to mention that numerous revenge killings against Machado supporters were being carried out by ABC members but then again this organization counted pro-American credentials. The prospect of Cuba being run by ex-students who warily eyed the United States and enlisted men, many of whom, like Batista, were racially mixed, seemed clearly outlandish to Welles. For their part, professional politicians such as Mario García Menocal, Carlos Mendieta, and Miguel Mariano Gómez were equally alarmed by the turn of events and begged Welles to land a contingent of marines. They hoped to force his hand by declaring that "an out and out Communist organization" would take power shortly unless a government of "the chiefs of all the political groups" was installed by US troops.[63] After several hours of reflection, Welles decided that the American destroyer presently in Havana's harbor represented all the intervention he was willing to countenance at present. In other words, those he deemed "the most irresponsible elements in the city of Habana" would have an opportunity to govern Cuba.[64]

The American ambassador was referring to people like Eddy Chibás, whom he described as "one of the most extreme radical members of the student group."[65] Initially, Eddy and the Student Directorate ruled through a five man *pentarquía* composed of Ramón Grau San Martín, Guillermo Portela, Sergio Carbó, Porfirio Franca, and José Miguel Irisarri. All fit the Student Directorate's ideal profile as nonpoliticians. Franca, a bank director tapped to manage the treasury ministry, was almost certainly appointed with Welles in mind.[66] Although everyone else possessed anti-Machado credentials, Grau was the students' favorite. He had supported them since 1927 and seemed comfortable in the political arena unlike Portela or Irisarri. Grau was thus the first civilian in the revolutionary government to call on Welles and inquire about US recognition. When the unwieldy pentarchy was dissolved on September 10, he was the obvious choice as Cuba's new leader. Within weeks, Chibás began hosting a radio program called *La voz de las Antillas*, which extolled Grau while treading lightly on facts where necessary. During Eddy's inaugural broadcast, he promised the revolution would "destroy the great foreign monopolies, eliminate their local sycophants, return properties robbed from the people by corrupt politicians and stop privileged parasites from prospering at the expense of everyday Cubans."[67] The only possible enemies of this new administration, declared Chibás, were Machado loyalists.

Chibás did not mention the ABC, one of Grau's most implacable foes, because he hoped to lure it into an alliance. Adding the well-armed, conservative, and pro-American ABC would greatly bolster Grau. For one thing, the ABC was a revolutionary organization—albeit supported principally by Havana professionals. Indeed, Eddy's own father had once donated 50 pesos to the group.[68] The ABC's close ties to Sumner Welles could also facilitate US recognition. Unfortunately, the ABC proved an elusive quarry. During one round of negotiations, Chibás was informed by ABC leaders that they harbored no ill will toward Grau, whom they considered "a decent person, an illustrious doctor," and "an honorable University of Havana professor."[69] Rather, some objected to Batista, the nonwhite army chief, on racial grounds.

The consequences of failing to reach an agreement were soon evident as armed ABC members aided a military revolt on November 8. They were routed by a motley coalition that included loyal soldiers, the workers' militias of Interior Minister Tony Guiteras, revolutionary ex-students like Chibás, and even communists. Eddy, who still aimed to tempt the ABC, sent defeated *abecedarios* home rather than escorting them to La Cabaña prison. Some ABC fighters even found sanctuary in the Chibás family residence.[70] Although the government had prevailed, there was scant cause for joy. To begin with, the Student Directorate had voted to dissolve itself four days earlier, which deprived Grau of his surest source of support. Grau's diminishing faith in Batista seemed even more ominous. During the fighting, Grau had requested extra soldiers to reinforce the presidential palace, but none were sent. This led him to question Batista's motives. At least there was no evidence that Batista had actively assisted the rebels. The same could not be said for Havana's mayor, who had supplied them with gasoline. Grau thus offered the job to Chibás, who resolutely declined.

Despite these difficulties, Grau came to embody Cuba's 1933 Revolution through his popular decrees. He granted the island's cane cutters a minimum wage and mandated an eight-hour day for all workers. Grau bestowed voting rights on women and freed the University of Havana from state control. The American-owned and universally hated Cuban Electric Company was ordered to cut prices by 45 percent. Grau's signal achievement, though, was the "50 Percent Law," which required businesses, factories, and farms to hire a workforce that was at least half Cuban. The measure targeted sugar mills, many of them foreign owned, which shunned Cuban hands for cheaper Jamaican or Haitian immigrants. It was also aimed at Spanish-held enterprises that favored their Iberian compatriots. The law was enormously popular and enjoyed intense support among Afro-Cubans, who endured the worst discrimination. Many urged Grau to expand the rule from 50 percent to 80 percent.[71]

Alas, most of Grau's decrees could not be enforced outside Havana. Cuba struggled to resolve eighty strikes, and thirty-six sugar mills had been forcibly occupied by late October 1933.[72] The military, which had swept Grau into office in September, was beset by constant intrigues. Chaos reigned to such an extent that the daily *El Mundo* wondered, "Who is ruling Cuba?"[73] Many suspected Sumner Welles of being in charge, especially as Cuba was surrounded by US battleships. The island's thirty-two-year-old chief of staff, Fulgencio Batista, certainly courted his favor by dispatching soldiers to retake the Manatí and Estrada Palma sugar mills—both of which belonged to the New York-based Cuba Cane Corporation. In fact, Grau relied more on Batista's troops than Eddy's silver tongue. As he told Chibás, it was "utopian" to think his revolutionary decrees could be implemented without the army.[74] However, Cuba's soldiers were also committing horrific abuses against real or perceived enemies. In mid-December 1933, the corpse of Mario Cadenas, a nineteen-year-old student, was discovered outside Havana's Camp Columbia barracks. An autopsy revealed that Cadenas's torturers had torn his nipples off with pliers, fractured his right arm in two places, destroyed his genitals, pulled out his toenails, gouged his left eye, and broken his right middle finger.[75] Chibás investigated the case along with three student pals.[76] They poked around the suburb of Marianao, where Cadenas lived, and learned that he had been arrested by soldiers dressed as peasants. Later on, they made a beeline for the presidential palace where Chibás suggested Grau should resign and "allow the military to take power . . . so everyone knows where the problem is and unites to attack it."[77] Grau demurred but offered to investigate the incident and prosecute those responsible. However, the students believed Grau would never be permitted to punish the Camp Columbia commander, Ignacio Galíndez, who was a Batista confidant.

By early January, Grau was reviled by the US embassy, ignored by the army, loathed by foreign businessmen, rejected by Cuba's political parties, and unpopular with everyday citizens—many of whom were now riled up over Mario Cadenas's murder. Asked in an interview how he would "resolve the problem of the army," Grau replied that soldiers must substitute "blind discipline" with "civic discipline."[78] Needless to say, this did not soothe the clamor for justice. Angry students poured into Havana's streets, where they raised an enormous King Kong, with the word *Batista* written in chalk and chanted, "King Kong, get out Ramón!"[79] On January 6, Eddy reluctantly withdrew his support for Grau at a student assembly, claiming his mentor was "incapable of implementing the revolutionary program."[80]

Old and New Politics

Ramón Grau San Martín resigned on January 15, 1934, and just as he and the students feared, his replacement was a politician. After much vacillation, Carlos Mendieta accepted Batista's offer of the top job. Eddy would later affirm that he knew Mendieta's appointment represented a "hard blow" for the revolution and "tragedy" for Cuba's people.[81] However, there were few discernible red flags in Mendieta's career or character at the time. He had fought bravely in Cuba's independence war and was widely admired. Although Chibás tarred him as a "traditional" politician for his past membership in the Liberal party, Mendieta had actively opposed Machado. His personal honesty was also rare and indisputable. On the day he took office, Mendieta assured Chibás his cabinet would be staffed by "the most representative and prestigious figures of the revolution" as only they could rescue civil authority and reestablish peace.[82] Mendieta added with a flourish that he would put a bullet in his heart before curbing liberties or allowing student bloodshed.[83]

For erstwhile members of Cuba's Student Directorate, evidence nonetheless abounded that Mendieta was ruining their revolution and serving as Batista's front man. Grau's ex–interior minister, Tony Guiteras, noted that Cuba's rulers could serve "Yankee imperialism" or "the people" but not both.[84] He added that "a movement in Cuba that was not anti-imperialist could not be a revolution."[85] Barely three weeks into his term, Mendieta faced a stark choice as just 30 of Cuba's 178 sugar mills were operating.[86] Much to the disappointment of revolutionaries, he responded with a spate of repressive directives aimed at restoring sugar production. Hence, a decree from March 6 suspended constitutional guarantees. A presidential order three days later banned work stoppages and provided official protection for strike breakers. Chibás warned, "Peace can only be laid on a foundation of justice."[87] Most Cubans seemed to agree and fled their jobs in droves, starting with thirty thousand tobacco hands, followed by sympathetic longshoremen who refused to load tobacco for export. They were soon joined by cane cutters, miners, railway employees, public school teachers, doctors, nurses, pharmacists, and journalists. By March, their numbers had swelled to upward of two hundred thousand.[88] These strikes were encouraged by the communist-influenced Cuban National Confederation of Workers along with a new force in Cuban politics, the Partido Revolucionario Cubano (Auténtico).

The bitter experience of Grau's brief presidency had convinced some Student Directorate members, notably Carlos Prío, that their agenda required support from a political party. The Auténticos were thus founded on February 8, 1934. Just over three months later, Grau returned from exile in Mexico to run the new organization. Upon reaching Havana, he was greeted by one hundred thousand raucous supporters. This augured well, as Grau's progressive decrees were the basis of Auténtico politics—animating its slogan of nationalism, socialism, and anti-imperialism. Speaking at the University of Panama in 1935, Grau explained that reactionary and revolutionary forces were fighting to control Cuba. The former included "large foreign interests," "old political parties," and "the armed forces," all of whom accepted US intervention.[89] Among revolutionaries, communist-supported "radical extremist organizations" represented international meddling also.[90] By contrast, Auténticos were local, boasted a proven record, and counted majority support. Grau concluded that Auténtico reforms must "liberate Cuba from imperialism," "socialize" the island to eliminate "inhuman misery" among workers, and "rescue the land and riches of Cuba" via a policy of "Cuba for Cubans."[91] As a first step, Auténticos hoped to oust the current regime through massive labor unrest.

Chibás compared the situation to August 7, 1933, when disgruntled workers began a series of strikes that led to Machado's ouster. He was further convinced when students followed suit and shunned their classes. On May 3, Eddy attended a rally of high schoolers at Havana's Instituto de Segunda Enseñanza. When troops appeared, he feared for the teenaged demonstrators and began negotiating their withdrawal with two officers. However, before they reached a deal, another squad of soldiers arrived and opened fire. Chibás directed an open letter to President Mendieta that warned he was perilously close to betraying his honorable record, his scruples, and "magnificent history as an old revolutionary."[92] Chibás reminded Mendieta that as an opposition figure he had scorned military abuses but now made "common cause" with Mario Cadenas's assassins.[93] He also asked why students were still being marked for persecution despite their "brilliant" history of rebelling against "injustice and crime."[94] Chibás suggested this was because students, unlike members of Mendieta's cabinet, could never be found "kneeling before an embassy."[95]

Although Chibás considered his message imperative, he believed its impact went beyond words. He emphasized his lack of party affiliation and absence of political aspiration with equal vigor. Since the Student Directorate disbanded on November 5, 1933, Eddy had become the most prominent spokesman for its quixotic politics. This required fervid devotion to Cuba's welfare while avoiding anything resembling professional politics or personal gain. His rejection of Havana's mayoralty was a perfect example of revolutionary selflessness. Further, Eddy was uniquely suited for this role as his father's affluence allowed him to spend endless hours attending demonstrations, debating rivals, and writing articles.

For his part, Tony Guiteras was convinced that revolution required armed struggle. After Grau's resignation, Guiteras disappeared from public view into a series of safe houses and disguises. By late February, he had formed a paramilitary outfit called TNT, after the explosive. In March, TNT members attempted to assassinate Pepín Rivero, publisher of the conservative daily *Diario de la Marina*; Ramón Vasconcelos, a Liberal Party luminary; and Cosme de la Torriente, Mendieta's secretary of the presidency.[96] The following month, Guiteras ordered an assault on a Royal Bank of Canada branch in Havana to finance future operations. These were designed to "sow chaos" and "demonstrate government impotence."[97] In May, Guiteras subsumed TNT into the more ambitious Joven Cuba, which aimed to impose "a revolutionary dictatorship."[98] Joven Cuba's detailed political program sought the abolition of large landholdings, distribution of plots to poor peasants, nationalization of public utilities, equal rights for women, and increased education spending. Meanwhile, the attacks continued, highlighted by a failed bid to murder Mendieta on June 15. Once again, Cuba's "traditional" politicians and their backers lived in dread, hiding behind armed guards as they walked the streets. The same was true for soldiers, who were frequently ambushed or bombed during patrols.

"I have contempt for the current regime"

While the derring-do of Guiteras seized imaginations, Cuba's strikers proved a more immediate concern. The island's economy was kept afloat largely by military men who guarded strikebreakers and sometimes performed the jobs of absent workers themselves. By mid-March 1934, Havana's longshoremen had returned to work and most of Cuba's sugar mills were safely in the hands of their American owners.[99] However, bus drivers, postal workers, and telephone company employees left their jobs that summer, forcing soldiers to deliver letters and send telegrams. Cuban troops also trained their bayonets on locked out employees of the US-owned Cuban Telephone Company. In March 1935, the government was tested again when five hundred thousand Cubans deserted their jobs. This began as a protest by students and teachers against Cuba's wretched school system. Pupils throughout the island lacked supplies and endured overcrowding while their instructors were sporadically paid. They were soon joined by more politically minded University of Havana undergraduates and municipal medical workers. The latter deplored poorly funded city hospitals and political interference. [100] Auténticos declared their support as well and ensured that friendly trade unionists would participate.

Chibás chipped in by cajoling undecided workers into joining the movement. As a rare automobile-owning revolutionary, he could reach a wider audience than most. At one point, Chibás raced to streetcar stations throughout Havana and exhorted the drivers to strike. This led to his arrest in the early morning hours of March 8. Chibás harbored few illusions about his prospects in police custody and declared, "If I am going to die, I want my last words to be for the Cuban revolution. I am a revolutionary; I love my *patria* and have contempt for the current regime."[101] However, Eddy confronted a cell in Havana's Castillo del Príncipe rather than martyrdom. During the government's most difficult period, on March 10 and 11, soldiers drove buses, trains, and trolley cars; army doctors staffed Cuban hospitals; and sailors ran the ports. Cuba's high rate of unemployment also ensured that replacement workers could be found in a pinch.

On April 16, with the strike safely overcome, Eddy was sentenced to 180 days in prison. He proudly accepted the charges against him and declared that his aim had been to "expel the government which has introduced once more the bloody methods of Machado's dictatorship."[102] While Chibás reveled in his momentary chance to skewer the government, few of the five hundred thousand strikers from March 1935 gained anything, and many lost their jobs. The Auténticos who had egged them on either fled Cuba or went into hiding. For Tony Guiteras, the strike's failure confirmed his belief in the folly of nonviolence. As such, he planned to raise and train a fighting force in Mexico capable of overwhelming Batista's army. This required far more than the funds Joven Cuba collected through extortion and bank heists. Guiteras thus authorized the kidnapping of Eutimio Falla Bonet on April 3, 1935. Falla Bonet was the lone son of a Spanish-born sugar magnate. When his father died in 1929, Falla Bonet and his three sisters inherited a business empire valued at $35 million.[103] "Operation Falla" offered enormous possibilities, which were duly realized when Joven Cuba extracted a ransom of $300,000. The bills turned out to be marked and were smuggled to Mexico where they could safely be exchanged.[104] Guiteras was keen to follow as the kidnapping had uncomfortably raised his profile. The plan called for him and fifteen supporters to board a yacht at an underused fort called El Morrillo in Matanzas province. Unfortunately, Guiteras was betrayed by a childhood pal and killed in a shoot-out with Batista's men on May 7, 1935. After the funeral, his mother, Philadelphia-born Maria Theresse Holmes, told reporters:

> My son was a great revolutionist against the forces of capitalism and Yankee imperialism. He sacrificed his life for the betterment of the people, especially the working classes. While Secretary of the Interior he gave them two great laws, the eight-hour day and minimum wage laws. He was persecuted for these by the government which made him an outlaw, but his followers will continue to fight to preserve the force he created.[105]

Eddy had just completed two months of his sentence when the news reached him. For the rest of his life, Chibás would remind Cubans that Batista had killed a revolutionary of legendary incorruptibility. Known as "the man who owns only one suit," Guiteras represented a potent foil for Batista, who swiftly amassed a fortune as army chief of staff. This comparison was convenient for Chibás, who railed against greedy politicos and regarded Batista with contempt. Just the same, Eddy's saintly portrait of Guiteras masked stubborn differences between them. Chibás had no quibble with his ex-colleague's politics. As the author of several popular decrees during Grau's presidency, Guiteras possessed impeccable revolutionary credentials. On the other hand, he was ruthless with those who held opposing views. Whereas Eddy disagreed with Pepín Rivero's support for Spanish fascists and challenged him in a series newspaper editorials, Guiteras had attempted to gun him down.[106] Cosme de la Torriente, an upright public servant, also seemed a dubious target. This was hardly what Chibás imagined when he argued that revolutionaries desired "civility and justice."[107]

When Chibás left prison on September 3, 1935, he was arguably Cuba's leading revolutionary. Ramón Grau San Martín's decrees had won him more admiration, but he remained exiled in Miami Beach while Guiteras, the magnetic man of action, had passed into martyrdom. The situation was not lost on Eddy, who gathered a clutch of his university friends, including Mongo Miyar, Rafael García Bárcena, and Justo Carrillo and founded a secret organization called Izquierda Revolucionaria. For Cuba's most self-consciously apolitical character, the goal was supremely political—namely, to unite all revolutionaries. Now that Joven Cuba was bereft of its leader, the allegiance of many recruits was sure to waver. His greatest test, though, would be convincing Joven Cuba to renounce "terrorism" as a "revolutionary weapon."[108] He therefore declared in *Bohemia* on April 26, 1936, that "terrorism" had yielded "disastrous consequences" and represented "a frankly counterrevolutionary tactic."[109]

If Eddy correctly guessed that the island's revolutionaries could be drawn together under one banner, there was still no guarantee they would coalesce around him. Nonetheless, Batista was sufficiently concerned that he banned Eddy from the airwaves. Chibás compensated with a flurry of *Bohemia* articles and by touring Cuba to sound out fellow revolutionaries. Toward the end of 1936, he became convinced his project was unworkable—in large part because Grau insisted that all revolutionaries join the Auténticos. After reflecting, Eddy decided Grau was the revolution's best hope despite his foibles. In a *Bohemia* article from February 28, 1937, Chibás chided revolutionaries for bickering and urged them to close ranks behind Grau. "There are two opposite poles in Cuban politics," he wrote. "Grau San Martín is one of them. To resist Grau, as many have done, plays into the hands of the other pole: reaction. The revolution needs Grau in order to triumph but he cannot move forward without support from Cuba's revolutionaries. Both should naturally complement each other in a unified party." [110] Joven Cuba evidently agreed and crossed over to the Auténticos.

On November 15, 1939, Cuba held constituent assembly elections for the drafting of a new constitution. This had been the chief goal of student revolutionaries since Machado was ousted. Chibás, who was thirty-two, appeared on a ballot for the first time and immediately proved adept at collecting votes. Only Grau boasted a higher tally. This success initially took a backseat to a puzzling gunshot wound Eddy suffered during the early hours of November 14. After some last-minute campaigning, he was apparently shot in the stomach at point blank range. Always prepared for martyrdom and keenly aware of political considerations, Eddy half deliriously told the driver who rushed him to the hospital, "If I die, it will be for the revolution. Vote for Grau San Martín."[111] The fact that Eddy would not reveal who was responsible fed a raft of speculation. An *Avance* correspondent confronted Chibás with every murmur making the rounds, hoping for a scoop. Was he shot by a foe within the party? Did Eddy suspect the communists? Was this a crime of passion? Had he shot himself to win sympathy and extra votes? Chibás vehemently denied the rumors. However, he and Alberto Inocente Álvarez had engaged in a shouting match over political tactics on the night he was hurt. Álvarez once served on the 1927 Student Directorate but had since exchanged youthful ideals for more expedient methods such as vote buying. Nor was he alone in mocking the party's attempt to fashion a squeaky-clean image. For Chibás, this represented a betrayal of the students. He could have thus shot himself in protest. This extreme gesture would have been understood by Auténticos only and secured his place as the party's conscience.

When Chibás finally ran for Congress in 1940, he easily won while refusing "to spend a single centavo" on his personal campaign.[112] He almost certainly convinced Grau to follow suit on the presidential hustings that year, albeit with less gratifying results. In his electoral postmortem, Eddy nevertheless lauded Grau's "honorable conduct," "firm convictions," and ability to "vibrate the national conscience."[113] In 1944, Chibás relented and contributed 20,000 pesos to Grau's successful campaign.[114] He would soon regret this decision as Grau encouraged an illegal reelection drive, ignored Cuba's campesinos and showed no interest in complementary legislation for the island's 1940 constitution.[115] Eddy's resolve to bolt the party and seek the presidency in 1948 have garnered much attention, but his influence during the previous two decades and antipolitical politics remain a hallmark of contemporary Cuba.

Conclusion

Since the early 1960s, Julio Antonio Mella has been revered in Cuba as a "Prometheus."[116] During a speech at the University of Havana in 1997, Raúl Castro marveled, "No one has done so much in so little time." He added that Mella was visionary in his concern for "workers, poor farmers and the victory of socialism."[117] Tony Guiteras is honored much the same way. His plan to assemble a rebel army in Mexico and invade Cuba is eerily similar to that of Fidel Castro in 1956. This fact is not lost upon Cuban officials. In 2001, Reinaldo Suárez linked the two via Luis Buch, who had been in Joven Cuba and subsequently joined Fidel Castro's 26th of July Movement.[118] Images of Mella and Guiteras grace roadside billboards reserved for Cuba's greatest heroes. Chibás has not been accorded this honor, but his disgust with shady politics remains a cornerstone of revolutionary Cuba. Shortly after taking power, Fidel Castro visited Eddy's grave and declared, "You fought petty politicking, Chibás, and now there is none."[119] The Castro government's "unparalleled" emphasis on "probity" for public officials during the 1960s also echoes back to Chibás.[120] In 2009, Havana city historian Eusebio Leal observed that Chibás "focused public opinion" on "the most urgent and damaging topic," namely, "the need for Cubans to recover their spirit of dignity and honor."[121] Eddy's denunciations of *politiquería* during the 1940s and 1950s are well known. However, his abhorrence for "traditional" politicians during the previous two decades and his appeals for decency in public life have always resonated in revolutionary Cuba.

NOTES

I dedicate this article to the memory of Alfonso Quiroz, a fine historian and generous mentor. In addition, I thank Samuel Farber and Alejandro de la Fuente for their comments and encouragement. I also owe a debt to the two anonymous readers whose suggestions improved this work.

1. Ana Cairo, ed., *Mella, 100 años* (Havana: Editorial Oriente, 2003), 31–33.

2. Specifically, President Alfredo Zayas (1921–1925) agreed to allow the university to be governed by an assembly consisting of thirty professors, thirty alumni, and thirty students.

3. Luis Aguilar, *Cuba 1933, Prologue to Revolution* (Ithaca, NY: Cornell University Press, 1972), 72–76.

4. Luis Conte Agüero, *Eduardo Chibás, el adalid de Cuba* (Mexico City: Editorial Jus, 1955), 97.

5. José Tabares del Real, *Guiteras* (Havana: Editorial de Ciencias Sociales, 2006), 101. See also Paco Ignacio Taibo, *Tony Guiteras: Un hombre guapo* (Havana: Editorial de Ciencias Sociales, 2009), 16–17.

6. "La cobardía y mala puntería del asesino pagado por el carnicero Machado, frustraron el intento de asesinar a nuestro director," *La Traducción*, August 27, 1931.

7. Robert Whitney, *State and Revolution in Cuba: Mass Mobilization and Political Change, 1920–1940* (Chapel Hill: University of North Carolina Press, 2001), 9.

8. Gillian McGillivray, *Blazing Cane: Sugar Communities, Class, and State Formation in Cuba, 1868–1959* (Durham, NC: Duke University Press, 2009), 7.

9. Fondo Eduardo R. Chibas, *legajo* 3, *expediente* 99, p. 6, Archivo Nacional de Cuba (hereafter ANC).

10. Ibid., 7.

11. See "En Cuba, política: Secta de Jacobinos," *Bohemia*, July 27, 1947, 53, and "En Cuba, política: 'La política es el arte de organizar la realidad,'" *Bohemia*, November 27, 1949, 74. The exasperated realists were Pelayo Cuervo Navarro, Roberto García Ibañez, and Beto Saumell.

12. Samuel Farber, *The Origins of the Cuban Revolution Reconsidered* (Chapel Hill: University of North Carolina Press, 2006), 47–48.

13. A more compliant group, the Federación Estudiantil Universitaria (FEU), agreed to dissolve itself in 1927 after a presidential decree banned political organizations at the University of Havana. Shortly thereafter, Aureliano Sánchez Arango, Eduardo Chibás, and Antonio Guiteras, among others, established the radical Student Directorate. See Aguilar, *Cuba*, 77.

14. Ibid., 61.

15. Conte Agüero, *Eduardo Chibás*, 104.

16. Elena Alavez Martín, *Eduardo Chibás en la hora de ortodoxia* (Havana: Editorial de Ciencias Sociales, 1994), 18.

17. Ana Cairo, ed., *Eduardo Chibás: Imaginarios* (Santiago de Cuba: Editorial Oriente, 2010), 32.

18. Rolando Rodríguez, *Rebelión en la República: Auge y caída de Gerardo Machado* (Havana: Ciencias Sociales, 2013), 1:212.

19. Aguilar, *Cuba*, 67.

20. Conte Agüero, *Eduardo Chibás*, 115.

21. Mella's murder remains a matter of dispute. Among those who accused Machado of the murder was Rafael Iturriaga, who had served the Cuban president as secretary of the interior and

the navy. Others contend that Mella was killed as part of a dispute within the Mexican Communist Party.

22. Letizia Argenteri, *Tina Modotti: Between Art and Revolution* (New Haven, CT: Yale University Press, 2003), 111.

23. Aguilar, *Cuba*, 99.

24. Ibid., 104–105.

25. "Manifesto de los estudiantes al pueblo de Cuba," *Bohemia*, June 21, 1931, 17.

26. Sr. Representante en Cuba del Pueblo y Gobierno de los Estados Unidos de Norte América, November 2, 1932, Department of State, Decimal File, 1930–1939, 837.00/3358, RG 59, NARA.

27. Ibid.

28. Jaimi Suchlicki, *University Students and Revolution in Cuba, 1920–1968* (Coral Gables, FL: University of Miami Press, 1969), 29.

29. "Cuba: Open Season," *Time*, October 10, 1932, http://www.time.com/time/magazine/article/0,9171,744561,00.html.

30. Political Conditions in Cuba, July 25, 1932, Department of State, Decimal File, 1930–1939, 837.00/3483, RG 59, National Archives and Records Administration (hereafter NARA).

31. Ibid.

32. Ibid.

33. Ibid.

34. Cuban American Friendship Council, January 22, 1933, Department of State, Decimal File, 1930–1939, 837.00/3458, RG 59, NARA.

35. Ibid.

36. Conversation, Mr. Frank D. Mahoney, President, Cia. Cubana de Electricidad, Havana, Cuba, June 12, 1933, Department of State, Decimal File, 1930–1939, 837.00/3551, RG 59, NARA.

37. Cuban American Friendship Council, January 22, 1933.

38. Honorable Harry F. Guggenheim, Ambassador of United States, Havana, Cuba, Department of State, Decimal File, 1930–1939, RG 59, NARA.

39. Ibid.

40. Ibid.

41. Ibid.

42. Ibid.

43. Ibid.

44. Ibid.

45. Problems Confronting the US Embassy in Habana since November, 1929, March 29, 1933, Department of State, Decimal File, 1930–1939, Enclosure No. 1 to Dispatch 1558, RG 59, NARA.

46. Ibid.

47. Attempts to Discredit the American Embassy in Cuba, March 29, 1933, Department of State, Decimal File, 1930–1939, Enclosure No. 4 to Dispatch 1558, RG 59, NARA.

48. Ibid.

49. In his letter, Chapman confesses that "some Cuban friends" had "asked" him to contact the Roosevelt administration. The Honorable Cordell Hull, Secretary of State, Washington, DC, March 25, 1933, Department of State, Decimal File, 1930–1939, 837.00/3474, RG 59, NARA.

50. Ibid.

51. Ambassador in Cuba (Welles) to the Secretary of State, August 19, 1933, Department of State, Decimal File, 1930–1939, 711.37/183, RG 59, NARA.

52. Ambassador in Cuba (Welles) to the Secretary of State, August 14, 1933, Department of State, Decimal File, 1930–1939, 83700/3656, RG 59, NARA.

53. Ibid.

54. Conte Agüero, *Eduardo Chibás*, 183.

55. Ambassador in Cuba (Welles) to the Secretary of State, August 15, 1933, Department of State, Decimal File, 1930–1939, 83700/3665, RG 59, NARA.

56. Ibid.

57. Ibid.

58. Conte Agüero, *Eduardo Chibás*, 182.

59. Ibid.

60. Frank Argote-Freyre, *Fulgencio Batista: From Revolutionary to Strongman* (New Brunswick, NJ: Rutgers University Press, 2006), 55.

61. Ambassador in Cuba (Welles) to the Secretary of State, September 5, 1933, Department of State, Decimal File, 1930–1939, RG 59, NARA.

62. Ibid.

63. Ambassador in Cuba (Welles) to the Secretary of State, September 5, 1933, Department of State, Decimal File 1930–1939, 837.00/3758, RG 59, NARA.

64. Ambassador in Cuba (Welles) to the Secretary of State, September 6, 1933, Department of State, Decimal File 1930–1939, 837.00/3787, RG 59, NARA.

65. Ambassador in Cuba (Welles) to the Secretary of State, September 15, 1933, Department of State, Decimal File 1930–1939, 837.00/3895, RG 59, NARA.

66. Franca's appointment did nothing to soften Welles's hostility toward the revolutionary government. In fact, Welles dismissed Franca as "window dressing." See Ambassador in Cuba (Welles) to the Secretary of State, September 5, 1933, Department of State, Decimal File 1930–1939, 837.00/3757, RG 59, NARA.

67. Ibid.

68. Conte Agüero, *Eduardo Chibás*, 176.

69. Fondo Eduardo R. Chibás, *legajo* 30, *expediente* 1006, p. 38, ANC.

70. Ibid., 39.

71. Gillian McGillivray, "Cuba: Depression and Revolution," http://americas.sas.ac.uk/fileadmin/ISA/documents/events/GreatDepression_Papers/McGillivray.pdf.

72. Whitney, *State and Revolution*, 110.

73. Aguilar, *Cuba*, 167.

74. Conte Agüero, *Eduardo Chibás*, 199.

75. Ibid., 198.

76. Eddy was accompanied by his lifelong friends Rafael García Bárcena and Justo Carrillo, along with Polo Miranda.

77. Conte Agüero, *Eduardo Chibás*, 199.

78. "Grau San Martín le contesta a 'Bohemia,'" *Bohemia*, January 7, 1934, 22.

79. The representation of Batista as King Kong was no doubt an indelicate reference to his mixed racial origins.

80. Conte Agüero, *Eduardo Chibás*, 203.

81. Fondo Eduardo Chibás, *legajo* 30, *expediente* 1006, p. 41, ANC.

82. "De Eddy Chibás a Carlos Mendieta," *Bohemia*, May 6, 1934, 22.

83. Ibid.

84. Antonio Guiteras, "Septembrismo," *Bohemia*, April 1, 1934, 32.

85. Ibid.

86. Whitney, *State and Revolution*, 124.

87. Eduardo Chibás, "Cuba necesita paz," *Bohemia*, March 10, 1934, 30.

88. Whitney, *State and Revolution*, 125.

89. Organización Auténtica, "Doctrina Política Auténtica," http://www.autentico.org/oa09166.php.

90. Ibid.

91. Ibid.

92. "De Eddy Chibás a Carlos Mendieta," 22.

93. Ibid.

94. Ibid.

95. Ibid.

96. Tabares del Real, *Guiteras*, 394–395; Taibo, *Tony Guiteras*, 326–327.

97. Tabares del Real, *Guiteras*, 374.

98. Tabares del Real, *Guiteras*, 376.

99. Thomas O'Brien, *The Revolutionary Mission: American Enterprise in Latin America, 1900–1945* (New York: Cambridge University Press, 1999), 242.

100. Daniel Rodríguez, "'To Fight These Powerful Trusts and Free the Medical Profession': Medicine, Class Formation and Revolution in Cuba, 1925–1935," *Hispanic American Historical Review* 95, no. 4 (2015): 625.

101. Conte Agüero, *Eduardo Chibás*, 217.

102. Ibid., 220.

103. Guillermo Jiménez, *Los propietarios de Cuba, 1958* (Havana: Editorial de Ciencias Sociales, 2008), 203–207.

104. Tabares del Real, *Guiteras*, 399; Taibo, *Tony Guiteras*, 390.

105. J. D. Phillips, "Guiteras Is Slain in Battle in Cuba," *New York Times*, May 9, 1935.

106. These appeared in *Diario de la Marina* in April 1937.

107. Eddy Chibás, "El Congreso y la amnistía," *Bohemia*, June 21, 1936, 38.

108. Eddy Chibás, "¡Alto al terrorismo! *Bohemia*, April 26, 1936, 36.

109. Ibid.

110. Eddy Chibás, "El partido único," *Bohemia*, February 28, 1937, 22.

111. Conte Agüero, *Eduardo Chibás*, 268.

112. Eddy Chibás, "Diagnóstico," *Luz*, August 6, 1940, 2, in Department of State, Decimal File 1940–1944, RG 59, National Archives and Records Administration (hereafter NARA).

113. Eddy Chibás, "La brava, los recursos y la toma de posesión," *Luz*, September 25, 1940, 4, in Department of State, Decimal File 1940–1944, RG 59, NARA.

114. Eduardo R. Chibás, "El primer ministro y yo," *Bohemia*, October 30, 1949, 73.

115. See Ilan Ehrlich, *Eduardo Chibás: The Incorrigible Man of Cuban Politics* (Lanham, MD: Rowman & Littlefield, 2015).

116. Cairo, *Mella*, 280.

117. Ibid., 120.

118. Reinaldo Suárez, *Un insurreccional de dos épocas: Con Antonio Guiteras y con Fidel Castro*, (Havana: Editorial de Ciencias Sociales, 2001). See also Argote-Freyre, *Fulgencio Batista*, 330.

119. "Castro Speaks at Chibás Tomb," http://lanic.utexas.edu/project/castro/db/1959/19590117.html.

120. Jorge Domínguez, *Cuba: Order and Revolution* (Cambridge, MA: Harvard University Press, 1978), 229.

121. Cairo, *Eduardo Chibás*, 343.

DAYLET DOMÍNGUEZ

En los límites del discurso esclavista: Retórica abolicionista, afectos y sensibilidad en Los esclavos en las colonias españolas de la condesa de Merlin

RESUMEN

En este ensayo, me interesa explorar cómo la consolidación del discurso abolicionista definió en gran medida la retórica y los argumentos utilizados por la condesa de Merlin en *Los esclavos en las colonias españolas* (1841). Mi propuesta consiste en que su apología a favor de la esclavitud compartió importantes rasgos con la retórica abolicionista como una de las formas más efectivas de legitimar un discurso en total decadencia. En pleno siglo XIX, la postura pro esclavista no podía ignorar la centralidad alcanzada por el abolicionismo, sino más bien concebirse como parte de un diálogo con esa tradición. Estudio entonces la manera en que la condesa de Merlin organiza su defensa esclavista alrededor de dos pilares fundamentales del abolicionismo atlántico: los derechos naturales del hombre y la retórica sentimental. Con relación al primero, la condesa erige una larga genealogía dentro la tradición esclavista criolla, iniciada por Francisco Arango y Parreño, basada en el reconocimiento de ciertos "derechos jurídicos" del esclavo y llega a redefinir los conceptos de esclavitud y esclavo a partir de las nociones de patria y familia. Con respecto al segundo pilar, analizo las maneras en que la apología esclavista se suscita no desde una perspectiva económica, sino desde políticas afectivas y sentimentales.

ABSTRACT

In this article, I study the ways in which the consolidation of abolitionist discourse defined the rhetoric and arguments used by the Countess of Merlin in *Los esclavos en las colonias españolas* (1841). I propose that her proslavery apology shared important characteristics with abolitionist rhetoric as a means to legitimize a declining discourse. In the nineteenth century, proslavery ideology could not disregard the centrality achieved by abolitionism; it had to establish a prominent dialogue with that tradition. I explore then the ways the Countess of Merlin organized her proslavery defense around two significant themes of Atlantic abolitionism: the natural rights of man and sentimental rhetoric. In relation to the first, the Countess of Merlin established a long genealogy within the creole proslavery tradition, initiated by Francisco Arango y Parreño, based on the recognition of some slaves' legal rights, which came to redefine the concepts of slavery and slave taking into consideration the notions of family and *patria*. With respect to the second theme, I analyze how her proslavery apology is developed not from an economic perspective but from a sentimental and affective politics.

Con *Los esclavos en las colonias españolas* (1841), María de las Mercedes de Santa Cruz y Montalvo (1789–1852), condesa de Merlin, interviene en un largo debate sobre la esclavitud en el mundo atlántico y caribeño.[1] El folleto es probablemente la única defensa proesclavista escrita por una mujer dentro de la tradición cubana y caribeña en un período en el cual el abolicionismo figuraba como el discurso y la ideología dominante en gran parte del mundo atlántico. Su lectura es fundamental para entender cómo, a pesar de los diferentes fines que alentaron las corrientes antiesclavistas y proesclavistas, las fronteras entre ambas tradiciones fueron más permeables y porosas de lo que en un principio pudieran parecer. Las retóricas esclavista y abolicionista se nutrieron muchas veces de un imaginario común y apelaron a un mismo repertorio de ideas, tropos y conceptos. La figura del esclavo dócil, por ejemplo, no fue una invención de las novelas antiesclavistas del siglo XIX, sino que había sido un lugar común dentro de la retórica esclavista (Fischer 118). La lectura del folleto invita, por tanto, a pensar en los cruces, encuentros y superposiciones que animaron las retóricas abolicionistas y proesclavistas a lo largo del siglo XIX.

Escrito desde Francia, después de su viaje a La Habana en 1840, el folleto apareció publicado en francés y español en un intento por movilizar la opinión pública internacional a favor de la esclavitud.[2] Uno de los problemas que emerge en las primeras páginas para la condesa de Merlin es cómo autorizarse en un terreno dominado por las intervenciones de viajeros científicos, políticos, estadistas y filósofos. La condesa utilizaba dos estrategias puntuales. En primer lugar, resaltaba sus orígenes criollos. Sus vínculos con la tierra natal, centrados en sus lazos familiares en Cuba y su reciente viaje a la isla, le otorgaban legitimidad a su relato y validaban su defensa de la esclavitud. Su condición de criolla demarcaba un campo de saber empírico que no podía ser igualado por ninguna otra disciplina científica. Desde la filosofía y la política, parecía sugerir, no se podía entender cabalmente el problema de la esclavitud ya que a través del prisma de estos saberes solo se podía articular un conocimiento limitado del fenómeno (1). En segundo lugar, la condesa de Merlin apelaba a su condición de mujer y recurría a los estereotipos, construidos por las tradiciones patriarcales y cristianas, en torno a la idea de la mujer como sujeto caritativo y benevolente para colocarse en un terreno más cercano a la "piedad" y la "justicia." En palabras de la condesa de Merlin, la "generosidad" que le otorgaba su naturaleza femenina era la causa que la inducía a escribir su apología esclavista (2).

Las condiciones de criolla y mujer no eran, sin embargo, "lugares" de enunciación completamente nuevos dentro del debate esclavitud vs. abolición en el siglo XIX. Existía una larga tradición de criollos que actuaban como intermediarios entre los intereses peninsulares y habaneros mientras que la figura de la mujer cobraba protagonismo en el abolicionismo atlántico. La condesa de Merlin se insertaba entonces en una doble tradición. Por una parte, se pensaba en la genealogía de criollos cubanos que desde finales del siglo XVIII se había convertido en portavoz de la Cuba esclavista y azucarera. Entre ellos, Francisco de Arango y Parreño, quien era además su tío, había fungido como interlocutor entre las autoridades metropolitanas y las elites azucareras criollas, erigiéndose en el principal ideólogo de la Cuba esclavista. En 1787, Arango había viajado a Madrid para negociar el cese de las restricciones en el comercio de esclavos. En 1789, conseguía que el monopolio de la trata cesara de manera provisional hasta 1791, fecha que casualmente coincidía con el inicio de la sublevación de esclavos en la parte francesa de Santo Domingo y que desembocaría en la Revolución haitiana, entre 1791 y 1804.[3]

Por otra parte, utilizaba la visibilidad que la mujer había adquirido en el movimiento abolicionista del mundo atlántico para erigir su apología esclavista. Como señala Clare Midgley en *Women against Slavery*: "At least seventy-three ladies associations were active at some time between 1825 and 1833, and at least twenty-four in the 1834–8 period" (45). Desde las inglesas Lucy Townsend, fundadora de la primera sociedad femenina antiesclavista, Anne Knight y la norteamericana Harriet Beecher Stowe, autora de *Uncle Tom's Cabin* (1852), se convirtieron en importantes símbolos del abolicionismo. En España, figuras como Harriet Brewster de Vizcarrondo, Faustina Sáez de Melgar y la poeta romántica Carolina Coronado serían centrales en la consolidación de la plataforma abolicionista peninsular. Mientras la primera ejercería una influencia positiva en cuanto a la participación de la mujer en el movimiento antiesclavista; Sáez de Melgar dirigiría el periódico *La Violeta*, publicado en Madrid entre 1862 y 1866, con una fuerte orientación abolicionista. Coronado, por su parte, llegaría a presidir en 1868 la Sociedad Abolicionista de Madrid.[4]

En ese sentido, la condesa de Merlin partía de una especie de alianza política-sentimental centrada en torno de las figuras del esclavo y la mujer que había cobrado auge desde las primeras décadas del siglo XIX y que se intensificaría a lo largo del mismo. La participación de la mujer en las luchas antiesclavistas sería central para el surgimiento del primer movimiento feminista (Ferguson; Midgley; Fischer; Cowling). Gran parte de los argumentos postulados a favor de la emancipación e igualdad de la mujer provino directamente del abolicionismo atlántico. El discurso antiesclavista se convirtió en la plataforma política, civil y social para el emergente movimiento feminista. Pero el problema mayor que enfrentaba la condesa de Merlin no se limitaba a autorizarse dentro del debate esclavista como mujer y criolla, sino que consistía en elaborar una defensa de dicho régimen en medio del creciente auge del abolicionismo. ¿Qué argumentos utilizar para perpetuar la esclavitud en un siglo eminentemente antiesclavista? ¿Cómo defenderla en el ocaso de la propia institución?

En estas páginas, me interesa explorar cómo la consolidación del discurso abolicionista definió en gran medida la retórica y los argumentos utilizados por la condesa de Merlin en *Los esclavos en las colonias españolas* (1841). Mi argumento central consiste en que su apología en pro de la esclavitud compartió importantes rasgos de la retórica del abolicionismo como una de las formas más efectivas de legitimar un discurso en decadencia. Al dedicar la versión original de su folleto a uno de los más conocidos abolicionistas franceses: M. le Baron Charles Dupin, la condesa de Merlin reconocía la creciente importancia del abolicionismo y se interesaba por la lectura y recepción de su texto entre los círculos antiesclavistas. En pleno siglo XIX, la postura pro esclavista no podía ignorar la centralidad alcanzada por el abolicionismo, sino más bien concebirse como parte de un diálogo con esa tradición. Estudio entonces la manera en que la condesa de Merlin organizaba su defensa esclavista alrededor de dos pilares fundamentales del abolicionismo atlántico: los derechos naturales del hombre y la retórica sentimental.

Con relación a los derechos naturales, su objetivo principal consistió en relativizar su importancia dentro de la tradición esclavista española mediante la exaltación de una larga genealogía pro esclavista, encabezada por Arango, que reconocía importantes garantías civiles a los esclavos, basada en el derecho de estos a la propiedad y a la libertad. Frente a la concepción abolicionista que propugnaba la aplicación de los derechos naturales del hombre sin distinción de raza, la condesa articulaba la idea de la esclavitud patriarcal y llegaba a redefinir los conceptos de esclavitud y esclavo a partir de las nociones de patria y familia. En ese sentido, colocaba muchos de los principios sostenidos por el abolicionismo atlántico en los umbrales del discurso jurídico esclavista español.

Con relación al segundo pilar, la condesa de Merlin erigía gran parte de su apología esclavista no desde una perspectiva económica, sino desde políticas afectivas y sentimentales. Su folleto recopilaba un conjunto de microhistorias en las cuales los esclavos se convertían en protagonistas del discurso. Estos pasajes articulan un espacio de solidaridad entre amos y esclavos, blancos y negros, donde el propio esclavo terminaba por perpetuar el régimen esclavista. Al convertir la narración en un espacio para las políticas y poéticas de los afectos entre amos y esclavos, las microhistorias acaban conectándose con las ficciones antiesclavistas y la literatura abolicionista de la época. La alianza simbólica entre amos y esclavos se convertiría en una estrategia fundamental para el futuro post-esclavista de la región. En ese sentido, las microhistorias recogidas por la condesa de Merlin pueden ser leídas como ficciones afectivas, un espacio simbólico en cual se discutía el estatuto jurídico y subjetivo del esclavo.

De Francisco Arango y Parreño a la condesa de Merlin: Esclavitud patriarcal y derechos naturales

En 1841, cuando la condesa de Merlin publica *Los esclavos en las colonias españolas*, la esclavitud ya había sido abolida en Haití, Santo Domingo y las Antillas inglesas. Si se compara el Caribe hispano con el anglófono y francófono, se percibe cómo el apogeo y el declive de la institución esclavista en Cuba y Puerto Rico siguió un curso diferente al de sus contrapartes antillanas. España, el primer imperio en establecer plantaciones azucareras en sus colonias americanas, fue en realidad el último en formar parte directa del comercio trasatlántico de esclavos (Fradera y Schmidt-Nowara 1). De esa manera, Cuba y Puerto Rico se consolidaron como economías de plantación en el momento en que la esclavitud comenzaba a ser desarticulada en el resto de las Antillas.[5]

La historia de la esclavitud en el Caribe es fundamental para entender las diferencias entre las colonias hispánicas, inglesas y francesas. Mientras las primeras se fundaron y dirigieron como colonias de poblamiento, siguiendo el modelo de las ciudades europeas, las inglesas y francesas se desarrollaron como colonias de explotación (Guerra; Benítez Rojo). La plantación dominó la experiencia colonial inglesa y francesa en las Antillas y puede ser pensada siguiendo a Edgar Tristram Thompson como otro tipo de institución política en tanto articulaba mecanismos de control sobre los individuos. Como ha apuntado Antonio Benítez Rojo, la institucionalización de la plantación determinó además los diversos grados de africanización de la región: los rasgos culturales africanos en cada una de las naciones del Caribe no dependieron necesariamente de la importancia demográfica de la población negra, sino del momento en que la plantación se consolida como institución. La clave de la africanización estaba en el grado de movilidad que tuvo el africano al llegar al Caribe antes que la plantación se erigiera (91–93).

El momento en que la plantación se institucionalizó definió también las relaciones que se establecieron entre la esclavitud antillana y el capitalismo mundial. La historia de las plantaciones caribeñas se entrecruza con la historia del capitalismo: el Caribe y por extensión la plantación constituyeron la génesis del capitalismo europeo (Williams, *Slavery and Capitalism* 51–108). Pero como propone Dale W. Tomich habría que distinguir entre la forma que se suscita dicho fenómeno en las colonias inglesas y francesas y en las españolas. Mientras en el Caribe franco-anglófono, el apogeo de la plantación precedió la constitución del capitalismo industrial en Europa y fue una condición del mismo, en Cuba la institucionalización de la plantación en pleno siglo XIX implicó la integración de la isla a los mercados mundiales y a los circuitos capitalistas de producción. Es en ese sentido, el siglo XIX en Cuba habría que pensarlo como una forma particular del desarrollo capitalista (Tomich 75–94).

Es a partir de la sublevación de esclavos en la vecina colonia francesa en 1791 que Cuba se convierte en el mayor exportador de azúcar a nivel mundial insertándose de lleno dentro del orden económico global. El proceso conllevó la transformación de la plantación a la Plantación (Benítez Rojo 50–106), o sea el tránsito de una esclavitud "patriarcal" a una esencialmente "capitalista" (Moreno Fraginals 59–81, 213–215). En el transcurso de casi seis décadas la plantación alcanzó en Cuba su mayor esplendor dando como resultado lo que Tomich denominó como "segunda esclavitud" en el mundo atlántico (56–71). Justo cuando en el mundo atlántico se consolidaba el pensamiento abolicionista, las elites puertorriqueñas y cubanas apostaron por fortalecer un régimen económico basado en la servidumbre que se prolongaría hasta 1873 y 1886 respectivamente.

La transformación sucedía en medio de una fuerte campaña antiesclavista impulsada en la esfera pública internacional por los ingleses, quienes en 1807 habían abolido la trata esclava y en 1834 habían derogado la esclavitud en sus colonias antillanas. Entre los años 1817 y 1818, el imperio británico había conseguido además ilegalizar la trata española, francesa y holandesa. Como ha señalado David Brion Davis, la consolidación del abolicionismo fue resultado de importantes transformaciones intelectuales y culturales acaecidas en la segunda mitad del XVIII; entre las que se destacaban: la emergencia de la filosofía secular ilustrada; la popularización de una ética de la benevolencia; el impulso de la doctrina evangélica; y la concepción del noble salvaje (*Problem of Slavery* 45–48).

Pero si ya para las décadas del 1820 y 1830 existía en Inglaterra y en el norte de los Estados Unidos una sólida corriente abolicionista; en España y sus colonias caribeñas el movimiento no cuajaría hasta 1865 con la fundación de la Sociedad Abolicionista Española, bajo la dirección del puertorriqueño Julio Vizcarrondo, y con el inicio de la primera guerra independentista cubana en 1868.[6] Sin embargo, la campaña abolicionista había comenzado a cobrar fuerza dentro de Cuba desde finales de los años 1830. A petición de Richard Madden, quien fungía en la isla como superintendente de la Comisión Mixta de Africanos Liberados, Domingo del Monte (1804–1853) confeccionaría un dosier con las primeras novelas antiesclavistas escritas en Cuba, incluyendo la *Autobiografía del esclavo Juan Francisco Manzano*, traducida posteriormente por el propio Madden y presentada ante la General Antislavery Convention en Londres en 1840.

No es de extrañar, entonces, que frente al auge del movimiento abolicionista, las tres sociedades esclavistas más importantes del continente americano en el siglo XIX: Brasil, Cuba y el sur de los Estados Unidos, se aliaran en un frente común, llamado por los historiadores Rafael de Bivar Marquese y Tâmis Peixoto Parron: la "internacional pro-esclavista," cuyo objetivo radicaba en crear una alianza hemisférica para contrarrestar el avance del abolicionismo. La literatura proesclavista que circularía a partir de la década de 1840, como parte de la campaña llevada a cabo por las tres regiones, reactivaría los presupuestos de que la esclavitud era el mejor camino para la ciudadanía, de que el trabajo esclavo era mucho más productivo que el trabajo libre, y la idea del esclavo como instrumento de progreso y modernidad, entre otras cuestiones (110).

El folleto de la condesa de Merlin se inscribía dentro de esa campaña hemisférica que parecía dividir el mundo atlántico en dos grandes ejes geopolíticos: el proesclavista y el abolicionista; pero habría que leerlo también como una respuesta al auge del reformismo antiesclavista en la incipiente esfera pública cubana, encabezado por el grupo delmontino.[7] Al escribir su apología esclavista, la criolla había tenido la oportunidad de conocer a muchos de los integrantes de la terturlia de Domingo del Monte, había participado en sus reuniones y había leído sus textos en La Habana en 1840. El hecho de que su folleto apareciera publicado justo después de su regreso a Francia señalaba cuán importante había sido su experiencia en la isla para reafirmar su posición proesclavista. Mientras los delmontinos habían hecho de la esclavitud uno de los argumentos centrales de sus composiciones literarias y aspiraban a abolirla de una manera gradual, la condesa se colocaba en las antípodas del grupo y defendía la perpetuación del régimen.

La condesa de Merlin comenzaba su apología con uno de los debates más importantes del abolicionismo: los derechos naturales del hombre. Dicha doctrina, heredera de la Declaración Universal de los Derechos del Hombre y del Ciudadano (1789), defendía el derecho a la vida, a la libertad y a la propiedad como derechos universales del hombre sin importar su "raza" o condición social. Si bien la tradición abolicionista atlántica había utilizado los derechos naturales para abogar por el fin de la trata y de la esclavitud, los proesclavistas la convirtieron en el centro de su argumento a partir de una fuerte tensión con el derecho a la propiedad. Al comienzo de su folleto la condesa de Merlin señalaba: "Nada más justo que la abolición de la trata de negros; nada más injusto que la emancipación de los esclavos. Si la trata es un abuso insultante de la fuerza, un atentado contra el derecho natural, la emancipación sería una violación de la propiedad, de los derechos adquiridos y consagrados por las leyes" (2). La criolla reconocía que el tráfico de esclavos constituía una violación a los derechos fundamentales del individuo: el derecho a la libertad; pero al mismo tiempo aseguraba que la emancipación de los esclavos se convertiría en otra transgresión al no respetar el derecho natural del amo a la propiedad.

La condesa de Merlin se manifestaba en contra de la trata esclava y a favor de la esclavitud, y establecía una fuerte tensión entre dos derechos naturales: el derecho a la libertad y el derecho a la propiedad. Violar el derecho a la propiedad del amo constituía para la condesa una violación a los derechos naturales. De esa manera, colocaba en un mismo nivel ambos derechos y enfatizaba que el derecho a la propiedad del amo terminaba atenuando el derecho a la libertad del esclavo.

Su intervención habría que leerla entonces en el marco de la radicalización del debate sobre los derechos naturales en el discurso antiesclavista. La criolla terciaba en una fuerte polémica dentro de la esfera pública atlántica que, como estudia Rafael Rojas, había alcanzado su momento más intenso a partir de la Revolución haitiana en tanto la idea de la propiedad como derecho natural había sido reformulada como derecho civil: "Es ese momento en que la propiedad y, específicamente, la propiedad de esclavos, deja de ser un derecho natural y pasa a ser un derecho civil, limitable o embargable por el poder público, el que condensa la radicalidad de la revolución haitiana" ("La esclavitud liberal" 35). Como sostiene Rojas, Haití fue fundamental en la reconceptualización de los derechos naturales del hombre dentro del discurso abolicionista atlántico y "al defender una idea limitada de la propiedad, en tanto derecho civil o no natural, el jacobinismo negro se colocó más allá del liberalismo atlántico" (37).[8]

La condesa de Merlin se pronunciaba en contra de la radicalización del debate en las Antillas y relativizaba la importancia de los derechos naturales en las colonias españolas. La manera más efectiva de contrarrestar el protagonismo que la doctrina había cobrado en la esfera pública atlántica era erigir una larga genealogía dentro la tradición esclavista criolla basada en el reconocimiento de "derechos jurídicos" del esclavo. Los orígenes de esa tradición en Cuba se remontaban, en gran medida, a Francisco de Arango y Parreño (1765–1837), con su casi olvidado "Representación hecha a S. M. con motivo de la sublevación de esclavos en los dominios franceses en la isla de Santo Domingo" (1791). El folleto de Arango constituye, en palabras de Ada Ferrer, un texto fundacional dentro de la historia de la esclavitud en el Caribe hispano y puede ser leído como la genealogía de su más conocido "Discurso de la Agricultura" (1792) (139).[9] En esas páginas, escritas a raíz de la Revolución haitiana (1791–1804), quedaba fijado el programa económico que uniría la suerte de la isla a la del azúcar y la esclavitud. En el texto de Arango, Haití emergía como modelo. No era la retórica del miedo, esa gran narrativa que va a dominar incluso los estudios sobre esclavitud atlántica y caribeña en gran parte del siglo XX, la que se erigiría como el centro de su argumentación, sino por el contrario la idea de Haití como una colonia próspera y digna de imitar (Ferrer 139).

Arango sustentaba las razones por las cuales Cuba podía sumergirse de lleno en la importación de esclavos de África, sin que esto implicara repetir el destino de Haití. Para él, la causa de la Revolución haitiana se remontaba al impacto que la Revolución francesa había tenido en la colonia: los esclavos habían aspirado a la libertad civil por el ejemplo de sus amos (48). En ese sentido, aseguraba en primer lugar que la lealtad de la población libre en Cuba al rey hacía imposible una revolución como la haitiana y afirmaba: "La [primera] es estar animados todos los libres de Cuba, del mismo espíritu de subordinación y eterna y ciega obediencia á su soberano" (49). Según Arango, la fidelidad de la población libre de Cuba hacia el rey, sin distinciones entre blancos, mulatos y negros, garantizaba la esclavitud en la isla. De esa manera, el destino esclavista de Cuba dependía de la ratificación del pacto colonial entre la isla y España.

En segundo lugar, aducía que la benevolencia con que los esclavos eran tratados en Cuba impediría una sublevación. Distinguía, por tanto, la esclavitud ejercida en Cuba de la practicada en las colonias francesas en los siguientes términos: "Los franceses los han mirado como bestias y los españoles como hombres" (49). En palabras de Arango, los esclavistas peninsulares y criollos reconocían al esclavo como "sujeto" y "subjetividad" al incorporarlo al discurso jurídico. Como en ninguna otra de sus intervenciones, Arango defendía la idea de que la esclavitud en Cuba se diferenciaba de la practicada en Saint-Domingue por su naturaleza "benevolente" y "humanitaria." Para Arango, los africanos traídos a Cuba y sus descendientes eran considerados como "hombres" gracias a los derechos concedidos por las leyes españolas; entre esos derechos el criollo distinguía: "la vigilancia del magistrado para que fuesen bien tratados; la abolición del derecho de mutilar y matar; la facultad de quejarse del amo cruel ó que no los alimenta competentemente; la de mudar en tal caso á otro cualquiera, y el establecimiento de medios para llegar á ser libres" (49). Arango resaltaba entonces la felicidad de los esclavos cubanos y enarbolaba el mito de la esclavitud "patriarcal" donde el amo tenía un determinado número de responsabilidades y deberes para con los esclavos entre los que se encontraban la alimentación, la instrucción y los cuidados de salud.[10]

Entre los argumentos que la condesa de Merlin retomaba de Arango se destacaba la idea de que las colonias españolas era el único sitio, a diferencia del resto de las zonas esclavistas del mundo, antiguas y modernas, donde el esclavo tenía acceso a la ley y a la propiedad.[11] Al igual que su tío, la condesa utilizaba una perspectiva comparada para defender su proyecto esclavista. Si Arango recurría a la esclavitud griega y romana para pensar la violencia desatada en Haití, en el texto de la criolla Grecia, Roma y Saint-Domingue emergían unísonas en la medida que los códigos esclavistas franceses aparecían como herederos de la crueldad de las legislaciones griegas y romanas (49); la condesa de Merlin comenzaba cotejando al esclavo romano con el de las colonias españolas y terminaba defendiendo que la suerte de este último era superior a la del vasallo en la Edad Media en Europa (3), a la de los recién emancipados en las colonias inglesas y que incluso a la del trabajador asalariado en Europa (34–35, 48).[12] Mientras en las colonias inglesas los esclavos recién liberados adolecían de cualquier tipo de protección legal y habían sido condenados en palabras de la condesa de Merlin a "un estado de ociosidad y de vagancia mas desgraciado y mas inmoral que la servidumbre" (80), los esclavos en Cuba disfrutaban del marco jurídico proporcionado por la propia institución esclavista.

Estos "privilegios" terminaban a la postre minimizando la importancia del derecho natural en las colonias hispanas. Frente a este, la condesa de Merlin contraponía entonces el derecho jurídico. Gran parte de sus argumentos se trasladaban al terreno legal y tenía como fundamento los códigos y reglamentos de esclavos en las Antillas españolas:

> El esclavo romano no podía poseer nada; todo lo suyo pertenecía a su señor: en Cuba por la Real cédula de 1789 y, lo que es mas notable, por la costumbre anterior a esta disposición legal, todo lo que el esclavo gana o posee le pertenece. Su derecho a la propiedad es tan sagrado como el del hombre libre; y si un amo abusando de su autoridad tratase de privarle de sus bienes, el procurador fiscal exijiría la restitución. Pero a los esclavos de Cuba se les concede un derecho mas precioso, y que no existe en ningún otro código, el de la *Coartación*. (43, énfasis en el original)

En este pasaje, Merlin insinuaba que el derecho a la propiedad, el derecho a la ley y, sobre todo, el derecho a la coartación devolvía al esclavo su derecho natural a la libertad. Las causas del estado benefactor de los esclavos no se reducían a la Real cédula de 1789, sino a una práctica consuetudinaria de los criollos blancos. Las leyes contenidas en la legislación con el objetivo de "dulcificar" la suerte de los esclavos en las Antillas españolas no hacían más que incorporar legal y jurídicamente las prácticas y costumbres que habían acompañado a la institución esclavista en las colonias españolas desde sus inicios.

Otra de las maneras en que la condesa de Merlin cuestionó la importancia de los derechos naturales en las colonias españolas fue mediante la redefinición del concepto mismo de esclavitud en las Antillas. Para ello, utilizaba las nociones de patria y familia. Al respecto afirmaba: "La palabra esclavitud ó servidumbre no tiene aquí el mismo sentido que en los códigos romanos, en los cuales esta calificación es igual á la esclusión de todo derecho civil, en que el esclavo era un hombre *sin estado*, es decir, sin patria y sin familia" (40, énfasis en el original). El esclavo en las colonias antillanas aparecía redefinido no solo por su pertenencia a una familia, que en términos de la ideología esclavista contemplaba la familia del amo, sino además por su integración a una comunidad. Al utilizar el concepto de patria, la condesa de Merlin movilizaba un campo semántico erigido sobre la base de afectos territoriales con una larga tradición en el siglo XIX para reafirmar el sentido de pertenencia del criollo blanco a la tierra. Como señala Rojas, la noción de patria entendida en su dimensión telúrica se convirtió en un dispositivo simbólico fundamental en la constitución del sujeto moderno basado en el desplazamiento de la "alteridad" criolla a la "identidad" propiamente nacional (*Motivos de Anteo* 2). De esa manera, la condesa de Merlin apelaba a tópicos de la tradición letrada criolla como familia, suelo y tierra, fundamento del discurso nacionalista, para redefinir el lugar del esclavo dentro de la futura comunidad nacional.[13]

La criolla iniciaba su folleto resaltando el trasfondo legal con que se había comenzado el proyecto esclavista en la América española y terminaba abogando por la necesidad de mejorar los códigos y reglamentos jurídicos que "garantizaban" ciertos derechos legales a los esclavos: "Correjid vuestros códigos, hacédlos mas sabios, mas justos, mas humanos, y haciendo mejor la suerte de los negros de lo que sería con la emancipación, podreis absteneros de arruinar á vuestros colonos y de trastornar el mundo" (86). La respuesta no radicaba en el abolicionismo, ni en su reclamo por los derechos naturales del hombre, sino en el aparato jurídico que acompañaba la práctica esclavista y que permitía exaltar la "función social" de la esclavitud. Para la condesa, era por medio de la esclavitud que se prepararía el camino para la reconciliación de las "razas." Pero, sobre todo, sería posible convertir al esclavo en futuro ciudadano de las instituciones legales y jurídicas de la comunidad colonial.

Microhistorias sobre la esclavitud: Afectos, sentimientos y alianzas entre amos y esclavos

A mediados del siglo XIX, la condesa de Merlin utilizaba gran parte de los argumentos esgrimidos por Arango a finales del XVIII para perpetuar el régimen esclavista en las colonias españolas, desde la ratificación del pacto colonial hasta la noción de la esclavitud patriarcal. Sin embargo, algo ha cambiado definitivamente entre el folleto escrito por Arango en 1791 y el publicado por la condesa de Merlin en 1841. Si en el primero la defensa de la esclavitud se establecía con un fin eminentemente económico, en la segunda la apología esclavista pasaba a través de lo afectivo y lo moral. Hacia al final de *Los esclavos en las colonias españolas* (1841), justo cuando la condesa de Merlin terminaba de desplegar los argumentos proesclavistas más recurrentes dentro de la tradición colonial, reaparece en el folleto otro registro narrativo más cercano al dominio de lo oral y lo privado constituido por microhistorias de esclavos donde los afectos y los sentimientos se convierten en el eje central de la apología esclavista.[14] ¿Qué sucede entonces en las cinco décadas que median entre ambos folletos? ¿Cómo explicar el movimiento de una perspectiva centrada en lo económico a otra afianzada en lo afectivo?

La nueva orientación terminaba por apuntar la importancia que el abolicionismo y su pacto de sentido con la retórica sentimental había cobrado en la esfera pública atlántica. El abolicionismo apeló a argumentos basados en el orden afectivo como una de las estrategias más importantes para impulsar su agenda antiesclavista (Carey 1–17). De hecho, *The Theory of Moral Senti-*

ments (1759) de Adam Smith proveyó la base moral para el abolicionismo y se convirtió en una contribución indispensable para la causa antiesclavista (Davis, *Problem of Slavery* 433–435). Basada en la noción de *sympathetic association*, Smith seguía una lógica especular donde un espectador imaginario reconstruía el sufrimiento de otro desencadenando un proceso de reconocimiento y empatía entre ambos. El valor de "lo sentimental" radicaba en que hacía posible la identificación entre el espectador o lector y el doliente (Boltanski 35–45).

Alrededor del campo semántico de "lo sentimental" se organizaron y estructuraron otras zonas del pensamiento más allá de la filosofía y el abolicionismo: la literatura europea de la segunda mitad del XVIII, con especial énfasis la novela, hizo del culto al "sentimentalismo" la piedra angular de su retórica. Como apunta Janet Todd, la capacidad persuasiva de la literatura sentimental se erigió sobre la base de una fuerte relación entre arte y vida: "In all forms of sentimental literature, there is an assumption that life and literature are directly linked, not through any notion of a mimetic depiction of reality but through the belief that literary experience can intimately affect the living one. So literary conventions become a way of life" (4). Al igual que las ficciones sentimentales europeas, la literatura antiesclavista en general se inscribió dentro de esta lógica persuasiva y apeló a "lo sentimental" para conmover la opinión pública local e internacional. Los textos originados alrededor del círculo literario de Domingo del Monte, desde *Petrona y Rosalía* de Félix Tanco y Bosmeniel hasta la *Autobiografía de un esclavo* de Juan Francisco Manzano y *Francisco* de Anselmo Suárez y Romero, insistieron en articular posibles formas de identificación entre el esclavo y el lector sin llegar a suprimir la distancia entre ellos.

Entre las convenciones literarias que apelaban de una manera más fuerte al imaginario sentimental se encontraban la idea del noble salvaje, el arquetipo del esclavo dócil y feminizado, el esclavo como sujeto del sentimiento, el suicidio como única alternativa, los amantes separados por la esclavitud y el incesto (Midgley; Fischer; Williams, *Representation of Slavery*). Si las ficciones sentimentales europeas de la segunda mitad del siglo XVIII se distinguieron por una fuerte agenda didáctica y ejemplarizante mediante la cual se enseñaban a los lectores a cómo comportarse, reaccionar y responder frente a determinadas circunstancias (Todd 4–6), las antiesclavistas buscaban inspirar el horror a la esclavitud y abolirla gradualmente. En ese sentido, implicaban una pedagogía cívica.

Entre las ficciones antiesclavistas que con mayor insistencia se constituyeron alrededor del abolicionismo y la retórica sentimental se encuentra *Sab* de Gertrudis Gómez de Avellaneda, publicada el mismo año que el folleto de la condesa de Merlin. Hacia el final de la novela, su protagonista, mulato y esclavo, confiesa en su carta-testamento la importancia que la lectura ha ejercido en su pasión por Carlota. Su amor ha sido resultado de numerosas lecturas de romances en los cuales el protagonista negro aspira al amor de una dama blanca:

> Cuando en mi primeros años de juventud Carlota leía en alta voz delante de mí los romances, novelas e historias que más le agradaban, yo la escuchaba sin respirar, y una multitud de ideas se despertaban en mí, y un mundo nuevo se desenvolvía delante de mis ojos [. . .] ¡Cuántas veces las novelas que leía Carlota referían el insensato amor que un vasallo concebía por su soberana, o un hombre oscuro por alguna ilustre o orgullosa señora! . . . Entonces escuchaba yo con una violenta palpitación, y mis ojos devoraban el libro [. . .] Un día Carlota leyó un drama en el cual encontré por fin a una noble doncella que amaba a un africano, y me sentí transportado de placer y orgullo. (266–67)

Sab ama a Carlota porque ha leído novelas donde los protagonistas negros se enamoran de doncellas blancas. Su modelo no proviene del mundo real, sino de la ficción. Es en el universo de la novela donde Sab encuentra los arquetipos para dar rienda suelta a su pasión por Carlota. En ese sentido, Avellaneda proponía una epistemología de la ficción donde la novela deja de pensarse como mímesis, para convertirse en un modo de operar en lo real. La ficción, lejos de reproducir, postula y configura subjetividades y patrones de comportamientos en el lector (Piglia 11–17). Así como Sab se identificaba con los personajes que leía, Avellaneda aspiraba a que su novela antiesclavista recreara un efecto de empatía entre el esclavo y el lector con el objetivo de promover el proyecto abolicionista.

Al recurrir a la retórica sentimental, la condesa de Merlin utilizaba uno de los argumentos más contundentes de las tradiciones abolicionistas y reformistas del mundo atlántico y caribeño: articulaba su defensa de la esclavitud desde la propia retórica antiesclavista y apostaba por el valor afectivo que las microhistorias de esclavos tendrían en su audiencia. En la medida que estos pasajes provenían de su propio ámbito familiar, la condesa de Merlin se colocaba como mediadora entre el mundo esclavista eminentemente criollo y el dominio público internacional. La cercanía con las fuentes y el registro oral que predominaba en estas partes del folleto establecía un contrato de lectura con la audiencia afincada en el estatuto de "veracidad." Al defender la institución esclavista desde la "experiencia" y "voz" del esclavo, los pasajes postulaban una relación directa con la "verdad" y circulaban dentro del folleto como especies de testimonios. Además el uso de historias provenientes de su entorno familiar constituía la forma más efectiva de autorizar su intervención en asuntos públicos y políticos en una época en que la mujer estaba relegada al terreno doméstico y privado de la casa.

Cada una de las microhistorias recogidas dentro del folleto está construida alrededor de la idea de ratificar el pacto entre el amo y el esclavo, una alianza basada no en el orden de la subyugación, sino en la solidaridad, la moral y la familia. Las historias en general piensan la esclavitud como una institución patriarcal, marcada por una relación afectiva y sentimental entre el esclavo y el amo. Se organizan alrededor de la idea de que es el propio esclavo quien perpetúa el orden esclavista. Frente a la concepción esclavista dominante de que el esclavo era solo cuerpo y propiedad, estas microhistorias ponían en escena una retórica subjetivadora del esclavo. En ese sentido, constituían momentos cruciales donde el esclavo entraba a la historia del relato como sujeto o protagonista del discurso. Si en la *Fenomenología del espíritu* (1807) de G. F. W. Hegel, la relación entre el siervo y el señor aparecía atravesada por la capacidad productiva del primero, quien terminaba por convertir al amo en un sujeto totalmente dependiente de él; en la condesa de Merlin, en cambio, la relación entre ambos pasaba a través de la subordinación afectiva del esclavo hacia el amo. Al igual que el personaje de Sab, en la ya mencionada novela antiesclavista, los protagonistas en las microhistorias de la condesa de Merlin dejan de ser esclavos civiles y legales para afirmarse como esclavos del afecto y del sentimiento.

En la primera de las microhistorias en que me interesa detenerme, el sujeto de la narración está constituido por una ex-esclava, convertida en enfermera, quien a pesar de su condición de libre ha preferido seguir sirviendo a su antiguo amo. Como lo indica la condesa de Merlin el suceso le fue referido por su propio hermano:

> En la época en que reinaba aquí el cólera, una vieja enfermera asistia los negros de mi hermano: ella había sido su esclava, y aunque se había libertado hacia años, continuaba sirviéndole. Atacada de la epidemia llamó á mi hermano y le dijo: "mi amo yo me voy a morir: estas diez y ocho onzas son para *su mercé*, esta moneda para mis camaradas: este buen viejo, mi marido, se va a morir tambien, si *su mercé* quiere puede darle una onza para ayudarle a pasar su vida." La pobre vieja no murió, pero escapó milagrosamente. (77)

Al saberse contagiada de cólera y al borde la muerte, la vieja enfermera realiza una especie de testamento verbal en el cual cede su pequeña fortuna al que fuera su antiguo amo. Frente a la posibilidad de designar a su marido o a sus amistades como herederos, la ex-esclava elige a su amo. En ese sentido, no solo niega a su compañero la posibilidad de convertirse en legítimo heredero, sino que reconoce al amo como representante legal y como su verdadera familia. El hecho de que la condesa de Merlin interpole una microhistoria sobre una ex-esclava plantea importantes consideraciones para aquellos que defendían la abolición y los derechos naturales de los esclavos. A pesar de su libertad, la ahora enfermera sigue atrapada en la lógica de la esclavitud y, por tanto, apela al imaginario de que la condición "natural" de las poblaciones negras era la servidumbre. La resolución de perpetuar su condición servil se traduce a nivel lingüístico en el uso de los apelativos "amo" y "su mercé." Por tanto, la idea de que la fortuna de la ex-esclava forma parte de la propiedad del amo concentra un problema mayor: el propio ex-esclavo actúa como propiedad del amo.

Veamos la segunda micro-historia:

Citaré otro hecho para que se vea la elevación y la delicadeza de alma de un esclavo. El conde Jibacoa tenía un negro, el cual, queriendo libertarse, preguntó á su amo cuanto quería por él. El conde le respondió: Nada, ya eres libre. "El negro calló, miró á su señor, derramó lágrimas y partió." A las pocas horas volvió trayendo un hermano bozal, que había comprado con el dinero que destinaba para su libertad, y dijo al conde: "Mi amo, su mercé tenia ántes un esclavo, ahora tiene dos." (77)

En este caso se trata de un esclavo del conde de Jibacoa, también pariente de la condesa de Merlin, a quien su amo le otorga la libertad sin pedir ningún tipo de retribución a cambio. Conmovido por la bondad de su amo, el esclavo se niega a aceptar su nueva condición civil y como recompensa destina el dinero que había reservado para su coartación a comprar otro esclavo. Regresa no solo reafirmando su lugar de esclavo sino además trayendo un nuevo súbdito: un esclavo bozal. El propio esclavo multiplica la dotación del amo.

La tercera historia tiene como protagonista al esclavo Antonio, un afamado cocinero de la familia Casa-Calvo, quien en medio de una tensa disputa entre el Capitán General, máxima autoridad española en la isla, y sus amos, pertenecientes a la nobleza habanera, termina por posicionarse a favor de esta y en contra de su propia libertad. Frente a la posibilidad de servir como hombre libre al capitán general de la isla, causante del destierro y la muerte de su antiguo propietario, el cocinero Antonio escoge continuar bajo la servidumbre de sus amos criollos. La lealtad moral a estos es presentada como más importante que la propia libertad:

Los negros se identifican con los intereses de sus dueños y toman parte en sus querellas: el jeneral Tacon, antiguo gobernador de la Habana, que ha hecho algunas cosas buenas en esta colonia, pero cuyo carácter duro é inflexible ha excitado tantos resentimientos, se complacía en humillar á la nobleza con actos de despotismo: había perseguido al marques de Casa-Calvo, que á, fuerza de sufrimiento, acabó por morir desterrado. Algún tiempo después el jeneral Tacon daba una gran comida, buscáronse muchos cocineros pero el mejor de la ciudad era el negro Antonio, perteneciente á la marquesa de Arcos; hija del desgraciado Casa-Calvo. El gobernador, deslumbrado por el prestijio de su alta posición, creyó que nada podía resistírsele: lo pidió á su señora, la cual, como era de esperar, se lo negó. Picado el capitán jeneral, hiso ofrecer al negro no solamente la libertad, sino una cuantiosa gratificación, si dejaba á sus señores para ir á servirle; pero el negro respondió: "Digan al gobernador que prefiero la esclavitud y la pobreza con mis amos á las riquezas y á la libertad con él." (78)

Mientras en el primer pasaje la ex-clava enfermera se niega a constituirse en sujeto libre al permanecer junto a su amo, en los otros dos pasajes los esclavos renuncian a la posibilidad de ser liberados. La libertad supondría para ellos dejar de reconocer la existencia del amo y por tanto su propia subjetividad. Niegan su derecho natural a la libertad. Los tres pasajes intervienen en importantes debates a favor de la esclavitud. En el primero de ellos, la ex-esclava anula su derecho a la propiedad al designar a su amo como heredero de sus bienes sin tener en cuenta a sus familiares más cercanos. El segundo pasaje, por el contrario, ratifica la esclavitud como una institución encargada de cristianizar y civilizar al esclavo. Al comprar un esclavo bozal, término con el que se designaba a los esclavos recién traídos de África y que por tanto desconocían la lengua y la cultura, el esclavo termina por reafirmar el imaginario civilizatorio que la ideología esclavista propugnaba como causa fundamental de su práctica. El tercero, por su parte, es mucho más sutil al abordar el lugar del esclavo y, por extensión de la población negra y mulata, en las tensas relaciones entre los peninsulares y las elites criollas. Al permanecer junto a sus amos, el cocinero Antonio no solo reiteraba el orden esclavista, sino que además se posesionaba al lado de las clases criollas blancas frente a la máxima autoridad peninsular en la isla.

El pacto alcanzaba, en la tercera microhistoria, un simbolismo político importante. Si la lealtad del esclavo estaba basada en el orden filial, esta remitía al mismo tiempo a un conjunto de afectos territoriales: el sentido de pertenencia a la tierra venía a sellar el pacto entre los criollos blancos y los negros. A lo largo de las tres microhistorias, la condensa de Merlin no solo traducía el tropo del "esclavo dócil" de las novelas antiesclavistas por el del "vasallo fiel," sino que se reapropiaba del valor político, social y afectivo cifrado alrededor del campo semántico de la "lealtad" y la "fidelidad." Como ha documentado David Santorious, el concepto de *loyal subjectivity* se convirtió en un modo de expresión política importante a lo largo del siglo XIX en Cuba y permitió, entre otras cuestiones, afianzar los vínculos entre el amo y el esclavo y entre la colonia y la metrópoli (52–93).

Una de las estrategias más importantes utilizadas por la condesa de Merlin consistió en la incorporación de la figura del mayoral a la narración. Frente al amo, el mayoral venía a encarnar la violencia intrínseca de la esclavitud. La última microhistoria que me interesa discutir se convierte en una instancia paradigmática para pensar las relaciones entre los esclavos, el mayoral y el amo. En este pasaje, los esclavos de nación, otro término utilizado para designar a los recién llegados de África, se sublevan en el ingenio y ajustician al mayoral pero no se atreven a atentar contra la vida y la autoridad del amo Don Rafael. Los esclavos de nación son los responsables del levantamiento y de la ejecución del mayoral mientras los esclavos criollos terminan por proteger al ama embarazada, Pepilla, y a sus cuatro hijos al cerrar las puertas de la casa y mandar a avisar al amo quien había salido a trabajar a uno de sus ingenios vecinos. Al regresar este, los sublevados acatan obedientemente sus órdenes y se da por terminada la revuelta (69–72). Esta microhistoria tenía como objetivo demostrar el poder moral que ejercía el amo sobre el esclavo en la Cuba colonial; pero, iba más allá al distinguir la actuación del esclavo frente al amo y al mayoral. Al convertir a este último en el centro de la venganza, la condesa de Merlin proponía que la sublevación no estaba encaminada a desestabilizar el orden esclavista, sino contra su figuración más cruel: el mayoral (68).

Así como la microhistoria distingue entre las figuras del amo y el mayoral, también diferencia entre los esclavos criollos y los esclavos de nación. El contraste era fundamental en la medida que la condesa de Merlin favorecía la eliminación de la trata, pero abogaba por la conservación de la esclavitud. Mientras la primera constituía un peligro por la inminente africanización de la isla con esclavos que desconocían la lengua, las costumbres y la cultura; la segunda era totalmente tolerable pues el esclavo criollo se convertía en el mejor aliado del amo. Pero el pasaje no concluía ahí, sino que explotaba hasta sus últimas consecuencias la lealtad del esclavo criollo para con sus amos. Al enterarse el hermano de Pepilla, marqués de Cárdenas, de que su hermana corría peligro, este se apresura a socorrerla acompañado por uno solo de sus esclavos quien al final le salva la vida muriendo a mano de los otros esclavos (72–73). La historia, referida a la condesa de Merlin por boca de su propio primo y protagonista: don Rafael, termina entonces reconociendo al esclavo José como un héroe, capaz de inmolarse por su amo. En ese sentido, las microhistorias de esclavos materializaban el pacto esclavista a través del lenguaje de los afectos y, al mismo tiempo, realzaban el estatuto moral de los esclavos confiriéndoles cierta credibilidad en el espacio social.

La alianza entre el amo y el esclavo fue utilizada también como un dispositivo simbólico fundamental dentro de las tradiciones reformistas y abolicionistas caribeñas a lo largo del siglo XIX. De esa manera, la retórica proesclavista volvía a entrecruzarse con el lenguaje antiesclavista de la centuria. Si para la condesa de Merlin la perpetuación de la esclavitud dependía del valor sentimental que podía generar el pacto entre el siervo y el señor en un escenario caracterizado cada vez más por el creciente abolicionismo; para las tradiciones reformistas y abolicionistas, representadas por Domingo del Monte, Cirilo Villaverde, Segundo Ruiz Belvis, José Julián Acosta y Francisco Mariano Quiñones, la alianza era imprescindible para garantizar el orden y la estabilidad en la futura sociedad post-esclavista.

La literatura antiesclavista caribeña desde su variante ficcional hasta la de índole propiamente propagandística se encargó de consolidar el pacto simbólico entre el amo y el esclavo. Los capítulos 6 y 7 de la tercera parte de *Cecilia Valdés* (1882) de Cirilo Villaverde, escritos en las postrimerías de la institución esclavista, estaban encaminados a sellar esa especie de alianza para el éxito de sociedad post-esclavista. En el capítulo 6, los esclavos cimarrones, prófugos, no por los maltratos de los amos, sino por los castigos y humillaciones del mayoral, deciden regresar al ingenio una que vez Doña Rosa se encuentra en el mismo y les ha concedido el perdón. Ante el retorno de Doña Rosa, los esclavos apuestan por abandonar la libertad del cimarronaje para reafirmar su pacto afectivo con el ama. En este caso, la lealtad pasaba a través del ama criolla, legítima heredera, y no de su esposo Don Cándido, peninsular y traficante de esclavos. En el capítulo 7, Pedro Carabalí se suicida tragándose la lengua ante la sospecha tramada por el mayoral. No es el horror al castigo infligido por este último lo que lleva a Pedro a provocar su propia muerte; sino la injuria de saberse traicionado por Don Cándido, su amo, quien supuestamente se ha negado a visitarlo y lo ha castigado a pesar del perdón de Doña Rosa. Como en las microhistorias de la condesa de Merlin, la reivindicación del amo pasaba a través de la culpabilidad del mayoral quien terminaba encarnando los males del régimen esclavista. El futuro post-esclavista dependía en gran medida de la narrativa de reconciliación entre amos y esclavos.[15]

Siguiendo esta misma lógica, el *Proyecto para la abolición de la esclavitud en Puerto Rico* (1867), de Ruiz, Acosta y Quiñones, apelaba al olvido como uno de los fundamentos que ayudaría a eliminar el posible odio de los esclavos hacia sus amos (70). Si el olvido constituía uno de los fundamentos de la nación moderna en la medida que cancelaba la violencia que atentaba contra la unidad nacional (Renan 3), para los abolicionistas caribeños se convertía en el cimiento de la sociedad post-esclavista. De esa manera, la alianza simbólica entre amos y esclavos definió gran parte de las tradiciones abolicionistas y proesclavistas.

Al cruzarse con la literatura abolicionista del siglo XIX, las microhistorias recogidas por la condesa de Merlin terminaban interviniendo en el debate sobre la constitución jurídica y subjetiva del esclavo. Como propuso Julio Ramos, las novelas antiesclavistas pueden ser leídas como "ficciones de derechos" en la medida que funcionaban como una especie de espacio virtual donde se discutía el estatuto legal del esclavo. En ese sentido, las ficciones antiesclavistas fueron centrales en la configuración de los presupuestos normativos del discurso legal y de la propia institución jurídica (46).[16] Si en palabras de la condesa de Merlin las microhistorias tenían como objetivo enfatizar "la elevación y delicadeza del alma del esclavo" (77) y mostrar la "identificación que se terminaba produciendo entre amos y esclavos" (78) para perpetuar la servidumbre, el proceso de subjetivación implícito en los relatos redefinía los límites del concepto de esclavitud y esclavo.

Epílogo

En 1886, casi medio siglo después de publicación de *Los esclavos en las colonias españolas* y gracias al impacto de la Guerra de Secesión norteamericana, de la Guerra de los Diez Años en Cuba, de las rebeliones y revoluciones de los esclavos y de las propias reestructuraciones políticas llevadas a cabo por la Metrópoli, la esclavitud llegaría a su fin. En el transcurso de esas casi cinco décadas, criollos y españoles continuarían publicando panfletos a favor de la esclavitud. Los peninsulares Mariano Torrente y José Ferrer de Couto, por ejemplo, haciéndose eco del racismo más virulento, no dudarían en defender la esclavitud no tan solo desde el punto de vista económico y político, sino también desde el plano humanitario y moral (Naranjo Orovio 159). Como ha señalado Camillia Cowling, los defensores de la esclavitud continuaron apelando a lo largo del siglo XIX a algunos de los argumentos del abolicionismo, sobre todo a aquellos centrados en la idea de la maternidad de las esclavas y la separación entre madre e hijos, con el propósito de desacreditar la propaganda antiesclavista más radical (101–103). A medida que el abolicionismo alcanzaba mayor importancia en la esfera pública internacional del siglo XIX, los proesclavistas se vieron en la necesidad de entablar un diálogo con su tropología y retórica.

Así como la literatura abolicionista reproducía gran parte de los estereotipos del racismo científico y siendo antiesclavista continuaba siendo racista; la propaganda proesclavista se nutría también de algunos puntos fuertes de la retórica abolicionista basados en la filantropía, el humanismo y moral. Las microhistorias recopiladas por la condesa de Merlin no solo demostraban las diferentes estrategias en boga para combatir el ascenso del abolicionismo, desde el racismo más corrosivo hasta la sentimentalidad y los afectos, sino que hacían visible una zona mancomunada entre la retórica abolicionista y la proesclavista. Al reapropiarse de la retórica sentimental, las microhistorias se colocaban sorprendentemente junto a las ficciones antiesclavistas del siglo XIX.

NOTAS

Mi más sincero agradecimiento para Rachel Price, Francine Masiello, Agnes Lugo-Ortiz, Ana Sabau y Víctor Goldgel, quienes leyeron, en ese orden, versiones anteriores del artículo y me ofrecieron invaluables comentarios. Gracias también a los evaluadores anónimos que con sus sugerencias me ayudaron a mejorar el trabajo.

1. Nacida en Cuba en 1789, la condesa de Merlin se trasladó a Madrid en 1801 para reunificarse con su familia. Años después se mudó a Francia donde radicaría el resto de su vida. En 1840 regresó a Cuba por algunos meses. Como resultado del viaje escribió *Los esclavos en las colonias españolas* y *Viaje a La Habana*. Es autora, entre otros títulos, de *Mis doce primeros años* y *Memorias y recuerdos de la señora Condesa de Merlin*. Escribió todos sus textos en francés. Sobre su producción y sobre el problema de cómo pertenecer a una tradición nacional escribiendo en una lengua extranjera, recomiendo el excelente monográfico de Adriana Méndez Rodena: *Gender and Nationalism in Colonial Cuba*. Ver además *At Face Value* de Sylvia Molloy, capítulo 4.

2. Su apología esclavista circuló en Francia, España y Cuba. Acerca de las diferencias entre las versiones en francés y español, recomiendo el ya mencionado texto de Méndez Rodena.

3. Una zona de la historiografía y la crítica cultural y literaria ha tendido a simplificar las relaciones entre el boom azucarero cubano y la Revolución haitiana (1791–1804) al pensar el primero solo como una consecuencia directa de la insurrección esclava en Saint-Domingue. Si bien la

Revolución haitiana aceleró la institucionalización de la plantación en Cuba, habría que enfatizar que las elites criollas ya habían comenzado a dar los pasos necesarios para consolidar el régimen esclavista en la isla antes de 1791.

4. Para ampliar sobre el lugar de la mujer en la consolidación del movimiento abolicionista español con especial énfasis en Brewster de Vizcarrondo, Coronado, Sáez de Melgar y otra poetas románticas, recomiendo "Un espacio social propio" de Carmen de la Guardia. Ver además *Empire and Antislavery* de Schmidt-Nowara; sobre Coronado, "Poetic Diplomacy" de Lisa Surwillo y sobre Sáez de Melgar, "Violets and Abolition" de Partzsch.

5. Ada Ferrer en "Cuban Slavery and Atlantic Antislavery" estudia cómo la institucionalización de la esclavitud en Cuba se suscita en medio de dos pilares antiesclavistas fundamentales: el abolicionismo inglés y la revolución haitiana. La especificidad de la esclavitud cubana vendría dada por el hecho de que se intensifica en un período eminentemente abolicionista. Ferrer enfatiza además que es problemático pensar la historia de la esclavitud americana a partir de una narrativa teleológica afincada en los criterios de esplendor y declive ya que el fenómeno no ocurrió de manera uniforme.

6. Sobre la configuración de una esfera pública en España y las Antillas españolas alrededor del tema de la esclavitud, ver *Empire and Antislavery* de Christopher Schmidt-Nowara y "Un espacio social propio" de Guardia.

7. Schmidt-Nowara lee *An Account of the Present State of the Island of Puerto Rico* (1834) del irlandés George Dawson Flinter como parte de esa campaña (*Continental Origins of Insular Proslavery*). Además se podrían incluir los folletos del peninsular Mariano Torrente, *Cuestión importante sobre la esclavitud* (1841) y *Memoria sobre la esclavitud en la isla de Cuba* (1853).

8. Rojas distingue además las maneras en que la disputa sobre los derechos naturales se manifestó en el Caribe con relación al resto de la América continental. Mientras en las repúblicas latinoamericanas la discusión pasó a través del conflicto Estado-Iglesia, en el Caribe se articuló en torno a la trata y la esclavitud (30).

9. Benítez Rojo afirmaba que la jerarquía concedida al "Discurso sobre la agricultura" (1792) de Arango y Parreño, leído como un texto fundacional para la Cuba azucarera y esclavista, emanaba más que todo del momento crucial en que había sido redactado a raíz de la sublevación de los esclavos en la parte francesa de Santo Domingo (Azúcar/ Poder/ Texto 94).

10. Esta concepción esclavista está basada en gran medida en la tradición de *Las siete partidas* de Alfonso X. En ese tratado de orden jurídico, que predominó en América Latina hasta el siglo XIX, al esclavo se le garantizaba algunos derechos de propiedad y seguridad física.

11. Para un análisis de cómo el folleto de la condesa dialoga con otros textos claves del archivo criollo, incluyendo los del pro esclavista criollo Juan Bernardo O' Gaban, véase el ya mencionado estudio de Méndez Rodena

12. En su defensa de la esclavitud, la condesa de Merlin no se limitaba al sector de la población reducida a la servidumbre, sino que también analizaba los "privilegios ciudadanos" que disfrutaban los mulatos y negros libres. La condesa llegaba incluso a reconocer las dinámicas del mulataje y mestizaje como la mejor evidencia de la tolerancia racial en la isla (39).

13. Para una contralectura de esta importante tradición, desde el mundo de la esclavitud, ver "Enemigo suelo" de Rachel Price.

14. Méndez Rodena enmarca los orígenes de esta doble tensión en la dependencia de materiales localizados en diferentes posiciones del espectro político-esclavista: desde el conservador y esclavista O'Gavan pasando por el reformista Saco hasta llegar al abolicionista Turnbull (144, 146).

15. La película *La última cena* de Tomás Gutiérrez Alea insistía en esta misma lógica al presentar cómo los esclavos deciden acabar la sublevación una vez que el amo ha regresado al ingenio.

16. El trabajo de Ramos está en diálogo con el de Robert M. Cover para quien la creación del aparato jurídico se suscitaba en un medio esencialmente cultural y sería anterior a la institucio-

nalización del derecho. Es decir, la literatura, en particular la narrativa, se encargaría de discutir ciertas zonas del saber jurídico que en ese momento serían impensables en la institución formal de la ley.

BIBLIOGRAFÍA

Arango y Parreño, Francisco. "Representación hecha a S. M. con motivo de la sublevación de esclavos en los dominios franceses en la isla de Santo Domingo." *Obras*. 2 vols. La Habana: Howsson y Heine, 1888. Vol. 1.

Benítez Rojo, Antonio. "Azúcar/ Poder / Texto/." *Encuentro* 37–38 (2005): 94–109.

———. *La isla que se repite: El Caribe y la perspectiva posmoderna*. Hanover, NH: Ediciones del Norte, 1989.

Bivar Marquese, Rafael de, y Tâmis Peixoto Parron. "Internacional escravista: A política da Segunda Escravidão." *Topoi* 12.23 (2011): 97–117.

Boltanski, Luc. *Distant Suffering: Morality, Media and Politics*. Nueva York: Cambridge UP, 1999.

Carey, Brycchan. *British Abolitionism and the Rhetoric of Sensibility: Writing, Sentiment, and Slavery*, 1760–1807. Nueva York: Palgrave Macmillan, 2005.

Cover, Robert M. "The Supreme Court, 1982 Term; Foreword: Nomos and Narrative." *Harvard Law Review* 9.4 (1983): 4–68.

Cowling, Camillia. *Conceiving Freedom: Women of Color, Gender, and Abolition of Slavery in Havana and Rio de Janeiro*. Chapel Hill: U of North Carolina P, 2013.

Davis, David Brion. *The Problem of Slavery in the Western Culture*. NY: Oxford UP, 1988.

———. *The Problem of Slavery in the Age of Revolution, 1770–1823*. Nueva York: Oxford UP, 1999.

Ferguson, Moira. *Subject to Others: British Women Writers and Colonial Slavery, 1670–1834*. Nueva York: Routledge, 1992.

Ferrer, Ada. "Cuban Slavery and Atlantic Antislavery." *Slavery and Antislavery in Spain's Atlantic Empire*. Eds. Josep M. Fradera y Christopher Schmidt-Nowara. Nueva York: Berghahn Books, 2013. 134–57.

Fischer, Sibylle. *Modernity Disavowed: Haiti and the Cultures of Slavery in the Age of Revolution*. Durham, NC: Duke UP, 2004.

Fradera, Josep M., y Christopher Schmidt-Nowara, eds. *Slavery and Antislavery in Spain's Atlantic Empire*. Nueva York: Berghahn Books, 2013.

Gómez de Avellaneda, Gertrudis. *Sab*. Madrid: Cátedra, 2005.

Guardia, Carmen de la. "Un espacio social propio: El movimiento abolicionista español y las reformadoras románticas." *Mujeres esclavas y abolicionistas en la España de los siglos XVI al XIX*. Madrid: Iberoamericana; Frankfurt: Vervuert, 2014. 213–34.

Hegel, G. F. W. *Fenomenología del espíritu*. México, DF: Fondo de Cultura Económica, 1966.

Guerra, Ramiro. *Azúcar y población en las Antillas*. La Habana: Ciencias Sociales, 1970.

Manzano, Juan Francisco. *Autobiografía del esclavo poeta y otros escritos*. Madrid: Iberoamericana, 2007.

Méndez Rodena, Adriana. *Gender and Nationalism in Colonial Cuba: The Travels of Santa Cruz y Montalvo, Condesa de Merlin*. Nashville, TN: Vanderbilt UP, 1998.

Midgley, Clare. *Women against Slavery: The British Campaigns, 1780–1870*. Nueva York: Routledge, 1992.

Molloy, Sylvia. *At Face Value: Autobiographical Writing in Spanish America*. Nueva York: Cambridge UP, 1991.

Moreno Fraginals, Manuel. *El ingenio: Complejo económico social cubano del azúcar*. Barcelona: Crítica, 2001.

Naranjo Orovio, Consuelo. "La amenaza haitiana, un miedo interesado: Poder y fomento de la población blanca en Cuba." *El rumor de Haiti en Cuba: Temor, raza y rebeldía, 1789–1844*. María Dolores González-Ripoll et al. Madrid: CSIC, 2004. 83–177.

Partzsch, Henriette. "Violets and Abolition: The Discourse on Slavery in Faustina Sáez de Melgar's Magazine *La Violeta* (Madrid, 1862–66)." *Bulletin of Spanish Studies* 89.6 (2012): 859–75.

Piglia, Ricardo. *El último lector*. Barcelona: Anagrama, 2005.

Price, Rachel. "*Enemigo suelo*: Manzano Rewrites Cuban Romanticism." *Revista Canadiense de Estudios Hispánicos* 38.3 (2014): 529–54.

Ramos, Julio. *Paradojas de la letra*. Caracas: Excultura, 1996.

Renan, Ernest. *Qu'est-ce qu'une nation? What is a nation?* Toronto, ON: Tapir, 1996.

Rojas, Rafael. *Motivos de Anteo: Patria y nación en la historia intelectual de Cuba*. Madrid: Colibrí, 2008.

———. "La esclavitud liberal: Liberalismo y abolicionismo en el Caribe hispano." *Secuencia: Revista de historia y ciencias sociales* 86 (2013): 27–52.

Ruiz Belvis, Segundo, José Julián Acosta y Francisco Mariano Quiñones. *Proyecto para la abolición de la esclavitud en Puerto Rico*. Barcelona: M. Pareja, 1969.

Santa Cruz y Montalvo, María de las Mercedes de. *Los esclavos en las colonias españolas*. Madrid: Alegría y Charlain, 1841.

———. *Memorias y recuerdos de la señora Condesa de Merlin*. La Habana: A. M. Dávila, 1853.

———. *Viaje a La Habana*. La Habana: Arte y Literatura, 1974.

———. *Mis doce primeros años*. Barcelona: Linkgua, 2010.

Smith, Adam. *The Theory of Moral Sentiments*. Cambridge: Cambridge UP, 2002.

Schmidt-Nowara, Christopher. *Empire and Antislavery: Spain, Cuba, and Puerto Rico, 1833–1874*. Pittsburgh: U of Pittsburgh P, 1999.

———. "Continental Origins of Insular Proslavery: George Dawson Flinter in Curaçao, Venezuela, Britain, and Puerto Rico, 1810s–1830s." *Almanack* 8 (2014): 55–67.

———. Introduction. *Slavery and Antislavery in Spain's Atlantic Empire*. Eds. Josep M. Fradera and Christopher Schmidt-Nowara. Nueva York: Berghahn Books, 2013. 1–12.

Stowe, Harriet Beecher. *Uncle Tom's Cabin; or, Life among the Lowly*. Boston: John P. Jewett & Company; Cleveland: Jewett, Proctor & Worthington, 1852.

Suárez y Romero, Anselmo. *Francisco: El ingenio o las delicias del campo*. Sevilla: Doble J, 2007.

Surwillo, Lisa. "Poetic Diplomacy. Carolina Coronado and American Civil War." *Comparative American Studies* 5.4 (2007): 409–22.

Tanco y Bosmeniel, Félix. *Petrona y Rosalia*. Habana: Letras Cubanas, 1980.

Thompson, Edgar Tristram. *The Plantation*. Eds. Sidney W. Mintz and George Baca. Columbia, SC: U of South Carolina P, 2010.

Todd, Janet. *Sensibility: An Introduction*. Nueva York: Methuen, 1986.

Tomich, Dale W. *Through the Prism of Slavery: Labor, Capital, and World Economy*. Lanham, MD: Rowman & Littlefield, 2004.

Villaverde, Cirilo. *Cecilia Valdés o La Loma del Ángel: Novela de costumbres cubanas*. Madrid: Cátedra, 2008.

Williams, Eric. *Capitalism & Slavery*. Chapel Hill: U of North Carolina P, 1944.

Williams, Lorna. *The Representation of Slavery in Cuban Fictions*. Columbia: U of Missouri P, 1994.

DOSSIER 2: NEW APPROACHES TO THE HISTORY OF HEALTH, MEDICINE, AND DISEASE IN CUBA

MARIOLA ESPINOSA

New Directions in the History of Cuban Medicine and Public Health: Introduction to the Dossier

ABSTRACT

The three articles on the history of medicine and public health in early twentieth-century Cuba presented in this issue constitute a long-overdue reorientation of the history of medicine in Cuba, one that looks beyond medical institutions and the lives of great doctors to understand the interrelationship of science, medicine, and the social context in which knowledge was accumulated and was applied. This is an important accomplishment. The next challenge, this introductory essay contends, will be not only to bring the insights of the social history of medicine to Cuba but also to bring Cuba into the global history of medicine.

RESUMEN

Los tres artículos sobre la historia de medicina y salud pública al principio del siglo XX en Cuba presentados en este volumen forman parte de una reorientación de la historia de medicina en Cuba que debió haber ocurrido antes: una historia que se enfoca más allá de las instituciones de salud y las vidas de los grandes médicos para entender la interrelación entre la ciencia, la medicina y el contexto social en el cual el conocimiento científico crece y se aplica. Esto es un logro importante en la historiografía. Esta introducción sostiene que el próximo reto es, no sólo ofrecer las revelaciones de la historia social de la medicina a los estudios sobre Cuba, sino también evaluar el rol de Cuba en la historia global de la medicina.

When John Gutiérrez approached me to be the discussant for the panel "Race, Health, and Disease in Republican Cuba" at the Cuban Research Institute's Tenth Conference on Cuban and Cuban-American Studies, I was thrilled. We had met and talked early on in our academic careers as we were both venturing into what seemed unchartered territories of Cuban history: a new history of yellow fever on the island in my case, and a history of tuberculosis during the early republic in his. Almost a decade later, the conversation about the history of early twentieth-century Cuban health care has gained more members: Jennifer Lambe, whose work on the history of mental illness and mental health care appeared in the previous issue of *Cuban Studies*; Daniel Rodríguez, who examines the history of health, medicine, and welfare in Cuba; and Kelly Urban, who has been working on the history of tuberculosis and national sanatoria-building projects on the island. There is no doubt that the essays in this issue represent a thriving field of inquiry in the scholarship of Cuban history of the first half of the twentieth century, and one might conclude that the history of medicine is a new and innovative field in Cuban history.

However, this is not really a new topic of research. There is a long-established literature of the history of Cuban medicine. These works, mostly published in the second half of the twentieth century, follow the same patterns as the traditional histories of medicine of the United States and Europe published at that same time. What characterizes this generation of scholarship is that it is composed of predominantly large histories whose focus of research is on institutions, like hospitals, and on physicians, usually white male doctors. Most striking, these early histories of medicine are mostly authored by physicians who were interested in their own chosen profession and became amateur, yet well recognized, historians. Within this framework we find the prolific Gregorio Delgado García, whose work includes *La doctrina finlaísta: Valoración científica e histórica a un siglo de su presentación*, *Historia de la enseñanza superior de la medicina en Cuba de 1726 a 1900*, *Temas y personalidades de la historia médica cubana*, and *Estudios sobre la historia médica cubana*, among others.[1] There are also the numerous works of José López Sánchez, who focused more on the men of the Cuban medical sciences like Tomás Romay and Carlos Finlay in works like *Tomás Romay y el origen de la ciencia en Cuba* and *Finlay el hombre y la verdad científica*, and the long histories of medicine, such as the two-volume *La medicina en La Habana, 1550–1730*, the two-volume *Ciencia y medicina: Historia de la medicina*, and *Cuba: Medicina y civilización, siglos XVII y XVII*.[2] It is also important to note the numerous volumes of *Cuadernos de Historia de Salud Pública*, founded in 1952 and published by the Sociedad Cubana de Historia de Salud Pública, where much of this work has appeared and indeed continues to appear. These histories provide a grounding for understanding the core of Cuban histories of medicine. But as useful as these works are, by the end of the twentieth century, the history of medicine in Cuba remained static in its focus on accounts of great men and traditional long histories, even when the history of medicine elsewhere in the world, including much of the rest of Latin America, had come to reflect the influence of social and cultural history.

The works in this volume fit with the more recent trend in the scholarship of Latin American histories of medicine and public health in the past decade that, while complicating and questioning the large traditional narratives, still focus on strictly national stories. That is to say, these are histories of medicine that examine a single country, taking events beyond national boundaries little into account. The largest strand of these works demonstrates that the processes of state formation, nation building, and political legitimation that occurred during this period were tightly bound up with the development of public health institutions and shows that the latter is crucial to our understanding of the former.[3] A second strand of research demonstrates how doctors worked to solve the distinctive problems of public health faced in their countries by adopting, adapting, and sometimes actively rejecting the theories and knowledge claims asserted by foreigners.[4] A final strand emphasizes the reactions of Latin American patients and publics to disease, public health measures, and the availability of treatment they encountered.[5] In all of these works, regardless of their specific focus, events beyond national borders, if they are considered at all, are relegated firmly to the background.

In a sense, then, the works presented in this volume represent a catching up of the history of Cuban medicine and public health with what has been done for much of the rest of Latin America. These works no longer present long-term institutional histories or the biographies of great doctors. This is a wonderful, and truly necessary, first step. But I want to suggest that when those interested in the history of Cuban medicine and health care read this issue of *Cuban Studies*, they learn from the limitations already exposed by some of the histories of health in Latin America and keep in mind the direction of the larger global historiography of medicine, because the history of Cuban health and medicine has the potential to become the cutting edge of the field.

The limitations of the nationally focused approach are twofold. A first limitation—already evident in the histories of other parts of Latin America and one that historians of Cuban health and medicine can learn from—is that, while valuable as contributions to national histories, research that pays little attention to similar or related events in the rest of the world can lead to inaccurate narratives of national exceptionalism. A second, related limitation is that national histories by definition neglect the transnational nature of science and scientific advancement. Researchers do not work in intellectual isolation, and looking at medicine and ideas of health care within circumscribed geographies can limit our historical understanding of how doctors and sanitarians themselves thought about their work. So the next step beyond the sort of national histories presented in this issue is to place Cuba in comparison with other Latin American countries and the rest of the world. For example, physicians around the world worked in the early twentieth century to control tuberculosis and at the same time formulated ideas of cleanliness, filth, and contagion that reflected their social and racial biases. Comparing how doctors in Havana thought about the disease and how they characterized its victims with how historians have already found doctors to have done in Buenos Aires—not to mention Johannesburg or Philadelphia—will be crucial to reaching a better understanding of the phenomenon.[6] The medical treatment of mothers and their children has similarly drawn sustained attention from historians of Latin America and beyond; placing the Cuban experience alongside those of elsewhere promises to illuminate both.[7]

The articles presented here will therefore prompt further inquiries into the extent to which there is something distinctive about the Cuban approach to health care. And then they will raise the question of how this distinctiveness fits into the larger global scientific conversation about disease and health care in the early twentieth century.

Further, placing the Cuban experience alongside that of other Latin American regions can reveal the ways in which scientists working on the same issues in different places are in contact with one another, thereby illuminating how scientific medical knowledge spreads and is appropriated, revealing then a more complex network of transnational exchanges of information where Cubans are active—perhaps, indeed, central—participants. Placing Cuban histories of medicine and public health in a larger global framework presents the opportunity to break with the long-dominant narrative in the history of medicine, which still locates the source of scientific knowledge as Europe and North America and imagines it flowing unidirectionally toward the rest of the globe. In short, it presents the opportunity not merely to bring medicine to the attention of historians of Cuba but also to demonstrate the importance of Cuba to historians of medicine.

Again, the works presented here constitute a long-overdue reorientation of the history of medicine in Cuba, one that looks beyond medical institutions and the lives of great doctors to understand the interrelationship of science, medicine, and the social context in which knowledge accumulated and was applied. This is an important accomplishment. The next challenge for these scholars, and for others who will build on their work, will be not just to bring the insights of the social history of medicine to Cuba but also to bring Cuba into the global history of medicine.

NOTES

1. *La doctrina finlaísta: Valoración científica e histórica a un siglo de su presentación, Cuadernos de Historia Salud Pública* no. 65 (Havana: MINSAP, 1982); *Historia de la enseñanza superior de la medicina en Cuba de 1726 a 1900, Cuadernos de Historia de la Salud Pública* No. 75 (Havana: MINSAP, 1990); *Temas y personalidades de la historia médica cubana, Cuadernos de Historia de la Salud Pública* No. 72 (Havana: MINSAP, 1986); and *Estudios sobre la historia médica cubana, Cuadernos de Historia de la Salud Pública* No. 66 (Havana, MINSAP, 1983).

2. *Tomás Romay y el orígen de la ciencia en Cuba* (Havana: Emp. Cons. "Artes Gráficas," 1964); *Finlay el hombre y la verdad científica* (Havana: Ed. Cient. Tec., 1987); *La medicina en La Habana, 1550–1730, Cuadernos de Historia de la Salud Pública* Nos. 47–48 (Havana: MINSAP, 1970); *Ciencia y medicina: Historia de la medicina* (Havana: Ed. Cient. Tec., 1986); and *Cuba: Medicina y civilización, siglos XVII y XVII* (Havana: Ed. Cient. Tec., 1997).

3. Important books that exemplify this well-developed body of scholarship include Steven Palmer, *From Popular Medicine to Medical Populism: Doctors, Healers, and Public Power in Costa Rica, 1800–1940* (Durham, NC: Duke University Press, 2003); Claudia Agostoni, *Monuments of Progress: Modernization and Public Health in Mexico City, 1876–1910* (Boulder: University Press of Colorado, 2003); Julia Rodríguez, *Civilizing Argentina: Science, Medicine, and the Modern State* (Chapel Hill: University of North Carolina Press, 2006); Ann Zulawski, *Unequal Cures: Public Health and Political Change in Bolivia, 1900–1950* (Durham, NC: Duke University Press, 2007); Gilberto Hochman, María Silvia Di Liscia, and Steven Palmer, eds., *Patologías de la patria: Enfermedades, enfermos y nación en América Latina* (Buenos Aires: Editorial Lugar, 2012).

4. See, for example, Simone Petraglia Kropf, "Carlos Chagas e os debates e controvérsias sobre a doença do Brasil," *História, Ciências, Saúde-Manguinhos* 16 (July 2009): 205–227; Mónica García, "Producing Knowledge about Tropical Fevers in the Andes: Preventive Inoculations and Yellow Fever in Colombia, 1880–1890," *Social History of Medicine* 25, no. 4 (2012): 830–847.

5. For example, Diego Armus, *La ciudad impura: Salud, tuberculosis y cultura en Buenos Aires, 1870*–1950 (Buenos Aires: Edhasa, 2007).

6. On Buenos Aires, see ibid.; for Johannesburg, see Randall M. Packard, *White Plague, Black Labor: Tuberculosis and the Political Economy of Health and Disease in South Africa* (Berkeley: University of California Press, 1989); on Philadelphia, see Barbara Bates, *Bargaining for Life: A Social History of Tuberculosis, 1876–1938* (Philadelphia: University of Pennsylvania Press, 1992).

7. See, for example, Alexandra Minna Stern, "Responsible Mothers and Normal Children: Eugenics, Nationalism, and Welfare in Post-Revolutionary Mexico, 1920–1940," *Journal of Historical Sociology* 12, no. 4 (1999): 369–397; and Alexandra Minna Stern and Howard Markel, eds., *Formative Years: Children's Health in the United States, 1880–2000* (Ann Arbor: University of Michigan Press, 2002).

JOHN A. GUTIÉRREZ

"An earnest pledge to fight tuberculosis": Tuberculosis, Nation, and Modernity in Cuba, 1899–1908

ABSTRACT

This essay examines the Cuban antituberculosis movement during the first decade of the twentieth century. It analyzes the ways in which the movement's leaders tied claims of Cuban "civilization" and "modernity" to the prevention and treatment of tuberculosis on the island. Tuberculosis was the leading cause of adult deaths in Cuba, and particularly Havana, between 1899 and 1908. By examining the actions of antituberculosis organizations, specifically La Liga contra la Tuberculosis en Cuba, the essay offers a new perspective on the issue of Cuban national identity formation in the post-1898 period and the ways debates about health and disease intersected with debates about the nature of *cubanidad.*

RESUMEN

Este ensayo analiza el movimiento antituberculoso cubano durante la primera década del siglo XX. Estudia las maneras en que sus líderes vincularon sus reclamos que Cuba era un país "civilizado" y "moderno" con la prevención y tratamiento de la tuberculosis en la isla. La tuberculosis era la principal causa de mortalidad entre los adultos en Cuba, y en especial en La Habana, entre 1899 y 1908. Analizando específicamente la labor de organizaciones antituberculosas, en especial La Liga contra la Tuberculosis en Cuba, este ensayo ofrece una nueva perspectiva sobre el tema de la formación de la identidad nacional cubana en la época pos-1898 y las maneras en que debates relacionados con la salud y la enfermedad se entrecruzaron con debates acerca del carácter de la cubanidad.

In September 1908, Dr. Joaquín Jacobsen, a Cuban physician and the president of La Liga contra la Tuberculosis en Cuba, addressed the Sixth International Congress on Tuberculosis in Washington, DC.[1] Jacobsen was one of Cuba's recognized experts on tuberculosis and, as president of La Liga, among the most prominent leaders of the island's incipient antituberculosis movement. Beyond Cuba's borders, Jacobsen was well respected by colleagues in Latin America, the United States, and Europe, conferring with and visiting them to learn about advances in the long, frustrating battle against "consumption." Thus, when Jacobsen was named one of the congress's nine honorary presidents, joining a list that included some of the Atlantic World's most prominent tuberculosis experts, there could have been little surprise among his colleagues.

Jacobsen's featured role in the 1908 Congress was an affirmation of his individual merits. A member of Cuba's Academia de Ciencias, Médicas, Físicas y Naturales de la Habana, a onetime editor of the widely respected *Revista de Ciencias Médicas*, and a professor on the faculty of the University of Havana Medical School, he was a leader of the robust medical and scientific community that characterized turn-of-the-century Havana.[2]

Yet beyond a validation of Jacobsen's personal accomplishments and qualifications, his privileged place at the congress was a recognition of Cuba's antituberculosis movement in toto. Jacobsen was perhaps the most visible leader of the Cuban antituberculosis movement, a socio-medical crusade that emerged in Cuba just as the island's citizens, newly freed from the bonds of Spanish colonialism, were engaged in the complex process of debating the meaning of *cubanidad*. The anxieties expressed about tuberculosis in Cuba by many members of the island's medical and sanitary elites, including Jacobsen and the members of La Liga, reflected global and local beliefs that regarded disease prevention, treatment, and control as core functions of modern, civilized states. In this way, the campaign against tuberculosis in Cuba was simultaneously a public health undertaking and an opportunity to make and test claims about the island's incipient modernity.[3] As such, it offers us an opportunity to examine the ways in which Cubans, during the earliest years of republican rule, negotiated issues of national identity and claims of modernity.

Claims about Cuba's modernity were key to debates about the nature of a new postwar, postcolonial *cubanidad*. The matter of defining *cubanidad* had been a regular topic of deliberation in Cuba throughout most of the nineteenth century. But questions of national identity seemed to take on new urgency in the aftermath of the War of Independence (1895–1898). The elusiveness of Cuba Libre, and the complicated nature of the relationship that developed between the island and the United States after 1898, forced Cubans into deep reflection and examination of the nature of what it meant to be Cuban. Medicine and disease figured prominently in early Cuban republican debates about *cubanidad*, and perhaps no single disease seemed to dominate the discourses of the time as did yellow fever.[4] Yet for all of the attention and resources dedicated toward the control of the disease on the island, yellow fever barely registered on Cuba's mortality tables. While the disease certainly occupied the minds of North American civil, military, and medical leaders, few Cubans ever died of yellow fever. Instead, it was tuberculosis that claimed thousands of lives each year throughout the island, and most especially in Havana.

Surprisingly, little has been written about tuberculosis in Cuba during the colonial period or during the early years of the Cuban republic. The disease claimed hundreds of lives in Havana each year between 1899 and 1908 and it infected and disabled many thousands more. It exposed social ills ranging from the insalubrious conditions in Havana's slums to the occupational hazards inherent in the island cigar-making industry. It challenged the island's early republican public health system and made evident its weaknesses and shortcomings. Despite this, historians have generally ignored both the disease and the ways in which Cubans organized to combat it.[5]

This essay attempts to address this historiographical silence by examining the emergence of the Cuban antituberculosis movement, particularly La Liga, during the first decade of republican rule. More specifically, I examine the ways in which La Liga's work reflected, was shaped by, and engaged with debates about Cuban national identity and, more broadly, claims of Cuban modernity. The leaders of the Cuban antituberculosis movement, Jacobsen principal among them, understood the campaign against tuberculosis as a global battle in which the modern nations of the world were actively engaged. In a way, to fight tuberculosis *was* to be modern. Building on this connection between the global antituberculosis movement and modernity, Jacobsen and his colleagues argued that Cuba's active participation in this global movement could establish its membership in the fraternity of modern nations. Their work during these years, while underappreciated by the Cuban government, nevertheless provides us with an opportunity to analyze the importance that Cubans assigned to arguments about modernity and the ways in which disease and disease control served as powerful tools through which these arguments might be articulated.

Tuberculosis in Havana

Tuberculosis was the leading cause of death among adults in Cuba between 1899 and 1908. While disease-specific mortality rates differed based on race and gender, the disease affected every sector of Cuban society. The disease could be found in *solares* and *casas de vecindad*, tobacco factories, and bodegas; it claimed lives in every province and in all of Cuba's large cities. As table 16.1 demonstrates, tuberculosis accounted for nearly ten thousand deaths in Cuba between 1899 and 1908. The disease represented 17 percent of the total number of deaths registered on the island during this period.

Nowhere was tuberculosis deadlier or more ubiquitous than in Havana. The disease had a long history in the Cuban capital. In 1879, when the famed Havana Yellow Fever Commission arrived in Cuba to investigate the etiology of yellow fever, its members expressed horror over the reach of tuberculosis on the island. In its final report, the commission had identified the disease as the leading cause of death in Havana, calling its toll on *habaneros* "frightful."[6]

Twenty years later, the disease remained a potent killer in Havana. In 1899,

TABLE 16.1. Total Deaths and Tuberculosis Deaths in Cuba, 1899–1908

Year	*Total deaths*	*Deaths from tuberculosis*	*Tuberculosis as percentage of all deaths*
1899	8153	981	12%
1900	6102	851	14%
1901	5720	900	16%
1902	5832	885	15%
1903	5482	969	18%
1904	5583	1071	19%
1905	5831	1073	18%
1906	6144	1032	17%
1907	6708	1041	16%
1908	5994	1079	18%
1899–1908	61,549	9882	16%

Source: Sergio Díaz-Briquets, *The Health Revolution in Cuba* (Austin: University of Texas Press, 1983), 184, 186.

Dr. Antonio de Gordon y Acosta, a former president of the Real Academia de Ciencias Médicas, Físicas y Naturales de La Habana, warned that Havana was under siege from "the most terrible and ruthless of the various diseases that afflict man."[7] Havana's topography, its ill-designed and poorly maintained sewers and streets, and the lack of quality housing coupled with overpopulation in many of the city's poorest districts all combined to make it a fertile breeding ground for tubercle bacilli.

Nevertheless, there was a slight improvement in the tuberculosis death rate for Cuba during the first decade of the twentieth century. As table 16.2 indicates, the death rate from pulmonary tuberculosis in Cuba declined significantly between 1902 and 1908. The decline in the death rate for the disease was greater than the decline in the death rate as a whole for the island.

In contrast to the reduction in the tuberculosis death rate in Cuba between 1902 and 1908, Havana's tuberculosis remained higher than the national death rate and actually increased. As table 16.3 demonstrates, the tuberculosis death rate in Havana experienced a significant increase between 1902 and 1904. The rate then declined over the next four years but remained higher than the rate in 1902. The persistence of the tuberculosis death rate in Havana contrasts with the (albeit minor) decline in the city's total death rate during this same period.

In short, tuberculosis remained a stubborn source of deaths in Havana during the first decade of the twentieth century. While the death rate in the country and the capital city declined during this period, and while the death rate from tuberculosis experienced a slight decline in the nation as a whole, few diseases threatened the stability of adult life in Havana as much as did tuberculosis. It

TABLE 16.2. Death Rates from Tuberculosis and Yellow Fever, Cuba, 1902–1908

Cuba	*1902*	*1903*	*1904*	*1905*	*1906*	*1907*	*1908*
Population	1,757,366	1,810,889	1,870,411	1,929,934	1,989,457	2,048,980	2,125,978
Births	47,091	57,864	58,636	65,965	55,963	65,511	65,367
Deaths	25,512	23,982	25,198	27,345	30,021	34,000	28,361
Death rate per 1,000	14.5	13.2	13.4	14.1	15	16.5	13.3
Birth rate per 1,000	27.6	31.9	31.3	34.1	28.2	32.4	30.7
TB death rate per 10,000	20.4	18.9	19.3	19.1	18.3	17.9	15.1
Yellow fever death rate per 10,000	0.005	—	—	0.11	0.16	0.27	0.07

Source: Juan Guíteras, "Estudios demográficos: Aclimatación de la raza blanca en los trópicos," *Revista Bimestre Cubana* 8, no. 6 (November–December 1913): 408–411.

TABLE 16.3. Death Rates from Tuberculosis and Yellow Fever, Havana, 1902–1908

Havana	*1902*	*1903*	*1904*	*1905*	*1906*	*1907*	*1908*
Population	264,731	272,290	279,849	287,408	294,671	302,526	311,589
Births	6,279	7,325	6,822	7,856	5,744	7,806	7323
Deaths	5,832	5,465	5,583	5,831	6,144	6,708	5994
Death rate per 1,000	22.1	20	19.9	20.2	23.8	22.1	19.2
Birth rate per 1,000	23.7	26.8	24.3	27.3	19.4	25.8	23.5
TB death rate per 10,000	33.9	35.8	38.8	37.8	35.5	35.3	35.3
Yellow fever death rate per 10,000	—	—	0.32	0.76	0.4	0.16	0.03

Source: Juan Guíteras, "Estudios demográficos: Aclimatación de la raza blanca en los trópicos," *Revista Bimestre Cubana* 8, no. 6 (November–December 1913): 408–411.

is against this backdrop of high and persistent mortality that La Liga contra la Tuberculosis en Cuba emerged at the turn of the century.

La Liga and the Birth of the Cuban Antituberculosis Movement

In January 1901, Juan Santos Fernández, Cuba's leading ophthalmologist and the president of the Academia de Ciencias, attended the First Latin American Medical Congress in Santiago, Chile. There, he met the celebrated Argentine physician Emilio Coni. In an effort to coordinate the antituberculosis efforts in the region, the congress established "a permanent international commission for the purpose of combating tuberculosis in Latin America."[8] Coni urged Santos Fernández to join him on the commission and to create an antituberculosis league in Cuba.[9] "Even though my dedication to ophthalmology did not allow me to occupy myself directly with this issue," Santos Fernández recalled years later, "I thought, as I always [did], that I should not waste the opportunity to introduce such a useful institution in our country."[10] On September 14, 1901, at a meeting held in the offices of the Sociedad Económica de La Habana, La Liga contra la Tuberculosis en Cuba was formally established. The following month, the US Military Government recognized the organization and endorsed its mission with a monthly subsidy of $50.

Santos Fernández may have founded La Liga, but credit for the organization's work and accomplishments during the first decade of the twentieth century was due mostly to Joaquín Jacobsen. A native of Havana, Jacobsen had studied medicine at the University of Havana. By 1894, he was as one of the island's leading experts on tuberculosis. In that year, as a new member of the Academia de Ciencias, he delivered a lecture advocating the creation of a tuberculosis sanatorium in the Escambray mountain range near the city of Trinidad.[11]

By mid-1901, with yellow fever seemingly under control in Havana, the US sanitary apparatus turned some of its attention to a specific and targeted campaign against tuberculosis. Jacobsen took advantage of this shift in US health policy in Cuba by presenting La Liga as a valuable partner in the fight against tuberculosis. La Liga called for a citywide campaign of education aimed at poor *habaneros* and at those persons working in sectors of the urban economy where tuberculosis seemed to thrive, such as tobacco factories. La Liga also offered its members as volunteers to lead workshops throughout Havana on disease prevention and control. Writing after the US occupation had ended, Jacobsen noted proudly how much of the antituberculosis work done by the US Military Government and its Tuberculosis Division was due to the "initiative of La Liga."[12]

Toward the end of the US occupation, La Liga occupied an important place in Cuba. American military doctors on the island such as Charles Lincoln Furbush, Valery Havard, and William Crawford Gorgas regularly attended the organization's monthly meetings. And General Leonard Wood himself seemed to recognize Jacobsen's value when he appointed him to serve as a member of the new Cuban National Sanitary Board alongside Dr. Carlos Finlay and other prominent Cuban physicians and scientists.[13]

La Liga enjoyed some important successes during the early months of Cuban self-rule. The organization confirmed its national reach and scope by establishing chapters throughout the island. Delegates representing the group were at work in the Guanabacoa suburb on the outskirts of Havana and in major cities including Matanzas, Santa Clara, Puerto Príncipe, and Santiago de Cuba. La Liga's monthly magazine, *El Boletín*, not only included articles and original research on the particular challenges of tuberculosis in Cuba but also connected its readers to the work of prominent experts on tuberculosis from the world over whose research on the disease was translated into Spanish. In a sign of official support from the political establishment of Havana, in September 1902 the city's *ayuntamiento* awarded La Liga a monthly stipend of $50.[14] The following month, the organization celebrated its first anniversary. Scores of the leading members of Havana society assembled in the ornate headquarters of the Academia de Ciencias to celebrate the organization and its work.[15]

Yet under Cuban republican rule there were also signs that La Liga's prominent place in the national public health bureaucracy was tenuous. President Tomás Estrada Palma reconfigured the National Sanitary Board soon after assuming the Cuban presidency. On January 2, 1903, Jacobsen, along with Santos Fernández and several others, was removed as a full voting member of the board.[16] Clearly stung by the demotion to honorary membership, Jacobsen suggested in a meeting of La Liga later that month that he would challenge the changes on the board at some future date. The Sanitary Board, he argued, was dealing with issues of "greater interest"—namely, an outbreak of bubonic plague in the Gulf of Mexico—but once the opportunity presented itself, he would "raise his voice in defense of La Liga."[17]

Jacobsen's demotion presaged the Cuban government's ambivalence toward the antituberculosis movement and, more specifically, La Liga. Perhaps no other issue better characterized the inertia of the Estrada Palma administration toward tuberculosis than the construction of the nation's first tuberculosis sanatorium for the poor. US authorities had acquired land in the hamlet of Arroyo Naranjo to construct a sanatorium for poor tubercular patients from Havana. Negotiations on the acquisition of the land did not end until February 1902, leaving little time for US sanitary authorities to begin construction on the project. By year's end the Cuban government had not appropriated funds for the project. Jacobsen fiercely criticized the failure of Cuba's legislative leaders to approve financial support for the sanatorium. Initially, he took to the pages of *El Boletín* to suggest that the failure to build the sanatorium was a result of the contrast between the scarce resources of the fledgling Cuban republic compared to the "unlimited sources of the intervention government."[18] But by January 1903, Jacobsen could no longer mask his frustration at the lack of progress on the project. "Of the sanatorium," he wrote, "there is nothing to say because nothing exists."[19] The construction of the sanatorium was a critical piece of La Liga's antituberculosis strategy, but Jacobsen had tired of explaining its merits. "It is an urgent need," he wrote beleagueredly. "I don't need to prove it; more than once I have addressed the issue."[20] Still, as if conflicted about the benefits of assuming an adversarial relationship with the government, he met with no less a figure than Estrada Palma himself. The president not only had welcomed him "cordially" but also had "demonstrated a true desire to understand the issue with greater detail."[21] Afterward, little changed. After visiting the United States in 1903 and touring many sanatoria, Jacobsen returned to the island convinced that if Cuba wished to be considered in the ranks of the modern nations of the world, it would have to commit, among other things, to constructing a sanatorium for its poor.[22]

Modernity, Civilization, and the Antituberculosis Movement

By the end of 1904 it appeared that the Cuban national government would not provide the institutional support that Jacobsen and others believed was essential to La Liga's success. On a practical level, the failure of the Cuban national government to allocate money to support La Liga's work generally, and the sanatorium in particular, was crippling. Not only did the lack of financial support limit La Liga's ability to treat tubercular patients in the isolated and controlled sanatorium setting, but also it prevented the organization from supporting its chapters in the provincial cities of the Cuban interior, dooming any plans of establishing a truly national campaign against tuberculosis.

But for Jacobsen and the members of La Liga, the importance of the lack of government support extended beyond the practical. The government's failure to embrace La Liga's work was, in a way, a failure to embrace a vital Cuban claim to modernity. For Jacobsen, La Liga's inability to thrive under Cuban republican rule was disillusioning not only because it seemed to reflect the government's ambivalence toward the health of the Cuban people but also because he and many others had framed the fight against tuberculosis as a referendum on the new Cuban Republic's place among the modern nations of the world. In fact, during La Liga's early years, its leaders had expressly tied the antituberculosis movement to Cuba's modernity.

Debates about modernity in Cuba were common in the nineteenth century. Nevertheless, the intervention of the United States in Cuba in 1898 had both sharpened and complicated long-standing questions about modernity in Cuba. Rid of the Spanish crown, many Cubans believed that the end of colonial rule was an opportunity to lay claim to the notion of Cuba as modern nation. But, as Tiffany Sippial has noted, "the period of U.S. intervention in Cuba was ultimately fraught with profound contradictions. Whereas the dramatic rupture of Spanish political and social forms seemed to signal Cuba's advancement into modern nationhood, the limited attention occupying authorities gave to issues of social and moral reform tethered the island to its colonial past."[23]

American military and civil leaders arrived in Cuba armed with a host of ideas and beliefs about what it meant to be modern. They advanced a campaign of economic recovery and modernization that included improvements to national infrastructure (e.g., ports, highways, railways) and the negotiation of preferential tariffs between the island and the United States designed to spur the recovery of the Cuban sugar economy. Alongside this campaign of economic recovery and expansion, the US authorities also sought to apply the ideas of progressive social policy and reform to postwar Cuba. Leading American social reformers such as Homer Folks helped initiate social welfare programs, including a foster-care program for orphaned children, reforms of the island's prison system, and improvements to the network of institutions caring for the nation's mentally ill.[24]

Yet as often as Cubans recognized and valued US definitions of modernity, and as much as they sought to emulate US innovations in government, economics, and culture, it was just as true that they resented and rejected attempts by the United States to frame postwar Cuba as an island unfit for the responsibilities of modern statehood. The repudiation of US claims about the backwardness of the Cubans occurred almost as soon as the war had ended. Indeed, in the aftermath of the war, relations between US military and civil authorities and many Cuban rebel leaders became strained over issues of Cubans' ability to govern themselves in alignment with principles of modern governance. For the Cubans there could be no clearer sign of their modernity than their ability to rule the island they had fought for three decades to free from Spanish colonialism. US leaders on the island and in Washington disagreed.

Cuban ideas of modernity based on self-determination intersected with matters of public health. For US military authorities, the Cuban public health agenda was dominated by the decades-long struggle against yellow fever. The disease terrified US policy makers because it threatened the commercial stability of the states of the Gulf Coast and for the high mortality it had inflicted on Americans in the South. Simultaneously, yellow fever also highlighted just how different Cuba was from the civilized and modern nations of the Atlantic World. It reinforced the view that the island, far from being in the league of the advanced nations of Europe and North America, was instead firmly in the company of the fraternity of the nations of the stifling and diseased tropics.

By contrast, Cuban physicians, scientists, reformers, and civic leaders believed that the US focus on yellow fever obscured just how much the island had in common with the industrialized nations of Europe and of the United States. Unlike yellow fever, tuberculosis affected all sectors of Cuban society, including large numbers of Cuban citizens. Given this demographic reality, Cuban health and medical officials were eager to show that they were in concert with the modern nations of the globe in their attempt to stem the spread of tuberculosis. By addressing the tuberculosis crisis Havana, Cuban doctors and civil authorities sought to present an image of Cuba that pivoted away from the island's tropical otherness and toward an image of Cuba as part of a global struggle against a disease of the modern world.

La Liga regularly articulated the connection between modernity and the campaign against tuberculosis. In doing so, it focused on three broad arguments: the universality of the disease, direct comparisons with the antituberculosis strategies employed by the United States and in Europe, and the duties of modern states to their citizens.

The global nature of tuberculosis and the universality of the main prescriptions to contain it—identification, isolation, and education—were important components of the arguments made by Cubans about the connection between modernity and the campaign against the disease. Yellow fever and malaria were the diseases most associated with Cuba in the minds of US physicians and scientists. This focus on insect-borne diseases necessarily excluded Cuba from the league of modern industrialized nations where, at the turn of the century, tropical maladies were largely unknown and where tuberculosis was the single greatest public health concern. The members of La Liga rejected this formulation of Cuba's epidemiological difference. Instead, they argued that in Cuba, too, tuberculosis was the single greatest cause of death from infectious disease and that the public health agenda on the island, rather than being something uniquely tropical, was little different from that of the United States, England, or France. Cuban citizens were waging the same struggle as the modern citizens of New York City, London, and Paris. "Tuberculosis," as Enrique Acosta, a member of La Liga explained in 1902, "is a disease of every country."[25]

For Dr. Juan Pons Ferrol, La Liga was part of a global response by civilized nations against the disease:

> In all of the civilized nations of the world there have been established anti-tuberculosis leagues to halt the march of the frightening blow that, little by little, attacks the nations where, thanks to the conditions created by our way of life, tuberculosis encounters a wide and fertile field where to expand and bear fruit.[26]

Comparisons with the ways in which the United States and Europe waged war against tuberculosis were also of great concern and interest to Cubans. The urban centers of the United States—New York City in particular—and Europe offered standards against which Cubans might judge their own efforts against the disease. The *Boletín* was filled with articles extolling one or another innovation emerging in Europe or the United States for the treatment of the tubercular. Articles on aspect of the disease's etiology and treatment were often translated into Spanish and published in the journal.[27] In addition, Cubans employed examples drawn from the United States and Europe to illustrate their points regarding the best ways to fight tuberculosis in Cuba. In his long-standing campaign to get the Cuban government to build a sanatorium for the tubercular poor, for example, Jacobsen pointed to the positive results yielded by sanatoria in Germany, the United States, and France.

The United States especially served as an important point of reference with regard to the impact of sanatorium care for the sick. Jacobsen returned from his tour of the United States in the summer 1903 extolling the virtues of some of the most important American sanatoria of the era: Adirondack Cottage, Montefiore Country, and Loomis, all in New York State, and Rutland in Massachusetts.[28] He held up the example of the American sanatoria in an attempt to convince Cuban civil authorities of the effectiveness and necessity of these institutions in the battle against tuberculosis. In each facility the number of "cured" and "improved" patients far exceeded the number of those who failed to respond to treatment or who died from the disease while interned at the sanatorium. "As far as the results," Jacobsen wrote of the American sanatoria, "the numbers speak for themselves."[29]

That the United States had decided to pursue an active and aggressive campaign of sanatoria construction was reason enough for Cuba to follow suit. "If we did not understand the importance of the sanatorium," Jacobsen wrote,

> what it represents in the treatment of tuberculosis, the benefits which the poor patient receives: if we did not know how the institution started in Germany, how it grew and became popular, and the advantages which all classes have enjoyed there, the mere

fact that it has been embraced with such enthusiasm in recent years in North America, should be for us the greatest guarantee of its effectiveness.[30]

In some cases, the comparisons to the United States and Europe served as tools through which Cubans highlighted the vast discrepancy in the quality and scope of tuberculosis care between Cuba and the United States or European nations. In 1903, when Jacobsen explained his vision for the antituberculosis campaign in Cuba, he referred to the important role played on the island by Hospital Número Uno outside of Havana. The hospital, a center for the treatment of patients with infectious diseases, had created a separate ward for the treatment of tubercular patients. For Jacobsen this was an important step but an insufficient one. He reminded his readers that the Cuban hospital was far from being "the modern hospital which is recommended today and which we find in Germany, England, the United States, and France."[31]

Linking Cuba to the global antituberculosis campaign was a way of making a claim to modernity by association. But there was another way in which Cubans thought that the battle against tuberculosis might reveal something about the modern impulse on the island. Almost from its inception La Liga had focused not only on its own role in the campaign against the disease but also on the role of the nascent Cuban state. Members of La Liga insisted that the Cuban state could not make claims to modernity if it failed to address not only the disease but also the underlying factors that contributed to its spread across the island, and most pointedly in its urban centers.

Daniel Rodgers, in his essay on the complex and imperfect uses of progressivism as an interpretative framework for the social politics of the late nineteenth and early twentieth centuries, noted that the varied and often contradictory impulses that emerged during this era might best be grasped by understanding the "languages of discontent" to which reformers appealed. In the case of the United States, Rodgers identified three such languages: that of antimonopolism, that of social bonds and the social nature of human beings, and that of social efficiency.[32] Of all three categories the least "peculiarly American" was the language of social bonds.[33] Socially, economically, and politically, the "language of social bonds" attempted to articulate a vision of a modern society built on interconnectedness among citizens. In this context, the state became an important focus of reformers' attention. The state could do a great deal to promote social cohesion, namely allocating resources to address myriad social ills and using the coercive nature of the law to demand certain behaviors from citizens in the name of the common good.

Rodgers argued that the language of social bonds was an "international language" that was "not fully explainable by experiences endemic to the United States."[34] Indeed, it was a language that was very present in the minds of reformers in early twentieth-century Cuba, especially the members of La

Liga. The organization's leaders used similar language to exhort the state to take a modern, activist role in promoting the well-being of its citizens. It framed tuberculosis as something that challenged the very health, as it were, of *cubanidad*.

The three pillars upon which La Liga built its antituberculosis campaign were prevention, education, and treatment. In each of these component parts, the modern Cuban state was expected to take an active role. In a series of articles published in the *Boletín* in 1903, Dr. Nicolás Gómez de Rosas, a prominent Cuban physician and member of La Liga, examined the manifold ways in which the Cuban state could lead the battle against the disease on the island. De Rosas believed that it would be impossible to seriously address the tuberculosis crisis on the island without the government assuming a greater role in fighting the disease. "The resolution of this issue," he wrote in April of that year, "rests with the State; appealing with its power and laws for the betterment of the current state of affairs. Being, as it should always be, the guiding light that shows the masses toward their better destiny."[35] To "combat and cure tuberculosis," the fledgling government of Havana would need to "establish with the utmost rigor public hygiene measures with regard to housing, workshops, etc., disinfection procedures, special dispensaries, sanatoria, Hospital-based specialized clinics, and as a complement, Workmen's Insurance."[36]

Echoing long-standing arguments made by Jacobsen and others, de Rosas called on the Cuban state to invest in the construction of a modern sanatorium for the consumptive poor and for an expansion of dispensary and hospital facilities to care for the sick. But de Rosas went beyond admonishing the state for failing to create the physical infrastructure needed to care for tubercular Cubans. He also called for a commitment on the part of the Cuban government to address the conditions that made tuberculosis so deadly particularly among the Cuban working classes. "The tuberculosis [victims] of the working classes," he wrote, "have the right to demand that society or the State care for them in obedience to the laws of humanity and to the inevitable necessity of preventing [this disease] which threatens us all."[37]

One of the ways in which the Cuban government could stem the spread of tuberculosis among the island's working classes was to address the economic obstacles to care. De Rosas, and other members of La Liga, had watched as infected patients had eschewed isolation and treatment because of the financial toll it would take on their families. A workmen's insurance system, financed by deductions from the worker's wages and managed by the state under "strict restrictions," would provide economic aid to the afflicted person's family.[38] Without this *seguro del obrero*, as de Rosas called it, there was little hope that an infected worker would take leave of his job to be treated for the disease. "If the *seguro del obrero* does not aid him or guarantee that he can return to his job under the same conditions as before," de Rosas noted, "[the infected worker] will fight [against treatment] until the last minute, even if this dooms him, wasting precious time to cure himself and condemning his loved ones to his same fate."[39] In calling for this type of insurance program, de Rosas was making a demand not unlike that made by social reformers in the United States and Europe.[40] Insurance served not only as an impetus for the sick to get care and to protect society at large from infection; it also reflected, as de Rosas explained, "what [Cubans] could do and the virtues that we hold."[41]

There were many other ways in which reformers such as de Rosas envisioned the state taking a leading role in the battle against consumption. These reformers called for better working conditions for cigar workers, fines for public expectoration, the creation of an antituberculosis curriculum for Cuban schools, calls for ecclesiastical authorities to give sermons on the prevention of the disease, the construction of new and well-ventilated housing for the Cuban working classes, and even a demand for a tax increase on alcohol.[42] These recommendations, many of which required legislative action, evinced a belief on the part of reformers that private initiative alone would never suffice in the battle against the disease. The government, like every other sector of Cuban society, had a set of responsibilities in the national campaign against the disease. And the success of the antituberculosis campaign on the island depended on every sector of Cuban society working in concert. "To avoid this terrible illness," Dr. Luis Perna argued in 1903, "we must all unite: the doctor, the priest, the teacher, the journalist, the economist, the architect."[43] Controlling the spread of tuberculosis was a national project that demanded conscientious behavior and obedience to the norms of good hygiene on the part of the Cuban citizenry, the expertise of the Cuban medical community, and the financial and legislative support of the Cuban state. Nothing short of this would suffice to contain tuberculosis in Cuba.

Conclusion

On the day he spoke before the Sixth International Congress on Tuberculosis in Washington, DC, Jacobsen argued that "the problem of tuberculosis may be said to be the same in Cuba as in any other country; the disease shows the same evolution, clinical varieties and is due to causes known everywhere else."[44] Later in his presentation, he conceded that there were characteristics of tuberculosis that were peculiar to the island's economy and culture. Cuba's tobacco industry, for example, was a notorious and stubborn locus of infection. Crowded and poorly ventilated *fábricas* were all over the island—but especially Havana—and the workers who labored there seemed especially prone to the disease.

Jacobsen's speech also acknowledged some important successes in Cuba under the US military government that occupied the island in 1906. Most notably, he praised construction of the long-sought sanatorium for the tubercular poor of Havana.[45] But the speech was, more than anything else, an encapsulation of the arguments linking the antituberculosis movement in Cuba to claims of modernity that had defined much of the previous seven years of his presidency of La Liga. And on this count, Jacobsen found the Cuban state wanting.

In particular, Jacobsen bemoaned the lack of state support for La Liga. "A social work of this scope," he wrote, "must be backed by resources larger than those of private associations, public charity, and even municipalities; it must be supported by the State."[46] Unlike his earlier work, which demonstrated an optimism about the movement he led, his presentation in Washington seemed to reflect a melancholy resignation that the Cuban state had proved incapable of meeting the challenges of tuberculosis and claiming the mantle of modernity and civilization that a successful antituberculosis movement seemed to offer. The plan to successfully combat the disease, Jacobsen noted, had been developed and accepted among the modern and civilized nations of the world—all that was needed was the will to implement it. Tuberculosis demanded "a determination to carry on the fight with as much energy as [had] been shown in that against yellow fever."[47] And in the face of that demand, the Cuban state had failed to rise to the challenge. Nearly a decade after founding La Liga, Jacobsen still waited for Cuba's political leaders to make "an earnest pledge to fight tuberculosis."[48]

NOTES

I am indebted to CUNY's Faculty Fellowship Publication Program for its generous support of this project. Portions of this essay were presented at the February 2015 Conference of Cuban and Cuban-American Studies at Florida International University and at the New Research on the History of Public Health in Cuba Roundtable held at the David Rockefeller Center for Latin American Studies at Harvard University in October 2015. I am thankful for the suggestions and comments of colleagues, including Alejandro de la Fuente, Mariola Espinosa, Jorge Domínguez, Jennifer Lambe, Lisandro Pérez, Daniel Rodríguez, Kelly Urban, Anahí Viladrich and the anonymous reviewers of *Cuban Studies*.

1. Joaquín Jacobsen, "The Problem of Tuberculosis in Cuba," in *Proceedings of the Sixth International Conference of Tuberculosis, 1908* (Philadelphia: William F. Fell Company, 1908), vol. 4, pt. 1, 113–126.

2. Since the late nineteenth century, the Cuban capital had been, as Steven Palmer has explained, a "colonial medical metropolis." Doctors, researchers, sanitarians, and hygienists featured prominently in the intellectual milieu of the city and the end of Spanish rule in 1898 did little to undo the important place of the medical sciences in the capital. Steven Palmer, "Beginnings of Cuban Bacteriology: Juan Santos Fernandez, Medical Research, and the Search for Scientific Sovereignty," *Hispanic American Historical Review* 91, no. 3 (August 2011): 447.

3. The issue of modernity in Cuba encompassed a number of social movements. See, e.g., Daniel Rodríguez, "'The dangers that surround the child': Gender, Science, and Infant Mortality in Postindependence Havana," in this issue of *Cuban Studies*.

4. For an examination of the politics surrounding yellow fever in Cuba during this period, see Mariola Espinosa, *Epidemic Invasions: Yellow Fever and the Limits of Cuban Independence, 1878–1930* (Chicago: University of Chicago Press, 2009).

5. A notable exception is the Cuban historian Enrique Beldarraín Chaple. See his "Apuntes para la historia de la lucha antituberculosa en Cuba," *Revista Cubana de Salud Pública* 24, no. 2 (1998): 97–105.

6. "Havana Yellow Fever Commission," in *Annual Report of the National Board of Health, 1879–1885*, by National Board of Health (Washington, DC: US Government Printing Office, 1879), 1:49.

7. Antonio de Gordon y Acosta, *La tuberculosis en La Habana desde el punto de vista social y económico* (Havana: Imprenta Militar, 1899), 6.

8. Emilio Coni, "The Anti-Tuberculosis Campaign in Latin America," *Medical Record*, May 2, 1903, 690.

9. This was not the first attempt to create an antituberculosis league in Cuba. In the 1890s, there was a short-lived league established in the eastern city of Santiago de Cuba. See Beldarraín Chaple, "Apuntes para la historia de la lucha antituberculosa en Cuba," *Revista Cubana de Salud Pública* 24, no. 2 (1998): 98.

10. Juan Santos Fernández, *Recuerdos de mi vida* (Havana: Imprenta Lloredo y Compañía, 1918), 83.

11. Joaquín Jacobsen, "Una localidad para tuberculosos," *Anales de la Academia de Ciencias Medicas, Físicas y Naturales de La Habana* 31 (1894): 119–129. Jacobsen presented a number of cases of tubercular patients whose condition was improved by exposure to the climate of the *sierra* between Trinidad and Cienfuegos. It would be in this part of the island that Cuba would eventually construct its largest tuberculosis sanatorium during the twentieth century, Topes de Collantes. For an analysis of Topes de Collantes, see the dissertation by Kelly Urban, "The Sick Republic: Tuberculosis, Public Health, and Politics in Cuba, 1925–1965" (PhD diss., University of Pittsburgh, 2016).

12. Joaquín Jacobsen, "Organización de los servicios públicos de tuberculosis," *Boletín Mensual de la Liga contra la Tuberculosis en Cuba* (hereafter *BMLCTC*) 1, no. 6 (November 1902): 60.

13. Joaquín Jacobsen, "The Anti-Tuberculosis League of Havana and Its Work," *American Public Health Association Public Health Papers and Reports* 30, no. 1 (1905): 130.

14. *BMLCTC* 1, no. 5 (October 1902): 47.

15. *BMLCTC* 1, no. 6 (November 1902): 57.

16. *BMLCTC* 1, no. 8 (January 1903): 89–90.

17. "Acta de la sesión ordinaria de 14 de enero de 1903," *BMLCTC* 1, no. 9 (February 1903): 133.

18. *BMLCTC* 1, no. 6 (November 1902): 61.

19. Ibid., 91.

20. Ibid.

21. Ibid., 92.

22. Joaquín Jacobsen, "Utilidad del sanatorio," *BMLCTC* 2, no. 11 (November 1903), 96–100 and *BMLCTC* 2, no. 12 (December 1903): 114–120.

23. Tiffany A. Sippial, *Prostitution, Modernity and the Making of the Cuban Republic, 1840–1920* (Chapel Hill: University of North Carolina Press, 2013): 16.

24. For an examination of Homer Folks's work in Cuba, see John A. Gutiérrez, "From Destitution to Redemption: The Care of Orphans in Early Republican Cuba" (paper presented at the fourth annual Cuban and Cuban-American Studies Conference, Cuban Studies Institute, Florida International University, Miami, March 2002).

25. *BMLCTC* 1, no. 6 (November 1902): 64.

26. *BMLCTC* 2, no. 2 (July 1903): 17.

27. See, for example, "Etiología de la tuberculosis," in *BMLCTC* 2, no. 2 (July 1903): 30. This was a summary of Arthur Latham, *Some Points in the Etiology of Tuberculosis* (London: Young J. Pentland, 1902).

28. Jacobsen, "Utilidad del sanatorio," *BMLCTC* 2, no. 12 (December 1903): 114.

29. Jacobsen, "Utilidad del sanatorio," *BMLCTC* 2, no. 11 (November 1903): 97.

30. Ibid., 96–97.

31. *BMLCTC* 1, no. 8 (January 1903): 91.

32. Daniel Rodgers, "In Search of Progressivism," *Reviews in American History* 10, no. 4 (December 1982): 123.

33. Ibid., 124.

34. Ibid., 125–126.

35. Nicolás G. de Rosas, "El problema de la tuberculosis y como resolverlo," *BMLCTC* 1, no. 11 (April 1903): 145.

36. Ibid., 142–143.

37. Nicolás G. de Rosas, "Sobre organización de los servicios en tuberculosis," *BMLCTC* 1, no. 12 (May 1903): 155.

38. De Rosas, "El problema," 145.

39. Ibid., 144.

40. For a discussion of the international currents surrounding the creation of "workingmen's insurance," see Daniel Rodgers, *Atlantic Crossings: Social Politics in a Progressive Age* (1998; Cambridge, MA: Harvard University Press, 2011), 209–266.

41. De Rosas, "El problema," 145.

42. For an overview of these proposals, see Enrique Acosta, "Profilaxis de la tuberculosis en la isla de Cuba," *BMLCTC* 1, no. 8 (January 1903): 95–98.

43. Luis Perna, "Algo sobre tuberculosis," *BMLCTC* 2, no. 10 (October 1903): 69.

44. Jacobsen, "Problem of Tuberculosis," 113.

45. Ibid., 123.

46. Ibid., 118.

47. Ibid., 124.

48. Ibid.

DANIEL A. RODRIGUEZ

"The dangers that surround the child": Gender, Science, and Infant Mortality in Postindependence Havana

ABSTRACT

This article explores the expansion in child and maternal health work in early twentieth-century Havana, tracing the local, national, and transnational webs of influence that shaped the development of health institutions in the streets of the capital. The development of children's health and welfare services in the 1910s and 1920s represented the convergence of local conditions of poverty and disease with transnational debates over health and state responsibility, and shifting understandings of the capacity of the Cuban poor to live up to elite hygienic ideals. For government officials, "saving the lives of Cuban infants" was a sign of their commitment to the health of the Cuban people. For medical reformers, "modernizing" what they saw as the backward child-rearing practices of the Cuban poor allowed them to assert their scientific authority over the traditionally female domain of childcare. For elite women reformers, new child health and welfare institutions allowed them to stake claims as modern women, bridging traditional maternal charity and modern medical reform. And for popular-class women, even as they rejected elite intrusions into their child-rearing methods, new health and welfare institutions offered much-needed medical care, food assistance, and child-care services.

RESUMEN

Este ensayo explora la expansión de la obra de salubridad pueril y maternal en La Habana de principios del siglo XX, trazando los lazos locales, nacionales y transnacionales que influyeron en el desarrollo de instituciones de salud en la calles capitalinas. La formación de servicios de salud y beneficencia para niños en las décadas de los 1910 y 1920 representó la convergencia de condiciones locales de pobreza y enfermedad con debates transnacionales en torno a la salud y responsabilidades estatales, y cambios en el entendimiento de cómo los pobres podían cumplir con los ideales higiénicos de las élites cubanas. Para oficiales del gobierno, "salvando las vidas de los niños cubanos" mostraba su compromiso con la salud del pueblo cubano. Para médicos reformistas, "modernizar" lo que veían como las retrógradas formas de crianza infantil entre los cubanos pobres les permitía imponer su autoridad científica sobre la crianza de niños, cosa que tradicionalmente había sido responsabilidad de mujeres. Para mujeres reformistas de la élite cubana, nuevas instituciones de salud y beneficencia infantil les permitieron reclamar ser mujeres modernas al conectar la caridad materna tradicional con el reformismo médico moderno. Y para las mujeres de las clases populares, mientras rechazaban las incursiones de las élites en lo que trataba su forma de criar a sus hijos o hijas, nuevas instituciones de salud y beneficencia infantil ofrecían beneficios muy necesitados como cuidado médico, ayuda alimenticia, y servicios de cuidado infantil.

In early July 1914, Cuban president Mario Menocal and his wife toured the recently inaugurated Colonia de Defensa Sanitaria Infantil, or Colony for Children's Sanitary Defense. As they made their way through a dense crowd of children and parents, photographers and reporters, the president and his wife inspected the dining rooms, grounds, and dormitories where almost four hundred poor children would spend their summer months away from the insalubrious environment of the Cuban capital. Later that day, the president and his wife handed out toys and watched as children performed calisthenic exercises and participated in road races.[1] Envisioned as a temporary summer health resort during the scorching summer months of July and August, the Colony for Children's Sanitary Defense was meant to provide a cool and healthy environment for Havana's poor and sickly children.[2] In sharp contrast to the overcrowded and run-down *solares* where many of the city's poor lived, the colony would offer "all the elements necessary for [the children's] physical development, and . . . accustom them to advantageous sanitary practices."[3]

The event marked a new step in the Cuban government's campaign to reduce infant and child mortality rates in the capital, which began the previous summer with the creation of the Ministry of Health's Servicio de Higiene Infantil, which one American observer would describe as "nothing less than a complete state department of child welfare."[4] Responding to years of alarming infant mortality statistics and accusations of government indifference, the new Children's Hygiene Service represented an aggressive new campaign for the protection of infants, children, and pregnant women. But like many other Cuban public health campaigns, the campaign against infant mortality was inaugurated only after years of outcry from medical reformers, welfare activists, and health officials who decried a lack of government action in the face of the "crisis" of infant mortality.

In the years after independence, reformers and physicians routinely decried Havana's exorbitant annual infant mortality statistics, which represented thousands of preventable deaths of the city's youngest residents. In the Cuban capital alone, more than twelve thousand children under the age of one died between 1904 and 1913, an average of over one hundred infants dying per month in a city of less than three hundred thousand people. Of these, the majority of the deaths were the result of infantile enteritis.[5] As Cuban physicians regularly noted, enteritis was could be extremely dangerous, but it should have been easy to control. Enteritis and gastroenteritis are gastrointestinal ailments often caused by bacteria-laden water, milk, and food, and they can be particularly deadly for young children with still-developing immune and digestive systems.[6] Afflicted children can develop acute diarrhea, and without the antibiotics and intravenous fluids that are today the common therapeutic response, many died quickly of dehydration. In a grimly regular cycle, the city's death rate for young children would spike every summer as a result of the sharp increase in gastrointestinal disorders during the hot summer months.[7] Years after the island's successful battle against yellow fever, when overall health statistics on the island were improving and Cuban public health officials boasted of the island's newfound salubrity, the persistence of these high infant and child mortality rates was galling.[8] As physician Domingo F. Ramos wrote, "There is no reason why Cuba, which is at present such a healthy country for inhabitants over five years of age, both native and foreign, should prove so unfavorable to children under this age."[9]

This article explores the expansion in infant and child health work in early twentieth-century Havana, tracing the local, national, and transnational webs of influence that shaped the development of health institutions in the streets of the capital. From national debates over the importance of infant mortality for the island's future, to the influence of French "puericulture" on the development of Cuban pediatrics, to the increasing demand among the city's poor for healthy spaces for their children, the development of children's health and welfare services in the 1910s and 1920s represented the convergence of local conditions of poverty and disease with transnational debates over health and state responsibility. Debates over infant mortality in early twentieth-century Cuba provide a lens for viewing an understudied aspect of postindependence Cuba: the degree to which republican dreams of modernity were tied to questions of health. For the Cuban medical reformers that helped found the world's first Ministry of Health in 1909, the state had a fundamental responsibility to protect the health of the Cuban people, especially its most vulnerable. But this responsibility, they argued, was not theirs alone. Under the belief that maternal ignorance was the chief cause of infant death, health education campaigns targeted poor urban women to extirpate "colonial habits" and inculcate the new techniques of modern scientific mothering. But as some reformers noted, the main cause of infant death was less maternal ignorance than poverty and a lack of adequate health and welfare institutions. The campaign to reduce infant mortality was therefore also a struggle over the meanings of independence, state responsibility, and public health action in early republican Cuba.

While in recent years historians have begun to explore the important role public health and medical science played in nineteenth- and twentieth-century Cuba, this scholarship has largely overlooked centrality of gender to the development of Cuban medicine and health institutions.[10] But Cuban efforts to understand and combat infant mortality were profoundly shaped by gendered conceptions of hygienic self-discipline and maternal practice.[11] Moreover, the disease landscape of postindependence Cuba was itself deeply gendered. The problem of infant mortality and the state and private efforts that emerged to address it highlight the problem of women's and children's poverty and illness in postindependence Havana. As contemporary observers regularly noted, rampant urban-to-rural migration since the final War of Independence exacerbated Havana's housing shortage and contributed to skyrocketing rents in the Cuban capital.[12] The high cost of living impelled ever-larger numbers of women to enter the paid workforce. But work from sewing, cleaning, and domestic labor, three of the main occupations open to poor women, was so dismally remunerated that it barely covered the basics for a single woman. According to physician and reformer Manuel Delfín, a single woman with several children could "not earn, even making miracles, enough for the sustenance of her children."[13] With women's labor so poorly valued, many were unable to properly feed themselves or provide decent housing for their families. Havana's gendered geography of labor left its imprint on the city's grim mortality statistics. Economic necessity forced women workers to wean their infants early, leaving them susceptible to dangerous gastrointestinal disorders. Poor nutrition and overcrowded living conditions led to higher rates of sickness and death among the city's poor children. During the final War of Independence, these two groups—poor women and their children—had been the most visible symbol of the Spanish reconcentration policies, as widely circulated images of sick and dying children galvanized international public opinion against the brutality of colonial rule. In the years after independence, the persistence of hunger, disease and death among the city's youngest and most vulnerable inhabitants became a sign of the unfulfilled promises of Cuban independence, and once again reformers called upon medical science and the state to solve this pressing social problem.

Homiculture, Puericulture, and the State

In many ways, Cuban obstetrician Eusebio Hernández Pérez represents the ideal figure of the island's early twentieth-century medical nationalism. Of impeccable *independista* credentials, Hernández was famous for his revolutionary activities during Cuba's long struggle against Spain. A former secretary for General Antonio Maceo, Hernández participated in the failed "Guerra Chiquita" campaign (1879–1880) and would return to fight in the final War of Independence (1895–1898), eventually gaining the rank of general. In the interim, Hernández traveled to Europe to finish his medical education, studying obstetrics in Paris under the famous French obstetrician and social reformer Adolphe Pinard. In Paris, the revolutionary Cuban physician was able to participate in the "obstetrical revolution" initiated by Pinard, including the development of manual version to aid in the delivery of a breech fetus and new medical treatments for placenta previa.[14] But for Hernández, Pinard's influence extended far beyond his obstetrical work. As an influential figure in the development of "puericulture," Pinard's work helped shape Hernández's efforts to use the benefits of medical science to transform Cuban society. Derived from the Latin for "the cultivation of the child," puericulture was defined by Pinard as "the science that has for its object the investigation of the facts relative to the reproduction, conservation, and betterment of the human species." In practice, puericulturists focused on maternal and child care, sexual education and hygienic education of parents, and aid to poor families.

During the first decade after independence, Eusebio Hernández, then professor of obstetrics at the University of Havana, would build upon Pinard's work: together with his student Domingo F. Ramos, he proposed a new science, called "homiculture" (the cultivation of the individual), which would incorporate puericulture but extend its reach to all aspects of human health and development. Hernández and Ramos presented homiculture as a comprehensive science of human heredity and reproduction, linking maternal and infant health to the study of environmental factors in pregnancy and early childhood that would affect child development, as well as exploring genetic influences on health and reproduction.

In their 1911 book *Homicultura*, Ramos and Hernández outlined an expansive national project, organized around on the new science, to address maternal and child health in Cuba.[15] They argued that infant mortality could be brought under control only through the kind of specialized government campaign that helped rid the island of yellow fever, linking hygienic education, scientific research, public health action, and medical care. Their proposal included the vast expansion of maternal health services in Havana, including a comprehensive maternity hospital and new home health services. The plan also included a virtual sampler plate of policies based on innovative foreign models, including licensed midwife-assisted home births under the supervision of a clinic obstetrician, as was then the practice in New York City; *Kinderschutzen*, or asylums for women having just given birth; *gouttes de lait*, or distribution centers where free pasteurized milk would be given out to poor mothers; and crèches, or "day nurseries" where women could leave their children when they went to work. The plan also advocated the passing of laws similar to the Roussel Law of France, which regulated wet nurses and "defended the children's rights to their mother's milk."[16]

That Hernández and Ramos's work was steeped in transnational debates over how to organize maternal and infant health services is obvious. As the previous list of proposals makes clear, the Cuban homiculturists had a catholic interest in foreign health laws and institutions. As they were well aware, the

United States was making strides in consumer protection laws that helped it reduce its infant mortality rates. German *Kinderschutzen* and US "day nurseries" were valuable institutions that, Hernández and Ramos believed, could be fruitfully replicated in Cuba. But the strongest influence on their plan was certainly the tradition of French maternal and child protection laws, crèches, *gouttes de lait*, and obstetrical and pediatric innovations, which both doctors had seen first hand in their studies in France. But their goal was never to simply reproduce European and North American institutions and medical projects. As their elaboration of puericulture into the science of *homicultura* makes clear, Hernández and Ramos did not see themselves as imitators or junior partners in transnational medical debates. Instead, they sought to expand upon the work of their European and US counterparts, do innovative scientific research, and create health institutions that responded to specific Cuban conditions.

While scholars have studied homiculture as an important influence on Cuban and Latin American eugenics in the 1910s and 1920s, it is important to note that it first emerged as a response to the troubling infant mortality rates among the poor of Havana in the first decade after independence.[17] And while other scholars foreground the place of homiculture within national and transnational scientific debates, it also shaped on-the-ground institutions that affected the lives of tens of thousands of urban residents.[18] The goal of this new science was to provide a framework for organizing state and private efforts to reduce infant mortality in Cuba.

For years, Hernández had been frustrated by the lack of government support for his work. But with the development of homiculture and the creation of the Cuban Ministry of Health and Welfare, Hernández's work began to finally receive the attention of public officials.[19] As the Cuban health secretary Manuel Varona Suárez declared, homiculture was "a most powerful aid to the health authorities," and it would form the framework for the ministry's work on infant and maternal health.[20]

The Children's Hygiene Service

In 1913, President Mario García Menocal signed the decree establishing the Children's Hygiene Service. According to the decree's preamble, the law was meant to "diminish as far as possible the present high percentage of infant mortality which prevails . . . in the capital of the Republic."[21] To that end, it incorporated many of the proposals put forth by Hernández and Ramos, including the registration and inspection of wet nurses, the expansion of milk inspections, and the creation of a special sanatorium for tubercular children. It also established the Consultorio de Higiene Infantil, a free clinic that provided medical care as well food donations to poor children and their mothers (see figure 17.1).[22]

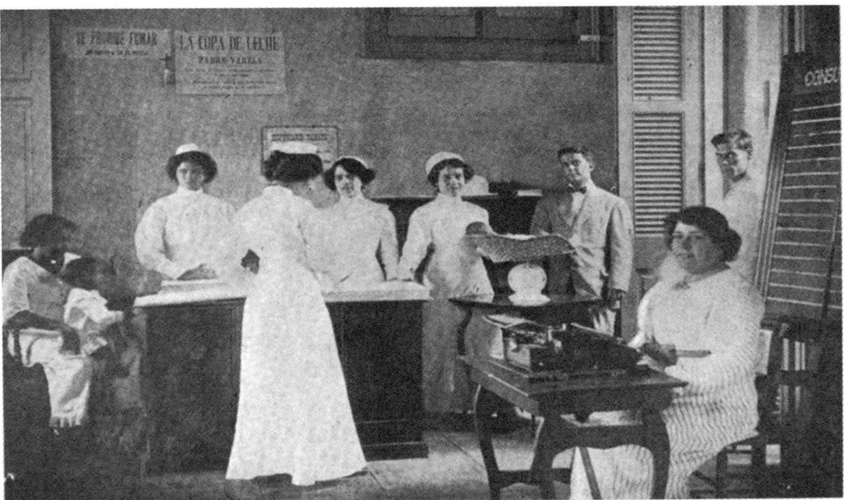

FIGURE 17.1. The new children's health clinic the Consultorio de Higiene Infantil. *Source*: "Protección a la infancia," *Boletín Oficial de la Secretaría de Sanidad y Beneficencia de la Isla de Cuba*, November 1914, 630.

While the new Children's Hygiene Service provided some important new health-care services, the program was much more limited than the expansive vision of state health action that Hernández and Ramos had envisioned. Like many other ostensibly "national" public health campaigns of the period, the reach of the campaign was limited to the capital, with the Children's Hygiene Service under the authority of Havana's local health department. And rather than substantially expand state health services or create a modern maternity or children's hospital, as Hernández and Ramos advocated, the main thrust of the law was a vigorous surveillance regime. Medical inspectors, almost always nurses working with the Children's Hygiene Service, would inspect schools, crèches, and asylums at regular intervals, and submit reports on the conditions of each. But while these institutions were subject to government inspection and oversight, the core of the new surveillance regime focused on those women public health authorities believed to be most directly responsible for the city's infant mortality crisis, unlicensed midwives and wet nurses and "ignorant" popular-class mothers. As the decree announced, "Poor women during their pregnancy and rearing of their offspring" during their first two years of life would be subject to "inspection and sanitary instruction."[23] Inspectors were to "give special attention to the dwelling places of poor people, exacting perfect cleanliness of their rooms, halls, corridors, stairs and yards." They were also to investigate midwives in their area and report any unlicensed midwifery to the courts. And they were to make sure all area wet nurses remained in strict compliance with sanitary regulations and undergo regular health examinations, including submitting samples of their breast milk for bacteriological examination.[24] Any wet nurse found "not in the proper condition to suckle a child" would be denounced to the courts, "charged with fraud, deception, and as a danger to public health."[25]

But home inspections and medical consulting hours were also an opportunity for health workers to give "conferences and advice to mothers," about the hygienic rearing of their children. Pregnant women were taught "the hygienic principles of pregnancy," and mothers with children younger than two years old were urged to breast-feed their children. [26] Indeed, efforts to convince Cuban women to nurse their babies was "the fundamental point of the entire children's hygiene campaign."[27]

"Do not kill your little child": Milk, Modernity, and Scientific Mothering

As Cuba's medical researchers repeatedly showed, infantile enteritis was the greatest cause of infant death on the island. But it should also have been the easiest to remedy. In paper after paper presented at the Cuban Academy of Science, researchers pointed to the improper nourishment of young children as the primary cause of the often-fatal gastrointestinal ailments of Cuban babies. The problem, they all agreed, was that Cuban mothers were weaning their children too early, substituting cow's milk of uncertain quality for the breast milk that medical reformers saw as the "right" of Cuban children.

To tackle the infant mortality problem, reformers and health officials worked on two fronts: first, they would strengthen the oversight and regulation of milk production and distribution to ensure that urban residents were not exposed to adulterated, spoiled, or tainted milk; second, reformers organized a multipronged health education offensive, aimed at the city's women, to transform popular child-rearing habits. A broad array of *higienistas*, public health officials, home inspection nurses, and crèche workers urged mothers to exclusively breast-feed their infants, to consult medical experts before attempting to wean their children, and to take extreme care with introducing cow's milk to their babies. Together, these two initiatives sought to ensure that the city's children would be given healthy and safe nourishment "appropriate to their age."

The argument for breast-feeding infants was simple: the still-developing digestive systems of young babies were too delicate for any other forms of nutrition, and cow's milk was a potentially deadly substitute. With much of Havana's milk traveling long distances from farm to the city, with dairy workers and milk deliverymen of dubious hygiene, and with home refrigeration still extremely rare in the homes of the poor, there were just too many potential sources of bacteriological infection to assure parents that cow's milk would be safe for their young children. As a 1914 study presented at the Cuban Academy of Science argued, the milk supply in Havana, while nutritionally sound, was "bacteriologically tainted by improper manipulation."[28] There were many points of bacteriological infection, from filthy conditions in dairies to sick workers handling the milk and the reuse of bottles without disinfection. But even in the best conditions, as Cuban *higienistas* strove to make clear to their readers, cow's milk was "one of the best mediums for the cultivation of microbes."[29]

The first order of business for the sanitary campaign, then, was the regulation and oversight of the city's milk supply. Medical inspectors were responsible for visiting the city's cow stables, dairies, and ice-cream establishments, making sure they were in "rigid compliance" with the sanitary codes, and ensuring that all establishments were "maintained in proper hygienic condition."[30] Inspectors would regularly examine milk from any establishment that sold it and send the samples to the ministry's Bromotological Service for microscopic analysis if the milk was suspected of being adulterated or of bad quality.[31] Cows would be inspected to ensure their health, and even milkmen, and café and dairy workers, were subject to hygienic inspection: those "attacked by any transmissible disease . . . [or] suffer[ing] from an ailment of the skin of any kind" would be "retire[d] from such work."[32] Printed cards outlining the new sanitary ordinances were distributed to all sectors of the city's dairy industry.[33]

But if the regulation of milk supplies was fairly straightforward, changing the child-rearing practices of the Cuban people would prove more complicated. To help spread the new gospel of breast-feeding, and supplement the "hygienic advice" that medical inspectors gave popular-class women during home inspections and consultations, the health ministry sought out the aid of the city's newspapers and popular magazines. One new source of popular health education was Enrique Barnet's column "Conversations with the Doctor," published in the Havana weekly *El Figaro* and reprinted for free distribution by the health department. With an evangelist's zeal, Barnet warned of the many invisible threats that surrounded Cuban children and urged mothers to follow "God's law" by exclusively breast-feeding their infants. His column was filled with vivid illustrations of mothers weeping over empty cribs, macabre collections of the deadly "dangers that surround" children—from scarlet fever to "dirty milk" and bovine tuberculosis, and images counterposing sickly babies fed by cow's milk to fat healthy babies raised on breast milk.

Through magazine columns like Barnet's and journals like *La Higiene*, or through home visits by nurses and doctors or trips to the city's dispensaries and clinics, women in Havana were increasingly exposed to the new hygienic commandments. Posters in clinics, articles in newspapers, workers in crèches all spoke in one voice, exhorting women to exclusively breast-feed their babies

FIGURE 17.2. "Do not kill your little child." A "healthy, happy" child, fed breast milk, pasteurized cow's milk and boiled water is contrasted to the "sad and sickly" child given a harmful diet. *Source*: Enrique Barnet, *Conversaciones del doctor*, 50.

until they were old enough for solid foods. Images of fat nursing babies alongside supposedly sickly babies whose mothers did not nurse them drove home this message. One particularly blunt image commanded women not to "kill their little children" (figure 17.2). Again counterposing a fat, healthy, and happy child raised on breast milk to a sickly, sad child fed an improper diet, the article's illustration drove home in vivid images the importance of proper nutrition for young children.

But Cuban women's inattentiveness to the hygienic counseling of Cuban doctors was a regular refrain during this period. Barnet and others regularly complained that although "few mothers really [knew] how to take care of their children," they listened to the advice of "ignorant" neighbors over their medical counsel.[34] Since the end of Spanish colonial rule, Cubans had made great sanitary strides, actively participating in urban health campaigns against yellow fever and bubonic plague. But Cuban mothering, reformers groused, remained embedded in colonial habits and superstitions. Juan Valdés complained that young mothers often "imprudently listen to the advice of those around them, almost always old women. In this way old errors and backwardness reproduce themselves generation after generation."[35] On a similar note, Barnet complained that "many mothers let themselves be completely guided by the counsel and superstitions of the neighborhood grandmothers, of nosy midwives, and their wet nurse friends. This is a great error, sustained by ignorance."[36] For *higienistas* like Barnet and Valdés, who sought to assert physicians' professional authority over questions of child health and maternal practice, the answer lay in the "difficult struggle against customs, prejudices and superstitions" of women, replacing the trusted counsel of grandmothers and neighbors with the medical authority of the physician.[37]

For Cuban medical reformers, efforts to transform the mothering practices of the poor were an essential step in the modernization of Cuban femininity. But not any modernization would do: Cuban *higienistas* pushed a vision of modern motherhood based on profoundly traditional bases. For Juan Valdés, too many women believed that modern womanhood meant that they should "be like men," when in fact what they should aspire to is being better, more scientifically informed, mothers: "Many women aspire to fulfill in society the functions destined to the man, which they desire for themselves. From this we have the lack of knowledge and education about child-care methods. . . . [But] is there anything more beautiful and of greater responsibility in life than [motherhood]?"[38] At the center of this hygienic education campaign was a discourse that subordinated the mother to her children, to the nation, and to "nature." Rather than follow "selfish" pursuits, the modern Cuban woman would do everything in her power to raise healthy babies, for "the happiness of the family and the future of the nation," and because it was "God's law" for women.[39] For those that would not follow "God's law" or the *higienistas*' counsel, Valdés proposed punitive measures. While he advocated for the expansion of public services to support mothers, with food aid and expanded health services, Valdés believed that women should be compelled to nurse their young. He proposed that the state mandate that mothers be required to breastfeed their children, arguing that mothers who do not are guilty of murder: "One of the most powerful resources on which we could rely to greatly reduce infant mortality is legislation that would obligate mothers to nurse their children, as is their duty, with the milk that nature provides them, which it the best nourishment of the child. . . . The mother that is able to nurse her child but does not give him the milk that belongs to him has committed infanticide."[40]

Unfortunately, sources are mostly silent on how popular-class women felt about these efforts to transform their child-rearing habits, although Domingo F. Ramos admits that "at the beginning, they were poorly received by the public."[41] Of course, Havana's popular-class women fed their children as best they could according to methods they learned from trusted sources. Better to listen to trusted neighbors than the intrusive medical inspectors who entered their homes with the purpose of changing their habits, telling them that the ways they cared for their babies could make them sick or kill them.[42] Of course, what most of these conversations ignored were the reasons many popular-class women weaned their infants early. Poor women, especially single mothers, were forced to work long hours at meager wages to support their families. And while some health reformers urged legislators to pass laws giving women paid maternity leave, these reforms were a long way off in the early 1910s. Aside from Manuel Delfín's perpetually underfunded Casa del Pobre, no other institutions helped poor single mothers stay home with their young children, even though this surely would have been a powerful aid to the infant mortality campaign.[43] But for the city's working mothers, the health campaign would produce a useful new institution that would give them a safe and healthy space to leave their children during their long work hours. New private crèches, or day-care centers for young children, would serve an important function for those mothers lucky enough to secure one of the limited spots.

Women's Organizing for Children's Health: Crèches, Infant Mortality, and the Limits of State Support

While the new Children's Hygiene Service represented a narrow vision of state action to combat infant mortality, health officials hoped that private organizations would emerge to complement the state's limited role. In response, new women's organizations emerged in Havana that took children's health as a central task, caring for poor children in new crèches and asylums, and becoming important sites for the dissemination of hygienic precepts among the city's poor. These organizations—including the Comité de Señoras de Protección de la Infancia en el Vedado, the Comité de Señoras Para la Protección de la Infancia en el Distrito de la Habana, and the Comité de Damas para la Protección de la Infancia en la Secretaría de Sanidad y Beneficencia—formed largely by the upper-class *habaneras*, provided elite Cuban women the institutional basis to effect change on an issue of national importance, and helped shape an incipient Cuban women's movement. As K. Lynn Stoner and Julio César González Pagés have argued, early Cuban feminists drew on traditional notions of femininity to argue for the inclusion of women's voices in Cuban politics.[44] Both, however, ignore the role of medical politics and especially the question of infant mortality in helping cohere a new generation of women's organizations in Cuba. In providing hygienic care and education to the city's poor children, elite *habaneras* injected a modern medical reformism into traditional maternal charity. Indeed, just as Cuban physicians sought to assert their authority over the child-rearing practices of Cuban women, these new organizations allowed elite women reformers to claim new rights to speak publically on national issues as modern Cuban mothers. But these organizations also created on-the-ground institutions that provided food, health care, and security for the city's children, and gave Havana's working mothers safe places to leave their children while they worked in the city's factories and workshops. Nevertheless, the lack of government support limited the reach of these organizations.

The Congreso Nacional de Madres de Cuba and the Comité de Señoras para la Protección de la Infancia en el Distrito de la Habana Nueva provide two contrasting trajectories for elite women's involvement in child health and welfare issues in the 1910s and 1920s. Organized as an elite women's response to the problem of infant mortality in the capital, the Congreso Nacional de Madres de Cuba had its roots in the work of the National Congress of Mothers, the US-based child welfare organization. The Cuban Congreso was Cuba's most elite women's philanthropic organization, bringing together the highest echelons of the Havana oligarchy.[45] Being very well connected, the Congreso Nacional was able to secure the donation of the recently closed Hospital de Higiene, in Havana's Cerro neighborhood, for use as an asylum and crèche.[46] The new Asilo Menocal, with a staff of paid employees and Sisters of Charity, supported eighty children in its crèche and more than fifty children in its asylum. In addition to the use of the building, the Asilo Menocal continued to receive regular financial support from the government.

The Comité de Señoras para la Protección de la Infancia en el Distrito de la Habana Nueva had a similarly auspicious beginning. In February 1914, a group of women from Habana Nueva—including Ángeles Mesa de Hernández, the wife of homiculturist Eusebio Hernández—formed the Ladies Committee for the Protection of Childhood, and set out to organize a crèche as part of the new movement to curb the city's high infant mortality rate.[47] In addition to caring for poor children while their mothers worked, the crèche offered nutritious food, free medical consults for children and pregnant women, and "hygienic counseling for children of all ages." In line with the Children's Hygiene Service campaign, the crèche's staff took extra care to counsel mothers "about the best manner to nurture and nurse their children," urging breast-feeding as the best method to ensure the health of their infants, and "trying through all possible means to propagate maternal lactation." For those mothers "who could not nurse their children, either due to a total lack of milk or an insufficient milk supply," would be given "excellent quality pasteurized milk" for their children.[48]

While the documentary record for the crèche Habana Nueva is slight, regular reports from the Children's Hygiene Service inspectors, published in the *Boletín Oficial* of the ministry of health, show that the crèche usually cared for about thirty to forty children at a time, filling up the small space that was donated by the health ministry. It is clear that the popular-class women of the neighborhood took advantage of the crèche for much needed child care, getting the additional "benefit" of hygienic counseling from the crèche's staff. But unlike the Asilo Menocal, with its Sisters of Charity and regular government subventions, the crèche Habana Nueva relied almost exclusively on the work of its volunteer board and the physicians that provided free medical consults for the crèche's children and their mothers. By the early 1920s, with funds stretched to their limit and the board exhausted, the Comité de Señoras para la Protección de la Infancia began looking for a way out. As records from an emergency meeting held in 1924 attest, the crèche was barely surviving for lack of funds: "for a long time now, all the members have known that the Creche was having a very insecure life, sustaining itself providentially, since members' dues only reached the insignificant sum of 30 pesos per month, more or less."[49] The issue was a serious one, given the forty children who attended the crèche, "who would be left abandoned were the crèche to close its doors, which would be lamentable given that these children are the sons and daughters of poor mothers, and receive there appropriate food, care, and instruction." But unable to maintain the crèche because of a lack of funding, and exhausted from the work of maintaining a volunteer organization in the face of government indifference, the governing board voted to join with and turn over the crèche to the Bando de Piedad, the organization run by the Sociedad Humanitaria de Cuba, which had been "very desirous of having its own crèche."[50]

The plan worked to save the crèche, which continued its work for decades, but the organization's financial crisis highlights both the importance that elite reformers attached to child health and welfare work, as they labored intensively to keep the financially strapped institution running, and the limits of the government's efforts to tackle infant mortality. As all observers agreed, the crèches were an important front in the fight against infant mortality, providing much-needed care, nutritious food, and medical assistance to Havana's popular-class children, and medical consultations for pregnant women and mothers.[51] But even with its elite membership and strong connections to Eusebio Hernández and other homiculturists, the work of Habana Nueva was denied government financial support. In a 1924 letter to the city's director of *beneficencia*, the crèche's director noted that the organization "did not receive subventions or monetary assistance of any kind from the government. . . . On several occasions and under distinct Public Administrations, this aid had been requested, but always without success."[52] This lack of government support for all but the most politically connected organizations is emblematic of a child and maternal health program that focused more on surveillance, health education, and statistics gathering than on the provision of needed services to the urban (let alone rural) poor. As a 1915 report from the health ministry attested, two years after the much-heralded inauguration of the Children's Hygiene Service, "very little has been done by the State to support . . . destitute children."[53] In discussing the work of the crèches, the report recommended the creation of more crèches to meet the needs of the urban poor, and urged the secretary of health to "urge the municipal governments of the island to allocate in their budgets annual subventions to these kinds of organizations."[54] But little changed in the coming years, as the Congreso Nacional de Madres' Rafaela Mederos de Fernández noted during the first National Women's Conference in 1923.[55] Although Havana's private crèches, asylums, and dispensaries did "aid many children, they were insufficient and incomplete. The army of destitute little ones that cannot obtain a spot [in these institutions] is numerous."[56] In the end, the crèches supported a very small percentage of the children of working mothers, highlighting, rather than meeting, the needs of the urban poor.

Eugenics, Race, and Infant Health

By the late 1920s, journalists of color increasingly called attention to the highly disproportionate rates of infant mortality (as well as tuberculosis and other diseases) among Cubans of color. Journalists such as Primitivo Ramírez Ros and Gustavo E. Urrutia, and medical reformers such as Arturo Abalí, argued that it was not enough to teach the poor modern hygiene. What was needed was new social welfare and health institutions and stronger public health policies to address the disproportionate mortality and morbidity among the city's population of color.[57] These debates highlighted the partial reach of government health programs, and the utter insufficiency of the city's private crèche system to meet the needs of poor women, among which women of color predominated.

As discussed earlier, French puericulture, which emphasized proper nutrition and medical care, was a major influence on Cuban infant health work. But by the early 1920s, this French influence was being eclipsed by the growing influence of North American eugenicists. While Eusebio Hernández had espoused progressive state action to improve the population's health in line with neo-Lamarckian eugenic thinking, by the late 1910s and early 1920s his protégé Domingo Ramos increasingly turned to Mendelian eugenics to understand the role of genetic influence on health.[58] If homiculture emphasized the positive influences hygienic reforms could have on the population, Ramos was increasingly convinced that without limiting "dysgenic" reproduction, progressive health reforms were actually counterproductive.[59] As he would later argue at the Second Pan-American Conference on Eugenics and Homiculture, improving health conditions—the essential terrain of homiculture—was of little use if an individual's "germ plasm" was faulty, since it would allow the unfit to reproduce and spread genetic disease.[60] But limiting reproduction to the genetically fit was also insufficient, because "nothing comes from a good seed that has not been well cultivated."[61] Public health reforms therefore needed to work in tandem with eugenic legislation to improve the "health of the race."

Efforts to educate the Cuban poor on proper child care and nutrition continued unabated, and new hospitals were opened for children and pregnant women. But for many health officials and medical reformers, efforts to improve the health conditions of Cuban children would need to be complimented by a campaign to prevent the "unfit" from reproducing to begin with. While traditional infant health efforts would continue, new state projects would seek to "improve the Cuban race" through the issuance of marriage certificates, passing strict legislation to restrict West Indian immigration, and seeking eugenic sterilization laws.[62]

Nevertheless, even as white-supremacist eugenic science gained an increasing foothold within the Ministry of Health, on the ground, infant health services (while clearly insufficient to meet the needs of the Cuban poor) remained available to all Cubans, or at least all Cubans who lived in the capital, where health services were clustered. For families of color, who made up a disproportionate percentage of the city's poor, these health services seem to have been particularly important. While there is little documentary evidence describing who attended the city's children's clinics, sources suggest that women of color especially sought out these health institutions for their children. For example, photographs show multiracial groups of women and children at the Consultorio de Higiene Infantil, and women of color won prizes for highest regular attendance at the *consultorio* (see figure 17.3).[63]

But there are still many questions that need to be answered. For example, how did racially inflected understandings of culture, modernity, and hygiene shape interactions between physicians and nurses and mothers of color? How effective were the state's child health campaigns in reducing infant mortality, and did they work to close the racial gap in child deaths? And beyond the debates in the black press, to what degree did the racial landscape of infant mortality become a political issue for Cubans of color? These are some key questions that demand further research.

Conclusion

Throughout the early years of the republic, there was broad agreement that aggressive action was necessary to confront the crisis of infant mortality. But there were considerable differences of opinion over both the causes of the problem and what action should be taken. Was the problem primarily the ignorance of poor women, who did not know how to feed or care for their young children, or structural issues of poverty, which condemned impoverished women and their children to malnutrition and disease? What explained the disproportion-

CONSULTORIO CENTRAL DE HIGIENE INFANTIL.—DISPENSARIO "TAMAYO"
CENTRAL CONSULTING ROOM FOR INFANTILE HYGIENE.—"TAMAYO" DISPENSARY

FIGURE 17.3. Mothers and their babies attending the Consultorio de Higiene Infantil, 1914.

ate rates of infant mortality among Cubans of color? And what kind of public resources should be expended to deal with the problem?

The new children's health services created by the ministry of health in 1914 were an impressive start. But the program was hobbled from the beginning by a perception that poor women were themselves primarily responsible for the diseases that decimated Cuban children. If officials hoped Cuban mothers would breast-feed their infants for the first nine months of their lives, they provided little access to services like child care or support to stay at home, which could have aided mothers in doing so. Havana's popular-class mothers faced a difficult bind in the early decades of the twentieth century. Forced to work to support their families in an expensive city, many had to wean their babies early. But where to leave them and who to trust for advice on what to feed them? In the days before powdered infant formula and pasteurized powdered milk, these were choices with terrible implications.

If we trace the institutions and discourses that shaped early twentieth-century Cuban maternal and infant health work, we get a sense of the broader shifts that Cuban public health underwent during the first decades after independence. For medical reformers like Manuel Delfín and Eusebio Hernández, the immediate postindependence period was a moment of great expectation and hope, the successful campaign against yellow fever a sign of the wondrous benefits concerted public health and medical reforms could achieve in an independent Cuba. But by the late 1910s and 1920s, this hope had begun to fade, as many *higienistas* began to blame the country's poor and multiracial population for the persistence of disease. If in 1908, Havana's high infant mortality rate was an indictment of a government that had yet to fulfill its promise to create a healthy Cuban nation, by the 1920s, the stubbornly high death rate was an indictment of a Cuban people that was not up to the task of hygienic citizenship, a sign that stronger measures would be needed to force the population to improve. In the end, the bold governmental response to infant mortality envisioned by Eusebio Hernández and a younger Domingo Ramos only partially materialized, the system that was created being more punitive than visionary.

NOTES

1. J. A. Taboadela, *Report of the Work Done by the Department in Favor of the Protection of Infancy* (Havana: La Moderna Poesía, 1914).

2. The Colonia de Defensa Sanitaria Infantil was open to any poor child younger than age ten not suffering from a transmissible disease and living in Havana. Children were recommended for the camp by doctors from the Children's Hygiene Service, on the basis of the child's "physical conditions, economic state of their family or guardians, [and] the kind of house they inhabit." See "Colonia de Defensa Sanitaria Infantíl: Reglamento del Servicio Externo," *Boletín Oficial de la Secretaría de Sanidad y Beneficencia de la Isla de Cuba*, June 1914, 762.

3. Ibid., 10–11.

4. "Protecting the Health of Cuban Babies," *Survey*, September 18, 1915, 552.

5. Jorge Le-Roy y Cassá, *La mortalidad infantil en Cuba: Notas demográficas* (Havana: Impresa y Librería de Lloredo y Ca., 1914), 28.

6. William G. Rothstein, "Trends in Mortality in the Twentieth Century," in *Readings in American Health Care: Current Issues in Socio-Historical Perspective*, ed. William G. Rothstein (Madison: University of Wisconsin Press, 1995), 77.

7. Between 1904 and 1913, the total number of infants who died during the summer months (May–August) was 56 percent higher than during the colder fall and winter months of October–January. See Le-Roy y Cassá, *La mortalidad infantil*, 23–24.

8. Indeed, one area where there *had* been a clear improvement in the infant mortality rate—with the lowering rates of infantile tetanus—only highlights the limited reach of public health reforms during the early republic. In Havana, improved antiseptic procedures for cutting umbilical cords after birth established by Carlos Finlay during the first US occupation dramatically reduced the numbers of babies dying of infantile tetanus. In the capital, these numbers went down steadily, from thirty-three per year in 1904 to six in 1913. But in the countryside, where these antiseptic procedures were rarely followed, infantile tetanus remained a serious problem. In 1913, for example, there were 433 infantile tetanus deaths in the countryside. See Le-Roy y Cassá, *La mortalidad infantil*, 29. On the transnational politics that shaped Cuban anti–yellow fever work, see Mariola Espinosa, *Epidemic Invasions: Yellow Fever and the Limits of Cuban Independence* (Chicago: University of Chicago Press, 2009).

9. Eusebio Hernández and Domingo F. Ramos, *Homicultura* (Havana: Secretaría de Sanidad y Beneficencia, 1911), 117.

10. Some recent scholarship on Cuban medical science includes the following: Jennifer Lambe, "Madhouse: Cuban History from the Margins" (unpublished manuscript); John A. Gutierrez, "Disease and the State in the Caribbean: Fighting Tuberculosis in Cuba, 1899–1909"

(PhD diss., CUNY, 2013); Pedro M. Pruna Goodgall, "National Science in a Colonial Context: The Royal Academy of Sciences of Havana, 1861–1898," *Isis* 85, no. 3 (1994): 412–426; Reinaldo Funes Monzote, *El asociacionismo científico en Cuba, 1860–1920* (Havana: Centro Juan Marinello, 2006); Marc McLeod, "We Cubans Are Obligated Like Cats to Have a Clean Face: Malaria, Quarantine, and Race in Neocolonial Cuba, 1898–1940," *Americas* 67, no. 1 (2010): 57–81; Tiffany A. Sippial, *Prostitution, Modernity, and the Making of the Cuban Republic, 1840–1920* (Chapel Hill: University of North Carolina Press, 2013); Consuelo Naranjo Orovio and Armando Garcia Gonzalez, *Medicina y racismo en Cuba: La ciencia ante la inmigración Canaria en el siglo XX* (La Laguna, Spain: Taller de Historia, 1996); Armando García González and Raquel Alvarez Peláez, *En busca de la raza perfecta: Eugenesia e higiene en Cuba, 1898–1958* (Madrid: Consejo Superior de Investigaciones Científicas, 1999).

11. Some excellent examples of historical work on infant mortality and motherhood include Richard A. Meckel, *Save the Babies: American Public Health Reform and the Prevention of Infant Mortality, 1850–1929* (Baltimore: Johns Hopkins University Press, 1990); Juanita de Barros, *Reproducing the British Caribbean: Sex, Gender, and Population Politics after Slavery* (Chapel Hill: University of North Carolina Press, 2014); Ann Zulawski, *Unequal Cures: Public Health and Political Change in Bolivia, 1900–1950* (Durham, NC: Duke University Press, 2007), especially chap. 4; and Jadwiga E. Piper Mooney, *The Politics of Motherhood: Maternity and Women's Rights in Twentieth-Century Chile* (Pittsburgh: University of Pittsburgh Press, 2007), chap. 1.

12. On the gendered aspects of women's poverty in post-reconcentration Havana, see Daniel A. Rodriguez, *A Blessed Formula for Progress: The Politics of Health, Medicine, and Welfare in Havana (1897–1935)* (PhD diss., New York University, 2013), chaps. 1 and 4.

13. "Mujeres en Miseria," *La Higiene*, December 1906, 824.

14. Hernández and Ramos, *Homicultura*, 105. As Nancy Stepan notes, puericulture responded to late nineteenth-century French concerns over France's low birth rate relative to its industrial and imperial competitors, England and Germany, providing a framework for pronatalist government policies. See Nancy Stepan, *Hour of Eugenics*, 77–78.

15. Hernández and Ramos, *Homicultura*.

16. Ibid., 52–54.

17. For homiculture's relationship to Latin American eugenics, see Stepan, *Hour of Eugenics*, chap. 3. On the relationship of homiculture, eugenics, and Cuban social science, see Alejandra Bronfman, *Measures of Equality: Social Science, Citizenship, and Race in Cuba, 1902–1940* (Chapel Hill: University of North Carolina Press, 2004), chap. 5.

18. See, for example, García González and Álvarez Peláez, *En busca*.

19. Ibid., 107–110.

20. Ibid., 12.

21. Taboadela, *Report of the Work*, 5.

22. According to the health department, the food donations were "a great attraction and benefit to poor mothers who come periodically to these consultations, and are thus, with their children under constant vigilance of the physicians of the service, receiving opportunely the medical advice their require." Ibid., 13–14.

23. Ibid., 6.

24. Ibid., 19.

25. Ibid., 22.

26. Ibid., 7.

27. Domingo F. Ramos, "Servicio de higiene infantil: Informe," in *Boletín Oficial de la Secretaría de Sanidad y Beneficencia de la Isla de Cuba*, August 1914, 212.

28. Leonel Plasiencia, "La leche que se consume en la Habana, por su composición es buena: Es sucia bacteriologicamente por malas manipulaciones," *Boletín Oficial de la Secretaría de Sanidad y Beneficencia de la Isla de Cuba*, March 1914, 241.

29. Enrique Barnet, *Conversaciones del doctor* (Havana: Secretaría de Sanidad y Beneficencia, 1914), 22.

30. Taboadela, *Report of the Work*, 20.

31. Ibid., 21.

32. Ibid., 22.

33. Not surprisingly, workers in these industries resented this expanded sanitary surveillance. According to Enrique Barnet, *lecheros* "grumbled a great deal" about the new oversight "and cursed the health department," saying the new regulations were "bad for business." Barnet, *Conversaciones*, 22.

34. Ibid., 40

35. "Higiene infantil," *Vida Nueva*, November 1913, 246.

36. Barnet, *Conversaciones*, 40.

37. "Higiene Infantil," *Vida Nueva*, November 1913, 246.

38. Ibid.

39. Ibid.

40. Juan B. Valdés, "Mortalidad infantil: Sus causas, medios para prevenirlas y combatirlas," *Memoria Oficial, Septima Conferencia Nacional de Beneficencia y Corrección de la Isla de Cuba* (Havana: La Moderna Poesia, 1908), 104.

41. Ramos, "Servicio de higiene," 213.

42. Indeed, as former municipal doctor Emilio Martinez noted, tone mattered. "The practical teachings of a nurse are worth more than all the orders of a medical inspector," Martinez argued, because the nurses' advice was given without the "imperious tone and legal authority" of the medical inspector, which, he added, the city's residents "always hated." Emilio Martinez, "La asistencia médica a domicilio constituye un progreso social," *Boletín Medico Municipal de la Habana*, November 1914, 99–103.

43. On Delfín's La Casa del Pobre, see "La Casa del Pobre, Socorros Mutuos," Archivo Nacional de Cuba, Registro de Associaciones (hereafter ANC/RA), *legajo* 12263, no. 420, and Manuel Delfín, *La Casa del Pobre, Institución Benéfica Genuinamente Cubana* (Havana: Imp. La Propagandista, 1914). For the role of La Casa del Pobre in addressing disease through a focus on women's poverty, see Rodriguez, *Blessed Formula*, chap. 4.

44. K. Lynn Stoner, *From the House to the Streets: the Cuban Women's Movement for Legal Reform, 1898–1940* (Durham, NC: Duke University Press, 1991); Julio César González Pagés, *En busca de un espacio: Historia de las mujeres en Cuba* (Havana: Editorial de Ciencias Sociales, 2005).

45. At its inaugural meeting in 1913, Mariana Seva de Menocal, the wife of Cuban president, was named president of honor; Concepción Escardo de Freyre, wife of the Havana mayor, was named president; and the "seven vice-presidents were chosen from among the leading ladies of Cuba." "National Congress of Mothers of the Republic of Cuba," *Child Welfare Magazine*, December 1913, 108.

46. That the Menocal government turned the recently shuttered Hospital de Higiene, the state hospital for prostitutes, into an organization for child health and welfare is a significant example of the shifting priorities of the Cuban public health system, which had recently moved away from the state regulation of prostitution, which was often criticized as an immoral vestige of the colonial public health system. The administrative offices of the now-defunct Special Hygiene Service were also turned over to a children's health institution, becoming the Dispensario para Niños Pobres of the Bando de Piedad. See M. F. Alfonso, "La beneficencia en Cuba," *Boletín Oficial de la Secretaría de Sanidad y Beneficencia de la Isla de Cuba*, December 1915, 477.

47. As the organization's bylaws make clear, the groups founders believed that "everything that is done to reduce [infant mortality rates] is necessary and patriotic work; therefore, this Com-

mittee will have as its primordial goal the struggle against the excessive mortality of children in early childhood." "Comite de Señoras Para la Protección de la Infancia en el Distrito de la Habana Nueva," ANC/RA, *legajo* 1187, no. 30737, fols. 7 and 2.

48. Ibid.

49. Minutes from Extraordinary Meeting, May 16, 1924, from "Comite de Señoras Para la Protección de la Infancia en el Distrito de la Habana Nueva," ANC/RA, *legajo* 1187, no. 30737, fol. 13.

50. Ibid., fols. 13 and 14. The Bando de Piedad, or Band of Piety, was also known as the Sociedad Protectora de Niños, Animales y Plantas (Protective Society for Children, Animals, and Plants), and was formed in 1905 by Jeannette Ryder, a Wisconsin-born philanthropist who had come to Cuba during the first US occupation with her physician husband.

51. Indeed, even the simple provision of healthy meals to the crèches' children had beneficial health effects. As a ministry health inspector noted of one crèche in 1917, "One can see the difference in favor of the children who have been attending [the crèche] for some time. There are some that when they were admitted could barely hold themselves up for lack of nourishment." "Visitas e inspecciones practicadas por la doctora mestre en la creches y casa de beneficencia y maternidad durante el mes de julio," *Boletín Oficial de la Secretaría de Sanidad y Beneficencia de la Isla de Cuba*, December 1917, 506.

52. Ibid., fol. 15.

53. Alfonso, "La beneficencia," 414.

54. Ibid., 419.

55. Health concerns were central to the demands articulated at both National Women's Congresses—the second was held in 1925—which emerged from the work of organizations such as the Congreso Nacional de Madres and the women of the crèche Habana Nueva. In addition to seeking voting rights for women, the "Conclusions of the First National Women's Congress" included calls for increased attention to eugenics and puericulture in public education, and a call for the government to enforce existing protective legislation for children (which included health provisions). See *Memoria del Primer Congreso Nacional de Mujeres organizado por la Federacion Nacional de Asociaciones Femeninas* (Havana: La Universal, 1923) and *Memoria del Segundo Congreso Nacional de Mujeres* (Havana: La Universal, 1927).

56. Rafaela Mederos de Fernández, "Protección a la niñez: Tema oficial del Congreso Nacional de Madres," in *Memoria del Primer Congreso Nacional de Mujeres organizado por la Federacion Nacional de Asociaciones Femeninas* (Havana: La Universal, 1923), 317.

57. These debates played out, in part, in the pages of "Ideales de una raza," a weekly page in *El Diario de la Marina* written by journalists of color and oriented toward Cubans of African descent. See, for example, Primitivo Ramírez Ros, "La tuberculosis en la raza negra," *Diario de la Marina*, August 18, 1929; "Cómo nos ven," *Diario de la Marina*, September 1, 1929; "Armonias: El busilis," *Diario de la Marina*, September 1, 1929.

58. On neo-Lamarckian and Mendelian eugenics in Latin America, see Stepan, *Hour of Eugenics*. For a discussion of maternal and child health programs in postrevolution Mexico, see Alexandra Minna Stern, "Responsible Mothers and Normal Children: Eugenics, Nationalism, and Welfare in Postrevolutionary Mexico, 1920–1940," *Journal of Historical Sociology* 12, no. 4 (December 1999): 369–397.

59. In 1921, Ramos was sent by the health ministry to the Second International Congress of Eugenics in New York City, where he presented on homiculture and its relation to eugenics. After the conference, Ramos began a long correspondence with Charles Davenport, the chief proponent of hard-line Mendelian eugenics in the United States, and would increasingly come to share Davenport's views on the importance of maintaining racial purity. See Bronfman, *Measures of Equality*, 121–123.

60. *Actas de la Segunda Conferencia Panamericana de Eugenesia y Homicultura de las Repúblicas Americanas* (Buenos Aires: Frascoli y Bindi, 1934), 154–156.

61. Ibid., 154.

62. See García González and Álvarez Peláez, *En busca*.

63. "Concurso Nacional de Maternidad y Exposición de Niños—1920," *Secretaría de Sanidad y Beneficencia*, 312.

KELLY URBAN

The "Black Plague" in a Racial Democracy: Tuberculosis, Race, and Citizenship in Republican Cuba, 1925–1945

ABSTRACT

This article examines the intersection of ideas about disease and race in Cuba. Tuberculosis, the nation's quintessential social disease, attacked Cuba's nonwhite population more intensely than its white population. In an attempt to explain or justify racial disparities in tuberculosis health indicators, a number of debates flourished from the mid-1920s through the mid-1940s. In popular forums, physicians and civic leaders scapegoated Afro-Cubans by relying on assumptions about racialized hygienic behavior, distracting from the socioeconomic roots of the disease. In medical forums, tuberculosis specialists affirmed racial difference within the nation, whether cultural, historical, or biological, by reiterating virgin soil theory. At the same time, they downplayed the extent of racial disparities among tuberculosis sufferers, foreclosing a discussion about the influence of racial inequality on tuberculosis mortality and morbidity. In response, however, Afro-Cuban actors used the issue of tuberculosis to demand more equal access to health services and to denounce racial discrimination more broadly.

RESUMEN

Este artículo examina la entrecruzada de ideas de enfermedades y raza en Cuba. La tuberculosis, la enfermedad social por excelencia de la nación, azotó a la población cubana de color con mayor fuerza que a la población blanca. Para tratar de explicar o justificar las divergencias raciales en los índices de salubridad tuberculosa, numerosos debates surgieron a mediados de los 1920 hasta mediados de los 1940. En foros populares, médicos y líderes cívicos intentaron culpar a los cubanos de color por su condición acudiendo a suposiciones raciales de comportamiento higiénico, ignorando así las raíces socioeconómicas de la enfermedad. En foros médicos, especialistas en tuberculosis afirmaron las diferencias raciales dentro de la nación, ya fueran culturales, históricas, o biológicas, reiterando la teoría de "suelo virgen." Al mismo tiempo, le restaron importancia a las diferencias raciales entre los tuberculosos, acotando así una debate sobre la influencia de inequidades raciales en la morbosidad y la mortalidad de tuberculosis. En respuesta, sin embargo, los afrocubanos utilizaron el tema de la tuberculosis para reclamar acceso más equitativo a servicios de salud y, más ampliamente, para denunciar la discriminación racial.

Throughout the first half of the twentieth century, from the mines of South Africa to the slums of San Juan, the reservations of Native Americans, and the agricultural fields of Southern California, health practitioners detected a striking trend: tuberculosis attacked nonwhite populations with an intensity and scope unparalleled in white populations in the same locales.[1] Cuban physicians reported similar observations. In the early 1930s, nonwhites represented only 27.2 percent of the population, but they accounted for 38.9 percent of all tuberculosis deaths.[2] By the mid-1940s, nonwhites constituted 25.6 percent of the population and 34.5 percent of total tuberculosis deaths.[3] The disease, one black politician warned, was "a terrible threat that . . . was continuously growing" in the black race. "The odious white plague," he suggested, "in this case and in relation to the Cuban population of color, may well be titled the black plague."[4]

Despite the global pattern, the specific meanings ascribed to these racial disparities were fundamentally local. In Cuba, the dominant (though contested) national ideology declared that all Cubans, regardless of race, were equal members of the nation. Given this presumption of equality, these blatant differences in health indicators demanded an explanation and thus became embroiled in broader political debates. This raises two questions: How did these explanations negotiate or dialogue with predominant notions of racial difference? Furthermore, how did claims about raced bodies or racialized hygienic behaviors interact with concepts of rights and duties of citizenship?

Over the past two decades, the literature on nation building, state formation, and race in Cuba has blossomed into a rich and nuanced body of work.[5] Recently, scholars have begun to analyze these discourses of race and nation through what had been "the little-explored prism of science."[6] Historians have examined the ways in which multiple scientific disciplines—namely, eugenics, criminology, and anthropology—were used to demonstrate the inferiority of Afro-Cubans and uphold social hierarchy as political inclusion gave rights to more Cubans in the early republic.[7] However, other analyses have demonstrated that as Cuba's national racial identity was being reformulated in the 1920s and 1930s, public figures used scientific and medical knowledge to insist on the equality of all races.[8] Finally, just as contestation was central to the construction of a national racial identity, historians have found that scientific and medical discourses were not solely top-down, static discourses of power; instead, activists and intellectuals of color employed medical theories and statistics to contest racist justifications of health disparities.[9] This article builds on all of these strands of scholarship, including them in a frame that examines both national and international forums, as well as both professional and popular debates, to understand how and why different sectors of Cuban society utilized, denied, and reshaped medical theories and empirical findings regarding race for various political ends.

The article also highlights new dynamics by focusing not on malaria and yellow fever, which were constructed as diseases of immigrants, but on tuberculosis, which was believed to be a disease of the Cuban people. Thus, even when invoking discussions about immigration, tuberculosis forced debates that were fundamentally about the rights and duties of citizens and the state. Coinciding with the populist campaign of Gerardo Machado and intensifying under Fulgencio Batista, nationalist reformers and politicians finally began to pay serious attention to tuberculosis, one of the highest causes of death on the island and politically contentious for its rendering as a quintessential social disease. While the disease has received little scholarly attention from Cuban historians, it represents fertile ground for further exploring how popular and medical concepts of disease informed broader debates that sought to reconcile national identity, modernity, citizenship, and a multiracial population.

As the disease drew more state funding, critiques of the antituberculosis campaign also grew, which provoked a public discussion about disease, individual responsibility, and race. Of particular salience were discourses that articulated ideas of hygienic citizenship, which demanded that citizens perform certain sanitary behaviors to keep themselves healthy, before being considered worthy of state-provided health services.[10] Many participants in the antituberculosis campaign believed overcoming ignorance and teaching proper hygienic behavior were central to stemming the rising tide of tuberculosis. Assertions of culpability were often racialized, blaming the individual victims of tuberculosis and distracting from the government's inadequate response to the metastasizing poverty and informal housing settlements in the capital and the lack of tuberculosis facilities outside of Havana.

Physicians contributed to medical debates about race and disease, while also speaking indirectly to claims about citizens' rights and duties. Tuberculosis specialists, on the one hand, adhered to an understanding of tuberculosis that confirmed the connection between race, civilization, and the disease in the historical past; on the other hand, they downplayed racial difference regarding tuberculosis in contemporary Cuba. Although they appear contradictory on the surface, these two trends actually worked together to establish Cuba's modernity on an international stage, maintain ideas about differences between whites and nonwhites within the nation, and foreclose a discussion about the possible role that racial discrimination played in Cuba's public health sector.

Many voices insisted that race played a role in the etiology and transmission of the disease, while simultaneously refusing to acknowledge the ways in which racism (and sometimes even poverty) might have affected high tuberculosis mortality among the Afro-Cuban population. Instead, they relied predominantly upon their preexisting assumptions about race, whether they referenced the culture and behaviors of Afro-Cubans; innate bodily differences; or the disproportionate number of nonwhites in the poorer sectors of society. In turn, these debates stimulated a range of citizens, activists, and professionals to claim rights to health care that needed to be honored by the state regardless of an individual's performance of hygienic citizenship. Afro-Cuban public figures, in particular, challenged the research conclusions drawn by physicians and the implicit racist assumptions of many white Cubans active in the tuberculosis campaign and critiqued the scope of the state's tuberculosis program and the existence of discrimination in society at large.

The Racialization of Culpability

In the hot and humid summer months of 1929, Dr. Gustavo Aldereguía visited the dusty workshop of a group of Havana cigar rollers, a space infamously associated with insalubrious conditions and the rapid propagation of the tubercle bacillus. A political radical and tuberculosis specialist, Aldereguía delivered a lecture to the workers, which, among other warnings and advice, proposed that Afro-Cubans follow the example of North Americans by organizing a black antituberculosis league to attend to the problems particular to their race in battling the disease.[11] Aldereguía, a committed communist, intended to critique the Machado administration's handling of the tuberculosis campaign and encourage popular mobilization toward rectifying the social and racial biases in the distribution of the country's health resources.[12] Nonetheless, at a time of heightened racial anxiety, when conceptions of race and nation were being reformulated internationally and nationally, his proposal threw a spark into the powder keg, and soon Afro-Cuban and white intellectuals, legislators, physicians, economists, and private citizens joined the debate, which quickly traveled from the halls of a local factory to the highly visible pages of a national publication, where it played out for more than four months in the conservative daily *Diario de la Marina*.[13]

No one disputed that tuberculosis was a serious problem among nonwhite Cubans. Instead, the ensuing debate wrestled with the notion that Afro-Cubans should act as an independent collective to rectify their disproportionate tuberculosis morbidity and mortality rates. Afro-Cubans espoused a variety of opinions, but all agreed that the black race, especially poor black citizens, could not remedy the problem by themselves. To justify this, prominent black figures continually emphasized the socioeconomic bases of the disease and inequality between blacks and whites in Cuba, which deprived most of the former of the organizational and financial resources to attack the disease at its root. One of Cuba's most prominent black activist-intellectuals, Gustavo E. Urrutia, journalist and editor of the "Ideales de una raza" and "Armonías" columns in *Diario de la Marina*, looked abroad and concluded that tuberculosis was "fundamentally socioeconomic—to such an extreme that the sanitary authorities in London spend more money in building hygienic housing for the poor and bettering their standard of living than in constructing . . . preventoriums and hospitals."[14]

These black intellectuals concluded, then, that Afro-Cubans could not act alone and should not act alone; instead, the duty to lead the effort fell to the state and elite cross-racial mobilization. Primitivo Ramírez Ros, a black politician, praised Machado's recent "patriotic" endeavors to decrease tuberculosis and infant mortality among blacks and emphasized that with whites holding the lion's share of economic and social resources, the burden of action in the current moment lay with them.[15] Urrutia and Ramírez also mobilized the concept of contagion to convince *Diario de la Marina*'s conservative audience of the necessity for white intervention in the problem. Any efforts to end tuberculosis in the white race, a much easier task than tackling the disease in the black race, "would be completely sterile, because . . . the black bacillus would continue floating around, infecting the atmosphere, relentlessly spreading to the white."[16] While fears of infection spreading from spaces racialized as black had been used in Cuba to discriminate against those of color, whether citizens or foreigners, these Afro-Cuban activists wielded the concept for a different end: to insist that the health of the national body was contingent on the fitness of both black and white citizens. The health of whites was linked, through shared physical space, to the health of blacks.

These claims became particularly contentious, articulated at a moment when the state had already begun a process of dedicating more resources to the disease. Afro-Cuban activists pointed to the insufficient reach of the hybrid public-private campaign—high mortality could be pegged to the government's neglect of poor Cubans' standard of living and on white society's refusal to dedicate sufficient resources to supporting the campaign. Yet not all Cubans agreed that the state needed to extend more services to the island's marginalized citizens, and they placed the onus of blame on poor individuals rather than on the state and the elite. Several white physicians and key figures involved in the national antituberculosis campaign turned to the tropes of laziness, inaction, and culpability on the part of the poor and/or poor blacks to explain any limitations and failures in the current tuberculosis campaign. This group argued that the Secretariat of Sanitation had already increased the scope of its antituberculosis activities, and many elite civic groups, such as the Damas Isabelinas, a Catholic association, had joined the crusade as well. These actors agreed that the obligation now lay with the poor. The head of the Damas Isabelinas opined, "Every citizen, from the place he occupies, should be an enthusiastic cooperator, from the First Magistrate of the Nation, who gives the example, to the most humble day worker."[17] In essence, she implied that it was now time for Cuba's working classes and poor citizens to take responsibility for their health and sanitary behavior.

Occasionally, these critiques became racialized, shifting from a discussion of poor behavior to poor black behavior. Some writers contended that black mobilization was needed because Afro-Cubans had not taken appropriate action or accepted sufficient responsibility to fix their insalubrious circumstances; consequently, they were partially to blame, and socioeconomic factors were obscured behind idioms of lifestyle "choices."[18] A number of Cubans across the ideological spectrum, from radical mobilizers to representatives of the conservative elite, who vociferously disagreed on other political and economic tenets, embraced this view. For example, Aldereguía suggested the creation of a black antituberculosis league that would be "capable of educating the masses, of popularizing the necessary knowledge, [and] of creating a sanitary consciousness of the black race and in the black race" which would contribute to "improving their conditions of life and health."[19] Notions of culpability often came in implicit and euphemistic terms, such as lacking "a sanitary consciousness." He suggested that black Cubans form a sort of "class solidarity" against tuberculosis, from which "a sense of collective responsibility" would evolve and "an unwavering decision would be founded: the right to live in health."[20]

The respected economist José Antonio Taboadela also contributed to the *Diario de la Marina* debate by enumerating two kinds of measures needed to combat tuberculosis: the first, for the benefit of the entire working class, required the state to legislate solutions; the second (and in Taboadela's opinion, the most important) referenced only the black section of the working class, which needed to work to improve itself. He addressed himself "to the individual awareness of black Cubans, and above all, to the black Cuban women," for "if they were to achieve the creation of an animating spirit . . . much could be hoped for in the sense of social and economic betterment for our black population in the near future."[21] While Urrutia disagreed with this second piece of advice and chose to suppress its publication, he eventually relented. Taboadela criticized Urrutia's censorship, responding, "Serenity of mind is acquired when truths are looked in the face."[22]

Consuelo Morillo de Govantes, a governing member of the Damas Isabelinas, also supported Dr. Aldereguía's original call for mobilization by blaming black complacency: "But Doctor Aldereguía is right to plant in the spirit of the black race what he calls, with his wise and persuasive word, a seed of inquietude." This seed of anxiety would hopefully push black Cubans to act in their own interest, for she believed that "the black race, painfully destroyed by tuberculosis, should and can mobilize itself."[23] These three public figures all espoused the opinion that legislation was needed to assist the working class and urban poor, but also that poor Afro-Cuban individuals lacked something—

whether mobilization, a spirit of concern, or a correct understanding of the disease—that contributed to high mortality rates.

The racialization of hygienic behavior and culpability engendered passionate responses and then counterresponses, in which the racist assumptions undergirding popular understandings of the disease often became explicit. For instance, Primitivo Ramírez critiqued the Damas Isabelinas, "the cream of white Cuban society," for not including women of color in their efforts, arguing that white elite women could never "know the true situation of tuberculosis in the black race" and could not "be led with efficacy . . . to the dens in which the black lives and where the white plague makes numerous victims."[24] Consuelo Morillo de Govantes responded vehemently to his pointed commentary. After Morillo emphatically insisted that the Damas Isabelinas administered care regardless of race or poverty—a point that Ramírez did not dispute—she argued that it was time for blacks to act as well. The black race should "form mutual health societies, submit to the work of social education, and reeducation when it is necessary. They should have their own health clinic."[25] Furthermore, Morillo considered residing in dirty, unhealthy tenements as a choice, and therefore, the poor black could be held responsible for the often-fatal consequences of living in such spaces. "The black should leave the *solar*," Morillo opined, "and take his offspring to the suburbs [*repartos*]."[26] Such a statement exhibits the power that racism had in informing notions of civic responsibility and public health, distracting from the disease's socioeconomic roots, even when they were constantly acknowledged in the public debates. Even more telling is that Morillo was well aware of the housing problem in Cuba, having campaigned actively for housing legislation that had been submitted to Congress but had not yet been discussed by legislators.[27]

Ramírez responded to her article swiftly and cogently. He chided Morillo for glossing over the cardinal issue. Morillo had stated that the black race suffered tuberculosis at higher rates "for reasons we all know." Ramírez called this a "pious euphemism" for the fact that blacks in Cuba were "economically impotent," especially in comparison to whites. He rhetorically queried, "In what way are black Cubans going to build a *casa de salud*, which white Cubans have failed to build for themselves?"[28] Morillo, he opined, had distracted readers from the central issue of socioeconomic inequality, which constituted and perpetuated the cycle of disease, contagion, and impoverishment. Ramírez, incredulous at Morillo's exhortations for poor blacks to pull themselves up by their bootstraps, retorted:

> Ay, Señora de Govantes! If the black can hardly survive in the *solar*, how is it possible that he leave with his offspring to live in the suburbs [*repartos*]? But, does Señora de Govantes know how our suburbs are? I refer not to the suburbs of luxury, like Miramar, Almendares, Mendoza, Country Club, Havana Biltmore, and other similar ones, but

> instead to the humble ones, to those of San José, Juanelo, Pan con Timba, Llega y Pon, Berenguer, and others of that kind. Does she not know? It is necessary to buy the land parcel, provide an advance, pay the remaining term, and then . . . build the house! Then comes the problem of transportation to the capital, where the job site is, and all that, "for reasons we all know," the black proletariat cannot do.[29]

Morillo had written that "some houses" existed in the suburbs for blacks to take advantage of.[30] Ramírez warned her not to advertise her knowledge of their location; otherwise, he sardonically predicted, she would witness her "elegant residence . . . invaded by a true Court of Miracles, asking for some of those available houses."[31]

The solution to high mortality, according to many Afro-Cubans, depended on broader issues of housing reform and the extension of free public health services. While some white health practitioners, like Aldereguía, were similarly trenchant in their criticism, others excused the state's refusal to deal with structural inequalities in public health and housing. In answer to Ramírez's critiques of the government's antituberculosis campaign and demands for more legislation, Morillo urged him to remember that the government's program had existed for only one year—construction of hospitals and other facilities was ongoing. "It is not possible," she assured Ramírez, "to do more in less time."[32] Others disagreed, claiming that the state, not blacks, needed to act to correct the horrid situation of tenements in Havana, to make factories more hygienic by moving them outside of the overcrowded urban center, and to expand the treatment and diagnostic infrastructure of the tuberculosis campaign.[33]

In response to the racialization of blame for high tuberculosis mortality, Afro-Cubans articulated some of the most stringent demands to the government, arguing that the right to health constituted an essential component of citizenship, even for the nation's poor and the nation's poor blacks. Ramírez anticipated objections that Afro-Cubans were somehow less deserving of state and private help in improving their health. Afro-Cubans may have been at the bottom of the socioeconomic order, but he insisted that they participated as an active and vital force in the nation. The black race was not "indolent," Ramírez maintained, for "its vigorous muscles and resistance to the climate were indispensable" in building the colony and the nation. "The sweat of its forehead enriched the white Cuban patriciate. The contribution of blood in war cannot be exempted," he continued. "If the conditions of its standard of living are socially and economically inferior to the Chinese, the Syrian and the Polish, requesting that something be done for that is not to ask for a privilege. It is a social justice that is owed to it."[34]

It was black foreigners on the island, however, not "the Chinese, the Syrian, and the Polish," who served as the ultimate scapegoats for the high incidence of tuberculosis in the late 1920s. Regardless of their intentions, writers who introduced the issue of immigration as the primary determinant of poor health on the island further distracted from discussions of social discrimination against nonwhites, structural problems in the housing market, and state responsibility in curbing disease, all of which undergirded high tuberculosis mortality. Some Afro-Cuban writers joined whites in fulminating against the threat that Afro-Antillean migrants represented to their health. For example, Benjamin Muñoz Ginarte—the author of the statement that Afro-Cubans were "between two great evils: foreigners in the cities and foreigners in the countryside"—used tuberculosis to establish the economic perils of immigration and to demand that the state enact a scientific plan to manage it.[35] Black intellectuals were careful, however, to avoid a direct racial connection between black bodies and the tuberculosis bacillus, pointing instead to the socioeconomic effects of black migrants' cheap labor.

The medical community, ironically, was less methodical and less concerned with data in their association of black (and "yellow") immigrants with tuberculosis. One editorial in a medical journal accused Haitian and Jamaican sugar workers of "bringing us all of their baggage of vices and diseases, among which tuberculosis stands out."[36] As the economic depression intensified, so did the xenophobic rhetoric. One tuberculosis expert labeled Haitians and Jamaicans "landfills in our lands," for they brought "barbarous customs, little hygiene, and multiple diseases."[37] As with malaria, as Marc McLeod has demonstrated, this discursive connection between disease, unhygienic customs, and black bodies was rarely substantiated with statistical evidence and instead drew on commonly held racist assumptions.[38] Nonetheless, many Cubans considered the medical community's warnings reliable, and doctors claimed that their writings had influenced the prohibition of immigration from Haiti and Jamaica in the early 1930s.[39]

By focusing the bulk of their invective on what they perceived as immigrants' culturally or racially determined behaviors, participants in these debates overlooked the fundamental problems of socioeconomic inequality and the inadequacy of the public health-care sector. Tellingly, even once Haitian and Jamaican immigration dwindled greatly, hygienic housing continued to be a thorn in the side of the state's tuberculosis campaign.[40] By the late 1930s, the "immigration problem" had been solved by the economic depression, the closing of borders, and the drying up of migrant streams in the wider Caribbean basin, but the "problem of tuberculosis in the black race" remained.[41]

In sum, during the late 1920s and the early 1930s, discussions about tuberculosis and high mortality among Afro-Cubans prompted the racist and xenophobic assumptions about the disease to sprout from the subsoil of private opinion into the open air of public debate. Even as the state increased its responsibility for stemming the spread of the disease, many societal actors revealed that they held Afro-Cuban or black behavior as partially or primarily responsible for the fact that nonwhites in Cuba died at rates disproportional to their representation in the population. By the mid-1930s, the public discussion of tuberculosis and race in the popular press had receded, but the medical community began to assign more validity to the variable of race in understanding tuberculosis.

The Past and Present in Medical Research

Scientific theorization and epidemiological research on tuberculosis in Cuba was heavily informed by "virgin soil" theory, which had evolved in the early twentieth century, primarily out of Europe's colonial projects.[42] In an attempt to explain why "primitive" peoples were suddenly experiencing very high levels of tubercular infection and serious forms of the disease, physicians in Europe alleged that their colonial subjects had never had contact with this "disease of civilization" and thus had never developed immunity against the tubercle bacillus. They served as "virgin soil" to the disease, in stark contrast to "civilized" metropolitan populations, who were "highly protected against tuberculosis because they have, in contact with the tubercle bacillus, elaborated protective substances against the organism."[43] The central point of contention, which involved physicians beyond Europe, revolved around whether certain racial groups lacked inherited immunity or acquired immunity. The distinction proved a controversial one, for the language of inherited immunity invoked concepts of racial susceptibility and innate difference, while that of acquired immunity insisted that the difference was an historical one and populations of African origin would develop immunity to the disease over time, as white populations had done. Even though the prevailing consensus in Europe emphasized acquired immunity, historians have posited that these "distinctions between acquired and inherited immunity were often blurred."[44] They continue:

> The epidemiology and pathology of tuberculosis helped construct and reinforce the importance of cultural rather than racial (biological) differences. The "virgin soil" theory, with its emphasis on acquired immunity, did not impute any significant influence to racial differences. . . . [T]hey were third of fourth order factors, after social and environmental conditions, and exposure. However, the "virgin soil" theory none the less reinforced wider ideas of racial differences and inferiority by its continued references to "primitives" and by promoting the idea that "primitive" people lacked physiological "toughness."[45]

By the 1920s, physicians and public intellectuals in Cuba had roundly accepted "virgin soil" theory, in a form that pulled from the concepts of both inherited and acquired immunity. Urrutia, for example, explained in his "Ideales de una raza" column that whites suffered less from tuberculosis because they were more "acclimatized" to the disease, whereas the black Cuban was trapped in a "vicious circle": transmitting the disease through heredity, contagion, and poor living conditions.[46] Cuban medical professionals seemed little concerned in the 1930s with choosing between the biological, cultural, or social bases of the theory, and instead published the virgin soil's historical narrative to foreground any research paper on the contemporary state of racial difference and tuberculosis in Cuba. In an article in which he laid out the bases upon which the tuberculosis campaign should proceed in Cuba, Dr. Juan J. Castillo, director of Havana's main tuberculosis dispensary, felt it necessary to clarify the "social" dimensions of the disease: "The study among . . . uncivilized peoples shows us that there is no tuberculosis among them: neither infection nor disease. As the civilized man invades these territories . . . forcing the indigenous or natives into a similar lifestyle, tuberculosis begins appearing in them, with extremely serious characteristics."[47] Framing the beginning of a collaborative research project on race and tuberculosis at Havana's main public sanatorium, Dr. Antonio Navarrete summarized, "Ever since large racial groups of color experienced white penetration in the process of European colonial expansion, it has been observed that tuberculosis presents special evolutionary forms among those ethnic elements."[48]

Despite the temporal positioning of the virgin soil theory in the past, the line between past and present in these discussions was anything but firm. Physicians often followed their discussion of the origins of tuberculosis in African populations during white colonization with comparisons between present-day "civilized" groups and those that were "primitive," "uncivilized," or "savages." For example, after speaking of the past history of colonialism, Castillo began to speak about contemporary differences: "The children of civilized individuals . . . generally suffer benign primary infections. The children of uncivilized individuals—the blacks of Cameroun, Belgian Congo, the interior of Senegal, Kalmukos, etc.—when put in contact with tuberculosis, they have severe primary infections."[49]

Furthermore, physicians subtly and frequently conflated cultural differences and/or socioeconomic causes with biological ones. Castillo argued against acquired immunity, stating that, among the "uncivilized," the severity of the disease "should be attributed exclusively to the existence of relative inherited immunity in the civilized and the absence of this protection in the savages."[50] Contagion spread rapidly among "infectious contacts and immunobiologically weak or predisposed organisms."[51] While Castillo first referenced a difference understood to be primarily cultural (an "uncivilized" lifestyle), the discussion easily shifted to the biological composition of different raced bodies by calling upon the concepts of inherited immunity and predisposition.

The University of Havana's medical curriculum also insisted that race mattered, but it included biological, environmental, and cultural factors associated with the black race in its discussion of etiology. The 1939–1940 edition of *Tuberculosis Lessons* instructed medical students that "the ethnic factor acquires considerable value in tuberculosis. The black race exhibits great susceptibility to suffer this disease, and more than that, these individuals that suffer it catch a more severe form." The text continued, "Besides racial grounds, this is due to the lack of previous contagion, to economic status, and to the manner of life among the black race."[52] The author of the text, Professor Suárez de Bustamante, abstained from explicating the exact mechanisms and significance of each of these variables, but students were left with an understanding that, respectively, elements of biological race, the virgin soil theory, environmental factors (socioeconomic conditions), and racialized cultural behaviors all interacted to affect the course of the tubercle bacillus in the body; furthermore, that course transpired differently in black bodies than it did in white bodies.

While physicians rarely explained in detail how innate racial characteristics interacted with the disease, they were more verbose as they explained racial difference in the past via the virgin soil theory. The politics of the past and the present were fraught with tension for the Afro-Cuban population in the late 1930s, evidenced by the heated debate that was taking place about *comparsas* in Havana at the same time that physicians published these medical treatises.[53] When physicians discussed racial differences regarding tuberculosis either in populations of African origin in the past or contemporary "primitive" populations on other continents, they were not directly or explicitly referring to Cuba's population of African descent. Thus, in a national discursive sphere where the myth of racial democracy constrained openly racist declarations by public figures, the medical theory of virgin soil allowed for an indirect and more publicly acceptable association of primitiveness, biological difference, and the black race.[54]

Such discussions, however, did not have only national or local determinants, for they took place in an international milieu where physicians were actively trying to reconcile data that did not fit into their neat, often-biological, racialized understandings of tuberculosis. Representative of the hardening of biological racial theories among the international scientific community in the 1930s, at the thirty-second annual meeting of the American National Tuberculosis Association (NTA) in 1936, physicians from throughout the Americas presented their findings on "the question of innate differences in susceptibility and resistance," which were found to be "exceedingly difficult to evaluate, because they are obscured by obvious complicated and inconstant environmental differences."[55] Published in early 1937, this body of work prompted a debate beyond the borders of the United States: in the same year, a group of state-employed Cuban physicians formed the Commission for the Study of Tuberculosis among Blacks in La Esperanza Sanatorium-Hospital, primarily in response to the NTA forum. Funded by Fulgencio Batista's newly instituted Consejo Nacional de Tuberculosis (CNT) and noting that Cuba possessed "a population of color that amounts to one third of the total number of inhabitants," and yet "no systematic study had been carried out" about race and tuberculosis in Cuba, these physicians hoped to gather statistics that would be useful for their practice, for the state's new campaign, and for international prestige.[56] These specific studies are instructive not only for their specific empirical findings but also for how physicians sought to interpret their data in contrasting ways based on the audience (national or international), their simultaneous insistence that race was of consequence without explaining the exact mechanics of how it mattered, and for downplaying racial health disparities.

The commission set out to explicitly utilize race an object of analysis and to weigh its explanatory power, so the silences surrounding race in its conclusions are the most striking feature of the commission's work. With few exceptions in the three studies published by the commission, its members simply concluded that some racial difference had been found, and then refused, abstained, or thought it unnecessary to explain why such a difference existed among the patients at La Esperanza and other state institutions.[57] This reticence to form a theory about these disparities is especially conspicuous as these physicians organized their group primarily to dialogue with the work from the NTA symposium, in which all authors—from American ones working in Dutch Guiana to Puerto Rican ones working with their own national population—attempted to reconcile their data with competing environmental and genetic theories about tubercular difference. Perhaps the Cuban physicians felt compelled to be cautious with such limited data; however, they were willing to theorize about race in several telling places.

Cuban physicians proffered explanations of their empirical racial data in international forums. In these spaces, the United States' statistics were often considered the norm, and Cuban physicians concluded that their own racial disparities were minimal in comparison. At an international symposium on tuberculosis in 1943, Dr. Antonio Navarrete reported, "Our experience in Cuba is that the colored people present the same type of reinfection tuberculosis as the white. . . . The limited data available on the rate of infection do not show a marked difference among races."[58] As other physicians would do, he relied on assumptions about Cuba's social dynamics to explain this trend, reciting the tenets of racial democracy: "Colored people in Cuba live under much the same economic and social conditions as a considerable section of the white population. There is in Cuba little race segregation. All this tends to equalize infection rates."[59]

American physicians agreed that racial disparities in tuberculosis existed in Latin America but were insignificant. However, while Cuban and Latin American tuberculosis specialists emphasized more equal socioeconomic relations, Americans instead argued that geographical location played a role equal to or greater than shared socioeconomic conditions. For example, in a 1937

CNT tuberculosis epidemiology survey, Cuban physicians focused on class-based variables to explain comparable rates between racial groups, while the two American physicians who participated in the survey advanced the conclusion that their results "would indicate that whites, Negroes and Mulattos, living under comparable economic conditions in the tropics, become infected at almost the same rate."[60] To the Americans, both socioeconomic characteristics ("comparable economic conditions") and geography ("the tropics") mattered. While they found differences between racial groups on a number of indicators, they insisted, "The difference is so little that we hesitate to attach any significance to this observation."[61] Similarly, contending with Puerto Rican data, a respected American doctor refused to modify his belief that racial differences regarding tuberculosis were innate, arguing that Latin American doctors "made their observations in what we may call the natural habitat of their respective groups of people."[62] The United States, however, was different:

> We in the United States see representatives of the same races under the stress and strain of maladjustment and under unfamiliar and frequently unfavorable living conditions. It is quite possible that adverse living conditions bring into clear manifestation some genotypic differences that remain hidden when the same people live under conditions that are for them normal by virtue of habituation and therefore adequate.[63]

As John Gutiérrez has argued, Cuban physicians had emphasized their tuberculosis control programs (instead of yellow fever efforts) on the international stage during the early republic in order to distance themselves from the tropical designation and to locate Havana as a civilized node in the Atlantic World. However, by the 1930s, confronted with data that challenged biological notions of race, North Atlantic physicians began to speak about "tuberculosis in the tropics," arguing that the disease operated differently among "primitive" people in the tropical belt than among populations in civilized, nontropical, modern spaces. These doctors turned to this racialized geographical explanation, at least in part, to reject the data that supported the social or economic roots of different racial experiences of the disease, thus allowing them to adhere to their biological racial framework.[64]

Cuban physicians, however, endeavored to shift the imagined geography of tuberculosis, so that they would be understood neither as being linked to Africa nor as located in the uncivilized, racially ambiguous, and/or biologically inferior tropics, but instead as part of the civilized Americas. In 1937, two members of the commission set out to test out a tenet of the virgin soil theory, and their findings dialogued with the ideas of geography, race, and tuberculosis. American and European physicians alleged that Africans and African Americans presented lesions in the same location of the lungs as white children, whereas lesions in white adults were found in another pulmonary region. However, these two physicians studied two hundred X-rays to provide empirical evidence that Afro-Cuban and white Cuban adults both presented "adult-type tuberculosis"; that is, their tubercular lesions were located in same pulmonary region.[65] Navarrete and de la Cruz Muñoz explained that the racialized distinction between adult- and child-type tuberculosis, "acceptable for explaining certain facts like those described by Borrell among the Senegalese troops transferred to France during the Great War, is not acceptable when trying to explain the characteristics of tuberculosis in heavily tuberculized black populations."[66] Paradoxically, after disputing one of its assumptions, the two doctors drew on the virgin soil theory, which equated high tuberculization with a more civilized people and/or place, to reorganize the imagined geography of tuberculosis. They believed that emphasizing the tropics did not make sense. Instead, the Americas, in which Cuba was securely located, should be considered geographically distinct from less tuberculized places like Africa. The authors firmly concluded that the Afro-Cuban population resembled the "heavily tuberculized black populations . . . of many regions of the United States" and Latin America.[67]

To explain health disparities among whites and nonwhites in Cuba, these physicians reiterated assumptions about class and the disease, without interrogating the possible role of racism. In a study concerning "the problem of tuberculosis in the black race," two commission members confidently hypothesized that class status played an influential role in explaining why Afro-Cubans suffered from more severe forms of the disease: "Individuals from the black race perform jobs that we can presume are more vulnerable to tuberculosis for demanding a maximum of physical effort with a minimum of remuneration."[68] However, these doctors did not systematically study jobs and pay as independent variables, nor did they cite other studies or figures that did so. Such a research design would have been highly useful for understanding if and how racism—not class—affected disease, health outcomes, and health care. These physicians implied that they were measuring differences between whites and blacks in Cuba, but on the basis of their study population, they were probably discovering differences predominantly between poor whites and poor blacks, for they used data from one Havana dispensary and the La Esperanza Sanatorium-Hospital complex, which predominantly served the poor.[69] When the authors offered this brief explanation, without rigorous scientific experimentation, they downplayed explanations that considered the influence of racism in society.

Thus, the medical debates about race and tuberculosis constituted a multilayered, ambiguous discussion, in which the past and the present, biology and culture, and silences and explicit claims coexisted uneasily. It remains difficult to measure the effects of this dialogue on the ground; however, its discursive ramifications prove easier to trace. Cuban tuberculosis experts hoped to position themselves as a civilized, tuberculized population on the international stage. At the same time, their work affirmed the existence of racial difference within the nation, by giving scientific legitimacy to "speculative historical epidemiologies" that conflated cultural and racial factors, even if they left unclear exactly how the latter operated in the etiology of the disease.[70] Finally, by insisting that contemporary racial disparities were minimal or predominantly linked to class dynamics, physicians left little room for a discussion of the presence of racism in Cuban society and its effects on health.

Afro-Cubans, however, labored to reintroduce racial discrimination into the public conversation about tuberculosis. Black intellectuals, well aware of the CNT's research, leveraged physicians' empirical findings to critique Cuban society and press the government for change. Unlike the medical community, they vociferously disputed that health differentials between racial groups were negligible.[71] This group forcefully connected the disease's social roots, its prevalence among nonwhites, and the need for social reform as they had done in the late 1920s, linking blacks' "physical impoverishment," of which tuberculosis was an element, to their lack of "economic capacity."[72]

Afro-Cubans pushed for broader class-based legislation within tuberculosis policy, petitioning the CNT to tackle social issues—housing, hunger, and the minimum wage.[73] One article claimed that the reconstruction of *solares* needed to be obligatory and that the municipal government needed to make sure sanitary ordinances were enforced, or Cuba would become a "floating sanatorium."[74] In Juan M. Chailloux Carmona's seminal work on the problem of housing in Havana, *Los horrores del solar habanero*, he demonstrated his literacy and familiarity with Cuba's tuberculosis research, citing the conclusions of the commission.[75] He argued that Afro-Cubans fell victim to tuberculosis because of the prolonged period they spent in the rooms of the "unhealthy *solar*": "This terrible disease normally consumes 8 million pesos of public funds each year. . . . Hospitals and sanatoriums will never be sufficient as long as the unhealthy *solar* is not replaced by a civilized type of housing."[76]

They also explicitly linked questions of higher-than-average tuberculosis mortality rates to racism and racial discrimination in the nation. The editors of the Afro-Cuban periodical *Adelante* published articles asking that the state provide more health services, especially as nonwhites were barred from many of the private clinics and of the regional Spanish mutual-aid societies.[77] One editorial published the racial distribution of a number of professions, gleaned from one of the research articles by the La Esperanza Commission, to condemn racial discrimination in the job market and its link to increased tuberculosis among Afro-Cubans.[78] While state-employed physicians produced statistics for their own ends, their findings could be then be turned back upon the government, as citizens demanded they extend and deepen the antituberculosis campaign. While the CNT physicians focused on medical solutions, Afro-Cubans emphasized the need for class and racial reform in the health sector and wider Cuban society.

Conclusion

From the mid-1920s through the early 1940s, the national dialogue about tuberculosis in Cuba predominantly worked to sustain ideas of racial difference, whether in cultural or biological terms. To justify racial disparities in health indicators, a large swath of Cuban actors employed scientific claims about innate racial traits; medical theories about the divergent historical trajectories of the tubercle bacillus among different peoples; and widely held assumptions about the culture and unhygienic behaviors of Afro-Cubans. However, Afro-Cubans responded to these debates by demanding the fulfillment of the ideology of racial democracy in the health sector in particular and in society more broadly.

By the mid-1940s, the explanatory power afforded to biological race in the international scientific community had greatly diminished.[79] Moreover, many scientists concluded that the processes of colonization had advanced to the point that there were virtually no "virgin soil" populations left, and the theory's "historical moment had passed."[80] At the same time, class increasingly became "a fundamental identity in Cuban society."[81] In response to these national and international trends, physicians and public figures in the antituberculosis campaign spoke about race less and less. However, a careful reading of their writings throughout the 1940s and 1950s reveals that beneath the classed language of contagion, racially based explanations, even if rooted in behavioral or cultural differences rather than some innate immunological defense, remained durable.

NOTES

This article was presented at the Tenth Conference of Cuban and Cuban-American Studies at Florida International University in February 2015 and at the New Research on the History of Public Health in Cuba Roundtable at Harvard University in October 2015. I would like to thank Alejandro de la Fuente, Mariola Espinosa, Jesse Horst, Reid Andrews, Lara Putnam, Mari Webel, John Gutiérrez, Jennifer Lambe, Daniel Rodríguez, Orlando Rivero-Valdés, Rainer Schultz, and the anonymous reviewer at *Cuban Studies* for their insightful comments and feedback on different versions of this article.

1. Randall Packard, *White Plague, Black Labor: Tuberculosis and the Political Economy of Health and Disease in South Africa* (Berkeley: University of California Press, 1989); J. Rodríguez Pastor, "Tuberculosis in Puerto Rico," *American Review of Tuberculosis* 35 (January–June 1937): 13–24; Christian W. McMillen, "'The Red Man and the White Plague': Rethinking Race, Tubercu-

losis, and American Indians, ca. 1890–1950," *Bulletin of the History of Medicine* 82, no. 3 (2008): 608–645; Emily K. Abel, *Tuberculosis and the Politics of Exclusion: A History of Public Health and Migration to Los Angeles* (New Brunswick, NJ: Rutgers University Press, 2007).

2. Cuba, Secretaría de Sanidad y Beneficencia, "Informe anual demográfico y sanitario de la República de Cuba, correspondiente al año 1932," *Boletín Oficial de la Secretaría de Sanidad y Beneficencia* 34 (January–December 1936): 23; Cuba, *Informe general del censo de 1943* (Havana: P. Fernández y Cía, 1945), 741.

3. Cuba, Ministerio de Salubridad y Asistencia Social, "Informe anual sanitario y demográfico de la República de Cuba, correspondiente al año de 1944," *Boletín Oficial del Ministerio de Salubridad y Asistencia Social* 53, nos. 1–6 (January–June 1950): 46; Cuba, *Informe general del censo de 1943*, 741.

4. Primitivo Ramírez Ros, "La tuberculosis en la raza negra," *Diario de la Marina*, August 11, 1929, 11. All translations are mine, unless otherwise noted.

5. See, for example, Aline Helg, *Our Rightful Share: The Afro-Cuban Struggle for Equality, 1886–1912* (Chapel Hill: University of North Carolina Press, 1995); Ada Ferrer, *Insurgent Cuba: Race, Nation, and Revolution, 1868–1898* (Chapel Hill: University of North Carolina Press, 1999); Alejandro de la Fuente, *A Nation for All: Race, Inequality, and Politics in Twentieth-Century Cuba* (Chapel Hill: University of North Carolina Press, 2001); Rebecca J. Scott, *Degrees of Freedom: Louisiana and Cuba after Slavery* (Cambridge: Belknap Press of Harvard University, 2005).

6. Alejandro de la Fuente, "Review: Race, Ideology, and Culture in Cuba: Recent Scholarship," *Latin American Research Review* 35, no. 3 (2000): 204. Groundbreaking scholarship on the interplay among politics, immigration, race, scientific discourses, and medical practice in republican Cuba includes Nancy Leys Stepan, *"The Hour of Eugenics": Race, Gender, and Nation in Latin America* (Ithaca, NY: Cornell University Press, 1991); Consuelo Naranjo Orovio and Armando García González, *Medicina y racismo en Cuba: La ciencia ante la inmigración canaria en el siglo XX* (Tenerife, Spain: Centro de la Cultura Popular Canaria, 1996); de la Fuente, *Nation for All*, 39–53; Alejandra Bronfman, *Measures of Equality: Social Science, Citizenship, and Race in Cuba, 1902–1940* (Chapel Hill: University of North Carolina Press, 2004); Mariola Espinosa, *Epidemic Invasions: Yellow Fever and the Limits of Cuban Independence, 1878–1930* (Chicago: University of Chicago Press, 2009). More recent work includes Marc McLeod, "'We Cubans Are Obligated Like Cats to Have a Clean Face': Malaria, Quarantine, and Race in Neocolonial Cuba, 1898–1940," *Americas* 67, no. 1 (July 2010): 57–81; John Gutiérrez, "Disease, Empire, and Modernity in the Caribbean: Tuberculosis in Cuba, 1899–1909" (PhD diss., City University of New York, 2013); Daniel A. Rodríguez, "'A Blessed Formula for Progress': The Politics of Health, Medicine, and Welfare in Havana (1897–1935)" (PhD diss., New York University, 2013); Jennifer Lambe, "Baptism by Fire: The Making and Remaking of Madness in Cuba, 1899–1980" (PhD diss., Yale University, 2014); Steven Palmer, "Shifting Sands of Cuban Science, 1875–1933," in *State of Ambiguity: Civic Life and Culture in Cuba's First Republic*, ed. Steven Palmer, José Antonio Piqueras, and Amparo Sánchez Cobos (Durham, NC: Duke University Press, 2014), 54–81; Reinaldo Funes Monzote, "Slaughterhouses and Milk Consumption in the 'Sick Republic': Socio-Environmental Change and Sanitary Technology in Havana, 1890–1925," in *State of Ambiguity: Civic Life and Culture in Cuba's First Republic*, ed. Steven Palmer, José Antonio Piqueras, and Amparo Sánchez Cobos (Durham, NC: Duke University Press, 2014), 121–147; José Amador, *Medicine and Nation Building in the Americas, 1890–1940* (Nashville, TN: Vanderbilt University Press, 2015), 39–67; Daniel A. Rodríguez, "'To Fight These Powerful Trusts and Free the Medical Profession': Medicine, Class Formation, and Revolution in Cuba, 1925–1935," *Hispanic American Historical Review* 95, no. 4 (2015): 595–629.

7. Bronfman, *Measures of Equality.*

8. de la Fuente, *A Nation for All*, 178–180.

9. Bronfman, *Measures of Equality.*

10. Historians of disease and colonialism have developed the concept of "hygienic citizenship." They argue that in colonial settings, colonial administrators forced the colonized to perform sanitary or hygienic behaviors and to learn "to be responsible about their habits of living both in their own interests and in the interests of the community," so that the "contaminated" would become worthy of citizenship. Alison Bashford, *Imperial Hygiene: A Critical History of Colonialism, Nationalism and Public Health* (New York: Palgrave MacMillan, 2004), 77. Also, see Warwick Anderson, *Colonial Pathologies: American Tropical Medicine, Race, and Hygiene in the Philippines* (Durham, NC: Duke University Press, 2006), especially chap. 6, "Disease and Citizenship."

11. Gustavo Aldereguía, "La tuberculosis en la raza negra: Replica al Señor Gustavo E. Urrutia," *Diario de la Marina*, September 15, 1929, n.p.

12. Ibid.

13. On the reformulation of national identity in the 1920s and 1930s, see de la Fuente, *Nation for All*, 175–209.

14. Gustavo Urrutia, "Armonías: El busilis," *Diario de la Marina*, September 1, 1929, n.p.

15. Ramírez Ros, "La tuberculosis," 11.

16. Ibid.

17. Consuelo Morillo de Govantes, "La tuberculosis en la raza negra: Contestando al Sr. Primitivo Ros," *Diario de la Marina*, August 25, 1929, n.p.

18. Just as Micol Seigel has argued that "assumptions regarding 'good' choices in the market divert attention from the structural factors that keep poor people poor," so do discussions of choice regarding hygienic and sanitary behavior divert attention from socioeconomic factors and structures that keep poor people sick. Micol Seigel, *Uneven Encounters: Making Race and Nation in Brazil and the United States* (Durham, NC: Duke University Press, 2009), 16.

19. Aldereguía, "La tuberculosis," n.p.

20. Ibid.

21. José Antonio Taboadela, "Nuevas consideraciones del Dr. Taboadela sobre la tuberculosis," *Diario de la Marina*, October 6, 1929, n.p.

22. Ibid.

23. Morillo de Govantes, "La tuberculosis," n.p.

24. Ramírez Ros, "La tuberculosis," 11.

25. Morillo de Govantes, "La tuberculosis," n.p. Afro-Cubans were denied service in the racially exclusive Spanish regional societies' mutual-aid organizations, which according to Ramírez, "had inexhaustible economic resources." Ramírez Ros, "La tuberculosis," 11. Aldereguía also noted that black access to public health services was "difficult." Aldereguía, "La tuberculosis," n.p.

26. Morillo de Govantes, "La tuberculosis," n.p.

27. Ibid.

28. Primitivo Ramírez Ros, "Sobre el mismo tema de la tuberculosis: Aclaración a la Señora Consuelo M. de Govantes," *Diario de la Marina*, September 8, 1915, n.p.

29. Ibid.

30. Morillo de Govantes, "La tuberculosis," n.p.

31. Ramírez Ros, "Sobre el mismo tema," n.p.

32. Morillo de Govantes, "La tuberculosis," n.p.

33. See, for example, Ramírez Ros, "La tuberculosis," 11; Gustavo E. Urrutia, "La conferencia del Dr. Aldereguía," *Diario de la Marina*, August 2, 1929, 10.

34. Ramírez Ros, "Sobre el mismo tema," n.p.

35. Benjamin Muñoz Ginarte, "Leyendo al Dr. Taboadela," *Diario de la Marina*, October 13, 1929, n.p.

36. Luis P. Romaguera, "Editorial," *Prensa Médica* 20, no. 8 (August 31, 1929): 15.

37. Luis P. Romaguera, "Editorial," *Prensa Médica* 21, no. 1 (January 31, 1930): 2.

38. McLeod, "'We Cubans,'" 58, 65.

39. M. Peral, "Editorial: Inmigración y tuberculosis," *Prensa Médica* 22, no. 11 (November 30, 1931): 1.

40. For more on the housing problem in Havana, see Jesse Horst, "Shantytown Revolution: Slum Clearance, Rent Control, and the Cuban State, 1937–1955," *Journal of Urban History* 40, no. 4 (July 2014): 699–718.

41. This was a title of a medical study in the late 1930s. Luis A. de la Cruz Muñoz and Indalecio Aranda Gómez, "Breves consideraciones alrededor del problema de la tuberculosis en la raza negra," *Revista de Tuberculosis* 1, no. 2 (1937): 219–225.

42. For more on the history of the idea of virgin soil, see Packard, *White Plague, Black Labor*; David S. Jones, "Virgin Soils Revisited," *William and Mary Quarterly* 60, no. 4 (October 2003): 703–742; McMillen, "'The Red Man and the White Plague'"; Samuel Roberts, *Infectious Fear: Politics, Disease, and the Health Effects of Segregation* (Chapel Hill: University of North Carolina Press, 2009), 247n52.

43. S. L. Cummins, "Primitive Tribes and Tuberculosis," *Transactions of the Royal Society for Tropical Medicine and Hygiene* 5 (1912): 252, quoted in Mark Harrison and Michael Worboys, "A Disease of Civilisation: Tuberculosis in Britain, Africa and India, 1900–39," in *Migrants, Minorities, and Health: Historical and Contemporary Studies*, ed. Lara Marks and Michael Worboys (London: Routledge, 1997), 99.

44. Harrison and Worboys, "Disease of Civilisation," 94.

45. Ibid., 117–118.

46. Gustavo Urrutia, "La tuberculosis estudiada por la Dra. Shelton," *Diario de la Marina*, August 22, 1929, 10.

47. Dr. Juan Castillo, "Bases en que debe descansar la organización de la lucha contra la tuberculosis en Cuba," *Revista de Tuberculosis* 4, no. 4 (1940): 394.

48. Antonio Navarrete, "Raza y tuberculosis," *Revista de Tuberculosis* 1, no. 2 (1937): 212.

49. Castillo, "Bases," 397.

50. Ibid.

51. Ibid., 395.

52. Dr. Suárez de Bustamante, *Lecciones de tuberculosis, de acuerdo con el programa desarrollado en cátedra durante el curso 1939–1940* (Havana: Instituto Nacional de Vías Respiratorias, n.d.), 7.

53. Bronfman, *Measures of Equality*, 168–171.

54. de la Fuente, *Nation for All*, 188–189.

55. Esmond R. Long, "A Brief Comparison of Tuberculosis in the White, Indian, and Negro Races," *American Review of Tuberculosis* 35, no. 1 (January 1937): 1.

56. Navarrete, "Raza y tuberculosis," 212.

57. Luis de la Cruz Muñoz and Antonio Navarrete Sierra, "Aporte radiológico al estudio de la tuberculosis en el negro," *Revista de Tuberculosis* 1, no. 2 (1937): 217–218; de la Cruz Muñoz and Aranda Gómez, "Breves consideraciones," 225; Rene G. Mendoza et al., "Contribución al estudio de la tuberculosis en el niño negro," *Revista de Tuberculosis* 2, no. 3 (1938): 311.

58. Antonio Navarrete, "Present Tuberculosis Status in Cuba," *Chest* 9, no. 2 (March 1943): 176.

59. Ibid.

60. Juan R. Mencia, Morton C. Kahn, and Edgar Mayer, "The Cuban National Case-Finding Campaign," *American Review of Tuberculosis* 40 (July–December 1939): 529. For the Cuban explanations of the survey, see Navarrete, "Present Tuberculosis Status in Cuba," 177–178, and Cuba, Consejo Nacional de Tuberculosis, *Resumen general de los trabajos efectuados por el "Tuberculosis Survey de Cuba"* (Havana: Ciudad Militar, 1938).

61. Mencia, Kahn, and Mayer, "The Cuban National Case-Finding Campaign," 529.

62. Max Pinner, "Brief Comment on Race and Tuberculosis," *American Review of Tuberculosis* 35, no. 1 (January 1937): 41.

63. Ibid.

64. The increased importance of racialized geography in understanding tuberculosis was not limited to North American doctors. Europeans also began to speak about tuberculosis in the tropics, as "it became apparent that tuberculosis in primitive people has an epidemiology of its own." Review of E. Cochrane, "Tuberculosis in the Tropics," *Tropical Diseases Bulletin* 34, no. 10 (1937), in "Abstracts of Tuberculosis," *American Review of Tuberculosis* 38 (August 1938): 4.

65. de la Cruz Muñoz and Navarrete Sierra, "Aporte radiológico," 213–218.

66. Ibid., 214–215.

67. Ibid., 215.

68. de la Cruz Muñoz and Aranda Gómez, "Breves consideraciones," 225.

69. See, for example, "Resumen y censos de enfermos tuberculosos," *Revista de Tuberculosis* 1, no. 3 (1937): 485–488.

70. Harrison and Worboys, "Disease of Civilisation," 102.

71. See, for example, "Salud negra," *Adelante* 2, no. 20 (January 1937): n.p.

72. Pedro Oliva Acosta, "Conciencia de clase," *Adelante* 1, no. 11 (April 1936): 11.

73. "La lucha contra la tuberculosis," *Adelante* 3, no. 26 (July 1937): n.p.

74. "Por el mejoramiento de la vivienda," *Adelante* 3, no. 28 (September 1937): n.p.

75. Juan M. Chailloux Carmona, *Los horrores del solar habanero*, 2nd ed. (Havana: Editorial de Ciencias Sociales, 2005), 149–151.

76. Ibid., 149, 151, 152.

77. "Salud negra," n.p.

78. "La lucha contra la tuberculosis," n.p.

79. George Fredrickson, *Racism: A Short History* (Princeton, NJ: Princeton University Press, 2002), 127–128.

80. Harrison and Worboys, "Disease of Civilisation," 108.

81. de la Fuente, *Nation for All*, 188–189.

PEDRO DE ORAÁ, PREMIO NACIONAL DE ARTES PLÁSTICAS, 2015

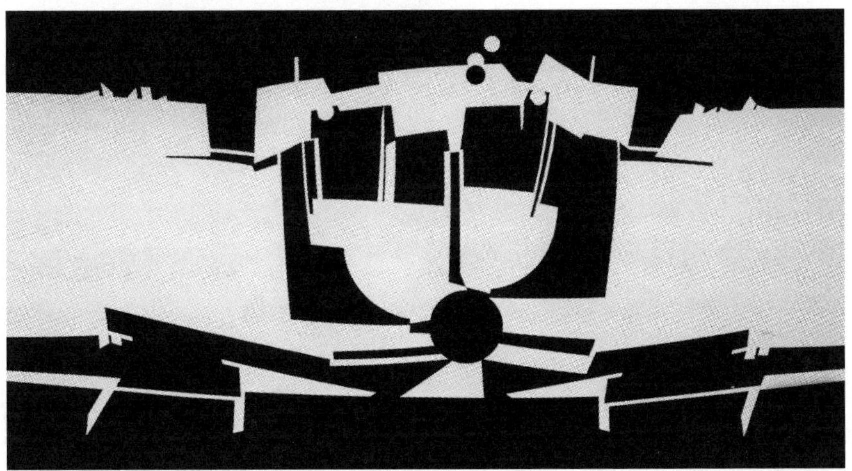

Sin título / acrílico sobre lienzo / 40 × 170 cm / 2012 / colección privada.

PRIMARY SOURCES

JORGE J. DOMÍNGUEZ (WITH ANNOTATIONS BY JORGE I. DOMÍNGUEZ)

Autobiography of a Cuban Businessman in the 1940s and 1950s

Jorge José Domínguez (1921–2012), hereafter JJD, served as executive vice president and de facto chief executive officer of a Cuban family's construction materials company. He began work at the family company in the early 1940s through July 10, 1960. In those years, the company was best known as Calera Santa Teresa, a lime factory. Its largest subsidiary would become Cemento Santa Teresa, the first wholly Cuban-owned cement company in Cuba and one of the country's three cement factories in the late 1950s, which upon expropriation in 1960 came to be known as Mártires de Artemisa. The company's founder was Manuel Domínguez Morejón, JJD's father, who served as board chairman until 1960. In time, JJD's brother-in-law (Rafael Puig) would become chief engineer, his brother (Manuel Domínguez Silveira) would become chief accountant, and his father-in-law (Antonio de la Carrera) corporate counsel.[1]

The starting dates of JJD's employment, and his eventual promotion to CEO, are unclear. In December 1941, he was a senior at Columbia University in New York.[2] *Following the Japanese attack on Pearl Harbor, he sought to volunteer to join the US Armed Forces; he was rejected because he was not yet twenty-one years old (in the years ahead, the United States would change this rule). He asked his father for permission, but his father denied it. JJD returned to Cuba to wait for his twenty-first birthday on June 1, 1942. After some weeks of JJD not doing much, his father explained that the economic depression of the 1930s had badly hurt the business, and he asked JJD to work for a bit. JJD did, and he continued doing so uninterruptedly for twenty-five hours per day for the following eighteen years.*

As noted at the start of JJD's account, below, he wrote his memoirs in 1995 because one of his granddaughters asked him—she was age twenty-three; he was age seventy-four. He wrote for her in English and, to respect his choice of language, so too are these text and footnote annotations in English. These pages, now being published for the first time, are an extract (less than a tenth of the total) from that much-longer text. The remainder of the memoir tells stories of JJD's business experiences in South America, Mexico, Western and Eastern Europe, and the broad Middle East.

JJD was a great storyteller who, among other traits, hated hypocrisy. In the years following 1960, he would become particularly upset upon hearing stories of prerevolutionary Cuba that, he thought, were airbrushed fantasies. He had no hesitation to challenge such accounts. Nor did he have any hesitation to use stories from his own professional life to make a point, even when some might be offended by the story. Some of these stories below will no doubt upset some readers, and JJD always understood that, but he believed that telling his truth as he saw it was intrinsically important as well as an act of personal integrity, even when the story might put him in a bad light in the eyes of others.

In the late 1990s, his son (this annotator) asked for JJD's authorization to use the pages published here as one of the readings for a course on Cuban history. JJD agreed, and near the end of his life he also agreed to the publication of this text to assist readers in understanding aspects of life and business in Cuba in the 1940s and 1950s. The text appears as JJD wrote it, with slight stylistic corrections, always clearly marked.

JJD did not date the stories in this publication. The tax inspector story is most likely from the 1940s. The labor union leader story's principal point is from the 1940s, and then the story jumps to well-labeled events in 1958–1959. The business opportunity story obviously dates from the early 1940s soon after the United States and Cuba enter the war against Germany, Italy, and Japan. The revolution story is about events in 1959. And, as he tells us, the labor force story dates from the early to mid-1950s. JJD did not draw "lessons" from any of the stories; the telling had value in itself. But the annotator points out some themes across the stories.

The most general theme across all five stories is the problem of transaction costs and the rule of law. In a polity where the formal rules were uncertain and always up for renegotiation, how should a company solve the normal problems that it encountered? Bribes, Masonic handshakes, knowledge of the English language, Communist Party affiliation, interpersonal friendships, and the role of professional fixers, among others, were the tools in the tool kit of a CEO. The role of a predatory state is a subtheme, evident again in the story about the tax collector and in the role of police in the business opportunity story.

Therefore, informal yet very effective institutions arose to supplement the absence or inefficacy of formal institutions.[3] *As the first story shows, for example, a Masonic handshake was one effective institutionalized means to lower a particular tax payment. Informal institutions more generally provided the mechanisms for significant growth of the company whose history is told here through stories. The value of such informal institutions did not depend merely on interpersonal relations; the Masonic handshake worked even between persons who had never met each other. The use of the English language worked to seal an agreement between persons who had just met and under circumstances otherwise unrelated to a business as such. These were general markers of trust and efficacy that formal institutions could not address.*

"Some Memories" (Some Confidential), Jorge J. Domínguez, December 1995

My granddaughter, Leslie, in her list of Christmas Gift Wishes, asks for a "written account of Coco's favorite stories."[4] Here are some stories, anecdotes or experiences, which I had and have remained in my mind. I continue trying to forget, or at least pass to the subconscious, the bad memories. Like all human beings I also have some . . .

The Tax Inspector

Many stories come to my mind about tax inspectors during my 18 years working in Cuba. They were all "crooks" and, as was the custom of businesspeople in Cuba, they had to be "bought," whether you paid some of the taxes or avoided most of them. I "bought" them all. The same I can say, without hesitation, about the "union leaders." I dealt with them for 18 years. I bought them all, except one, who was honest.

I will now tell you the story about one tax inspector who was "almost" honest ("like a little bit pregnant"). Sometime in the 1940s a tax inspector, [tasked] to inspect the equivalent of Federal Corporate Income Tax, came to my office to inspect. That was the equivalent to a visit by the Mafia to extort money. The purpose of the inspection was mainly to find out the amount of taxes that had been avoided and not paid. That would set the figure the inspector would ask you to pay him. The amount to be paid to him was always many times larger than what he would ask you to pay the government; the penalty, a smaller payment to the government, was to "sort of make it legal." The inspector always claimed only a portion of the payoff was for him (I do not recall any women inspectors), saying he had to pay his immediate boss, who claimed to pay his boss and up the ladder to the minister of finance, who no doubt claimed he had to share with someone else. I guess with the then-president of the country.

Going back to the specific case of the inspector sometime in the 1940s: As I recall, I had just bought a new car. To appear poor to the inspector, the first thing I did was to hide my new car at home in the garage and, while the inspector was inspecting, I drove in the oldest, most beaten-up car that one of our salesmen was using.

The inspector inspected two or three days the books in our Havana office, then decided to continue in the office [at] the factory, which was about 60 kilometers away.[5] So as not to leave him alone asking "impertinent" questions and not getting the "right" answers I wanted, I had to drive every day in the old dilapidated car the 60 kilometers.

After three or four days [at] the factory he arrived at a then-enormous figure to be paid to him, with the same usual story that he had to share with his boss and so on up the ladder. Another smaller amount, to make things appear legal, was to be paid to the government.

As I usually did in my 20s when I had a serious business problem, on return that night to Havana, I went to see my father. I told him the problem I had.

He said, OK, I'll go to the factory tomorrow and will speak to the inspector and see if I can get him to bring the amount down at least some. He told me not to go in the morning to the factory but to wait to arrive there in the afternoon, as he wanted to be alone when talking to the inspector. When I arrived in the afternoon, my father and the inspector were having a coffee in the dining room and talking like old friends. After a short while, my father just told me, Coco, give Mr. So-and-So, the inspector, I do not remember his name, X amount to him and X amount to be paid to the government. The one I had to pay to the inspector and the other one to the government were ridiculously low. I could not believe it. It sounded to me like either I was dreaming or a miracle had happened. A few minutes later, the inspector left telling me he would drop next day by our Havana office with the documents all ready for the small payment to the government and to collect the small amount for him and his bosses.

When the inspector left, I asked my father, how in the hell did you do it. His reply was, when I met him this morning, I shook hands with him giving him the Masonic signal and found out that he was a Mason. As it is a custom among Masonic brothers, when in need, ask for help. I did and, as I am a very high-degree Mason,[6] he helped me. End of story.[7]

The Labor Union Leader

Now about the only honest union leader that I had to deal with in Cuba in my 18 years there: all the rest were crooks whom I bought. The only honest one was the first one that I had to deal with when I started working, just out of college in 1942. His name was Pedro Fumero. He was a Communist. In those days the Cuban National Confederation of Labor, which was powerful, was controlled by the Communists. Pedro was already high in the hierarchy of the party. I dealt with him until the Communists lost power with the government,[8] and he was ousted as regional leader of the construction industry union. He was tough, defending the rights of the workers, but very straight and fair. He was very poor and never asked me for a penny. In spite of our totally different backgrounds, economic and social, and the adversarial position we had, he defending the workers, me defending the interests of our business, we liked and respected each other. During the years I dealt with him, there were no serious labor problems in our factory. Always a fair compromise was reached between Pedro and me.

After Pedro was ousted when the communists lost power, labor problems led to the first strike in the lime factory. I had reached an agreement with the new union leader and, although I paid him, he double-crossed me.[9] I fought the strike day and night for days, using all tactics, including breaking the strike with some loyal and other new workers. I finally had to give in to most of the demands. I was only 23, or maximum 24, years old,[10] and it hurt me very much because I treated the workers like no one before. I used to eat lunch with them at the factory, formed a baseball team and played with them, made many improvements for them for the first time, like better bathrooms, etc. I never forgot that first strike, which changed my attitude toward our workers. From then until I left Cuba in 1960, I fought the unions with intense ruthlessness and passion. I guess being a stranger in my own country, after some of my character-formation years in the USA, I did not understand them and they did not understand me. They misinterpreted my democratic ways [how] I treated them as weakness.

I wanted our business to grow but I also wanted to better their lives. Once, in one of my meetings at the factory with them, I gave a short speech telling them that our factory was going to grow very much, but I also wanted to better their lives, for example, to be able to own a car, as at that time all of them came to work either walking 2 or more miles or on horseback. Eventually many of them were able to afford cars.

After honest Pedro Fumero, I dealt with a series of crooks. Although I bought them all, even when we paid them, they would still double-cross you. I could tell you stories about my experiences with those crooks but this is getting to be too long so for the time being, only a short one.

One of the last union leaders I dealt with had absolutely no sense of decency. Besides being a cheap crook, he had no principles of any kind. I paid him several times and he would dishonor his agreements with me.[11] I had not seen him for years when, about 1961 or 1962, one day I was walking [along] 42nd Street in New York, by the library, and all of the sudden coming right to me—him with a big smile trying to give me an "abrazo." I could not control myself and, avoiding the abrazo, I just said to him, "How the hell did the Americans let someone like you in this country?" He just looked at me and laughed. I then said something like, get out of my sight, and walked away. Never saw the SOB again.

Going back to my friend, the honest Communist, Pedro Fumero: A couple of years or so after I started dealing with him, one day I was told that there had been a bloody fight [at] one of the union meetings in his office, and that Pedro was in the hospital badly hurt. I immediately found out the name of the hospital where he was and went there. He was in a very large room, one of the dozens of beds in the room, one very close to the other one. It was the hospital where the very poor people had to go. I said hello to him and with a big smile he thanked me for going to see him. There was no chair next to the bed to sit down, so he told me to sit down on the bed, pointing to where his feet were, and then, when he tried to raise his body and head, I went to move his pillow and I saw under the pillow a very large knife. All I said was, for heaven sakes Pedro, how can you live like this? He said, Coco, you are from a different world and, if I explained it to you, you would not understand. Remember, Leslie, that I was still relatively naive and green, as I had only come back from the US a couple of years before, after 7 years in another world.

I did not see Pedro for many years. One day in early 1958, my secretary told me there was a man on the phone who said he was a personal friend of mine and needed urgently to speak with me, but refused to give his name. Although I did not take calls like that, for some reason I took this one. It was Pedro. He said he was being persecuted by the Batista Secret Police,[12] was in a cafe on Calzada Street and 12th, and urgently needed to talk to me. The cafe was only 5 or 10 minutes from my office, and I went there immediately. He told me that he was leaving that night to join the Castro guerrillas in the Sierra Maestra mountains,[13] and that he wanted me to give $30 every month to his wife while he was away. [And that] when and if he came back alive from the mountains, he would pay me back. I told him that I would do it. He then gave me the address of his home. I took the first $30 myself with my driver. The house, where he lived and where I gave his wife the first $30, was a wooden shack in one of the poorest neighborhoods outside of Havana. After that time, my driver Luis took the $30 there every month for a few months.

Castro came down from the mountains with his "guerrillas" the first week in January of 1959. A couple of weeks later, I was in my office and my secretary told me Pedro Fumero was outside and wanted to see me. I walked out of my office to greet him. He gave me an "abrazo" and I brought him to my office to greet him. He was very happy. He said he only came to tell me that he was back, to thank me, and that I did not have to take the $30 any longer to his wife. [He added that], as soon as he could, he would start paying me back the approximately $300 in total that I had given his wife while he was in the mountains. I asked him to please forget the money.

Incidentally, Pedro was the first person who told me, from the very beginning, that the revolution was Communist.[14] I have never seen or heard from him again. He was older than me so he probably passed away. End of story.

Business Opportunity

Now here comes the story of my first lucky break in business, which was the beginning of a very successful business career and making of a lot of money.

I used to work 6 days a week, dedicating Sundays to go to Havana to see Lilia.[15] I had bought a 1934 used Ford for $350 from a "rich young friend" (my father-in-law later named it "la Cocoliana"—(Coco-Lilia), paying $50 down payment and $25 per month. As I had been away from my friends in Cuba for 7 years, I had practically no contact with them. In the factory there was a mechanic, a mulatto whose last name was Morgan. His mother was a Jamaican black (I believe his father was white, although he never spoke of him).[16] His mother had been the cook and "institutriz" (sort of maid who also taught the children English). Anyhow, Morgan spoke English, had some schooling, [was] only a few years older than me, and we became friends. One Saturday in late 1942, he asked me if I wanted to go with him to a "verbena" in San Antonio de los Baños, a town about 30 kilometers away, where the United States was building at full speed a very large air base. Remember, this was during the 2nd World War. I said yes and we went to the "verbena," which is a big feast in a town.

The park in the center of the town is fenced and there are all kinds of games, food, drinking, and dancing going on. Morgan and I had a good time and drank quite a bit. Sometime after midnight, very common in Cuba for men our ages, we headed for the "red light district." We entered a house where there were four or five prostitutes and 3 or 4 men sitting in the living room. Morgan and I spoke in English. As we went in, all of a sudden the men sitting there, who were pretty drunk, started speaking English to us. Two or three minutes later, hell broke loose in the place. A man naked, with his clothes in his hand, ran out of one of the back rooms, followed by a half-naked woman who was throwing things at him and shouting obscenities [at] him. Within a few seconds, all four or five prostitutes started hitting the other Americans there, and someone called the police. The police arrived and took the 4 or 5 Americans, Morgan and [me] to the police station.

When we got there and the policeman on duty started "levantando acta" (writing on the typewriter), I started to sober up, went to him, and identified myself as "El hijo de Domínguez, owners of 'Santa Teresa'" (the name of our farm and companies). My father and our business were very well known for many years all over that area. The policeman spoke to the sergeant in charge, who asked me who could identify me as "el hijo de Dominguez." By that time one of the Americans, the eldest one, had sobered up some and came over to me and said, "Please solve this problem at any cost; I will tell you later who I am." The police also knew the sort-of-General-Manager we had in our business, Santos Domínguez (no relation to us), who was also very well known in the area because he was also a politician, City Council Member of the nearby city of Artemisa, and later its mayor. Santos Domínguez—I do not think he had more than a second-grade education, but he was very intelligent, very honest and hard worker, and a very well-balanced personality. His only defect or weakness was that, although married with 3 or 4 children, he had children with a couple of other women. Actually he had two homes, one with his wife and children and another one with his present mistress and two children. It was common knowledge, and of course I had his telephone number for both his houses.

There used to be a saying in Cuba that if a man had money or a position of power he will have a mistress and an illegible signature. Santos had them both. My father liked Santos and his management abilities very much but Santos's "philandering" concerned him. My father said that one day he asked his cook who knew Santos's parents, well, why did he think Santos was that way. The cook's reply was "Don Manuel salió a su madre" (took after his mother).

Anyhow going back to the police station, although it was by then about 3 in the morning, I called Santos who was at his mistress's house sleeping, and Santos not only identified me but insisted to come to San Antonio if necessary. The sergeant said not necessary, the matter would be forgotten. (I am sure a few days later the sergeant called Santos and asked him for something, either money or some construction materials—that was the way of life in Cuba then.)

The paper that was in the typewriter was taken out and torn up in front of me. We left the station quickly. The elder American said to me, let's go someplace away from here to have breakfast. I knew a place in Havana (about 30 kilometers away) [at] 12th and 23rd Street, open all night and famous for its breakfasts, café con leche, fresh-made bread, sandwiches, etc. We arrived there, I guess about 4 or 5 in the morning. The elder American then identified himself as Captain So-and-So (I do not remember his name) and said he was the chief engineer in charge of building the "runways" for the airplanes to land and the other constructions [at] the [army and air force] base. He asked me what I did for a living and I told him we had a lime factory (hydrated lime and quicklime for use in sugar mills to lower the pH of the sugar and for other industrial and construction uses).[17]

He then asked me if we had a "crushed stone plant" and quarries. My answer was yes, of course, we have quarries where we take out with dynamite the stones to make lime, but the crushed-stone plant is very old and in a very bad condition. He then said, look, we are bringing crushed stone from several plants, some by train 50 or 60 miles away, but we do not have enough supply of stone and this is slowing our construction projects.

He asked if he could send today (now it was Sunday) some engineers to see if our crushed-stone facilities could be used to supply them crushed stone. I told them I did not know much about the condition of our crushed-stone plant, [and] that I would have to call my father. He insisted I should, and I woke my father up about 6 a.m. My father did not show much interest—just said look, the plant is very old and in bad condition and, not only we do not have any money to fix it, but you know the trucks we have [operate with] very old tires,

[and] gasoline is so rationed we do not have enough even for the lime factory. Remember this was in the middle of the war. No tires, no gas, etc.

I told the American what my father said. His reply was, let's go to San Antonio, pick up other engineers, and go see your plant. Morgan and I, now completely sober, but not having slept a minute that night, drove in my 1934 Ford, following the American's car. The end of this story is that, by Monday morning, army and air force enormous trucks arrived with equipment, engineers, etc., and, in a few days, the plant was working 24 hours a day—3 shifts. They even brought cranes to draw stone from the quarries, as up to that time we had primitive old equipment.

They set the price of a square meter of the different sizes of crushed stones. An excellent price. They sent their trucks one after the other for 24 hours every day, 7 days a week. This operation lasted about 10 months. I was working 14 to 16 hours a day, six and a half to seven days per week, supervising the operation. I used to drive to San Antonio to the base to take the new weekly invoice and collect the previous week's bill. Our bank account was growing by the week. My friends at our bank used to kid me that I was robbing another bank.

I paid all the debts my father had [incurred] for years to various suppliers and started really modernizing our operation [at] the lime factory. Among other modernizations, we converted the plant to oil burning from burning with wood, etc. Not long after that, I convinced my brother-in-law Rafael [Puig], Georgia Tech mechanical and electrical engineer graduate, to leave Pan American Airways and join us. He was the first engineer in our operation. First he told me that he had to think it over. I kept insisting. He then wanted me to clarify to him that he was not being offered the job because he was married to my sister. I assured him that was not the reason. It was not the reason.[18] Eventually, he accepted my offer with the condition that he would try, I believe he said, [for] 6 months. He stayed until our businesses were confiscated [in July 1960] and we all left Cuba.

After that, the business grew constantly in all aspects, and profits just kept growing from then on. I then slowed down to working "only" six days a week, many hours a day. I used to travel with a driver, sleeping in the backseat, sometimes all night to visit a sugar mill 300 kilometers away for a meeting the next morning.[19]

All of these led from 1942 to 1960 to all kinds of successful businesses and investments including the dream of financing and building from scratch a very modern, efficient, and very profitable cement-manufacturing plant.[20] The approximately 50 years work and dreams of a family, including the most productive 18 years of my life, were confiscated by the new Cuban communist government the day after I left (the last one of the family to leave), with Lilia, your father who was just 15 years old, Beatriz, 10, and Virginia, 8. I was just 39.

The Revolution

I remember January 1, 1959, when we were [at] my parents' home in Miami and my brother-in-law [Antonio de la Carrera] called from New York [to say] that Batista had fled Cuba. I remember getting on an airplane January 1 to go to Havana by myself and, halfway to Havana, the captain said he was turning back to Miami, as there was fighting at the airport in Havana.

Lilia and "the children" had gone to the New Year's Day famous parade in Miami and, when they returned, [they] found me sleeping on a couch in the living room of my parents' house in Miami Beach, where they were spending Christmas vacation.

I remember arriving in Havana three or four days later and, when going [through the] passport clerks, one of the [clerks] was a young man who had asked for money to buy a rifle, etc., to equip himself to join the Castro guerrillas in the mountains, and I had told him I did not give money to help Castro, whom I considered a gangster.[21] While we were waiting in line, I told Lilia about the guy, and she got so nervous she claims since then she has not been able to drink milk.

I remember arriving at the office and, as a sign of disrespect to me, all the office employees, instead of wearing a shirt and a tie, as we required, all had flashy sports shirts.

I remember from the airport, after stopping a few minutes [at] the office, going to my father's house. He had a bathrobe on. Closed all doors of the room he called his office at home, and excitedly told me, "Son, this is communism—it will destroy us and we will lose everything."[22] Once again, he was right!

As I had been used for 17 years then, when there was a change of government, it was only a matter of paying off new people. I said to my father—don't worry Papy, I'll solve it. My father was right. Although I delayed the end for 18 months by trying every trick in the book, the new people in power were not for sale.[23]

I remember that, within 24 hours of my arrival, the new union leader presented me with new labor contracts with some demands that to me were outrageous. The workers started a "sit-down strike," which lasted about a month or more. After many meetings and arguments, I was able to obtain an appointment with the then minister of labor of the Castro Government. I believe his last name was [Manuel] Fernández. I had one of our trusted accountants, Felongo, prepare an estimated balance sheet for that year based on the actual price of the cement and taking into consideration the enormous salary increases and the other new benefits now demanded by the workers' new union leaders. The previous ones I was "paying off" all disappeared, afraid to be put in jail, which they, of course, deserved. Felongo worked several days with me trying to come up with figures that would show a bottom-line loss so that I could convince the Minister of Labor [that] the company could not absorb the new labor demands. No matter what figures we used, the business was so profitable that I really had to come up with "creative" accounting to show a loss.

The meeting with the minister was scheduled for some time in the late afternoon. I was there on time with our labor attorneys, Raul Dejuán, Horacio Ledón, and my trusted accountant, Felongo, who had prepared the "phony" balance sheet showing "losses." Perhaps my brother Manolo [chief accountant] was there but I am not sure. This was sometime in February 1959. I vividly remember when we arrived at the door of the office of the minister. It was guarded by two very young and big black soldiers with two machine guns. It was scary. We waited and waited for several hours, no dinner, only Cuban coffee. Finally after 2 in the morning, a young man came out, shouted the name of our company, and we went in. The minister was sitting in an easy chair in his office and we sat in other chairs. I sat next to the minister who only said hello. I immediately started my speech of how much money our company would lose if the workers' demands were granted by the government. He was looking at me while I spoke, but sort of in a daze. When I finished my speech, I turned around to pick up my briefcase where I had the "phony" balanced sheet that I prepared to give to him. When I turned back to give the paper to him, he was asleep. I must have made a noise because he suddenly woke up, took the papers, thanked me, and said good night as if he was going back to sleep.

I am sure that the SOB never even looked at the papers I gave him because the next day I was notified that the minister had signed a resolution approving all the workers' demands. The factory went back to relatively normal operation and, believe it or not, the company made over a million dollars that year, which was about 20 percent net margin on sales.[24]

The Labor Force

To give you an idea about what I meant when I referred before to some of our workers as "savages,"[25] I will tell you a story.

Once Rafael, my brother-in-law, who had to deal with our workers all the time because he worked all the time at the factory, asked me to approve the cost of tests for our workers to see if we could find out their best abilities to try to give each one the job that their personality or natural ability suited them better. I made a deal with the then-union leader. This was in the early or mid-fifties so I probably paid the union leader to get his approval for the tests.

We made a deal with a psychologist, Dr. Rafael Fiterre, an older, very nice man, who had an office which specialized in this kind of tests for employees. We paid him X amount per worker tested. We told the personnel manager to select first the more disciplined workers. We used to charter a bus to take about

20 each time from the factory to Dr. Fiterre's office and we, of course, paid them their full wages the day they went.

If I remember correctly, the first couple of days, when Dr. Fiterre had tested about 40 workers, he told Rafael and [me] that, although they were "a little undisciplined," everything was going fine. Several days after, a group of new workers had taken their test that day. I was in my office, and Dr. Fiterre called me that he had to see me urgently. I went to his office. He took me to his private office, closed the door, and said, "Jorge, I like you and Rafael very much. You have been very nice and generous to me but I am sorry to have to tell you that I cannot do any more testing of your workers."

I was very enthusiastic with the project and so was Rafael, thinking that by putting every worker in the position best suited for them, we would increase productivity. So I asked Dr. Fiterre why he couldn't continue. He got up from his desk, grabbed me by the arm, and took me to the other room where the tests were held, which was like a large classroom with chairs, and said, "Look what your workers did to my room. You do not need a psychologist for them, you need 'un domador de fieras'" (a lion tamer). When he called [our workers'] attention several times because they did not stop talking, [or] asking each other questions about how to answer questions in the test, all of a sudden hell broke loose and they tore the place apart and left.

NOTES

1. I am grateful to Jane Desmond, Virginia Domínguez, and Sergio Silva for comments on an earlier draft. All errors in the annotations are Jorge I. Domínguez's alone.

2. It was common for the children of Cuban elite families to study in the United States, a pattern begun in the late nineteenth century. Elite and some middle-class travel between Cuba and the United States for education, business, or tourism became especially common from the 1920s onward, once Pan American Airways began flying between Havana and southern Florida. See Louis A. Pérez, *Cuba and the United States: Ties of Singular Intimacy* (Athens: University of Georgia Press, 1997).

3. For comparative perspectives, see Gretchen Helmke and Steven Levitsky, eds., *Informal Institutions and Democracy: Lessons from Latin America* (New York: Johns Hopkins University Press, 2006).

4. JJD's childhood nickname was "Coco," the name he asked his grandchildren to use as well.

5. Given the roads, it took nearly two hours to travel by car from home to factory. The factory was located closest to the town of Las Cañas, then in the province of Havana. The largest nearby town was Artemisa, then in the province of Pinar del Río. Today these sites are in the province of Artemisa.

6. Manuel Domínguez, born in the city of Matanzas in 1890, lost his father while still a youngster and was raised by his widowed mother. He earned two university degrees, one as a pharmacist and another as a chemistry technician expert on sugarcane processing. He had grown up in an anticlerical family, repelled by the support that Roman Catholic bishops had accorded to Spanish colonial rule. His anticlericalism and his interest in the practical applications of science

attracted him to the Masons. He rose to the highest (thirty-third) degree among the Masons. He also valued his Masonic membership for its social, economic, and political network.

7. That is, there were three ways of approaching transaction costs: paying the tax due, paying a bribe, or a Masonic handshake. The first was a formal institution, whereas the two others were stable informal institutions.

8. The Cuban Labor Confederation (CTC) was founded in 1939 under the auspices of the Communist Party. In 1938, the communists and the chief of the army, Fulgencio Batista, had made a deal to form a coalition, which among other matters would establish the CTC and support Batista's presidential candidacy in 1940. Communists served in Batista's cabinet in the early 1940s. In 1944, the Batista coalition lost the presidential election and Batista left the presidency, but the communist-led CTC reached agreement with the new government of President Ramón Grau to retain an alliance between the CTC and the new president. The agreement lasted until 1947, when the Grau government ousted the communists from CTC leadership posts.

9. This preference for a communist union leader as partner rests on two approaches to transaction costs: agreements should be implemented, and it is easier based on a personal relationship. The alternative remained paying bribes and strikebreaking. This preference for a communist labor leader partner raises a counterfactual for labor-management relations in the 1940s: could the Communist Party and Cuba's industrialists have agreed to co-manage the economy? There were other Latin American cases. Communists were part of electorally successful popular-front coalitions in Chile (1936–1947), and on the Mexican left Vicente Lombardo Toledano was a key figure in the official party coalition, leading the Mexican Labor Confederation, with Communist Party support, in the late 1930s and early 1940s.

10. The historical chronology and his reported age do not accord. JJD would have been twenty-six years old when the communists were ousted from CTC leadership posts in 1947.

11. JJD's ethical framing is consistent across the stories. He valued agreements and honored those that he made. And he believed that paying bribes was simply the cost of doing business, and implied no adverse ethical burden, in a context where formal rules were unreliable guides to action and problem solving. Only the recipient of a bribe was corrupt (tax inspector, labor union leaders, and the sergeant in the next story).

12. In March 1952, Batista overthrew the government and reclaimed the post of Cuba's president. He fled for the Dominican Republic in the early hours of January 1, 1959.

13. The insurgency in the Sierra Maestra mountains in eastern Cuba, led by Fidel Castro, had begun in December 1956.

14. January 1959 is an early dating for this characterization.

15. That is, he spent the workweek at the factory. Coco and Lilia married in August 1944 and remained married until they both died in 2012.

16. Ten of thousands of Jamaicans came to work in Cuba, especially during the first quarter of the twentieth century. Many were deported in the 1930s.

17. Sugar mills were the principal clients for the lime factory, therefore.

18. To the end of their lives, JJD had the highest personal and professional respect for his brother-in-law Rafael.

19. This story illustrates several tools to manage transaction costs: knowledge of English, a professional fixer, implied payments to the police station's sergeant, and contract fulfillment with clients and creditors. The fixer and the sergeant's payments were also stable informal institutions.

20. JJD's experience dovetails well with accounts of entrepreneurship and the rise of capitalism at its moment of vibrant emergence, as described critically but admiringly in the *Communist Manifesto*.

21. Note the difference between this case and that of Pedro Fumero. JJD was not a supporter of the revolution, and thus he provided no funding for the revolution or for most revolutionaries. He was a supporter of his friend Pedro Fumero, and Fumero's family; Fumero happened to

be a communist but that did not interfere in the personal friendship or their past professional collaboration.

22. In the 1920s and 1930s, Manuel Domínguez was politically active in the ABC Party. The ABC and the communists were adversaries, ordinarily albeit not always.

23. A comment that embodied both admiration and regret. This is the first time this old means to lower transaction costs failed across the board.

24. This high rate of profit under these circumstances was in part a tribute to good business management. But the year 1959 was also a good year for many Cuban businesses. The civil war was over, the economy recovered, and the construction materials sector boomed as a result. Moreover, the revolutionary government instituted a policy, hitherto common elsewhere in Latin America, to accord preference in government purchases to Cuban-owned companies. Cemento Santa Teresa was Cuba's only Cuban-owned cement company. This, too, suggests a counterfactual: could a left-nationalist political regime have co-managed a market but more regulated economy with a rambunctious industrialist bourgeoisie?

25. In this story, but also in the story about the labor union, the social distance between JJD and those who worked for him becomes important. In his relationship with the workers, JJD often saw himself as an alien more accustomed to a professional behavior aligned with his idealized image of the United States.

ENTREVISTA REALIZADA POR ABEL SIERRA MADERO EN LA HABANA, CUBA, EDITADA POR LILLIAN GUERRA

"No se sabía dónde estaba la verdad y dónde estaba la mentira": Entrevista a Edith García Buchaca, 30 de abril de 2012

Nota introductoria de Lillian Guerra

Por su larga militancia en el Partido Comunista de Cuba, conocido también en una época por Partido Socialista Popular (PSP) desde su legalización en 1938 hasta inicios de la Revolución Cubana de 1959, Edith García Buchaca fue una figura clave en el desarrollo de los sectores culturales. Además, tuvo un papel importante en la vinculación de los objetivos del Partido con perspectivas y actividades nacionalistas de intelectuales no comunistas cubanos durante el siglo XX. Casada con Carlos Rafael Rodríguez durante diez años,[1] y luego con Joaquín Ordoqui por otra década más,[2] García Buchaca borró fronteras entre labores personales y políticas. Tanto ella como sus esposos, estuvieron comprometidos como ideólogos y comisarios comunistas, dispuestos, como ella misma reconoció, a cualquier tarea del Partido. Cuando Abel Sierra Madero tomó la oportunidad de entrevistarla, García Buchaca tenía noventa y siete años.

En el encuentro, ella manifestó al mismo tiempo entusiasmo por participar y miedo: en la entrevista se abordaron varios temas. Sin embargo, para acceder a ser entrevistada, García Buchaca, pidió al entrevistador que no se tocara un tema, el que había definido la última etapa de su vida. Se trata de la condena que sufrió junto a su esposo Joaquín Ordoqui Mesa en 1964, por haber sido cómplices en abril 1957 en una aparente misión del Partido, destinada a encubrir el papel del joven militante secreto Marcos Rodríguez, en el asesinato de combatientes del Directorio Revolucionario, por parte de agentes del gobierno de Batista. Conocido por el nombre del sitio del trágico suceso, Humboldt 7, la masacre de estos jóvenes tuvo lugar después del fracasado asalto al Palacio Presidencial, organizado por el Directorio en que la mayoría de sus organizadores murieron, incluyendo su líder, José Antonio Echeverría. Desde ese momento y hasta el otoño de 1958, el PSP rechazaba cualquier movimiento armado encaminado a derrocar a Fulgencio Batista. Años después y debido en gran medida a la presión de familiares de los caídos, se produjeron dos escandalosos juicios que concluyeron con la ejecución de Marcos Rodríguez por informante de la policía de Batista. En cambio, Ordoqui y Buchaca habían sido acusados de haber actuado independiente al Partido como supuestos agentes de la CIA. Este proceso ayudó a Fidel Castro, uno de los guías principales del proceso jurídico, a encubrir y negar la contradicción y obvio pragmatismo, que aún representaba la integración del PSP a las más altas esferas del poder revolucionario después del 1959. Apartada permanentemente de su cargo, militancia y presencia pública, Edith García Buchaca sostuvo la muerte bajo la sombra de vergüenza de su esposo Ordoqui en 1973, y durante décadas, el rechazo oficial de su compromiso ideológico y político con el comunismo.[3]

Abel Sierra Madero: Edith, vengo a verla porque yo estoy metido en un proyecto sobre historia intelectual durante los años sesenta en Cuba y también me interesa el tema del "hombre nuevo" dentro la Revolución.
Edith García Buchaca: Pero nunca me ha parecido que haya [habido] un hombre nuevo, a mí me parece que lo que hay de nuevo son las circunstancias que rodean a ese hombre y que entonces lo van moldeando de acuerdo con las exigencias del medio, no es que el hombre nuevo . . . no es que físicamente y psíquicamente sea una persona distinta del pasado. Las personas más o menos se manifiestan de una manera determinada a través de los años. Puede ser que un joven que en años anteriores no era revolucionario, aprenda a ser revolucionario con los hechos que se van produciendo.
ASM: Usted era la presidenta del Consejo Nacional de Cultura a partir de su fundación en enero del 1961. Me gustaría saber de los sucesos [relacionados] con el polémico cortometraje *PM* y la serie de reuniones en la Biblioteca Nacional de mayo y junio de ese año en que se discutió el papel de la cultura en la Revolución.
EGB: Esa reunión la preparé yo. [*PM* causó] tanto revuelo porque, mira, al principio de la Revolución había mucha, mucha polémica entre distintos grupos y las polémicas esas no era que no se pudieran desarrollar, sino que significaban en realidad puntos de vistas muy diferentes. Por ejemplo, Lunes de Revolución. ¿Ahí qué pasó? Ahí había dos o tres personas que eran las que le daban la tónica a esa publicación y que eran al mismo tiempo gente con una visión muy poco revolucionaria, la vida lo ha demostrado. El director [Guillermo Cabrera Infante] se fue de Cuba en un momento en que la Revolución no era tan difícil de vivir, los escritores también—
ASM: A mí me gustaría que usted me llevara al año 61, cuando se hace una la reunión de Casa de las Américas [para discutir la censura de "*PM*"]. Creo que usted organizó también esa reunión.
EGB: Sí, pero déjame explicarte por qué se hace la reunión. Esa reunión se hace porque hay una serie de gente que decía que le tenía miedo al comunismo y no era tanto que le tuvieran miedo al comunismo, sino que utilizaban eso para sus propios fines. Yo creo que el centro de la discusión esa, el temor a que aquí o el aparente temor, porque no había ninguna razón para temer. Los cuatro primeros años de la Revolución, fueron cuatro años desde el punto de vista de la cultura fundamentalmente fundacionales porque había toda una serie de cosas que existían pero que se habían destruido prácticamente o se habían desorganizado en los últimos años como era el mismo ballet, como eran

las cosas más importante de Cuba, sin embargo, habían sufrido mucho con todo el proceso del *machadato* y después de [Fulgencio] Batista [en los años 30 y luego los 50].[4] Entonces eso hacía que hubiera una labor muy grande de poder reconstruir todo lo que existía. Inspeccionar las escuelas para ver en qué forma se estaban dando las clases. Por ejemplo las de pintura y otras manifestaciones; pero sobre todo las de pintura; porque era muy evidente que había toda una tradición de una pintura muy conservadora por llamarla de alguna manera. Después vino una apertura; pero esa apertura se realizó en unas condiciones en que la gente estaba muy disgustada porque no tenía medios ni cómo trabajar. Entonces habían todos esos problemas había que atenderlos y había que tratar de llevar la cultura a las masas. [. . .]

En esa época estoy yo y este compañero del cine, era muy, muy amigo mío, yo lo conocí de niño . . .

ASM: Alfredo Guevara. Sin embargo, en sus libros él no es muy bondadoso—

EGB (interrumpiendo): No qué va, él se viró contra mí.

ASM: ¿Por qué usted cree que se viró contra usted?

EGB: No sé. En un momento dado fue una cosa muy rara por eso te digo que todo fue muy raro. Él un buen día, leo yo en el periódico un artículo en el periódico en el que decía que el organismo de cultura no tenía una política cultural. Falso, porque tenía una política cultural muy definida y muy escrita. Esta gente en general decía que detrás de nosotros no había nada y que lo que había era que (tocar) el futuro. La posición nuestra, de un grupo grande de gente, era por el contrario que el siglo XIX fue un siglo muy rico en Cuba tanto en el orden artístico como en el orden científico y a ese siglo XIX teníamos nosotros que referirnos, publicar las cosas que no se habían publicado, dar a conocer las figuras, lo que se ha hecho. Aquí incluso desde el punto de vista filosófico, Cuba avanzó más que [España]. El positivismo estuvo aquí primero que en España. Es decir, que en realidad aquí había una burguesía que tenía la posibilidad de mandar sus hijos a las universidades fuera, y si no estudiaban aquí y después se iban afuera, sobre todo a Francia y a España. En realidad hay figuras muy importantes desde el punto de vista de la cultura, gente que tenía una gran visión de los problemas y ese era uno de los puntos de nuestras diferencias. Otro punto era el problema de los negros, la importancia de las raíces culturales nuestras.

ASM: ¿Por qué usted cree que Alfredo [Guevara] le ha adjudicado a usted una responsabilidad histórica con los sucesos de *PM* y—

EGB (interrumpiendo): Él es el que llega adonde estoy yo que estaba en Cultura y me dice: "Tengo un problema tremendo porque se está dando . . . " Porque en los cines que se daban cosas cortas . . . documentales. Entonces me dice: "Están pasando en ese momento un documental que a mí no me gusta, que no me viene bien." Era el momento en que se estaba esperando un desembarco, todo lo que es La Habana, estaba llena de muchachos jóvenes que se habían movilizado para estar de guardia. Todas las oficinas del gobierno estaban encendidas toda la noche. Es decir, era un momento de mucha tensión, de mucha dificultad y este muchacho hace un (corto). [. . .] Desde el punto de vista de su formación es bueno, es decir el documental está bien hecho, pero el momento en que él hace ese documental, ese momento era muy inoportuno desde el punto de vista del ambiente que había en La Habana . . . El momento era de esperar cosas peores y el documental decía así: "La Habana PM," es decir, La Habana por la noche. Entonces La

Habana por la noche eran dos o tres negros allá en la parte del puerto tocando tambores y bailando y tomando ron, eso no era La Habana PM en aquel momento. El documental estaba bien hecho y esas cosas se daban. Evidentemente en aquel momento también se daban porque había gente que no le importaba nada; pero no era eso lo que nosotros debíamos poner en el cine, por lo menos esa era la opinión de [Alfredo] Guevara.
ASM: Y vino adonde estaba usted y qué le dijo.
EGB: Vino y me dijo lo que le pasó. Le digo, "Chico, prohíbelo, explícale que en otro momento se puede poner y que no es que sea malo el documental, sino que es inoportuno en este momento ponerlo." Y me dice [Guevara], "Figúrate tú, si yo hago eso me acaban la vida." Yo prefiero no hablar de muchas cosas, porque mira, como sea, él ha podido mantenerse y ha sabido conservar cierta [imagen].
ASM: No, pero en sus últimos libros ha hecho bastantes confesiones, ha publicado y desclasificado varios documentos y ha develado cosas que dentro de la política cultural estaban ocultas.[5]
EGB (sorprendida): ¿Pero del pasado?
ASM: Sí, sí. De los sesenta y de los setenta, sí. Ha publicado cartas . . .
EGB: ¿De esa época?
ASM: Sí, sí, de esa época. Hay dos libros fundamentales donde hay documentos muy reveladores de lo que fue la política de entonces y ha dado también conferencias. [. . .] Usted me dice que él viene y que el documental le incomoda. ¿Qué pasó ahí después?
EGB: Bueno yo le dije: "Sí tú no puedes hacerlo por temor a que te . . . Bueno, yo lo hago." Porque yo nunca ni he tenido ni miedo a solventar una situación difícil, por eso te digo que si tú analizas la postura mía en ese momento, es una postura un poco infantil, porque yo me lancé y prohibí el documental. Y tal parece que estaban aprovechando una oportunidad como esa para formar todo un rollo que no tenía nada que ver. [. . .] No, ya te digo, eso fue así y después de eso ahí él [Guevara] dejó hasta de saludarme. Un día había una reunión en el Palacio [Presidencial], una fiesta y fuimos los dos, claro, y él cuando se encontró conmigo no me saludó yo no lo saludé tampoco y ahí ya se quedó eso así. Yo a él nunca le hice daño, lo ayudé. Incluso en la reunión esa de la Biblioteca Nacional . . . y en esa reunión estuvo él [Guevara], yo fui la moderadora, la que daba la palabra y además llamaba la atención si la gente se comportaba mal o [para] aclarar una situación, en fin.

Que nos equivocáramos en algunas cosas, que en algunas cosas no tuviéramos en cuenta determinados [factores] . . . ¿Será posible? Todos estábamos haciendo tareas de gobierno que es muy diferente a la tarea de oposición. Lo que sí yo le puedo garantizar a usted es que yo reto a cualquiera que me traiga aquí, así, que me lo ponga delante, la obra grande, importante que se prohibiera en algún momento. En esa época nosotros teníamos una política que podía ser errónea; pero por ejemplo teníamos la idea de que el pueblo tenía que conocer la cultura buena, entonces empezamos a poner las obras del siglo XVIII español [. . .] y también de Shakespeare. Es decir, empezamos a montar cosas de tipo [serio]. ¿Con un criterio erróneo? Puede ser. Ahora yo veo que hay miles de grupos, unos eran buenos porque yo no los veo, porque yo . . . no veo los grupos; pero en esa época hubo compañeros que nosotros mandamos a Alemania y los mandamos a [Severo Sarduy] a Francia a estudiar. Además en esa época además de ese tipo de teatro se montó *Contigo pan y cebolla* y toda una serie de cosas populares también;[6] pero de calidad. El Consejo Nacional de Cultura estaba dirigido por Vicentina Antuña,[7] que

era una excelente persona y de una cultura general muy grande. En esa época cuando empezó el trabajo estaba Mirta Aguirre,[8] había un grupo general, tanto de mujeres como de hombres que estaban dispuestos a trabajar en eso.
ASM: Mucha gente dice que con esa sentencia en el campo de la cultura, cuando Fidel [Castro] dijo "Dentro de la Revolución todo, contra la Revolución nada," hay personas que piensan que eso sesgó de alguna manera un futuro más abierto, más democrático dentro de Cuba. ¿Qué usted piensa al respecto?
EGB: Bueno parece que sí, porque si se ha hecho así . . . Eso le dio a la gente una oportunidad, porque yo quiero que tú me digas ¿qué quiere decir eso? Eso es una cosa abierta para que la interprete el que quiera; porque hay quien puede pensar que una cosa no es revolucionaria y otros pensar que sí, que es revolucionaria. Es muy abierto.
ASM: Pero a la vez es cerrado, porque circunscribe a un espacio de poder, porque hay que ver quién dicta que es lo que lo revolucionario y lo que no, y a mucha gente les costó. Esas decisiones tuvieron costos personales para mucha gente.
EGB: Yo no sé porque yo en ese momento me aparté de todo, estuve con Fidel [Castro] en la reunión esa y después hubo situaciones que no me gustaban y bueno . . . problemas personales y me retiré de todo. Bueno, Vicentina renunció también por la situación que se creó. Tú quieres ver una persona más abierta y más eso [*sic*] que Vicentina y se fue, porque la situación que se creó fue una situación muy confusa. [. . .]
ASM: ¿Qué situación?
EGB: ¿Qué situación? Esa de que tú no supieras exactamente dónde estaba la verdad y dónde estaba la mentira. Y dónde estaba lo que tú tenías que hacer y lo que no tenías que hacer. [. . .] Yo creo que Fidel fue fantástico al hacer eso [al decir, "Dentro de la Revolución, contra la Revolución nada"] porque eso dejó contento a todo el mundo. [. . .]
ASM: Después que usted dirigió el Consejo Nacional de Cultura, fue Luis Pavón él que vino, ¿no?
EGB: Ahí hubo un momento terrible y se hicieron cosas horrorosas, porque nosotros éramos muy liberales en el sentido de que de aquí de Cuba no se fue ningún buen escritor, ni un buen artista con motivos de no querer . . . a todos se les dio trabajo y se distribuía el dinero que había para teatro por ejemplo para el teatro autóctono nuestro, y otra parte para montar otra gran obra al año. Teníamos una política en ese sentido, claro, para montar una gran obra al año había que reducir el dinero de otra [obra], no se estimulaba tanto otra gente, sino las cosas de calidad como *Hablar contigo pan y cebolla*, gente así bien preparada.
ASM: ¿Qué usted cree del término quinquenio gris? [. . .] ¿Qué usted piensa al respecto? ¿Qué pensó en aquel momento y qué piensa ahora sobre eso?
EGB: No, eso fue terrible. No, siempre pensé que aquello era un desastre. Siempre pensé que la salida nuestra en la forma en que se produjo no ayudó.
ASM: Yo quisiera saber la manera en que ustedes salen, porque esa historia está muy oscura y hay un vacío de detalles que se prestan a la especulación y me gustaría que usted me aporte algún detalle para yo entender, digamos, las cosas que pasaron en aquel momento. [. . .] ¿Y por qué usted dice que ustedes no salieron del mejor modo de ahí?[9]
EGB (haciendo énfasis): Noooo, porque se produjo eso mismo que tú dices, una confusión, que para aclararla tendrían que participar muchas personas.
ASM: ¿Pero qué confusión? ¿Lo del sectarismo, lo de la microfracción y todo eso?[10]

EGB: Sectarismo no había ninguno.
ASM: Ellos decían sectarismo, yo sólo estoy usando los términos, por eso me gustaría que usted me aclarara.
EGB: Yo sí te digo, si puedo asegurarte que en el tiempo que nosotros estuvimos en Cultura, bueno y toda la gente y también la cantidad de gente que se ha muerto, yo soy casi una sobreviviente de ese grupo, porque tengo noventa y siete años, así que imagínate tú, ya toda esa gente se ha muerto y son gente que unos tenían un criterio y otros tenían otro criterio y yo te digo que a mí me parece que la ayuda que Fidel le ha dado a los intelectuales directamente [fue buena]. Nosotros no defendimos a los intelectuales, sino [que los] organizamos, yo organicé con él la Organización de los artistas, en general lo que es la UNEAC [la Unión de Escritores y Artistas de Cuba] ahora. La organizamos, le busqué la casa [para un nuevo y más grande local en el Vedado] y le di las llaves a [Nicolás] Guillén que fue el que el que se eligió presidente, hasta ahí llegué yo, y ahí yo me separé.
ASM: ¿La vinculaban a usted a la microfracción?
EGB: Para nada. Esas son las confusiones que yo te digo, ¿qué tengo que ver yo con la microfracción ni nosotros? Para nada. Eso fue una cosa que se formó después que sacan a Aníbal y sacan a esa gente, empieza la gente que tenían puntos de vista distintos dentro de la propia Revolución a nuclearse alrededor de Aníbal. Yo nunca tuve ningún problema con la Revolución. En el momento en que se desarrolla la microfracción yo estaba ocupando un cargo importante, trabajando, mi marido y yo.
ASM: ¿Y adonde fue a trabajar después?[11]
EGB: A ninguna parte.
ASM: ¿Y adonde fue a trabajar?
EGB: No, no a trabajar, no.
ASM: ¿No?
EGB: No, no a trabajar, no. A leer a escribir.
ASM: ¿Qué pasó con Aníbal Escalante en el año 62? Aníbal Escalante y la "microfracción"?
EGB: Fidel [Castro] puso en manos de Aníbal el Partido y se empezó a reorganizar el Partido a partir de Oriente, la reorganización del Partido significa [ininteligible] en buena ley, tomar los mejores del Partido y dentro del Partido como es natural los había mejores y los había peores. Los mejores, y coge los mejores también de la gente de Fidel, es decir, con mucha amplitud. Constituye los comités de base, las células, con gente de todas partes y se acusó a Aníbal y hay que ver si fue cierto, de haber actuado con un sentido muy estrecho y de haber tratado de copar, podemos decir, con la gente del Partido, mala o buena. [. . .] Pero teníamos [Joaquín Ordoqui y yo] hasta cosas [. . .] concretas; él no se fijaba tanto [en el carácter de la persona escogida para cualquier tarea], sino que fueran militantes, pero había militantes que habían cometido algunos errores grandes.
ASM: Entonces en qué circunstancias sale usted del Consejo Nacional de Cultura.
EGB: Bueno no fue de sale sino . . . Es que yo misma no lo sé.
ASM: ¿Cómo que usted no lo sabe?
EGB: Sí, que no tengo una idea clara de . . . Yo misma me pregunto por qué. Porque yo estaba acostumbrada al trabajo del Partido y yo siempre he sido de esa gente que si me

han dicho "busca un lugar bien significativo," conseguía el Capitolio [riéndose]. Así, no, siempre me ha gustado lo más grande, lograr lo mejor a través de la época esa de la guerra, estuve dirigiendo el trabajo de la guerra y toda la lucha contra el fascismo, a través del Instituto de Intercambio Cultural Cubano-Soviético que lo fundé.[12] [. . .] Yo estaba fuera de Cuba cuando termina [la lucha contra Batista] en México, y el partido aquí en Cuba, nos tenía que dar la autorización para venir y la iban posponiendo, una vez en una ocasión teníamos comprado hasta [los pasajes]: todo listo ya para salir para el aeropuerto y nos llamaron por teléfono que no fuéramos porque habían metido preso a [Juan] Marinello,[13] y que la situación estaba muy mala, que esperáramos. Locos por venir porque no teníamos ningún sentido de estar fuera. Claro, siempre lo aprovechábamos, estudiando y haciendo relaciones y todo, pero bueno, lo que queríamos era venir. [. . .] [Antes de la Revolución, yo siempre estuve] ocupándome mucho de que se establecieran relaciones entre los intelectuales cubanos y otros intelectuales . . . La realidad socialista porque yo sí había ido a la Unión Soviética y comprendía que había mucha gente aquí que le tenían terror a eso porque no lo conocían; pero no había ninguna razón. Sobre todo el problema que es verdad que ellos cayeron en el problema ese del realismo—

ASM: Socialista.

EGB: Sí y hicieron cosas muy malas. Casi toda la literatura que hicieron en esa época, el teatro, etcétera, no ha dejado nada, desapareció completamente.

ASM: ¿Y usted no cree que aquí pasó más o menos lo mismo? Que se trataron de aplicar algunas ideas estalinistas y que—

EGB: Eso yo no lo creo.[14] [. . .] Mira, piensa en esto, fíjate que te estoy hablando con toda franqueza, en eso sí yo no hago concesiones. La campaña contra Stalin . . . Stalin creó en el momento en que se va a iniciar la construcción del socialismo en Rusia, en ese momento que comienza se muere Lenin y quien construye el socialismo malo, bueno, o como fuera en la Unión Soviética, es Stalin. Sin embargo, por la gente, había una campaña tremenda por los americanos, porque oye hay que ver eso, yo estaba en Europa cuando terminó la guerra. Inmediatamente que terminó la guerra comenzó una campaña contra la Unión Soviética y contra todo lo que tuviera que ver con Stalin, concentrando en una persona que acababa en aquel momento, porque hay que ver eso. En el momento en que Stalin dirige y participa él personalmente en la guerra que era una cosa que ya en ese momento estaba casi perdida. Ah, entonces fueron muchas loas. Ahora yo te digo, a mí, mi opinión, es que cualquier compañero que está al frente de una tarea como esa. Piensa en lo que eran los rusos, no lo que eran los soviéticos, piensa en lo que eran los rusos.

ASM: ¿Qué impacto real tuvo el estalinismo aquí en los sesenta?

EGB: Yo creo que ninguno, porque te voy a decir una cosa, nosotros nunca separamos una cosa de la otra. [. . .] Nosotros hemos ido a la Unión Soviética. A Leningrado que es donde está el museo grande que es donde está toda, toda . . . hay ahí unas cosas increíbles de toda la cultura universal y ellos no lo ponían en exposición, todo eso lo tenían, pero lo tenían guardado. Entonces ponían las cosas soviéticas que eran muy malas porque era el realismo socialista ese que se llamó así y además de pintar las cosas embelleciéndolas, siempre, al final, quienes triunfaban en las obras de teatro, y en todo eran los que se habían portado [ríe] bien durante toda su vida.

ASM: ¿Pero aquí pasó algo más o menos así, no, Edith?
EGB: ¿Pero dónde?
ASM: En la literatura. [. . .] Digamos que hay una fórmula del realismo socialista que caló bastante fuerte en los escritores.
EGB: ¿Sí? Yo no sé de eso.
ASM (cambiando de tema): ¿Es verdad que usted tuvo que sacar [de una estación de policía] a Virgilio Piñera,[15] la llamada "noche de las tres P"?[16]
EGB: Virgilio era muy amigo mío y venía mucho a casa, comía en casa muchas veces. Virgilio se quería morir. Entonces yo fui a ver al Ministro [del Interior] y le pedí que lo sacara inmediatamente y que borrara toda huella, los papeles, todo, todo lo que pudiera haber, que eso no había existido. Yo he tenido una debilidad muy grande en el sentido de no anotar, de no conservar las cosas buenas y las cosas malas que he hecho. Es decir, de no anotar cosas así, concretas, como lo de Virgilio.
ASM: ¿Por qué usted cree que durante los sesenta la política del gobierno revolucionario fue tan hostil con los homosexuales?
EGB: Ah, no. Fíjate en esa época, fíjate tú, en esa época en Cultura había una cantidad enorme de homosexuales, mujeres y hombres. Y las veces que a mí, personajes importantes que no voy a decir los nombres me decían: "¿Cuando tú vas a acabar con esa fauna que tú tienes ahí?" Si yo botaba a la gente de Cultura que fue lo que pasó cuando el Quinquenio Gris, mucha gente se salvó pero mucha gente no, mucha gente se fue antes de que le pasaran cosas. Fue terrible, terrible de verdad. Mira el caso del . . . ay cómo se llama este . . . al que le hicieron el juicio [en 1971], ¿tú te acuerdas?
ASM: Heberto Padilla.[17]
EGB: Ah, sí. ¿Qué razón había para hacerle a Heberto Padilla un juicio por ese poema que escribió? Y ya después de Heberto Padilla la gente se sentía mierda; porque después que una persona, se dice y se contradice, como pasó con Heberto, que aceptó y después se fue porque después no podía mirarle la cara a nadie.
ASM: ¿Pero por qué usted cree que los homosexuales no eran bien vistos por el gobierno revolucionario? ¿Tiene que ver con el hombre nuevo?
EGB: Tiene que ver con esa época. Los homosexuales [. . .] en el mundo entero son mal vistos y aún actualmente, no te creas, nosotros somos un país que hemos avanzado por encima de todos los países en ese sentido. No te creas que hoy aquí el homosexual no sea perseguido sino que hasta ocupen cargos importantes, ya eso no es así en otros países. [En aquel momento era así] porque lo que se imponía en aquel momento fundamentalmente, es decir, antes de eso nadie se acordaba de eso. Yo no me acuerdo cuando jovencita haberme encontrado con nadie de ese tipo, ni que ese fuera un problema, para nada. [. . .] Por eso te lo digo y . . . y ya después nosotros nos fuimos, todo el mundo se fue, Vicentina se fue.

[. . .] Mira indudablemente hay una realidad. El machismo en Cuba es fuerte, porque el machismo en España es muy fuerte y era mucho más fuerte cuando los españoles vinieron a Cuba. Entonces ese machismo penetró mucho más en la parte oriental, en los orientales, los habaneros más abiertos, que viajaban más, que tenían otra actitud, tenían otra mentalidad, porque su realidad, vamos a eso, era distinta, no porque fueran ni más malos ni más buenos, sino porque el medio en que se desarrollaban los llevaba a eso.
ASM: Pero Fidel [Castro] reconoció que él había sido el creador y responsable de las UMAP [Unidades Militares de Ayuda a la Producción] en algún momento.[18]

EGB: Claro, si era [del] gobierno todo lo que se hizo en ese sentido y el tenía una carga indudablemente de responsabilidad, eso es indudable.
ASM: Y usted cree que esa carga la haya tenido durante el Quinquenio [Gris]. Porque aquí no se movía nada sin Fidel.
EGB: No sé, chico. Yo creo que en la época del quinquenio él se desprendió mucho de las cosas, yo no conozco de eso, la verdad es que no te puedo responder eso. Yo no considero que yo sea intelectual y mira que yo he leído y ahora ya el problema de la memoria pesa mucho [. . .] yo he escrito las biografías de alguna gente de la familia y la mía, pero nunca en la vida se me ha ocurrido escribir un libro de otro carácter, no, no.
ASM: Edith, en uno de los libros de Alfredo Guevara, se dice que usted mandó a mucha gente de Lunes de Revolución para quitárselos de arriba, de embajadores.[19]
EGB: Empezando que yo no tenía fuerza, yo no tenía autoridad para mandar a nadie. En esa época . . . el compañero que estaba responsable en esa época, que ya murió, creo yo, era El "Rubio" [Osvaldo Sánchez Cabrera], le decían "el Rubio," era extranjero casado con Clementina Serra y jugó un papel importantísimo en la Sierra [Maestra] y después lo pusieron de responsable de toda la cosa esa del [Ministerio del] Interior.[20] Entonces él lo que más podía hacer era ir adonde estaba yo y preguntarme cuál era mi opinión, si debía mandarlo o no debía mandarlo, hasta dónde era un enemigo o hasta donde no lo era. A pedirme mi opinión porque era la gente con quien yo me movía; pero quien decidía quién iba para afuera o quien no iba para afuera no era yo, era el compañero que estaba al frente de eso. [. . .] Yo nunca en la vida tuve ese cargo, el cargo lo tenía él y lo tuvieron después otra gente. Eso tiene que ver con toda la mecánica exterior, que vigilan cómo se comporta cada persona y cómo funciona cada organismo, ¿no? Yo no tenía por qué quitarme . . .
ASM: Yo ya no tengo más preguntas, Edith. ¿Usted quisiera decir algo que le gustaría compartir conmigo sobre esa época?
EGB (hablando bajo, como si temiera ser escuchara): Yo lo que te puedo decir es que cuando el movimiento de cultura tomó fuerza . . . La envidia . . . te desilusionan mucho. Cuando tú estás dando la vida entera a una cosa y la gente lo que se está es cuidando que tú no vayas a llegar hasta arriba, como si para uno llegar hasta arriba fuera un cargo o un puesto y no de superarse uno mismo con la lectura y con el trabajo. El terror. [. . .] Prácticamente yo he estado ausente de todo ese proceso que tú dices, de ese proceso y me interesa mucho la verdad, tu opinión, que no es tuya sólo sino de muchos jóvenes.
ASM: Mi opinión la tendré que procesar todavía cuando escriba el libro [risas].
EGB: Ahora lo que tengo son sobre todo preguntas, muchas preguntas.

NOTAS

1. Considerado "el cerebro" del comunismo soviético de ala estalinista en Cuba por servir como es ideólogo interno de la dirección del PSP desde finales de los años 30 hasta principios de los 60, Carlos Rafael Rodríguez (1913–1997) fue electo alcalde de Cienfuegos a la temprana edad de veinte años antes de comenzar su militancia en las filas del partido. Luego ocupó el puesto de Ministro sin cartera dentro del gabinete de Fulgencio Batista durante su única presidencia electoral (1940–1944), sirvió de enlace entre el PSP y el movimiento 26 de Julio a partir de octubre del 1958 cuando subió a la Sierra Maestra para llegar a un acuerdo con su jefe, Fidel Castro. Luego del

1959, Rodríguez fue uno de los principales gobernantes del país, tomando las riendas del Instituto Nacional de Reforma Agraria en 1963, al comenzar la difícil tarea de promover la colectivización en vez del cultivo por pequeños agricultores. Como miembro del Politburo bajo el régimen de Fidel Castro, llegó a ser vice presidente del país a partir de su nueva organización constitucional comunista en 1975. A pesar de su legendaria ortodoxia, Rodríguez se mostró flexible a los mandatos del Partido en su vida personal, siendo amante privado del jazz americano aun cuando perseguía su audición como prueba de "diversionismo ideológico" en las primeras décadas de la Revolución. También en enero del 1959, salvó por petición personal a Camilo Cienfuegos y Che Guevara del paredón al Dr. Eduardo Pino Vara, alcalde de Cienfuegos durante la dictadura de Batista, en honor a su íntima relación y previo noviazgo con la alcaldesa, Mercedes Blanco Sotolongo de Pino Vara, tía abuela de la editora.

2. Joaquín Ordoqui Mesa (1901–1973) fue dirigente nacional del Partido Comunista de Cuba en la República, elegido por la provincia de Santa Clara a la Cámara de Representantes en la elección general de 1948. Conocido por la rigidez personal y política (uno de sus joven discípulos Carlos Franqui lo caracterizó como "amigo de dar órdenes . . . el duro del partido"), Ordoqui pasó la última etapa de la dictadura batistiana exiliado en México y Europa, junto a su esposa García Buchaca, por órdenes del partido. Tras el establecimiento del comunismo como ideología fundamental de la Revolución, Fidel Castro honró a Ordoqui con el rango de Comandante. Antes de estallar la crisis política en torno al caso de Marcos ("Marquitos") Rodríguez en 1963, Ordoqui sirvió en la dirección de las Organizaciones Revolucionarias Integradas [mejor conocido por "las ORI"] y fue viceministro de las Fuerzas Armadas Revolucionarias. Condenado en el 1964 por complicidad con Marquitos en el asesinato de los activistas estudiantiles de Humboldt 7 en 1957, Ordoqui fue entendido por muchos militantes y estudiosos del caso como chivo expiatorio que ayudó encubrir el papel histórico del Partido en servir la red de inteligencia de Batista cuyos blancos eran los oponentes insurgentes al régimen y no los que se oponía pacíficamente, posición adoptada públicamente por el Partido desde 1952 hasta los últimos meses del 1958 cuando dejó de ser vigente como lógica esa estratégica. Véase Carlos Franqui, *Cuba, la Revolución: ¿Mito o realidad? Memorias de un fantasma socialista* (Barcelona: Ediciones Península, 2006), 103.

3. Fuentes sobre el caso de Marco Rodríguez y el papel del PSP han ascendido en número y calidad a través de los años. El clásico análisis de Maurice Halperin sigue siendo útil: *Rise and Decline of Fidel Castro* (Berkeley: University of California Press, 1972), 26–70. A esta fuente, se agregan una versión periodística basada en entrevistas con el único hijo (ya fallecido) de García Buchaca y Joaquín Ordoqui, por Miguel Barroso, *Un asunto sensible: Tres historias cubanas de crimen y traición* (Madrid: Random House Mondadori, 2010); y el excelente y provocador documental *Los amagos de Saturno*, dirigido por Rosario Alfonso Parodi (Cuba, 2015). La editora agradece las sugerencias de Michael Bustamante con respecto a la importancia de esta última fuente.

4. El término despectivo del *machadato* se comenzó a aplicar al régimen de Gerardo Machado, electo Presidente por el Partido Liberal en el año 1925, cuando se volvió una dictadura en ojos de la mayoría de los ciudadanos en 1928 con una extensión anticonstitucional de su período presidencial y el de los congresistas hasta el año 1936. Frente a un emergente revolución social y huelga general, Machado se fugó de Cuba el 14 de agosto 1933, abriendo el camino para el establecimiento de un gobierno revolucionario bajo el mando de Dr. Ramón Grau de San Martín. Ante la falta de reconocimiento diplomático y militar de Estados Unidos, este gobierno fue derrocado por el sargento Fulgencio Batista en enero de 1934. Ascendido al grado de general por su inicial alianza con Grau, Batista encabezó un Estado dirigido por una serie de títeres presidenciales y oficiales no elegidos hasta el período comprendido entre 1938 y 1940. Ese año Batista cedió a las presiones populares para encaminar al país hacia la democracia electoral, período que duró hasta su segundo golpe de Estado el 10 marzo 1952.

5. Véase Alfredo Guevara, *Revolución es lucidez* (La Habana: Ediciones ICAIC, 1998) y *Tiempo de fundación*, ed. Camilo Pérez Casal (Madrid: Iberautor Promociones Culturales, 2003).

6. *Contigo pan y cebolla* fue escrita por el teatrista cubano Héctor Quintero. La obra se estrenó en 1964.

7. A pesar de su larga y semi-abierta militancia comunista, Vicentina Antuña se distinguió en la década previa a la Revolución de 1959, por servir de enlace entre el famoso anti-marxista Partido Ortodoxo, fundando por Eduardo Chibás en 1948, y el Partido Comunista, conocido como el Partido Socialista Popular (PSP) a partir de su legalización en 1938. Luego de la Segunda Guerra Mundial, Antuña dirigió *Boletín de la Paz*, el órgano oficial del Comité Nacional por la Paz, una agencia secretamente subsidiada por la Unión Soviética, junto a Elías Entralgo, Nicolás Guillén, Emilio Roig de Leuchsenring y otros militantes abiertos y ocultos. Después de 1959, Antuña dirigió la campaña para "cubanizar" las navidades desde la directiva del Consejo Nacional de Cultura y también fue directora de la Facultad de Artes y Letras en la Universidad de la Habana, hasta que sufrió su propia purga política al principio de los años 70 por causas ideológicas.

8. Una de los más importantes ideólogas del PSP, Mirta Aguirre encabezó el proyecto comunista de influir sobre la interpretación, contenido y el papel del cine en la formación política de la sociedad cubana desde su militancia en los años 40 como crítica de cine para el periódico comunista *Noticias de Hoy* y la compañía de cine Sono Film. Adicionalmente, Aguirre y Buchaca dirigieron la Federación Democrática de Mujeres Cubanas, agencia subsidiada por la Unión Soviética, y colaboraron con otras militantes como Elena Gil para publicar *Mujeres Cubanas*, una revista mensual diseñada por el PSP para la lucha femenina. Luego del 1959, desempeño un papel importante en *Cuba Socialista* y en otros medios de prensa del Partido destinado a adoctrinar y aclarar dudas al respecto del marxismo.

9. Aquí Sierra Madero aborda el tema intocable señalado por García Buchaca antes de comenzar la entrevista grabada, o sea, su propio encarcelamiento, junto a su esposo Joaquín Ordoqui, y el castigo que recibió por décadas, por haber sido acusados formalmente por el partido de ser cómplices de Marcos Rodríguez en el asesinato de los revolucionarios del Directorio en 1957 .

10. Estos términos, *el sectarismo* y *microfacción*, se inventaron para describir la discrepancia política y conspiración que un grupo de históricos militantes del PSP intentaron llevar a cabo contra el gobierno revolucionario y el liderazgo ideológico de Fidel Castro en dos ocasiones, primero en 1962 y 1967–1968. El descubrimiento de los hechos, más el poder ejercido y prestigio de que se beneficiaban los acusados frente a la Unión Soviética, especialmente Aníbal Escalante, creó no solo fricción, sino una crisis interna en el gobierno, poniendo en peligro la unidad entre los seguidores de Fidel y del Movimiento 26 de Julio y sus aliados de último momento, o sea, los comunistas del PSP. Para más detalles, veáse Halperin, *Rise and Decline*, 148–169; Richard Fagen, *The Transformation of Political Culture in* Cuba (Stanford, CA: Stanford University Press, 1969), 116–122; William LeoGrande, "Party Development in Revolutionary Cuba," *Journal of Interamerican Studies and World Affairs* 21, no. 4 (November 1979): 457–480.

11. Nuevamente Sierra Madero invita a García Buchaca a admitir el peso de su castigo político de aislamiento total impuesto por el partido en 1964 por causa de su papel en el caso de Marcos Rodríguez: se niega.

12. El verdadero nombre de esta agencia era el Instituto Cultural Cubano-Soviético. Buchaca ocupaba el puesto de vocal mientras que Luis Gómez Wanguemert, José Manuel Valdes Rodríguez y Serafín Ruiz los puestos altos de la dirección. La dirección del instituto contaba con famosos intelectuales cubanos, incluyendo el historiador José Luciano Franco, Emilio Roig de Leucshenring, el pintor Marcelo Pogolotti, el poeta Nicolás Guillén, Elena Gil y Mirta Aguirre. Hasta 1953, publicaba *Cuba y la URSS*, una revista mensual larga y de mayor escala. Luego del 1959, esta agencia se convirtió en el Instituto Cubano de Amistad con los Pueblos, mejor conocido por el ICAP.

13. Educado de niño en España por padres socialistas, Juan Marinello Vidaurreta (1898–1977) regresó a Cuba donde desempeñó importantes papeles como militante comunista contra el regimen de Gerardo Machado, poeta, fundador de revistas hospiciadas por el Partido Comunista, ensayista y político elegido por el PSP en la época de la democracia electoral (1940–1952), primero a la Convención Constituyente del 1940 y luego como Representante a la Cámara y Senador de la República. Tras la Revolución del 1959, fue rector de la Universidad de la Habana, miembro del Comité Central del Partido Comunista desde su establecimiento como consejo único del gobierno monopartidiario y luego embajador a la Naciones Unidas, entre otros cargos.

14. En su memoria, militante y camarada de la época, Lionel Soto discrepa con Buchaca sobre la popularidad y papel central positivo que jugó Stalin en la perspectiva y cultura interna del Partido Comunista de Cuba. Veáse Soto, *De la historia y la memoria: Etapa 1949–1961* (Havana: Editorial SI-MAR, 2006), 1:183–186, 217–218.

15. Virgilio Piñera (1912–1979)—poeta, narrador y dramaturgo cubano más importantes de su época.

16. En 1961, la policía e inteligencia cubana lanzó una campaña conocida por "Operación P" para arrestar y someter a rehabilitación forzada a ciudadanos acusados de ser pederastas, prostitutas o proxenetas. Carlos Franqui, entonces director de *Revolución*, órgano oficial del gobierno, fue testigo crítico del proceso y luego el primero en publicar sobre su implementación en *Retrato de familia con Fidel* (Barcelona: Editorial Seix Barral, 1981), 280–286.

17. Heberto Padilla (1932–2000)—escritor cubano, ganador del premio Julián del Casal de la UNEAC por su poemario *Fuera de Juego* (1968). Padilla primero vio su libro sancionado a la vez que publicado por el mismo organismo que le otorgó el premio, la UNEAC (Unión de Escritores y Artistas de Cuba). Luego, en 1971, fue arrestrado, torturado y sentenciado al ostracismo hasta que logró salir del país junto a su esposa en 1980. Su detención provocó una oleada de críticas contra el gobierno revolucionario por parte de escritores importantes a nivel mundial. Las obras de dichos autores luego fueron censuradas en Cuba como réplica del gobierno. Veáse Lillian Guerra, *Visions of Power in Cuba: Revolution, Redemption and Resistance, 1959–1971* (Chapel Hill: University of North Carolina Press, 2012), 353–362.

18. Con esas siglas se conoce a las Unidades Militares de Ayuda a la Producción. Las UMAP fueron campos de trabajo forzado implementados por el gobierno revolucionario entre 1965 y 1968 bajo la cobertura del Servicio Militar Obligatotio. Las UMAP se crearon con el objetivo de internar y rehabilitar a miles de sujetos que que eran considerados indeseables para el gobierno. A esas unidades fueron enviados cientos de homosexuals, religiosos, delincuentes y muchachos de clase burguesa.

19. En unos de los pasajes de *Tiempo de fundación*, Guevara comenta: "Sabemos que Edith García Buchaca, cumpliendo también, reaccionando también de un modo oportunista, mezquino, vulgar, sin ningún respeto por la persona humana ni por las necesidades de la revolución, optó por salir de muchos de quienes eran en esos momentos compañeros, y de otros que siguen siéndolo, quitárselos en tanto que problemas, a partir de nombrarlos agregados culturales o funcionarios de embajadas por todo el mundo [. . .] Esto es un crimen político cometido [. . .] por Edith García Buchaca y quienes la rodeaban, aunque en definitiva eran decisiones de ella." Veáse Guevara, *Tiempo de fundación*, 171.

20. García Buchaca confunde la historia personal de Osvaldo Sánchez Cabrera como veterano y combatiente de la República Española durante la guerra civil de los años treinta en ese país con su lugar de origen. Al igual que Lionel Soto, Serra y otros, Osvaldo Sánchez fue dirigente de la juventud comunista (conocido por Los Jóvenes del Pueblo) a su regreso a Cuba en la década de los 40. Sánchez e Isidoro Malmierca fueron elegidos para ser entrenados por la KGB en la Unión Soviética como especialistas de inteligencia y seguridad mientras que Soto y Alfredo Guevara fueron a Praga varios años para estudiar tareas de infiltración y actividades culturales. Luego del

1959, Fidel Castro designó a Sánchez como jefe de seguridad. Véase Carlos Franqui, *Camilo Cienfuegos: El héroe desaparecido* (San Juan, PR: n.p., 2001), 187–193. En compañía de Guevara y otros, Soto narra su labor y múltiples viajes a la Unión Soviética y América Latina en misiones de entrenamiento y tareas secretas asignadas desde el Partido Soviético durante estos años en *De la historia y la memoria*, 91–266.

Book Reviews

HISTORY

Tiffany Sippial. *Prostitution, Modernity, and the Making of the Cuban Republic (1840–1920)*. Chapel Hill: University of North Carolina Press, 2013. 256 pp.

Prostitution, Modernity, and the Making of the Cuban Republic is a cutting-edge account of a previously unstudied topic in Cuban history. Tiffany Sippial demonstrates that the state regulation of the lives of prostitutes was a negotiated process in which the women themselves exerted considerable agency. Much more than being the first in-depth study of prostitution in Cuba, the book explores the ways national debates over prostitution refracted prevailing anxieties about nationality, modernity, and citizenship in Cuba during a period of intense growth and transformation. This represents a welcome departure from the conventional studies on the topic that conflate a history of prostitution with an account of its state regulation.

The first three chapters of the book provide a richly textured account of the everyday experiences and actions of working women against the backdrop of a much-needed legal, institutional, and intellectual history of the evolution of perspectives on and state regulation of prostitution. Sippial effortlessly interweaves discussions of gender and prostitute agency with narratives of racial and class struggle. On one notable occasion, Sippial even explores debates about the presumed sexual deviance of foreign-born males, bringing in discussions of sexuality that have rarely entered mainstream historical studies of Cuba during this period (92–94). Her ability to craft such an intricate and nuanced narrative bridging regulation and contestation while also foregrounding individual experiences from such diverse and original primary sources constitutes one of the greatest strengths of this study.

The author's careful attention to the shifting social geography and evolving moral landscape of Havana also sets this book apart from most previous studies of Cuba during the nineteenth and twentieth centuries. While this focus is particularly salient in chapter 1, Sippial demonstrates throughout the book that even though state officials attempted to segregate prostitutes from the supposed "moral zones" of the city by secluding them to the most marginal spaces, the women actively resisted this policy. The zones of vice became increasingly central as the population of Havana expanded rapidly over the second half of the nineteenth century. The shifting state policies toward prostitution—from prohibition to tolerance to regulation and eventually to deregulation—responded to these shifting geographical boundaries of vice and the refusal of prostitutes to surrender their coveted central residences as the urbanized portions of the city expanded.

Given this conscientious attention to issues of space, the almost exclusive emphasis placed on Havana curiously is left unexplained. Even though the title of the book implies an islandwide or at least representative case study approach, only two explicit references to provinces outside of Havana appear, the lengthiest of which details the ways Havana bureaucrats attempted to dictate provincial prostitution regulation (72–75, 142, 144). This Havana-centric approach, though likely indicative of the resources most readily available in the Cuban National Archives, does not necessarily reflect with accuracy the development of the institution in the provinces. There is evidence that Cienfuegos officials, for example, began to mandate the seclusion of prostitutes only during the first American military occupation, while this process began nearly two decades earlier in Havana. Given the importance the author assigns to the specific historical period for understanding the relevance of prostitution regulation to broader issues (14), this chronological discrepancy is worth some attention in future work.

The author's proclaimed intention of writing a "gendered history of Cuba's transition from a colony to a republic" (4) also deserves comment. This is certainly a worthwhile endeavor, and one that is severely lacking in the historiography of Cuba. Nevertheless, the central narrative is less concerned with unpacking gender issues than with examining visions of nationality and modernity among diverse segments of the Cuban population. A gendered history of Cuba necessarily would have to interrogate the ways that ideas about femininity—and masculinity, to be certain—shaped dialogues and experiences of prostitution. Her discussion of the slain early twentieth-century pimp Alberto Yarini was a missed opportunity to discuss the ways men participated in the supply of sex, as well as the possible reasons males were largely absent from earlier chapters (152). Although Sippial does consider issues of honor at length, the undercurrent seems to be more one of class—no less important, to be sure—than gender.

Finally, this book features an interesting transition in the approach and goals between chapters 1–4 and chapters 5 and 6. While the first four chapters emphasize the interplay, negotiation, and contestation between prostitutes and the state, the last two chapters suggest that the prostitute's body came to symbolize the Cuban nation in its tumultuous and protracted transition toward modernity. The balance between regulation and individual experience that defined the first half of the book are notably diminished in the final two chapters, especially chapter 5. This is surprising given the relative wealth of documentation on prostitution kept in the records of the American military occupation of Cuba in the US National Archives. These include a full roster of women confined in the Casa de Recogidas, abundant correspondence among military officials including those stationed outside Havana, and even the occasional letter from a prostitute.

Despite these minor quibbles, Sippial has contributed an impressive, fluidly written, and well-documented account of prostitution in Cuba. Her important work doubtless will prompt other scholars to emulate her sophisticated handling of a broad spectrum of original primary research, her precise and accessible prose, and her nuanced handling of the complex intersections of state, modernity, social space, and morality.

BONNIE A. LUCERO
University of Texas–Pan American

Ada Ferrer. *Freedom's Mirror: Cuba and Haiti in the Age of Revolution.* New York: Cambridge University Press, 2014. 377 pp.

In this magisterial study two violent revolutions unfold as each other's mirror opposite, so that, by the second decade of the nineteenth century, Haiti became "the epicenter of Black Atlantic freedom" and "Cuba became its antithesis" (338). *Freedom's Mirror* traces Haiti's impact on Cuba's transformation into a sugar and slave colony, an anachronism just as slavery and imperial rule were collapsing across Spanish America. The fiery historical conjuncture of Cuba's sugar revolution and Saint-Domingue's antislavery and independence struggle made Haiti a near-possible world next door, a black "kingdom of this world" that threatened Cuba's socio-economic order. By the same token, "the progress of revolution and emancipation in Saint-Domingue would also have to contend with Cuba's shadow" (145). Cuba was at various points an ambivalent ally, a destination for Saint-Domingue refugees of every political stripe, and a pillar in Haiti's diplomatic isolation after 1804.

Chapters 1 and 2 explore how word of the Haitian Revolution arrived in a Cuba already committed to slavery and the slave trade. The island's creole elites trod a dangerous path from the beginning, seeking "to emulate Saint-Domingue, but to contain Haiti" (38). The intertwining of Cuba's fate with Saint-Domingue's deepened as slavery's human and technological infrastructure and capital were transferred from one country to the other. Creole slave owners' desire to balance profit and caution "were perpetually compromised by slave traders' willingness to purchase and resell slaves, no matter their ties to Saint-Domingue," and state regulations against importing enslaved people from Saint-Domingue went unenforced (71). Even after slavery was legally abolished in Saint-Domingue, people who "were, according to Saint-Domingue law, French citizens" continued to be sold in Cuba (68).

In chapters 3 and 4, as Hispaniola's border "became . . . a battlefield between the French Republic and the Spanish monarchy," Spain sought an alliance with Saint-Domingue's insurgent forces (84). In 1793 and 1794, this pact depended on the cooperation of Saint-Domingue's rebel ex-slave generals with Cuban troops, whose leadership was significantly composed of sugar planters. Cuban officers pursued their own agenda, purchasing "sugar-making equipment from the French plantations" attacked by black forces (102) and participating in illegal slave trading. They angered their rebel allies and further complicated "the thorny and recurring problem of how to restrict and remedy the entry of French blacks" into Cuba (113). Insurgent leaders such as Jean-François and Georges Biassou traded slaves with Cubans, a collaboration that foreshadowed the inequities of Saint-Domingue's emerging order. Later, Cuba offered material support to the Leclerc expedition, while waves of refugees and enslaved people fostered a coffee boom in eastern Cuba. Even as Haiti "declared independence and reaffirmed emancipation, a reactionary order—of coffee, slave trading, and slavery—emerged in Santiago" (182).

Chapters 5 and 6 examine what Haiti's place as "a maroon state writ large" and "the metaphorical metropole of the Black Atlantic" (231–232) meant for Cuba. Radical currents emanating from Haiti swirled in Cuba, influencing slave rebellions and increased rates of marronage, particularly in places where many free and enslaved inhabitants had ties to Saint-Domingue/Haiti. Cuba's political elites tried to pretend that Haiti was "a nonentity" (234), yet, particularly after Napoleon invaded Spain in 1808, Cuba had to contend with Haiti's challenging diplomatic presence. Spain's Junta Suprema flirted with abolitionism and pressed Cuba's governor to accept Haiti's offers of alliance. The governor made it clear that "not even war would alter the priorities of Havana's powerful elite" (260). In response, Haiti began intercepting ships bound for Havana and disembarking the human cargo as free persons in Haiti.

Chapter 7 demonstrates that Haiti figured prominently in subsequent popular memory as a "subterranean" and "subversive" version of black history (324). Ferrer focuses on two intriguing documents from the 1812 Aponte Conspiracy: the first was a letter, purporting to be from Henri-Christophe, which Aponte's coconspirator Juan Barbier used to drum up support as he went around impersonating the Saint-Domingue general Jean-François. The second document was José Antonio Aponte's book of handmade pictures filled with African diasporic, antislavery, and revolutionary meaning, which was the focus of his interrogation by Cuban authorities. Aponte's images included "a Spanish warship that linked Cuban conspirators to Haitian fighters [and] a glorious black man in Rome who was also Henri-Christophe" (324). Ferrer's powerful epilogue critiques Anglocentric narratives that largely ignore the impacts of Haiti's antislavery actions. Far from being a "footnote" to Anglo-American antislavery, Haiti's policy of intercepting of ships, releasing their captives, and offering citizenship to fugitives was "rather an insistent, largely legal and peaceful attack on the continued power of slavery all around them" (338).

Freedom's Mirror is extensively researched, drawing on archival materials from Cuba, Spain, the United Kingdom, the United States, Haiti, and Jamaica, as well as secondary literature in French, Spanish, and English. It is at once comparative and transnational, allowing for in-depth focus while keeping the broader centrifugal and centripetal forces of Caribbean history in play. This study represents an invaluable effort to knit together shared elements of Latin American, Caribbean, Atlantic World, and African diaspora historiography that are too often treated discretely. Ferrer captures something of the epic quality of this transformative age. Like Alejo Carpentier, she grasps the urgency of continuing to reckon with the nexus of revolution in Cuba and Haiti, which still thunders around the Atlantic and the Caribbean Sea, "with prolonged reverberations . . . breaking up the tranquility of the surface with the frothy arabesques of its wake."[1]

MELANIE NEWTON
University of Toronto

NOTE

1. Alejo Carpentier, *Explosion in a Cathedral: A Novel* (New York: Little, Brown, 1963), 301.

Christina Abreu. *Rhythms of Race: Cuban Musicians and the Making of Latino New York City and Miami, 1940–1960.* Chapel Hill: University of North Carolina Press, 2015. 322 pp.

Rhythms of Race provides a detailed historical analysis of Cuban musicians and their audiences in mid-twentieth-century New York City and Miami. This book joins a diverse literature by ethnomusicologists, cultural studies scholars, social scientists, and historians who have examined Cuban music and migrants in the United States, as well as issues of race, ethnicity, and nationality associated with cross-border movements. To offer a fresh look on well-known musicians, Christina Abreu utilizes new primary resources (e.g., recently available oral-history interviews at the Centro de Estudios Puertorriqueños and Bronx County Historical Society) and includes audiences in her analysis of performers. The work also sheds new light on Cuban migration by examining the two decades before the 1959 Cuban Revolution. Post-1959 Cuban exiles have overshadowed Cubans who left the island during the 1940s and 1950s, making Abreu's work an important corrective to the scholarly record and popular memory. Along with this shift in temporal focus, Abreu constantly links Cuban musicians and migrants to other Latino populations. She challenges "Cuban and Cuban American exceptionalism" and argues that "Cuban musicians and migrants, both black and white, shaped the development of a collective cultural consciousness of Latinidad," which was contested and sometimes racially exclusive (19). Moving between musician and community experiences, her nuanced yet expansive approach demonstrates how cultural producers fit within larger discussions about Cuban and Latino identities in the United States.

Like existing work on Cuban music, Abreu profiles famous Cuban entertainers. However, she moves beyond narrative to consider common discursive tactics, particularly claims about racial and national identity, which Cuban performers deployed to adapt and thrive. To examine these strategies, Abreu compares performers and their testimonies about their life and work. Abreu effectively juxtaposes, for instance, white pianist and arranger Marco Rizo, who worked for the Desi Arnaz Orchestra and *I Love Lucy*, to black trumpet player Mario Bauzá, who worked with the band Machito y Sus Afro-Cubanos. While the light-skinned Rizo hardly experienced discrimination, Bauzá noted racial prejudices in Cuba and the United States. However, both Rizo and Bauzá similarly pushed against the "Latin" label that the entertainment industry assigned to their music. They claimed instead the descriptor "Afro-Cuban." Continuing this analysis, Abreu considers Desi Arnaz and his persona Ricky Ricardo in the 1950s television show *I Love Lucy* alongside performers Machito (of Machito y Sus Afro-Cubanos), Miguelito Valdés, and Perucho Irigoyen. While Arnaz appealed to white, North American audiences, Machito, Valdés, and Irigoyen remained popular with Latino publics. Abreu explains that Latino audiences distinguished between Arnaz's "more watered-down commercial form" of Cuban music and other performers' supposed "authenticity" (164). Differential self-presentations and audience perceptions reflected unresolved "tensions between claims of (Afro-)Cubanness and Latinness" (142). Exceeding biography, Abreu reveals how performers navigated the racial and ethnic stereotypes that permeated show business and US society. In stressing race relations and discourses, Abreu complicates previous work on musical developments. She illustrates how music and musicians interacted with Cuban myths of racial harmony in a transnational context, aligning her work with historians like Alejandro de la Fuente, Alejandra Bronfman, Melina Pappademos, and Frank Guridy.

In addition to highlighting identity politics, Abreu traces developments within the Latino community in New York and, to a lesser extent, Miami. Mindful of Cuban performers and their local public, Abreu argues that Cuban migrants created "an identifiable *colonia cubana*," which significantly shaped the popular culture enjoyed by the larger Latino population (61). Abreu examines the *colonia cubana* by tracing developments in Cuban music, civic associations, the Spanish-language press, and events like annual patriotic commemorations of Cuban history and musical popularity contests to raise funds for charities. Cuban musicians furthered community building as members of associations and as entertainers. Music, organizations, and festivities helped create "a place for nation in the diaspora," Abreu claims (90). Nevertheless, national identities were not proscriptive, and Abreu asserts that broader Latino audiences claimed "black and white performers of Afro-Cuban music as both Cuban and Hispano/a" (111). Although heterogeneous audiences collectively enjoyed Cuban music, racial and class tensions regularly threatened Cuban and Latino solidarity. The civic association Ateneo Cubano in New York and nightclubs in Jim Crow Miami, for example, excluded African-descended peoples, despite regularly hiring prominent performers of color for evening entertainment. Competition and exclusion often undermined the bonds of a shared appreciation for Cuban music. Abreu's work speaks to studies on conflicting Cuban nationalisms by Lillian Guerra and Anita Casavantes Bradford and confirms what these scholars have found about the simultaneously centripetal and centrifugal power of national imaginaries.

Provocative insights in Abreu's work suggest future avenues of research. Abreu addresses popular culture rather than elite institutions, but the study remains focused on performers with significant social and cultural capital. Despite some discussion of audiences, *Rhythms of Race* leaves room for later studies that further explain the dancing and listening of everyday Cuban and Latino publics. For instance, how did musical preferences and practices differ by race, class, gender, and generation? Lara Putnam's *Radical Moves: Caribbean Migrants and the Politics of Race in the Jazz Age* provides a productive model for considering these difficult questions for diverse audiences.[1] Along with these issues, Abreu's work challenges scholars to interrogate Cuban and Cuban American exceptionalism by analyzing migration histories relationally. Abreu leads by example. She intentionally compares New York and Miami Cuban and Latino populations and gestures to similarities and differences between Cuban migrants before and after 1959. In so doing, Abreu encourages researchers to make other connections across spatial, temporal, and ethnic divides. Ultimately, these queries evidence Abreu's contribution. Her book joins Alexandra Vazquez's 2013 work on Cuban music to demonstrate how past performances remain the subject of rich study. These scholars find new details and social significances of beloved musical expressions, enticing others to follow their cue.

ELIZABETH SCHWALL
Columbia University

NOTE

1. Lara Putnam, *Radical Moves: Caribbean Migrants and the Politics of Race in the Jazz Age* (Chapel Hill: University of North Carolina Press, 2013).

Alfred J. López. *José Martí: A Revolutionary Life*. Austin: University of Texas Press, 2014. 410 pp.

Anyone who is aware of the old, tired, and often furious enmity between the two opposing political ideologies that have prevailed among Cubans, especially after the Castros came to power in January 1959, knows that it is rather unusual, and at times even risky, to take something resembling an objective position regarding José Martí (or regarding anything interpreted as political, for that matter). The reason this political fury concentrates on the figure of Martí is rather simple. For more than a century now, Martí has been the icon of embattled Cuban nationalism. Most Cubans want to own Martí, and they often claim that his ideas and life coincide exactly with their own political convictions, regardless of what the opponents of those convictions say or do. Perhaps the most convincing elements of a new biography of José Martí are its high degree of objectivity and factual information.

If readers of López's biography of Martí are looking for details about the tense relationship Martí experienced most of his life with Mariano, his father, or the tender one with Leonor, his mother, they can find them in the ample and well-researched sections of López's book. If their interest lies in the horrendous tribulations of Martí's childhood to the time of his death, López's text will answer all and at times more than can be imagined. Martí's almost-fifteen-year stay in New York City is explained very well in this biography, especially his deliriously active political work in that city and across the United States. Intimate details about Martí's possible love affair with Carmita Mantilla are written herein without exaggerations or salacious tones. But nothing prepares the reader for the wealth of information and fascinating twists and turns that this book clearly states about Martí's final months of life.

Unless readers are already expert in those specific details, the book is very revealing of Martí's relationship with Antonio Maceo and even with Máximo Gómez, the two main generals of Cuba's Ten-Year War (1868–1878) who finally agreed to participate in the War of Independence (1895–1898) that Martí had so carefully prepared from exile. We have always read about Maceo's rejection of Martí's political principle of establishing a civilian government for the future Cuba once it was freed from Spanish domination, and Maceo's insistence that a military junta must prevail, at least for a while. Nevertheless, López's final chapter explains, with many facts coming from various sources, how deleterious were Maceo's position and actions when it came to Martí's own safety. Another fascinating section of López's book is the extremely careful and historically honest explanations of the difficulty, or better yet, *impossibility*, of knowing what really happened in Martí's last hours, or minutes, of life. How was he really killed, charging heroically against the Spanish troops contravening General Gómez's cautious command to stay behind? Or was

Martí so confused in those moments of the battle that his death was far from heroic and Colonel Ximénez de Sandoval's troops easily killed him as a result of his confusion and lack of military experience? What have the eyewitnesses said about these last moments, and what could have been their personal and/or patriotic motivations for their opposing versions of the facts and the timing with which they made them public? On this historically honest note ends López's biography of José Martí.

If we were to be very demanding with the scholarly merit of López's biography of Martí, and try to find some kind of weakness in its research and/or inclusion or exclusion of important issues or sources, we could mention only two possibilities. The first would be some lack of information regarding Martí as a literary man, his poems and essays, and the connection between his politics and his literature, his life and his art. Some of these connections are made in López's book, but they are not the forte of the work by any means. Nonetheless, in defense of the book, we can say that this aspect of Martí is better left to literary biographies or to the innumerable studies of Martí's literary prowess. The other possible criticism that could be made of López's research is the abundant use of Carlos Ripoll's extremely rich bibliography on Martí to the detriment of other main *martiano* scholars like Cintio Vitier, Roberto Fernández Retamar, and many others. Was this justified from the scholarly point of view, or does it show a kind of political omission on López's part? Yes, many previous works on Martí tend to mix facts with mystifications and/or politicized conclusions, but Ripoll's magnificent and immense bibliography on Martí is not free from these issues either. Of course, nothing is completely devoid of some kind of ideological orientation, and López's biography comes very close to it.

In the final analysis, we can say without any doubt that it is not easy to start reading this book and put it down until one reaches the very end. The combination of extraordinary research on Martí's life, his context, his parents and grandparents, his trips and tribulations, his love affairs and frustrations, and most areas that everybody interested in some way in Martí can find illuminating, as well as the narrative style that reads like a fascinating novel, make this book a great contribution to the immense bibliography on Martí. But in addition to those virtues, this book is not a hagiography; it is a biography, and an excellent one for that matter. *José Martí: A Revolutionary Life* is an extraordinary work that will be very difficult to surpass for future José Martí's biographers.

EMILIO BEJEL
University of California–Davis

Ernesto Chávez Álvarez. *Maestro voluntario (Memorias de un maestro rural: Volumen I)*. Edited by Rolando García Milián. Gainesville, FL: Milián Books, 2014. 216 pp.

Ernesto Chávez Álvarez. *Maestro rural (Memorias de un maestro rural: Volumen II)*. Edited by Rolando García Milián. Gainesville, FL: Milián Books, 2014. 478 pp.

Uno de los proyectos emblemáticos de la renovadora política social y cultural de la Revolución Cubana fue la campaña de alfabetización de 1960–1961. En pocos meses, una gigantesca movilización juvenil se dio a la tarea de enseñar las primeras letras a más de un millón de analfabetos cubanos, ubicados, sobre todo, en las zonas rurales serranas del centro y el oriente de la isla. En una población de casi siete millones de habitantes, el índice de analfabetismo de Cuba no era de los más altos de América Latina, pero el gobierno revolucionario decidió hacer de alfabetización una prioridad del nuevo Estado, con el fin de aumentar el nivel de instrucción de la población y de involucrar a la juventud en una tarea de alto contenido simbólico, encaminada a consolidar la identidad socialista del nuevo gobierno.

Cuando Fidel Castro declaró a Cuba "territorio libre de analfabetismo," en un discurso en la Plaza de la Revolución, el 22 de diciembre de 1961, las dimensiones de la empresa estaban claras: la campaña había logrado alfabetizar 707.000 cubanos, de un total de 979.207 analfabetos censados.[1] Un informe sobre los resultados de la campaña, aparecido en el periódico *Hoy*, señalaba que el total de jóvenes alfabetizadores, reunidos en los contingentes de maestros voluntarios y rurales, las brigadas Conrado Benítez y Patria o Muerte, además de los trabajadores de la enseñanza, ascendía a más de 300.000 cubanos.[2] Ese mismo informe señalaba que cerca de 271.000 campesinos de Oriente y Camagüey no habían sido alfabetizados porque eran de "origen jamaiquino y haitiano, que por razones de idioma no aprendieron a leer ni a escribir, además de un número considerable de impedidos físicos y mentales y personas de avanzada edad, consideradas inalfabetizables."[3]

Ernesto Chávez Álvarez, un joven de la ciudad de Cárdenas, fue uno de esos cientos de miles de maestros voluntarios. Pero en su caso, uno de los que se sumaron a las tareas de la alfabetización, desde antes de la gran campaña de 1961, es decir, desde los primeros meses de 1960. En dos libros de memorias, Chávez ha narrado aquella labor alfabetizadora a partir de sus recuerdos, en un lenguaje llano, que transporta al lector a la trama de los tres primeros años de la Revolución. Hay en estas memorias un deseo deliberado de su autor de colocarse en aquel pasado, como protagonista del mismo, aunque sin olvidar que su intervención formaba parte de una acción colectiva. Una virtud notable de estas memorias es que están escritas desde una precisa localización del protagonista en esa trama del pasado, sin abusar de las mediaciones de la historiografía, la literatura, el cine u otros testimonios acumulados en más de medio siglo.

Chávez organizó sus memorias en dos volúmenes. En el primero, *Maestro voluntario*, cuenta los meses de entrenamiento pedagógico, político y militar, entre abril y septiembre de 1960 en la Sierra Maestra. En el segundo, *Maestro rural*, narra propiamente su desempeño como educador en la Sierra del Escambray, en el momento de la gran campaña de alfabetización de 1961, que coincide, a su vez, con la movilización militar en contra de la invasión de Bahía de Cochinos, en abril de ese año, y el inicio de la lucha en las montañas del centro de la isla, entre la oposición armada, las milicias revolucionarias y el ejército. Otro joven matancero como Chávez, Conrado Benítez García, quien también se entrenó en Minas de Frío, en la Sierra Maestra a mediados de 1960 y fue ubicado en el Escambray al año siguiente, sería asesinado en enero de 1961 por una partida armada al mando de Osvaldo Ramírez.

Chávez narra los meses de entrenamiento en la Escuela de Capacitación Pedagógica de Minas de Frío como un proceso de reinvención de aquellos jóvenes como sujetos políticos. A la formación en escuelas públicas o religiosas de muchos de ellos se sumaba, ahora, una acelerada integración a las tareas del gobierno revolucionario, que no era ajena a nuevas contradicciones y nacientes autoritarismos. Muchos de los estereotipos sociales, acumulados en sectores tradicionales del antiguo régimen, adoptaban formas agresivas en las filas juveniles de la Revolución. El dogmatismo, el ateísmo, la homofobia y el rechazo a usos y costumbres de la burguesía o las clases medias acomodadas, se reproducían en las filas alfabetizadoras, como en todas las bases juveniles de la Revolución.

Recorrer los sitios históricos de la lucha en la Sierra Maestra, y luego en el Escambray, era entrar en contacto con la gesta revolucionaria antibatistiana, en la que aquellos jóvenes no habían tomado parte. La alfabetización, lo mismo que la defensa del país contra enemigos internos y externos, era una forma de continuar la Revolución por otras vías y llegar a ser protagonistas de la misma epopeya, iniciada por Fidel Castro y sus hombres luego del desembarco del yate *Granma* en 1956. Chávez trasmite esa certidumbre, mayoritariamente asumida entre sus compañeros de 1960 y 1961, aunque sin idealizaciones, sin ocultar las fricciones morales y culturales que producía la politización y los límites a la libertad individual que implicaba el nuevo proyecto colectivo.

En el segundo volumen, *Maestro rural*, esta narrativa del conflicto se acentúa, toda vez que el relato corresponde al periodo que va de septiembre de 1960 a septiembre de 1961, cuando los contingentes de jóvenes maestros son desplazados de la Sierra Maestra a Cienfuegos y, luego, a Güinía de Miranda, en Villaclara, con el propósito de iniciar la internación en la zona montañosa del Escambray. Cuenta Chávez que la mayoría de los maestros matanceros, entre ellos Conrado Benítez, siguió camino a Trinidad y Sancti Spíritus y desde ahí fueron ubicados en los pueblos del macizo montañoso, mientras que él, su amigo Benito y unos cuantos más, fueron instalados en caseríos cercanos a Güinía de Miranda, que les serviría de punto de reunión en los meses siguientes.

Uno de los momentos más interesantes de estas memorias es el dedicado a la descripción detallada de los pueblos por los que pasan los maestros rurales en su viaje de ida y vuelta del centro al oriente de la isla. Especialmente, la descripción de Güinía de Miranda es un documento fundamental no sólo para la historia local sino para toda la historia social de la isla, en un momento de cambio, ya que capta la estructura social de ese poblado rural, las tradiciones y hábitos de los campesinos de la zona central, sus festividades religiosas y cívicas. Gracias a la memoria viva de Chávez, el lector puede reconstruir la calle central del pueblo, la iglesia con sus imágenes de la Virgen de la Caridad del Cobre y Santa Bárbara, la herrería, la tienda, la fonda, el bar, el dentista y las nuevas instalaciones de la Asociación de Jóvenes Rebeldes y del Instituto Nacional de la Reforma Agraria (INRA). Todo un mundo tradicional, en plena mutación o a punto de ser destruido por la nueva sociabilidad revolucionaria.

Algunos pasajes de estas memorias funcionan como textos de microhistoria, en el mismo sentido que las obras clásicas del historiador francés Emmanuel Le Roy Ladurie o del mexicano Luis González y González, en los que un episodio de la historia nacional es contado a partir de sus manifestaciones locales. Otros intervienen directamente en el conflicto ideológico y político generado por la Revolución, especialmente a partir de 1961, cuando a la intensificación de la lucha interna se suma la reacción de diversos sectores de la sociedad a la radicalización comunista emprendida por el liderazgo revolucionario. Dado que muchos de los jóvenes maestros voluntarios eran cristianos (católicos o protestantes), la declaración del carácter socialista de la Revolución en abril de 1961 y la acelerada incorporación de referentes marxista-leninistas en la política ideológica y cultural del gobierno generaron resistencias y disensiones en el campo alfabetizador.

Chávez capta esos conflictos por medio de una semblanza bastante crítica de la figura de Félix Torres, un político proveniente del Partido Socialista Popular, quien sería responsable de la reforma agraria en la zona de Manicaragua, Las Villas, la cual se llevó a cabo con mayor radicalidad que en otras regiones agrarias o ganaderas del país. También observa Chávez una serie de protestas e, incluso, deserciones entre los alfabetizadores, provocadas por la guerra civil o por el avance del marxismo-leninismo como ideología de Estado. Al igual que en el propio liderazgo de la Revolución, desde las polémicas entre líderes de la Sierra y el Llano en 1958 —el debate epistolar entre René Ramos Latour y Ernesto "Che" Guevara, por ejemplo—, el choque entre visiones cristianas o nacionalistas de la Revolución y la interpretación más propiamente comunista de la misma, también se manifestó en las bases juveniles de la Campaña de Alfabetización.

Las memorias de Chávez son exhaustivas en cuanto a la caracterización de la violencia que se expande en las zonas campesinas del Escambray en medio de la reforma agraria, la alfabetización y la lucha entre las guerrillas opositoras y las milicias y el ejército revolucionarios. El papel articulador de la religión y de usos y costumbres tradicionales, en aquellas comunidades, se vio removido por un proceso de instrucción doctrinal, que acompañó a la alfabetización misma. En este sentido, las memorias *Maestro voluntario* y *Maestro rural* llaman a repensar y pluralizar las violencias en el contexto de la experiencia del Escambray. Los habitantes de esa zona, ubicaba en el centro del conflicto de clases atizado por la Revolución, debieron enfrentarse a la violencia del choque entre soldados, milicianos y alzados, pero también a la violencia de los desplazamientos demográficos de pueblos enteros y de la ofensiva cultural de un Estado revolucionario, decidido a universalizar derechos sociales básicos, como el derecho a la educación, y a difundir la nueva ideología oficial del marxismo-leninismo.

RAFAEL ROJAS
Colegio de México

NOTAS

1. José Bell, Delia Luisa López y Tania Caram, *Documentos de la Revolución Cubana: 1961* (La Habana: Editorial de Ciencias Sociales, 2008), 160.
2. Ibíd.
3. Ibíd.

Catherine Murphy, dir. ***Maestra: Un cantar de gesta*****. USA, 2012, 33 minutes, color, DVD, Spanish, English subtitles.**

El título no es exagerado, solo como un cantar de gesta podría calificarse al documental *Maestra* (2013), realizado por Catherine Murphy, quien rememora en apenas treinta y tres minutos esa hazaña que en 1961 significó en Cuba librar una gran batalla para erradicar el analfabetismo. De los 250.000 voluntarios que se inscribieron, más de la mitad fueron mujeres y la cineasta escogió los testimonios de nueve de ellas entonces adolescentes, Daysi Veitía, Norma Guillard, Adria Santana, Ivonne Santana, Diana Balboa, Blanca Monett, Eloísa Hernández y Gina Rey, aunque una, Griselda Aguilera, apenas contaba con siete años cuando se aprestó a alfabetizar a un hombre con más de cinco décadas.

Los testimonios de estas mujeres que vencieron la resistencia de sus familiares para incorporarse con entusiasmo al ejército de alfabetizadores alternan con los de algunos campesinos que sintieron por primera vez el orgullo, la sorpresa y la satisfacción de poder escribir su nombre sin tener que usar más una huella dactilar o una cruz para firmar. El material de archivo, procedente en gran medida del documental *Historia de una batalla* (1962), en el que Manuel Octavio Gómez registró aquel acontecimiento, revela en una precisa edición de Eva Goldberg, también el proceso de enriquecimiento que representó para los participantes en ese gran movimiento, sin ni siquiera haber puesto antes un pie en el campo, trasladarse a lugares apartados, sin energía eléctrica, y compartir no solo los hábitos y costumbres de las familias con las que vivían y enseñaban a leer y a escribir en las noches, sino las labores agrícolas cotidianas a pleno sol.

Domar tabúes, prejuicios y la obstinación de algunos veteranos, reacios a que un mocoso de la ciudad entrenara a sus endurecidos dedos en el dominio de un lápiz, significaron también victorias, como relató también el argumento del largometraje de ficción *El brigadista* (1977), de Octavio Cortázar. Le antecedió un primer acercamiento al fenómeno de los maestros voluntarios en las montañas de Minas del Frío, *En días como estos* (1964), de Jorge Fraga, basado en la novela testimonial de Daura Olema. Una de las entrevistadas de *Maestra* cuenta una anécdota evocadora de la trama del tercer cuento del filme *Lucía* (1968), de Humberto Solás, situada justamente a inicios de los años 60, sobre un campesino machista, celoso, negado a que su joven esposa recibiera clases, y que solo accedió con la condición de que la alfabetizara una muchacha. La realidad, como en innumerables casos, superó la ficción concebida por el realizador.

La narración del documental, en voz de la escritora Alice Walker, no abruma con excesiva información, solo la imprescindible, contrapunteada por una efectiva música. Bastan las vivencias inolvidables de esas mujeres para comunicar toda la carga emocional con que afrontaron esos tensos momentos en que varios alfabetizadores fueron asesinados por las bandas contrarrevolucionarias y en medio de la campaña, en abril de 1961, sobrevino la invasión por Playa Girón. Ellas, como tantos otros, aún a riesgo de sus vidas, decidieron permanecer en esa trinchera que era el aula improvisada y culminar su misión. Todas coinciden en que era demasiado hermoso lo que les estaba ocurriendo como para perdérselo.

Para Catherine Murphy, natural de San Francisco, concebir *Maestra* es quizás recordar el tono coloquial de aquellas historias que escuchaba en voz de su abuela y de su tía, quienes se criaron a inicios del siglo XX en la provincia cubana de Camagüey. Recorrer América Latina a lo largo de dos décadas y vivir y trabajar en Cuba en los años 90, los del llamado Período Especial, evidentemente ha marcado la sensibilidad de esta documentalista. Esa estancia le sirvió para conocer y entrar en contacto con un conjunto de estas veteranas alfabetizadoras que compartieron la felicidad de ver a sus alumnos escribir letras y palabras y de quienes les resultó muy difícil la despedida. El talento de la cineasta transmite a *Maestra* esa virtud —cada vez más rara en ciertos documentales contemporáneos, atiborrados de entrevistas que no supieron cómo editar—, de que el espectador no desea que termine. Es una emotiva crónica en torno a un grupo de jóvenes que entonces no eran conscientes de protagonizar un hecho histórico que cambiaría también sus propias vidas: convertir en un año a Cuba en territorio libre de analfabetismo, como proclamó a la isla la UNESCO en 1962.

Coincidió el estreno y la distribución del documental con otro hermosísimo enfrentamiento a la épica diaria de una maestra por iluminar la vida de un niño criado en un ambiente hostil en *Conduct*a (2014), dirigido por Ernesto Daranas. La actitud decidida de ese personaje de la veterana Carmela, que alguna vez hemos tenido en un aula, por desafiar cuanto obstáculo halle en su camino con el único fin de que la sociedad no pierda a un muchacho, la aproxima hasta fundirse con los rasgos de las entrevistadas por Catherine Murphy. Quién sabe si al trasladar al guion la historia verídica de una profesora, el realizador pensó en atribuirle en el pasado su participación en esa gesta alfabetizadora y ella fuera una de las tantas que desfiló por la Plaza de la Revolución con un enorme lápiz y descubrir luego, como muchas de ellas, la vocación del magisterio. Para Murphy, *Maestra* es "una historia de esperanzas y sueños", conseguida a través de entrevistas realizadas entre el año 2004 y el 2010 a más de cincuenta alfabetizadoras que ojalá puedan devenir un libro definitivo que complemente la trascendente propuesta original: "Mi mayor esperanza es que este documental vaya a mover a la gente, especialmente a los jóvenes, que se den cuenta de que pueden hacer grandes cosas y convertirse en la facultad de influir en un cambio social".

LUCIANO CASTILLO
Instituto Cubano del Arte e Industria Cinematográficos

Alberto Prieto Rozos. *Visión íntegra de América*. La Habana: Editorial de Ciencias Sociales, 2012. 591 pp.

La historiografía latinoamericana ya va superando con cierta rapidez su etapa de construcción, reescritura y reinterpretación de las historias nacionales de cada uno de nuestros países. Se impone por fuerza mayor de las circunstancias actuales la necesaria problematización de las líneas históricas comunes, y con ella la articulación de los orígenes y destinos de los estados de esta parte del planeta. A esto se añade la ineludible comparación con la porción norte y más desarrollada del continente americano, y cuyo papel en la evolución regional ha estado presente desde tiempos pretéritos, con pesares y glorias. En este ánimo de igualación y contraste de la historia continental se inserta el libro *Visión integra de América*, de Alberto Prieto Rozos, profesor de mérito de la Universidad de La Habana.

Una *Visión integra de América* que se nos presenta en un voluminoso ejemplar dividido en diez capítulos, que a la vez se seccionan en numerosos epígrafes temáticos; donde el autor nos ofrece una "interpretación materialista, coherente y continua" (1) de la evolución americana desde los tiempos originarios hasta la actualidad más reciente. Escrito con un marcado estilo ensayístico y reflexivo, no desechó la utilización de un moderado cuerpo de notas y citas al pie de varias de sus más de quinientos páginas.

Dentro del libro se distinguen varios ejes temáticos que se ejemplifican con las particularidades de cada uno de los países y regiones que conforman el continente. El primero de ellos, y que sobresale sin dudas, es la formación y evolución de los modelos económicos en la región. El autor parte del análisis de la diversa y compleja estructura socioeconómica de los pueblos originarios y pasa luego por la impronta del modelo primario-exportador y extractivo implantado por las distintas potencias colonizadoras. Seguidamente se adentra en los laberintos del subdesarrollo latinoamericano estructurado tras la emancipación política de la subregión, y en su contraparte el acelerado desarrollo capitalista-industrial e imperialista de los Estados Unidos. En este sentido, es válido reconocer el ajuste crítico y creativo que este autor ha utilizado para insertar en su análisis los aparatos y categorías del marxismo, despojados de esquematismos y superficialidades de antaño.

La segunda línea que marca *Visión integra de América* es la constante sucesión dentro de la historia del continente de procesos de reforma y revolución. Ambas tendencias se mantienen desde tiempos precoloniales, como factores indispensables para la dinamización y el movimiento dialéctico de las sociedades americanas. A lo largo de varias de sus páginas, el texto explica casi todos los momentos de cambios y transformaciones profundas que han sacudido al otrora "Nuevo Continente" y particulariza en los resultados de tales revoluciones y en su impronta para la transición hacia nuevos momentos en el desarrollo histórico continental. Este amplio tópico llevó al profesor Prieto Rozos a incluir en su obra una gama de conocimientos y conceptualizaciones que transitan por los campos de las relaciones internacionales, la filosofía y la politología. El libro incorpora también breves reflexiones sobre la formación y papel de determinados líderes y figuras políticas indispensables en todo este proceso.

El tercer gran tema de la obra es la evolución de las sociedades americanas en su dimensión ideológica. Desfilan por el texto las concepciones científicas y religiosas de los habitantes primigenios del continente, los iluminismos, reformismos, independentismos, conservadurismo, liberalismos, anarquismos, socialismos, fascismos, nacionalismos y muchas más expresiones ideopolíticas que han dividido y unido a los habitantes de nuestra área geográfica. Prieto Rozos, hilvana las líneas de cada uno de estas tendencias, las entrelaza con el momento histórico y las particularidades regionales y finalmente analiza sus consecuencias para el avance o retranca de la evolución de la sociedad americana.

Otras materias también fluyen a lo largo del copioso texto: la integración regional, la constante presencia en el área de potencias intra y extracontinentales, con marcados intereses hegemónicos y neocoloniales, la evolución de los sectores de la izquierda y los movimientos revolucionarios y populares, el problema étnico y muchos otros más. En cambio, en la obra se echa en falta el análisis de la vida cultural, literaria y cotidiana de las Américas como reflejo de la realidad política y económica que se examinan en profundidad. Tópicos que si dudas hubiesen completado la íntegra mirada que el autor nos ofrece.

El libro termina con un epílogo que se centra en países que no han experimentado la época de cambios que vive el resto de la región. Allí actualiza la situación de México, Honduras y Paraguay, incluyéndose lógicamente los efímeros intentos renovadores de los presidentes Manuel Zelaya y Fernando Lugo en esos dos últimos países respectivamente. Tal clausura también reserva un espacio a Cuba y su proceso de actualización del socialismo, iniciado tras la enfermedad de Fidel Castro y su salida de los principales cargos de estado y gobierno.

En resumen, podemos decir que *Visión integra de América* es una obra ya indispensable para los estudios históricos latinoamericanos, desde una mirada reflexiva y crítica de un académico cubano y marxista, que como todo texto llena vacíos y crea numerosas interrogantes que demandan ser despejadas en nuevos estudios.

RENÉ VILLABOY ZALDIVAR
Universidad de La Habana

CULTURE AND SOCIETY

Jorge Duany, ed. ***Un pueblo disperso: Dimensiones sociales y culturales de la diáspora cubana*****. Valencia, Spain: Aduana Vieja Editorial, 2014. 572 pp.**

Un pueblo disperso: Dimensiones sociales y culturales de la diáspora cubana, edited by Jorge Duany, contributes to the field of Cuban and Cuban American migration scholarship, by analyzing the evolution of Cuban migrants from exiles to members of a transnational diasporic community. The book forces the reader to look beyond traditional perceptions of Cuban migrations as affluent, hard-line, patriarchal, and socially conservative, in order to analyze the seismic shifts in attitudes and cultural production in the more recent Cuban migrations. Although this approach is not new to the field of Cuban migration studies, the monograph complies twenty-six chapters whose authors apply an array of theoretical approaches from postmodern to area studies in order to underscore the transnational character of current Cuban diaspora, accessed through literary criticism, visual arts, cultural studies, sociology, history, anthropology, and geography. Collectively, the chapters mark the shift that began post-1980, characterized by a proclivity for greater "espacios de encuentro" among families, scholars, and producers of culture. As Jorge Duany writes, "Muchos de los emigrados cubanos en la época postsoviética no encajan bien dentro de las representaciones convencionales del exilio histórico, tanto en su perfil socioeconómico y racial como en sus actitudes y prácticas políticas" (34). Although Duany's introduction is mostly descriptive, what ties these chapters together is the interplay between memory (or postmemory), cultural bifurcation, and an increase in exchange between Cubans on and off the island. The monograph's chronological framework divides migrations into three time periods: 1959–1979, 1980–2000, and 2001 to the present.

Although Duany cautions us not to prematurely declare the death of exile (34–35), chapters like Gustavo Pérez-Firmat's "Destierro y destiempo" clearly stand out because of an absence of interpersonal connections with the island. As Pérez-Firmat says, "No digo que el futuro haya pasado para todos. Solo digo que ha pasado para mi y para gente como yo, últimos sobrevivientes del llamado exilio histórico" (428). *Un pueblo disperso* underscores that the Cuban diaspora no longer takes its cues from "el exilio historico," but from the people, interpersonal relationships, authors, singers, and writers on the island.

Several chapters engage Marianne Hirsh's theory of postmemory (González, Urbistondo, Alvarez Borland), whereby the works of island authors —Wendy Guerra, Cuban American, Daína Chaviano, and American of Cuban parents Ana Menéndez—utilize "a powerful connection to traumatic events a generation beyond the lived experiences" (387). To this end, these authors embark on journeys to places inside and outside Cuba, reconstructing fragmented histories and creating an alternative archive. In addition, *Un pueblo disperso* evidences the central role of female characters as transformational beings, representing nation and identity (Rosales, Rubio, Gossler Esquilín, Celaya, González, Fajardo-Cárdenas). *Un pueblo disperso* engages leading Cuban musicologists, filmmakers, authors, and musicians who thematically incorporate returning diaspora into their work (Díaz Ayala, Gámez Torres, Rosales, Granados, González), signaling cultural exchanges through scholarly and artistic production.

Un pueblo disperso employs sociological data (Portes and Puhrmann, and Aysa-Lastra, Grenier, and Gladwin) to underscore the changes in Cuban diasporic attitudes and economic power. Although the authors omit the larger problems of a lack of social and economic mobility that plague the "99 percent" living in the United States, the Cuban migrant trends of "downward economic averages," a proclivity for transnationality, an appreciation for social achievements of the Cuban Revolution in education and health care, and a downward assimilation pattern of the children of emigrants from Cuba since the 1980s point to an end of the "American dream" for more recent arrivals (144–146). This perhaps explains why an increasing number of migrants have chosen to migrate elsewhere.

Nora Gámez Torres's chapter "*La Habana está en todas partes*: Young Musicians and the Symbolic Redefinition of the Cuban Nation" exemplifies how a transnational discourse has occurred in the popular sphere. Gámez asserts that popular music has remained "the most representative of the Cuban" (190); she analyzes the lyrics of artists that reside inside and outside the island, such as Buena Fe, Moneda Dura, X Alfonso, and Habana Abierta, demonstrating how "alternative" Cuban music has reinterpreted official narratives and created discursive spaces that "contested and refined the symbolic limits of the Cuban nation by interpreting emigration and national identity though emotional, transnational, and cosmopolitan frames" (191). These alternative and pop-rock musicians continue to perform and record inside and outside the island creating transnational social fields that have allowed for Cuban musicians to leave and return. Gámez's analysis of the lyrics points to an emerging cosmopolitan identity that reframes emigration as an individual decision guided by personal goals: "they seem to propose a model . . . in which one choses and weighs different overlapping identities and lives" (209).

One aspect of *Un pueblo disperso* could be problematic. It utilizes the 1980 Mariel boatlift as the event that began the shift from isolation to transnationality. The monograph would have benefited from a chapter dedicated to the "El diálogo" as the point of origin for reestablishing ties between island and diaspora. *Los viajes de la comunidad*, beginning in the late 1970s, opened the door to current transnational nature of the most recent arrivals, reestablishing interpersonal ties at a time when the word *dialogue* was taboo in exile and could have dire repercussions. However, the monograph makes a significant contribution to the scholarship through the analysis of film, novels, music, and socioeconomic status, to buttress the thesis that a shift has occurred. The authors successfully contextualize Cuban migrations within a larger framework of the changing status of globalized identities and citizenship.

DANIEL J. FERNANDEZ-GUEVARA
University of Florida

Orlando Luis Pardo Lazo, ed. *Generation Zero: An Anthology of New Cuban Fiction*. Pittsburgh, PA: Sampsonia Way Magazine, 2014. 203 pp.

Sampsonia Way Magazine es una revista digital de la organización City of Asylum, Pittsburgh, que promovió en 2013 algunos debates *online* sobre literatura cubana reciente y la publicación en Internet de cuentos de autores jóvenes cubanos (en español y traducidos al inglés), todo bajo la coordinación general del escritor, bloguero y activista Orlando Luis Pardo Lazo. Ahora aparece en libro impreso una antología que reúne estos mismos cuentos en su traducción al inglés. Cabe preguntarse el porqué de esta edición "física" de los textos; gesto que pudiera parecer redundante, dada su accesibilidad en el universo digital. Pudiera deberse a un deseo de hacer llegar estos cuentos a un sector del público lector que no necesariamente maneje con asiduidad el Internet, o de "empaquetar" el conjunto de textos bajo una forma un tanto más unitaria que la manera en que se presentan en la página web de la revista. Pero más importante que esta doble accesibilidad es el hecho de otra doble lectura: la que supone tener los cuentos en su versión original en español y en su traducción al inglés. Esta es una excelente estrategia de difusión, debida al esfuerzo de varios traductores voluntarios (Diana Álvarez-Amell y María Lourdes Capote, entre otros). La literatura cubana menos "acomodada" a las demandas de un mercado editorial que por décadas ha cultivado unas expectativas de recepción ancladas en modos miméticos (realistas) de representación, y en una lógica suplementaria que supone que las novelas o cuentos deben suministrar lo que el discurso oficial o la prensa en Cuba no provee, esa literatura menos visible, digo, se beneficia extraordinariamente de una empresa como la que realiza esta antología. A fin de cuentas, estamos hablando justamente de una cuestión de traducción: de una escucha anquilosada que espera la repetición de ciertos patrones representacionales (los cuales alimentan el conjunto de ficciones sobre la nación insular y sus derivas históricas) y la posibilidad de reconvertir esa recepción en un dispositivo más plural, o acaso mucho menos atado a ciertas iteraciones ya desgastadas. Esta reconversión, como acto político (como parte de una política literaria), pasa por ampliar el acceso a los textos en una lengua franca como el inglés. Y pasa también, por supuesto, por la renovación de un marco temático y estilístico.

No es este el espacio para discutir hasta qué punto esa renovación tiene lugar de manera profunda o no por parte de los cuentos reunidos en *Generation Zero*. Si nos acomodamos al discurso de Pardo Lazo como antologador en el prólogo, tendríamos la impresión de que el cambio es radical. Pardo Lazo enfatiza que estos autores, que comienzan a publicar a partir del 2000 en Cuba (de ahí la etiqueta generacional escogida), emergen "from zero, unexpected, from the very margins of literary tradition and the mainstream"; que han sido "expelled or self-excluded from several Cuban institutions," y sobre todo, que "[they] are willing to deconstruct all previous discourses of what 'cubanness' is supposed to be . . . ultimately betting it all on a kind of cubanless cubanness" (9). Ese estar fuera de la institución pudiera matizarse por el hecho de que muchos de estos escritores han recibido los principales premios literarios otorgados (institucionalmente) en Cuba. Con respecto al deseo deconstructivo al que alude Pardo Lazo, es cierto que asistimos en estas escrituras a un desplazamiento significativo de indagaciones identitarias en clave nacional y de pretensiones de documentación testimonial como suplemento de una ontología de lo cubano; al menos ya no es visible la hegemonía de este patrón.

Los autores incluidos en *Generation Zero* son Jorge A. Aguiar, Lien Carrazana, Gleyvis Coro, Ahmel Echevarría, Michel Encinosa, Jhortensia Espineta, Carlos Esquivel, Abel Fernández-Larrea, Raúl Flores, Jorge E. Lage, Polina Martínez, Lizabel Mónica, Osdany Morales, Erick Mota, Orlando L. Pardo Lazo y Lia Villares. Quisiera proponer un posible mapa para agrupar las distintas líneas que atraviesan estos cuentos, articulado a partir de cinco puntos de intensidad. Así, tendríamos, por ejemplo, una especie de realismo sucio aminorado en su intensidad testimoniante pero reforzado en sus extremos de abyección y conflictividad; textos como los de Aguiar, Encinosa y Espineta no se diferencian radicalmente de cierta estética predominante en promociones anteriores como las de los llamados novísimos o postnovísimos, aunque introducen esos matices apuntados. Por otro lado, podremos leer textos construidos como indagaciones del yo, como individuaciones de la voz, de marcado carácter autorreflexivo, que se centran en relaciones de pareja, en experiencias del trauma: los cuentos de Carrazana, Echevarría, L. Mónica, Pardo Lazo y Villares. Un humor y una voluntad minimalista, junto a una centralidad de lo absurdo y a ejercicios intertextuales, definen los textos de Coro, Esquivel o Morales. Los de Fernández-Larrea y Martínez forman una díada sobre lo ruso o lo soviético y sus avatares en el contexto insular, especialmente el cuento de la segunda, porque el del primero asume la forma de una recreación de un episodio histórico en clave intimista (nazismo y Ucrania de por medio). Por último, cuentos como los de Flores, Lage y Mota suponen fantasías de desolación, dibujan universos distópicos o postapocalípticos, en los que en ocasiones Cuba aparece como espacio del delirio o como territorio de la devastación futura.

Es más que bienvenida una antología como *Generation Zero*. No es necesario autoconsolarnos con la idea redentorista de un estadio radicalmente nuevo de la literatura (o en este caso la narrativa) cubana para percatarse de las contingencias productivas que suponen cuentos como los recogidos en este libro. Posibilidad de dinamizar la recepción de esa literatura. Posibilidad de diversificar sus modelos de representación, y de que autores y tramas se desaten de paradigmas agotados, en virtud de atreverse a imaginar otras derivas para sujetos y conflictos menos regidos por el imperativo de una localización estrictamente nacional.

WALFRIDO DORTA
City University of New York

Fernando García del Río. *La isla de los ingenios*. Madrid: Ediciones Península, 2015. 276 pp.

La isla de los ingenios por Fernando García del Río, periodista español, empieza con definiciones de la palabra ingenio:

1. Facultad del hombre para discurrir o inventar con prontitud y facilidad. / Individuo dotado de esta facultad;
2. Industria, maña y artificio de alguien para conseguir lo que desea. / Chispa, talento para ver y mostrar rápidamente el aspecto gracioso de las cosas;
3. Conjunto de aparatos para moler la caña y obtener el azúcar. (9)

Eso me parecía interesante, pero significativo, como se puede encontrar ejemplos de cada una de las definiciones a través de estas memorias.

El libro cuenta sobre los años que García vivía en Cuba como corresponsal para *La Vanguardia*. Nos enseña las circunstancias en Cuba durante su estancia en la isla (2006–2011). Mezcla la historia personal con las investigaciones que hace sobre la vida, la política, y la cultura cubanas. Dice que llega con unas ideas preconcebidas de cómo es Cuba, pero rápidamente se da cuenta de que tiene mucho que aprender sobre su nuevo puesto.

Cada capítulo es un tejido de periodismo y memoria, lo cual hace muy atrayente al libro. El autor combina perfectamente los cuentos tristes con los humorísticos; encuentra un balance entre las descripciones de la belleza del país y de la gente, con las dificultades del sistema cubano y los efectos de la Revolución. En muchos relatos, utiliza el choteo para mostrar que todos estos elementos coexisten en Cuba.

Se puede decir que hay tres fases de la vida de García del Río en Cuba: su primer año (noviembre de 2006 hasta diciembre de 2007), los próximos tres años (2008 hasta 2010), y sus últimos meses (hasta marzo de 2011).

El primer año dura casi la mitad del libro (los primeros siete capítulos) e incluye todo, desde su razón para estar en Cuba (informar sobre la muerte inminente de Fidel, que nunca llegó), cómo conseguir casa y carro, y sus viajes por el país para conocer a la gente, hasta las reglas que le dieron para escribir sobre el líder (no decir nada crítico), el mercado negro, y las restricciones de viaje. Entre todos estos temas serios, incluye unos relatos graciosos. Ya desde sus primeros días en la isla, aprende de primera mano, lo que es el choteo cubano. Lo que más me pareció gracioso de estos primeros capítulos fue lo de "El Señor de la Vanguardia", ¡un juego con el sobrenombre de Camilo Cienfuegos y el periódico del autor!

La segunda etapa (capítulos 8 a 14) se trata de la mayoría de su estancia en la isla y aquí nos enseña más sobre lo que aprende del país. Pienso dividir el libro así porque en el capítulo ocho las cosas empiezan a cambiar. Aun nos da una fecha exacta: el 10 de diciembre de 2007, "El día en que el compañero Fernando García cambió" según uno de sus colegas (163). Fue ese el día en que cuestionó, abiertamente, la situación de derechos humanos en la isla y fue cuando su vida empezó a hacerse más difícil.

García sigue combinando las memorias y las investigaciones con pericia. Habla en esta sección de la abdicación de Fidel Castro, los huracanes de 2008 (Gustav y Ike), y el terremoto de Haití, entre otras cosas serias. Pero también nos relata sus experiencias con el transporte público, los jóvenes y los teléfonos celulares, y una momia en el Museo de Matanzas, aprovechando todas las oportunidades para subrayar la importancia del choteo para soportar la condición cubana.

En esta segunda etapa, la historia que me dio más gracia fue la de *Perico*, "el chivo revolucionario." Para los que no conocen la historia, ¡vale la pena leerla! No es sólo la idea de un chivo insurgente, sino la manera en que nos cuenta esta leyenda de un símbolo revolucionario que la hace tan sugestiva.

La última etapa cubre sus últimos meses en Cuba (capítulo 15) y cómo pierde su trabajo por su crítica. Sigue trabajando hasta la noticia oficial, que llega un sábado, 5 de marzo de 2011. Después de eso tiene unas semanas para arreglar diligencias personales y dejar el país. Volvió a España el 21 de marzo de 2011.

Su epílogo se trata de lo que ha pasado en Cuba en los años desde que salió del país. Algunas cosas pequeñas son diferentes, pero según lo que entiende García (como no ha vuelto a la isla), poco ha cambiado en los últimos tres o cuatro años.

García efectivamente relata sus memorias mezclándolas con la cultura, la vida cotidiana, y la política actual de los años en que vive en Cuba. Mi única crítica es que en un par de ocasiones, se le nota una voz elitista. Aunque él mismo admite que tiene una vida más privilegiada en la isla, algunas historias, como la del piano imperfecto, me parecen un poco pedantes. Sin embargo, con todos los relatos que comparte sobre los cubanos, parece más un intento de criticar al sistema desigual. Y aunque resulta pesado cuando habla de sus privilegios como corresponsal extranjero, consigue su meta crítica.

Recomiendo este texto a los que disfrutan de las memorias que, al mismo tiempo, enseñan algo de la experiencia vivida y la cultura. Aquí hay opiniones y hay datos, pero seguro que para todos, hay algo nuevo aquí. Quizás para García no terminó la experiencia positivamente, pero refleja su experiencia, y el libro nos da una perspectiva distinta a la vida cubana desde el interior.

REBECCA L. SALOIS
City University of New York, Graduate Center

Duanel Díaz Infante. *La revolución congelada: Dialécticas del castrismo*. Madrid: Verbum, 2014. 276 pp.

Este libro se inserta dentro de los innumerables estudios que, partiendo de distintos enfoques teóricos y disciplinarios, continúa generando uno de los acontecimientos fundamentales del siglo XX: la Revolución Cubana. Ante los resquicios analíticos dejados por prestigiosos especialistas, como Roberto González Echevarría desde los estudios literarios y Rafael Rojas desde la investigación histórica, el autor replantea la compleja convivencia entre la estética y la política en la Cuba revolucionaria. La politización del arte, asociada con los procesos sociales de izquierda tras la Revolución Rusa, relegó a un plano menos visible la estetización de la política, aparentemente exclusiva de las variantes totalitarias de la extrema derecha. Deconstruyendo la dicotomía, el autor identifica esa "promiscuidad entre estética y política" (36) como un punto de abrazo entre el fascismo y el comunismo, aunque ciertamente no es el único.

Dicha *contaminatio* constituye un ejemplo de la "pasión de lo real," que, según el filósofo Alain Badiou, marcó la historia del siglo pasado. Se trata del intento por superar no sólo el mercado capitalista, sino también las formas de representación burguesa y, justo en ese deseo de realidad que implica la institución de un hombre nuevo, el arte y la política tienden a diluirse para generar otro tipo de alienación —o reificación en la tradición marxista—, traducida en espectáculo revolucionario. Es decir, se produce otra cesura entre la representación y la vida, de modo que se recuperan formas estéticas que empobrecen el arte y la vida misma.

Duanel Díaz revisa con profusión la bibliografía fundamental en torno a las revoluciones, como *La revolución congelada: Ensayo sobre el jacobinismo*, de Ferenc Fehér, de quien toma el título en evidente relación intertextual. Si para el filósofo húngaro el carácter congelado yace en la etapa más radical de la Revolución Francesa, o sea, en el periodo jacobino, para Díaz esa dimensión imaginaria y simbólica viene dada por las "dialécticas del castrismo," las cuales se han manifestado a través de distintos mecanismos sociopolíticos y culturales, que no reducen a la Revolución a una realidad homogénea. Antes bien, confirman las múltiples expresiones de causa y efecto de los procesos a través de los cuales el pueblo pierde su condición de sujeto de la política y se convierte en objeto de la misma, en momentos cruciales de la historia cubana posterior a 1959. Por tanto, el autor no identifica el castrismo con el régimen, sino con la expresión más radical de este, del mismo modo en que el estalinismo lo fue respecto de la Revolución Rusa, sin que los primeros se reduzcan a los segundos.

He ahí entonces el hilo conductor que le otorga organicidad al volumen de ensayos: la Revolución como objeto de culto, como obra de arte que paradójicamente reproduce las fórmulas de la representación burguesa, disfrazadas de esa "dialéctica de la libertad." En este sentido, una interrogante recorre todo el libro con respecto a los límites del proceso revolucionario: ¿la revolución es sólo la instancia del cambio social en 1959 o todo el periodo posterior, tal como ha pretendido presentarla el régimen? A este propósito, Díaz trae a colación el concepto de "grado cero de la sociedad" que, de acuerdo con Stefan Jonsson, alude al momento en que la política y la vida forman parte de una misma esencia, es decir, el evento en que las masas son sujeto y, por tanto, objeto de sí mismas. Sin embargo, parece inevitable una ruptura de ese ideal y, en el caso de Cuba, el polémico punto de giro podría emplazarse en hechos tan disímiles como la declaración del carácter socialista en 1961, el apoyo de Castro a la Primavera de Praga en 1968, el caso Padilla en 1971, el éxodo masivo del Mariel en 1980 o la Causa No. 1 en 1989.

Al igual que la Ilustración pretendía superar el mito y terminó mitificándose, el castrismo, al superar la dictadura batistiana, terminó instaurando un sistema dictatorial en nombre de la Revolución con fin en sí misma. Y es precisamente esa sinécdoque de identificar a Fidel Castro con la nación toda —no con la Revolución toda—, la que el autor somete a una sólida crítica. Se trata de un enjundioso análisis de la Revolución Cubana como *poeisis*, como creación —según el sentido etimológico del término griego—, principio conceptual y cohesivo de los cuatro capítulos del libro, titulados "La izquierda con sujeto," "Le socialisme qui venait du chaud," "Novela policíaca, estado policial" y "Últimas consecuencias," los cuales responden respectivamente a cuatro *loci* fundamentales del archivo revolucionario cubano.

El primero aborda el valor constructivo ("poético") de la violencia en el ideario sociopolítico de Ernesto Guevara y sus conceptos esenciales: el hombre nuevo y el trabajo voluntario. Para ello Díaz analiza los textos teóricos escritos por el argentino entre 1959 y 1965, en contrapunteo con el pensamiento marxista de Frantz Fanon y Régis Debray. Se destaca cómo la violencia desempeña un papel menor en el marxismo clásico, mientras que es potenciada por Guevara en su concepción del hombre nuevo y la construcción paralela de la sociedad socialista y la comunista. Sin embargo, lejos de superar la escisión entre las masas y la vanguardia política, la violencia guevariana contribuiría a transmutar la Revolución en espectáculo estalinista.

El segundo capítulo se encarga del "turismo revolucionario" de la década de los 60, uno de los aspectos emblemáticos de los primeros años en que la Revolución Cubana revivió el espíritu de la izquierda, tras la desmoralización del estalinismo a fines de los años 50. El autor examina minuciosamente los escritos de Jean-Paul Sartre, Simone de Beauvoir, Allen Ginsberg, Susan Sontag y otros que creían que la idiosincrasia del pueblo cubano evitaría la burocratización del socialismo, a diferencia de la Unión Soviética y la Europa del Este. Así pues, la Revolución se convierte en objeto turístico de estos "fellow travelers," cuyos viajes fueron documentados no sólo por escrito, sino también visualmente por el arte fotográfico de Korda, Corrales, Salas y otros.

En cuanto al tercer capítulo, el autor tematiza la novela policíaca de las décadas de los 70 y 80, la cual constituye la versión cubana del llamado realismo socialista; pero más que llevar a cabo un análisis textual de esas obras estéticamente desechables, Díaz estudia muy bien el contexto de la escritura en relación con los planos enunciativos de dicha tendencia literaria. La "novela blanca" cubana, como la llama el autor con ironía, refleja la identificación del delito con el pasado burgués y, por ende, toda clase de disidencia política deviene variante delictiva a ser combatida por la sociedad socialista. Si bien el "congelamiento" de la Revolución Francesa en su fase jacobina estuvo cifrada en aquella dimensión imaginaria y simbólica del pasado radical, el congelamiento se produce en Cuba por esa ilusión ficticia sobre la base de un futuro sublime que nunca ha llegado. Se trata, como afirma Díaz, de otra de las caras del espectáculo estalinista y su "deseo de realidad" a toda costa.

Por último, el capítulo dedicado al *leitmotiv* de la ruina habanera en la literatura cubana y la fotografía de artistas extranjeros del Período Especial, cierra el ciclo dialéctico de la Revolución, iniciado con el ideario guevarista. Al crítico le interesa contraponer el optimismo utópico de los años 60 con la melancolía posutópica de los 90, para establecer una relación metafórica entre la ruina y la Revolución, sin derivar a un férreo binarismo. Para ello seleccionó sendos cuentos de Pedro Juan Gutiérrez y Antonio José Ponte, en contraste con algunos cuentos emblemáticos de la decadencia de la burguesía en la década de los 60 (Antonio Benítez Rojo, César Leante), así como varias fotografías de los artistas norteamericanos Robert Polidori, Andrew Moore y Michael Eastman. Curiosamente, para intelectuales de la talla del esloveno Slavoj Žižek, la ruina es prueba de la intransigencia de la Revolución Cubana y no de su fracaso. Sin embargo, según Díaz, se trata de "una cierta restauración del aura de las mercancías" —en términos de Benjamin—, de una estetización de aquel pasado burgués que la construcción de la nueva sociedad debía abolir. De ahí que el análisis final del cuerpo de Fidel Castro como extensión de la ruina urbana y revolucionaria complete ese arco dialéctico trazado a lo largo del libro.

Si en los años 60 el turismo y la fotografía revolucionarios se centraban en el sujeto enardecido, el turismo y la fotografía posutópicos se enfocan en el objeto arruinado del Periodo Especial. A la representación triunfalista y acrítica en la novela policíaca (realismo socialista) se opone la representación desencantada y crítica en la literatura de los años 90 (realismo sucio). A la ruina de la "casa tomada," en tanto metáfora de la burguesía en declive, se opone asimismo la ruina habanera, en tanto metáfora de la decadencia de la Revolución.

Sin duda, la propuesta de Duanel Díaz resulta novedosa al menos en términos hermenéuticos, pues ofrece numerosos ángulos interpretativos que enriquecen el debate intelectual en torno a la tan llevada y traída Revolución Cubana. Al manejo ágil y amplio de las fuentes bibliográficas se suman la claridad y la elegancia de la prosa ensayística, propias de estudiosos avezados. No dejará de suscitar encontradas discusiones esta nueva entrega del controvertido crítico y académico cubano.

ANTONIO CARDENTEY LEVIN
University of Florida

Moshe Morad. *Fiesta de diez pesos: Music and Gay Identity in Special Period Cuba*. Surrey, UK: Ashgate, 2014. 312 pp.

Fiesta de diez pesos explora las conexiones entre la identidad homosexual masculina y la música en la Cuba del Período Especial (1995–2007). Su autor, Moshe Morad, la describe como una obra dedicada a entender los diferentes modos en que la música se constituye en agente aglutinador de la identidad gay, aunque también puede verse como un estudio de las maneras en que dicha identidad se construye y proyecta a través de la música, y una identificación de las principales variantes musicales que la enmarcan en una sociedad homofóbica.

Se trata, según el autor, de un análisis no de la producción musical sino de su consumo, en el que se subraya la participación activa del consumo cultural en la producción y consolidación de identidades. Se describe con certeza la música como elemento que aglutina la identidad grupal y limita los espacios en los que ésta se construye y recrea, aún cuando cabría precisar aquellos elementos o dinámicas que particularizan dicho proceso en el caso de la identidad homosexual a diferencia de otras que también se aglutinan o construyen en torno a la música y su consumo (ej., jineteras, santeros heterosexuales, balletómanos, discotequeros, roqueros, cabareteros), así como falta también explorar otros *ambientes* gay menos visibles, económicamente marginales, y no vinculados a la céntrica escena habanera.

Morad divide su argumento, y los diez capítulos que lo hilvanan, en tres partes. La primera define la escena gay o ambiente del Período Especial y ofrece algunas pistas teóricas que vinculan la realidad cubana con conceptos sociológicos contemporáneos. Morad ubica en el Período Especial la emergencia de una identidad gay, principalmente concentrada en La Habana, y vinculada con la apertura de Cuba hacia el turismo y el consiguiente incremento de la participación cubana en el comercio cultural global. Dicha identidad se deduce, sin embargo, a partir de la transformación del término con el que la homosexualidad masculina se autodefine (gay más que maricón) sin que el autor se detenga en la relación entre identidad y las categorías lingüísticas que la fijan. Cabría complejizar aquí, además, el vínculo entre homosexualidad y prostitución y los mecanismos mediante los cuales dicha relación se negocia, así como las dinámicas de la cultura material y del consumo que participan de dicho proceso.

En la segunda parte Morad analiza el ambiente de la fiesta gay, que asocia con una estética *camp* producida a partir de la apropiación de géneros bailables heterosexuales (principalmente timba y reggaetón) con una sobreactuación del rol femenino. Según Morad, la fiesta constituye un espacio de iniciación en la cultura gay y de reificación de una identidad homosexual clandestina, colectiva, y solidaria que se convierte en una alternativa y vía de escape frente a los rigores de la cotidianidad, en un vehículo de comunicación entre pares, y en un medio para el comercio sexual con turistas.

La tercera parte reúne cuatro manifestaciones diferentes en las que música y la actuación se entrelazan. Ellas son los shows de travestis, las funciones de ballet, los toques de santería, y el disfrute de la música bolero en el espacio doméstico. Según Morad, en los tres primeros casos se crea y mantiene activamente un espacio gay que adquiere forma simbólica en el caso de la música bolero, siendo el elemento común a todos la posibilidad que ofrecen para la recreación de la identidad homosexual. Es oscuro, sin embargo, el criterio que los agrupa y a la vez distingue de la fiesta, pues si bien en esta última los participantes se involucran de una manera mucho más activa que en las funciones de ballet, los shows de travestis, o el disfrute privado del género bolero, no resulta así en los toques de santo donde, como en la fiesta, se baila al ritmo de los tambores batá. Asimismo, la relación que en las funciones de ballet, las ceremonias de santería y los boleros se establece con la cultura gay no es la misma que la que se da en los shows de travestis, mucho más cercanos al ambiente de la fiesta, producidos ambos desde y por la identidad homosexual y no cooptados por la misma.

Esta tercera parte, en su conjunto, revela ciertas características de la identidad gay habanera que vale la pena destacar como son, por ejemplo, el carácter distintivo del travestismo local en comparación con el de los Estados Unidos y Europa, o el rol de las funciones de ballet como espacio de sociabilidad homosexual (aún cuando éste pudiera comparase al de otros espacios como el Malecón, La Rampa, o la cafetería Bim Bom, en los que la música no necesariamente participa). En esta tercera parte se subrayan, además, ciertos elementos de la música de los tambores batá, que se comparan con los de la música bailable que más se escucha en el ambiente gay y con los que se asocia la marcada preferencia de los homosexuales por esta religión. En cuanto a la popularidad del género bolero en el ambiente gay, mayoritariamente en un subgrupo etario que pasa de los cuarenta años, se subraya su rol en la producción de una estética *camp* que se disfruta lo mismo de manera individual que en veladas íntimas de escaso público.

Cierran el libro un capítulo de consideraciones teóricas, un epílogo, y un apéndice donde se explica la metodología empleada y ciertas consideraciones éticas. Un poco oscurecidas por una discusión teórica que a veces pareciera que se inserta algo tarde, las conclusiones subrayan la función de la música consumida en el ambiente gay en tanto delimitadora de espacios físicos, conceptuales, y emocionales que permiten la mutua identificación y el desarrollo de una identidad grupal marcadamente homosexual.

Se trata de una bien documentada obra cuya contribución al discurso antropológico sobre La Habana contemporánea no puede soslayarse. Ciertos aspectos, sin embargo, merecen un mayor cuidado y atención, especialmente la consideración de la cultura gay con los conflictos y estigmas que la caracterizan en una sociedad machista, patriarcal y homofóbica, con muy pocos espacios de autonomía o resistencia cultural. Cabría también reconocer la existencia de un ambiente gay mucho más plural que trasciende los límites geográficos, culturales, socioeconómicos y raciales del ambiente descrito, mayoritariamente urbano, blanco y con acceso a la escena internacional.

MARÍA ANTONIA CABRERA
New School for Social Research

Umi Vaughan. *Rebel Dance, Renegade Stance: Timba Music and Black Identity in Cuba*. Ann Arbor: University of Michigan Press, 2012. 218 pp.

The first North American scholar to produce a monograph on Cuban *timba*, Umi Vaughan conducted fieldwork during extended stays in Havana between 1999 and 2003. Arriving just after the heyday of *timba* and deeply involved in Afro-Cuban religion, he was uniquely positioned to write about the music and its surrounding culture. *Rebel Dance* explores how *timba* expresses black Cuban identity, and how black Cubans express their shared identity through *timba*. According to Vaughan, *timba* is a music and dance culture that exemplifies the Maroon spirit, exposing the marginality, creativity, and self-sufficiency of Afro-Cubans.[1] The chapters thus deal consecutively with Maroon music, Afro-Cuba, the *especulador*, dance spaces in Havana, and Vaughan's experiences with fieldwork.[2] The author's rich visual descriptions throughout are complimented by his photographic experiments. Many scholars have pointed to the lyrical, musical, and aesthetic blackness of *timba*.[3] In this volume, Vaughan elaborates on that theme in concrete and useful ways.

In the first chapters, Vaughan culls from the existing literature to construct a narrative that supports his main arguments. He introduces *timba* by considering the meaning of the word itself and defines the musical genre on the basis of its hybridity and its formal and timbral innovations. He then links lyrical examples to the book's major themes. Comparing iconic *timbero* José "El Tosco" Cortés with the classic *sonero* Benny Moré, Vaughan notes their shared refusal to conform to mainstream expectations as evidence of their Maroon spirit. Historical racial stereotypes that continue to shape the experience of black Cubans are contrasted with a tradition of organizing within the Afro-Cuban community, from *cabildos* and the Partido Independiente de Color to blacks' participation in broader mobilizations of the nineteenth and twentieth centuries. The lyrics of a song by Mario "Mayito" Rivera allow Vaughan to reflect on the joy and struggle of the black Cuban experience.[4]

Vaughan's most important contributions come in the next chapters. Based on the lyrical content of *timba* songs, interviews with musicians and fans, and observed behavior at dance events, he develops the figure of the *especulador*, linking it to the nineteenth-century *negro curro*. Like the *negro curro*, the *especulador* flaunts his mobility and his wealth, real or imagined, in a variety of discursive and performative ways. The author contextualizes these practices within Cuba's post-Soviet economy, in which Afro-Cubans in particular struggle constantly to make ends meet. Next, Vaughan identifies three main types of spaces where *timba* is danced in Havana: one that is free and caters mostly to a low-income public, another that is economically exclusive and targets the tourist economy, and a third that is accessible to most Cubans but also attracts tourists. Here he provides rich descriptions of dance movement and social behavior and explores the reorganization of Havana's neighborhood geographies on the dance floor. In closing, Vaughan reveals the insider-outsider complexities of his experiences as a black American doing fieldwork in Cuba.

Without diminishing Vaughan's important contribution to deepening our understanding of the multifaceted relationship between Afro-Cubanness and *timba*, it must be recognized that at times this exclusive focus produces a degree of myopia. *Timba* and *casino* alike draw liberally on multiple cultural archives, black and white, Cuban and international.[5] Yet the absence of this reality from Vaughan's narrative leads to statements whose intent may be more impressionistic than explicit but that nonetheless distract from the book's critical impact. So, for example, at the public dance venue La Piragua, "[dancing m]en and women together exude Africa in the Caribbean" (114), while at a private wedding performance by La Charanga Habanera, "the flavor . . . [is] missing . . . because [the Spanish groom] and Cubans like him do not feel the music or dance it well" (127). Meanwhile, Vaughan hints at but fails to address head-on questions of class, access, and ideology that would allow for a more nuanced discussion of blackness and *timba* culture.

Deceptively accessible, Cuban popular dance culture holds many secrets. Thanks to Vaughan for shining new light on this rich and important topic.

SARAH TOWN
Princeton University

NOTES

1. Vaughan's treatment of the Maroon aesthetic in combination with the figure of the *especulador* neatly draws together the work of Ángel Quintero Rivera and Fernando Ortiz, additionally calling to mind Nathaniel Mackey's concept of fugitivity, inspired in turn by Zora Neale Hurston's tale "High John de Conquer." See Nathaniel Mackey, "Other: From Noun to Verb," *Representations* 39 (Summer 1992): 51–70.

2. The *especulador*, "in contemporary slang [is] a 'show off' eager to accumulate, enjoy, and flaunt wealth, a polemical identity in a socialist nation" (35).

3. See, e.g., Vincenzo Perna, *Timba: The Sound of the Cuban Crisis* (Burlington, VT: Ashgate, 2005); Robin Moore, *Music and Revolution: Cultural Change in Socialist Cuba* (Berkeley: University of California Press, 2006); and Kjetil Bohler, "Grooves, Pleasures, and Politics in Salsa Cubana: The Musicality of Cuban Politics and the Politics of Salsa Cubana" (PhD diss., University of Oslo, 2013).

4. The song goes unidentified in the text but must be Rivera's "Negrito bailador" from his solo album of the same name, originally released in 2005; Mayito Rivera, *Negrito Bailador* (Timba B000AQVDXC, 2011).

5. *Casino* (often called "Cuban salsa" off the island) is a partner dance that emerged in the mid- to late 1950s within the context of social clubs called *casinos*. It is often danced to a variety of genres of Cuban popular dance music, including *timba*, and is discussed in Vaughan's chapter on dance spaces in Havana.

Maria-Carolina Cambre. *The Semiotics of Che Guevara: Affective Gateways*. London: Bloomsbury, 2015. 224 pp.

It is an unflaggingly omnipotent image, the inspiration for countless revolts, T-shirts, and, of course, academic treatments. In *The Semiotics of Che Guevara*, Maria-Carolina Cambre returns us once more to the iconic face of Ernesto "Che" Guevara as captured by Alberto Korda, the man who would become the favorite photographer of the Cuban Revolution. To say that she thereby joins a full company of scholars is something of an understatement; several book-length studies and articles predate her own. Nonetheless, Cambre enthusiastically steps up to the plate, positioning herself as another consumer, reinterpreter, and reproducer of this symbol, with an emphasis on the "semiotic" and "affective" dimensions of its circulation.

The Semiotics of Che Guevara begins with Korda's 2000 lawsuit against Smirnoff's British ad agency, the first time he made recourse to legal means to restrict use of the image. In its aftermath, Korda's authorial rights were recognized, but Cambre argues that the relationship between the image and market logic is by no means direct. Departing from other scholarship, she raises questions about whether the image should really be considered a "brand" in any straightforward sense. This departure from an emphasis on the market propels Cambre down other paths, largely of a political nature. Through both traditional and digital ethnography, she tracks Che's appearances in a number of seemingly unlikely places, from Ramallah to Chennai, East Timor, and (less surprising) Caracas.

The author devotes sustained attention to several case studies: for example, a *chavista* youth action group that has drafted Che's image into their political praxis, what Cambre calls (following Hannah Arendt) a process of "actioning." She writes of another appropriation of Che's image in the East Timor guerrilla struggle against Indonesia, where charismatic leader Xanana Gusmão seemed to "inhabit" Che's image to great political effect. Her interest here, and in another section devoted to the Arab Spring, resides in the affective, "phenomenological," and political possibilities opened up by the deployment of the icon. Those possibilities extend even to counterfactual implementations, as in the case of Chilean LGBT activist Víctor Hugo Robles, who dubbed himself the "Che of the Gays" and, in his own words, drafted Che into the sexual and "social struggles of today" (181).

This final case study leads Cambre to consider the utility of Robles's gesture for her own work on the image, which she sees as itself "queer," located in a "transgressive space, a space of ontological ambiguity, and therefore of iridescent and ignescent possibility that escapes chronological time" (184). For that reason, she eschews any concluding statement, preferring to maintain the openness, fluidity, and "queerness" of the symbol. If a common argument can be drawn across these cases, however, it is that an orientation to Che's political as opposed to commercial "afterlife" (following a popular book on the topic by Michael Casey) reveals a more active, living, and reciprocal process of meaning production. Cambre writes:

> My reflections on the figuring of Che Guevara's face lead me toward seeing it as both exceeding the frame as well as providing an empty space. It is more-than and less-than image. It no longer belongs to the world as we know it, as we have learned it, but *images*

> combining energy and ideas, authorizing people to make something, giving direction, and creating new iteratives through the praxical element of authorization. . . . Being interpellated by the image of Guevara's face means not only that the viewer animates it somehow, but that the viewer is in turn animated by it. (87)

I am not qualified to assess the implications of this study for the field of semiotics, so I will instead focus on its contributions to Cuban studies. Here, the consequences are a bit less clear, although Cambre's interest in a historically, culturally, and theoretically anchored approach to Che's appearances around the globe is certainly well taken. I am not entirely sure that she has thereby raised serious objections to the reigning emphasis on capitalization and commercialization; certainly, both faces are compatible, a point that she herself makes at different times. I would have been interested, too, to read a critical discussion of the many academic resuscitations of the icon, given Cambre's efforts to critically examine her subjectivity and even create her own Che "collage."

Nonetheless, this study will certainly be of interest to scholars of Che Guevara and his multiple afterlives (commercial, political, and otherwise), a pressing topic in a present that seems to mobilize both Che kitsch and Che politics more than ever before.

JENNIFER LAMBE
Brown University

Contributors

Daylet Domínguez (PhD, Princeton University, 2013) is an assistant professor in the Department of Spanish and Portuguese at the University of California Berkeley. Her teaching and research interests include modern and contemporary Latin American and Caribbean literatures and cultures. She focuses on themes of anthropology, natural history, travel literatures, *costumbrismo*, visual cultures, slavery, nation, and imperialism in the nineteenth century. Her articles have been published in *Hispanic Review*, *Revista de Estudios Hispánicos*, *Encuentro de la Cultura Cubana*, and *Temas*.

Jorge I. Domínguez es Antonio Madero Professor for the Study of Mexico en la Universidad Harvard. Ha sido vicerrector de la Universidad Harvard para los asuntos internacionales, y presidente de la Latin American Studies Association. Sus libros incluyen *Cuba: Order and Revolution* (1978), *Cuba hoy: Analizando su pasado, imaginando su futuro* (2006), *Cuban Economic and Social Development: Policy Reforms and Challenges in the 21st Century* (2012).

Pilar Egüez Guevara, PhD, is a cultural anthropologist from Quito, Ecuador. This work is part of her doctoral research at the University of Ilinois at Urbana Champaign examining "good manners" as an emergent measure of social distinction in Havana's colonial society. She further develops ideas about nineteenth-century Cuban music and dance in a forthcoming piece in *New West Indian Guide*: "Dangerous Encounters, Ambiguous Frontiers: Dance, Sex and Intimacies in 19th Century Havana" (July 2016). Her more recent research interests and publications center on health, traditional food practices, food gentrification, cultural appropriation, and biopiracy in Latin America and the United States.

Ilan Ehrlich is an assistant professor of history at Bergen Community College. He is the author of *Eduardo Chibás: The Incorrigible Man of Cuban Politics* (Rowman & Littlefield, 2015). He earned his PhD in history from the Graduate Center, City University of New York, in 2009. His next project will be a political biography of Ramón Grau San Martín.

Mariola Espinosa is an associate professor in the Department of History at the University of Iowa. She is a historian of medicine and public health in the Caribbean. Her 2009 book *Epidemic Invasions: Yellow Fever and the Limits of Cuban Independence, 1878–1930* was awarded the 2007 Jack D. Pressman-Burroughs Wellcome Fund Career Development Award of the American Association for the History of Medicine. In 2010 she was recognized as Virginia and Derrick Sherman Emerging Scholar. She is currently working on a book project that looks into medical understandings of fever in the British, French, Spanish, and US Caribbean empires.

Julio Antonio Fernández Estrada es doctor en ciencias jurídicas, profesor titular del Centro de Estudios de Administración Pública, de la Universidad de la Habana. Graduado en esta misma universidad de las licenciaturas de derecho e historia. Es docente a tiempo completo de la mencionada universidad desde 1999. Es profesor de filosofía del derecho del doctorado sobre teoría e historia del socialismo, del Instituto de Filosofía, en Cuba, y de teoría del poder político y la democracia, y de Constitución y sistema político cubanos, respectivamente, en las Maestrías de Derecho Constitucional y Administrativo, de la Facultad de Derecho y de Administración Pública, del Centro donde es docente, ambos de la universidad principal de Cuba. Es profesor invitado en la Maestría de Derechos Humanos, de la Universidad de San Luis Potosí, en México. Es profesor en pregrado de derecho romano, filosofía del derecho, historia del estado y el derecho y oratoria, en la Habana. Es conferencista, docente y ponente en universidades y eventos de América Latina y Europa. Ha publicado dentro y fuera de Cuba, artículos, libros y ensayos, sobre derecho romano, derecho constitucional cubano y constitucionalismo latinoamericano.

Roberto Gargarella es abogado y sociólogo (UBA), y master en ciencias política (FLACSO). Recibió su LLM de Universidad de Chicago (1992). Es doctor en derecho por las Universidades de Buenos Aires (1991) y Chicago (1993). Es también becario J. S. Guggenheim (2001) y H. F. Guggenheim (2003). Sus libros más recientes son *The Legal Foundations of Inequality* (Cambridge University Press, 2010) y *Latin American Constitutionalism* (Oxford University Press, 2014).

Yvon Grenier is professor of political science at St. Francis Xavier University in Nova Scotia. He is the author of *Guerre et pouvoir au Salvador* (Les Presses de l'Université Laval, 1994), *The Emergence of Insurgency in El Salvador* (University of Pittsburgh Press, 1999), *Art and Politics: Octavio Paz and the Pursuit of Freedom* (Rowman and Littlefield, 2001; Spanish translation, Fondo de Cultura Económica, 2004), and co-author with Maarten Van Delden of *Gunshots at the Fiesta: Literature and Politics in Latin America* (Vanderbilt University Press, 2009). He edited (selection of texts and introduction) a book of political essays by the Mexican Nobel laureate Octavio Paz, *Sueño en libertad, escritos políticos* (Seix Barral, 2001). Grenier was editor of *Canadian Journal of Latin American and Caribbean Studies* and is contributing editor of the magazine *Literal Magazine, Latin American Voices*.

Julio César Guanche Zaldívar (La Habana, 1974) ha sido profesor de la Universidad de la Habana. Ha dirigido varias publicaciones y editoriales nacionales. Trabajó por varios años en la Casa del Festival Internacional del Nuevo Cine Latinoamericano. Ha publicado prólogos y capítulos en más de veinte volúmenes. Son de su autoría los libros *La imaginación contra la norma: Ocho enfoques sobre la República de 1902*, *En el borde de todo: El hoy y el mañana de la revolución en Cuba*, *El continente de lo posible: Un examen sobre la condición revolucionaria*, *La verdad no se ensaya: Cuba: el socialismo y la democracia*, *La libertad como destino: Valores, proyectos y tradición en el siglo XX cubano*, y las compilaciones *Mella: Vidas rebeldes* y *El santo derecho a la herejía: La idea del socialismo cubano en Raúl Roa García*. Actualmente cursa un doctorado en historia en FLACSO-Ecuador.

Lillian Guerra is Waldo Neikirk Professor of Cuban and Caribbean History at the University of Florida, where she also directs the Cuba Program at the Center for Latin American Studies. Guerra is the author of many scholarly essays as well as three books, "Popular Expression and National Identity in Puerto Rico" (1998), "The Myth of José Martí: Conflicting Nationalisms in Early Twentieth-Century Cuba" (2005), and "Visions of Power in Cuba: Revolution, Redemption and Resistance, 1959–1971" (2012), recipient of the 2014 Bryce Wood Book Award from the Latin American Studies Association.

John A. Gutiérrez is assistant professor at the Department of Latin American and Latina/o Studies at John Jay College of Criminal Justice/CUNY. He earned his PhD in 2013 at the Graduate Center/CUNY in New York. He teaches courses in the history of Latin America and the Latino communities of the United States. He is currently working on a history of the antituberculosis movement in Cuba between 1880 and 1912.

Abel Sierra Madero is an author, researcher, and scholar and has a PhD in history from the University of Havana (2009). He is currently pursuing a second PhD in literature at New York University. He has been awarded the Casa de las Américas Prize for his book Del otro lado del espejo: La sexualidad en la construcción de la nación cubana (2006). He has also been awarded an Erasmus Mundus visiting fellowship and two research grants from Ford Foundation. In 2012 he was awarded the prestigious Martin Duberman Fellowship from the Center for Lesbian and Gay Studies, CUNY. Sierra Madero is member of the GEXcel International Collegium for Advanced Transdisciplinary Gender Studies

Yolanda Martínez-San Miguel teaches in Latino and Caribbean Literature and Comparative Literature at Rutgers University. She has an MA and PhD in Latin American cultural studies from the University of California, Berkeley, and a BA in Hispanic studies from the University of Puerto Rico. She is the author of *Saberes americanos: Subalternidad y epistemología en los escritos de Sor Juana* (1999), *Caribe Two Ways: Cultura de la migración en el Caribe insular hispánico* (2003), *From Lack to Excess: "Minor" Readings of Colonial Latin American Literature* (2008), and *Coloniality of Diasporas: Rethinking Intra-Colonial Migrations in a Pan-Caribbean Context* (2014).

Amalia Pérez Martín ha sido profesora de derecho romano, teoría e historia general del Estado y del derecho en la Universidad de La Habana, y profesora de historia del derecho en la Universidad de las Américas en Quito. Fue investigadora del Centro de Investigaciones Jurídicas en Cuba, es licenciada en derecho, máster en estudios políticos, y actualmente se encuentra finalizando la maestría en sociología de la Facultad Latinoamericana de Ciencias Sociales, sede Ecuador. Es autora del libro *La iurisprudentia en el Derecho actual ¿todos los caminos conducen a Roma?*, publicado en 2009 por la Universidad Autónoma de San Luis Potosí, México.

Danay Quintana Nedelcu es adscrita al Programa de Becas Posdoctorales de la UNAM (México), en el Centro de Investigaciones Interdisciplinarias en Ciencias y Humanidades (CEIICH), 2016–2017. Es doctora en ciencias sociales por la Flacso-México.

Recibió MSc en psicología educativa y licenciada en psicología por la Universidad de La Habana (UH). Es profesora de la Facultad de Psicología de la UH, 2003–2011, de la Facultad de Periodismo, el Instituto Superior de Diseño y la Escuela de Trabajadores Sociales de Cuba. Los últimos años ha investigado sobre políticas públicas, educación superior y género. Ha publicado artículos en revistas internacionales, un libro y uno segundo se encuentra en proceso de publicación. Es miembro desde 2014 del Society of Policy Sciences.

Lauren Reynolds is a doctoral candidate and a Jefferson Fellow in the department of Spanish, Italian, and Portuguese at the University of Virginia. She graduated from the University of Iowa with a BA in Spanish and international studies. Her dissertation explores cultures in contact, migration, and women's studies in the works of the Caribbean, Mexico, and US Latino/a writers.

Daniel A. Rodríguez is assistant professor of history at Brown University. He received his PhD from New York University in 2013. His work examines the social history of public health, medicine, and disease in Latin America and the Caribbean, with a focus on early twentieth-century Cuba. His current book project, "A Blessed Formula for Progress: The Politics of Health, Medicine, and Welfare in Havana, 1897–1935," looks at how struggles over disease and health shaped the lives of Havana's residents during the transition from colonial rule to independence. His other teaching and research interests include the history of welfare and philanthropy in the Americas, environmental history, and the history of gender and sexuality in Latin America and the Caribbean.

Rafael Rojas es profesor del Departamento de Historia del Centro de Investigación y Docencia Económicas (CIDE), en la Ciudad de México. Es miembro de los Consejos de Redacción de las revistas *Istor* y *Letras Libres*. Su último libro es *Fighting over Fidel: The New York Intellectuals and the Cuban Revolution* (Princeton University Press, 2015).

Kelly Urban is a doctoral candidate in history at the University of Pittsburgh. She is interested in the intersection of politics, inequality, and public health. Her dissertation is titled "The Sick Republic: Tuberculosis, Public Health, and Politics in Cuba, 1925–1965." Her work has been supported by the Cuban Heritage Collection, Harvard University, and the Rockefeller Archive Center.

Lorna V. Williams is an emerita professor of Spanish American literature at the University of Missouri, St. Louis. She is the author of two books and numerous articles on modern Cuban literature. She has also published several essays on the fiction and poetry of the Dominican writer Aída Cartagena Portalatín and on the Afro-Uruguayan poet Cristina Rodríguez Cabral.

On the Cover

Rafael López-Ramos, *¿Seremos como quién?* (*Shall we be like who?*), 2006, diptych, acrylic and ink on unprimed canvas, 36 1/2″ × 37″.

Born in Cabaiguán (1962), Rafael López Ramos came of age as an artist during the late 1980s, after graduating from the San Alejandro Fine Arts Academy in 1985. These were transitional years in Cuba, when a new generation of intellectuals and artists—the first generation born after the revolution of 1959—sought to democratize Cuban socialism from within, under the influence of the Soviet perestroika and the postmodern skepticism that was so prevalent at the time. "The generation of the 1980s, to which I belong, faced the Cuban government in rather strong terms. To me, it has been the most important critique made against the system from within," López-Ramos declared in an interview in 2010.

Like many artists and intellectuals of his generation, in the mid-1990s Rafa, as he is known in the art world, left Cuba, to live and work in Venezuela, Canada, and the United States. His work remained linked to Cuba, however, either through the incorporation of displaced objet trouvé into collages tinged with a nostalgic flair, or through paintings that re-create Cuban street scenes in a sort of modern-day *costumbrismo* that incorporates colors and idioms borrowed from advertisements, graphic design, and a certain fascination with pop culture. These thematic and visual elements frequently coexist, either through juxtaposition or superimposition, in an uneasy tension within the same piece, a reminder that humans, like national cultures, are always a collection of fragments. That is why literary scholar and art critic Andrea O'Reilly Herrera has referred to López-Ramos's art as "a kind of baroque palimpsest of memory."

López-Ramos continues to combine his art with curatorial and literary efforts. He edits and moderates the cultural blog *Los lirios del jardín* (http://losliriosdeljardin.blogspot.com). He has participated in some of the most important exhibits of Cuban diasporic art, including *Ojo-Pinta* (Miami Dade College, 2000), *Cuban Art outside Cuba* (SUNY Buffalo, 2006), and *Killing Time* (New York, 2007). He has also been part of several editions of the *CAFÉ: The Journeys of Cuban Artists* exhibits curated by Leandro Soto since 2001. His most recent solo shows have been *Chromatic Aporias* (Museum of Contemporary Art, North Miami, 2015), and *Wonderland*, which was exhibited in Miami

(Art Link, 2013) and New York City (17 Frost Art Space, 2012). He also participated in the collective exhibit *Stealing Base: Cuba at Bat* (8th Floor, New York City, 2013), curated by Rachel Weingeist and Orlando Hernández.

For additional information on the artist, visit http://www.lopezramos.info.